VICTIMOLOGY

An Introduction to Understanding and Empathy

피해자학

이해와 공감의 첫 걸음

이순래
김성언
박정선
박철현
정혜원
지음

박영사

서문

피해자학은 범죄로 인한 피해현상 전반을 연구하는 학문이다. 왜 범죄피해를 당하는지?(원인론), 얼마나 범죄피해를 당하는지?(실태론), 범죄피해가 어떤 영향을 미치는지?(현상론), 주위 사람이나 형사사법기관이 피해자에 어떻게 대하는지?(상호작용론), 어떤 대책이 피해자의 보호와 지원에 도움이 되는지?(대책론) 등 피해현상 전반을 연구하는 학문이다. 피해자학이 다루는 주제가 다양하기 때문에 학부과정의 교과서 편찬을 위해서는 범죄학, 심리학, 사회학, 법학, 연구방법론에 대한 전문학자들의 공동작업이 요구된다. 이 책은 다양한 분야의 전문학자들이 참여해 학부과정에서 피해자학을 체계적으로 학습하는 데 도움이 되는 것을 목적으로 한다.

국외와 국내에는 여러 편의 교과서가 출판되어 있다. 그러나 기존 교과서들은 서술 내용이 서로 달라 피해자학의 체계적 학습에 한계가 있다. 일부 교과서는 범죄피해의 실태를 중점적으로 다루고, 다른 일부는 피해자와 관련한 법률과 정책들에 집중한다. 또한 일부는 성폭력이나 가정폭력과 같이 구체적 피해문제를 상세히 기술하는 내용으로, 피해자학의 특정 주제에 대해서는 유용한 문헌이지만 피해자학을 처음 접하는 학부과정 학생이 피해자학의 전체적 성격을 이해하고 기존연구들의 연구결과를 종합적으로 습득하는 데에는 적합하지 않다. 또한 기존 교과서들은 대부분 휴머니즘 패러다임을 반영하는 경향이다. 피해자가 겪는 어려움과 고통을 부각하면서 형사사법제도에서 이들의 지위향상과 권익보호를 강조하는 휴머니즘 패러다임을 기반으로 한다. 휴머니즘 패러다임은 어려운 처지의 피해자를 도와야 한다는 가치를 강조하여 우리 저자들도 수용하지 않을 수 없다. 그렇지만 휴머니즘 패러다임에는 피할 수 없는 문제가 있어 맹목적으로 수용할 수가 없다. 피해자가 가해자의 불법행위에 의한 무고한 희생자인 경우는 휴머니즘 패러다임이 훌륭한 준거틀이다. 반면에 경제적 이득과 개인적 복수심으로 허위로 신고한 경우는 그렇지 못하다. 비록 휴머니즘 패러다임이 오늘날에 지배적이지만, 피해자를 무고한 희생자로 일반화하고 경험적 사실을 의도적으로 무시하는 태도는 과학적이지 못하다. 더불어 피해자의 지위와 권리가 지나치게 강화되면 가해자가 필요 이상의 가혹한 처벌을 받게 되고, 사회공동체의 통합과 안녕을 담당하는 형사사법기관의 정당한 기능이 축소되는 부작용도 초래된다. 우리 저자들은 휴머니즘 패러다임의 가치를 계승하지만 동시에 가해자의 권리, 형사사법기관의 정당한 기능도 함께 고려하는 균형적 패러다임을 토대로 교과서를 집필하고자 노력했다.

이 책은 피해자학의 연구영역을 5부 13장으로 나누어 기술한다. 제1부는 피해자학의 일반적 성격을 서술하는 피해자학 총론이다. 그중 제1장에서는 피해자학의 의의와 연구대상을 기술하고, 제2장에서는 피해자의 유형을, 제3장에서는 피해발생의 원인을 설명하는 피해자학 이론을 기술한다. 제2부는 피해의 실태와 피해현상에 대한 내용이다. 제4장에서는 범죄피해를 측정하는 방법, 범죄피해의 실태, 피해자가 겪는 피해현상의 실태 등을 기술하고, 제5장에서는 주관적 피해실태라 할 수 있는 범죄의 두려움에 대해 그 개념과 실태, 제6장에서는 범죄피해의 결과와 사회적 비용을 기술한다. 제3부에서는 피해자와 사회적 반응에 대한 내용이다. 제7장에서는 피해자들이 일반적으로 갖는 기대와 요구를 기술하고, 제8장에서는 피해자와 형사사법기관의 상호작용관계를 사건처리 단계별로 기술한다. 제4부는 피해자 보호와 지원에 대한 내용이다. 제9장에서는 피해자의 보편적 권리들을 구분하고 이런 권리들이 우리나라에서 실현되는 정도를 헌법, 피해자보호법, 형사소송법 등을 중심으로 검토한다. 제10장에서는 피해자 회복의 제도적 수단을 서술하고 경찰, 검찰, 법원, 교정기관 등의 형사사법기관들과 정부기관으로부터 위탁받은 민간기관이 제공하는 피해자 지원서비스를 기술한다. 제5부는 피해자학의 전망에 대한 내용이다. 제11장에서는 회복적 사법의 성격과 실천유형 등을 기술하고, 제12장에서는 현대사회에서 새롭게 나타난 위험요인들에 의한 피해자 문제를 기술한다. 제13장은 결론과 전망으로 피해자에 대한 비판적 시각을 검토하고 피해자학의 발전 방향을 전망한다.

우리 저자들은 피해자학의 연구영역을 종합적으로 소개하고 지금까지의 연구성과들을 균형적 패러다임에서 독자에게 알리고자 노력했다. 학문의 영역은 계속해 발전하고 팽창하므로 이 책에서 다룬 내용이 미흡하고 충분하지 못할 수 있다. 앞으로 개정작업으로 보완할 것을 약속하며, 독자가 피해자학을 이해하는데 이 책이 조금이라도 도움이 되고 피해자학의 발전에 기여할 수 있기를 기대한다. 끝으로 출판과정을 조율한 정혜원 박사님의 노고에 깊은 감사를 드리며 출판에 이르기까지 조언과 격려를 아끼지 않으신 박영사 안종만 회장님, 안상준 대표님께도 감사한 마음을 전한다.

2025년 7월

저자 일동

* 이 책의 표지는 여백 위를 나는 새의 이미지를 통해, 피해자의 권리 보장과 존엄성을 존중하며, 새로운 희망과 회복의 여정에 함께 한다는 의미를 담았습니다.

차례

01 피해자학 총론 ········· 3

Chapter 1 · 피해자학의 소개: 역사와 정체성, 그리고 전망 ········· 4

▸ 제1절 형사 사법 내 범죄피해자의 지위 변화 ········· 5

제1항 개관 ········· 5

제2항 범죄피해자의 쇠락과 재발견 ········· 6

1. 피해자의 황금기 ········· 6
2. 피해자의 수난기 ········· 7
3. 피해자의 재조명기: 피해자-중심적 사법의 재등장 ········· 9

▸ 제2절 피해자학의 등장과 발전 ········· 11

제1항 피해자학의 태동 ········· 11

1. 피해자학의 학문적 기원과 초기 피해자학자들의 관심 ········· 11
2. 초기 피해자학자들의 작업에 대한 평가와 의의 ········· 16

제2항 피해자학의 발전 ········· 17

1. 영역과 주제의 다변화 ········· 17
2. 범죄 피해 조사와 피해자학의 발달 ········· 20

▸ 제3절 피해자학의 탐색 ········· 22

제1항 피해자학이란 무엇인가? ········· 22

1. 정의 ········· 22
2. 피해자학의 관심 영역과 연구 대상 ········· 23
   가. 피해의 측정 ········· 23
   나. 피해의 상관성과 과정 ········· 24
   다. 피해의 영향과 반응 ········· 25

제2항 피해자학의 이념적 지평 ········· 27

1. 보수주의적 관점 ········· 27

2. 자유주의적 관점 ··· 29
3. 급진주의적 관점 ··· 29
4. 비판주의적 관점 ··· 31
5. 여성주의적 관점 ··· 33

▶ 제4절 피해자학의 정체성과 사명 ··· 34
제1항 피해자학의 영역과 범위 ··· 35
제2항 과학으로서의 피해자학, 실천으로서의 피해자학 ··· 38

▶ 제5절 소결 ··· 40

Chapter 2 · 피해자 및 피해의 유형 ··· 44

▶ 제1절 피해자의 개념화 ··· 45
제1항 일반적인 피해자 개념 ··· 46
제2항 법적 개념 ··· 47
제3항 그 밖의 개념들 ··· 49

▶ 제2절 피해자의 분류 및 학자들의 유형화 ··· 51
제1항 피해자의 역할에 따른 분류 ··· 51
제2항 학자들의 유형화 ··· 53
1. 헨티히 ··· 53
2. 멘델존 ··· 55
3. 울프갱 ··· 56

▶ 제3절 범죄유형별 피해자 ··· 57
제1항 대인범죄피해자 ··· 57
제2항 재산범죄피해자 ··· 61

▶ 제4절 피해자화와 그 유형 ··· 65
제1항 제1차 피해자화 ··· 66
제2항 제2차 피해자화 ··· 67
제3항 제3차 피해자화 ··· 68

▸ 제5절 소결 ···································· 70

Chapter 03 · 피해자학 이론 ···································· 76

▸ 제1절 이론적 논의와 구조 ···································· 77

▸ 제2절 구조적 이론 ···································· 80

제1항 근린맥락이론 ···································· 80

제2항 아노미이론 ···································· 82

제3항 가족구조이론 ···································· 83

▸ 제3절 과정적 이론 ···································· 85

제1항 세 가지 기본 과정이론: 통제, 학습, 긴장 ···································· 86

제2항 통제균형이론 ···································· 89

제3항 인생항로적 관점 ···································· 91

제4항 연령등급 통제이론 ···································· 94

▸ 제4절 특성이론 ···································· 98

제1항 유전자와 피해자화 ···································· 98

제2항 술과 피해자화 ···································· 100

▸ 제5절 기회 이론 ···································· 102

제1항 생활양식이론 ···································· 102

제2항 일상활동이론 ···································· 106

▸ 제6절 요약 및 소결 ···································· 112

02 범죄피해의 실태와 현황 ···································· 117

Chapter 04 · 범죄피해의 측정과 실태 ···································· 118

▸ 제1절 범죄피해조사의 의의 ···································· 119

▸ 제2절 범죄피해조사의 방법론적 발전과 수정 ···································· 121

제1항 미국범죄피해조사 ···································· 121

제2항 국제범죄피해조사 ···· 127

제3항 한국의 전국범죄피해조사 ···· 133

▸ 제3절 **범죄피해의 실태와 추이** ···· 138

제1항 범죄피해의 실태와 추이 ···· 138

제2항 범죄피해조사 결과와 공식통계와의 비교 ···· 140

▸ 제4절 **소결** ···· 142

Chapter 05 · **범죄피해의 두려움** ···· 146

▸ 제1절 **범죄피해의 두려움의 개념과 측정** ···· 148

▸ 제2절 **범죄피해의 두려움을 설명하는 모델** ···· 152

제1항 직접피해경험모델 ···· 152

제2항 간접피해경험모델 ···· 154

제3항 비공식 사회통제모델 ···· 155

제4항 공식 사회통제모델 ···· 158

제5항 취약성모델 ···· 159

▸ 제3절 **범죄피해의 두려움의 실태와 추이** ···· 160

▸ 제4절 **소결** ···· 163

Chapter 06 · **범죄피해의 결과와 사회적 비용** ···· 166

▸ 제1절 **범죄로 인한 피해자의 직접피해** ···· 168

▸ 제2절 **범죄로 인한 피해자의 간접피해** ···· 170

▸ 제3절 **형사사법기관과 2차 피해** ···· 174

제1항 2차 피해의 원인 ···· 174

제2항 2차 피해의 유형과 실태 ···· 176

▸ 제4절 **범죄피해의 사회적 비용과 그 추산** ···· 180

▸ 제5절 **소결** ···· 184

03 피해자와 사회적 반응 ········· 189

Chapter 07 • 피해자의 욕구와 권리 ········· 190

▸ 제1절 범죄피해자의 주요 욕구 ········· 191

제1항 가해자에 대한 적절한 조치의 기대 ········· 192

제2항 범죄 피해로부터의 회복 ········· 194

1. 회복을 기대하는 피해의 유형 ········· 194

가. 신체적, 정서적, 물질적 피해의 회복과 사회관계의 원상 복구 ········· 194

나. 가해자와의 감정적 화해 ········· 195

다. 삶의 재건과 역량 강화에 대한 욕구 ········· 196

2. 피해 회복을 위한 지원 유형과 피해자의 기대 ········· 198

가. 범죄피해자의 욕구 해결에 필요한 서비스 유형 ········· 198

나. 실태 조사에 나타난 범죄피해자의 지원 서비스에 대한 기대 욕구 ········· 201

제3항 형사 절차에의 참여와 사건의 '당사자'로 인정받고자 하는 욕구 ········· 203

1. 사건 관련 정보에 대한 욕구 ········· 204

2. 사건에 대한 관여의 욕구 ········· 205

3. 형사 사법 기관으로부터 공정한 처우를 받고자 하는 욕구 ········· 206

▸ 제2절 욕구로부터 권리로의 이행 ········· 207

제1항 주변화된 피해자 지위에 대한 재고와 변화 모색 ········· 207

제2항 피해자 권리를 인정하려는 국제 사회의 노력 ········· 209

1. 국제 연합(UN) ········· 209

2. 미국 ········· 210

3. 잉글랜드와 웨일즈 ········· 211

4. 우리나라에서의 범죄피해자의 권리 옹호 정책 ········· 212

▸ 제3절 범죄피해자의 권리 인정과 그 행사 요건을 둘러싼 쟁점 ········· 214

제1항 범죄피해자의 자격에 대한 논란 ········· 215

1. '이상적인' 피해자 ········· 215

2. 범죄피해자의 위계 ········· 217

제2항 범죄피해자의 권리 행사를 제약하는 요인 ······ 220

1. 권리에 대한 지식과 정보의 불균등성 ······ 220

2. 피해자로서의 의무 이행에 대한 기대 ······ 221

3. 권리 행사 자격으로서 시민권 ······ 222

▸ 제4절 소결 ······ 223

Chapter 08 • **피해자와 형사사법기관** ······ 228

▸ 제1절 형사사법제도와 피해자 ······ 229

▸ 제2절 경찰과 피해자 ······ 230

제1항 경찰의 역할과 피해자 ······ 230

제2항 경찰과 피해자 사이의 갈등 ······ 232

▸ 제3절 검찰과 피해자 ······ 236

제1항 검찰의 역할과 피해자의 관계 ······ 236

제2항 검찰과 피해자와의 갈등 ······ 238

▸ 제4절 법원과 피해자 ······ 240

제1항 법원의 역할과 피해자 관계 ······ 240

제2항 법원과 피해자 갈등 ······ 242

제3항 피고 측 변호사와 피해자와의 갈등 ······ 245

▸ 제5절 교정기관과 피해자 ······ 247

제1항 교정기관의 역할과 피해자와의 관계 ······ 247

제2항 교정기관과 피해자 갈등 ······ 248

▸ 제6절 소결 ······ 250

04 피해자 보호와 지원 ······ **255**

Chapter 09 • **형사절차상 피해자 보호** ······ 256

▸ 제1절 피해자의 보편적 권리 ······ 259

1. 승인의 권리(Right to recognition) ···· 260

2. 정보의 권리(Right to information) ···· 261

3. 부조의 권리(Right to assistance) ···· 262

4. 피해보전의 권리(Right to reparation) ···· 263

5. 안전의 권리(Right to be protected from the accused) ···· 265

6. 참여의 권리(Right to participation and representation) ···· 266

▸ 제2절 **헌법과 피해자** ···· 267

1. 피해자보호 관련법률 ···· 267

2. 피해자의 구조청구권 ···· 269

3. 피해자의 재판정진술권 ···· 270

▸ 제3절 **범죄피해자 보호법과 피해자** ···· 270

1. 범죄피해자의 개념 ···· 271

2. 국가와 지방자치단체의 책무 ···· 272

3. 범죄피해 구조제도 ···· 273

4. 형사조정제도 ···· 275

▸ 제4절 **형사소송법과 피해자** ···· 277

1. 형사처벌 요구권 ···· 277

2. 정보의 권리 ···· 278

3. 불기소처분과 불송치결정에 대한 통제권 ···· 282

4. 피해자의 진술권 ···· 283

▸ 제5절 **소결** ···· 286

Chapter 10 · **피해자 회복과 지원제도** ···· 290

▸ 제1절 **피해자의 손실 회복** ···· 291

제1항 국가에 의한 보상(Victim Compensation) ···· 292

1. 국가보상의 이론적 기초 ···· 292

2. 범죄피해자 구조제도 ···· 294

가. 범죄피해자 구조의 당위성과 문제점 ···· 294

나. 국가보상의 대상과 보상범위, 효과 …… 296
다. 범죄피해구조금제도 …… 297
제2항 가해자에 의한 배상(Offender Restitution) …… 300
1. 배상의 필요성 및 한계 …… 300
2. 배상의 유형과 평가 …… 302
3. 배상명령제도 …… 304
제3항 형사합의 …… 306
▸ 제2절 **형사사법기관과 피해자 지원제도** …… 308
1. 형사소송절차단계별 피해자지원제도 …… 310
2. 형사사법기관별 피해자지원제도 …… 313
▸ 제3절 **민간기관과 피해자 지원제도** …… 318
제1항 민간기관에서의 피해자 지원 시작과 필요성 …… 318
제2항 국내 민간기관과 피해자 지원 …… 319
1. 법무부 위탁기관 …… 320
2. 여성가족부 위탁기관 …… 325
▸ 제4절 **소결** …… 332
05 피해자학의 전망 …… 337
Chapter 11 · **회복적 사법** …… 338
▸ 제1절 **회복적 사법이란 무엇인가?** …… 339
제1항 회복적 사법의 등장 …… 339
1. 전통적인 형사 사법의 한계와 새로운 접근의 필요성 …… 339
2. 회복적 사법의 등장에 영향을 준 요인 …… 340
제2항 회복적 사법의 원리와 목표 …… 341
1. 회복적 사법의 작동 원리 …… 341
가. 이해 당사자들이 분쟁 해결 주도 …… 342

나. 대화 ········· 343
다. 책임의 수용 ········· 344
라. 공동체의 참여 ········· 344
2. 목표 ········· 345
가. 피해의 회복 ········· 345
나. 가해자의 재통합 ········· 346
다. 공동체의 강화 ········· 348

▸ **제2절 회복적 사법 프로그램의 주요 형태** ········· 349
제1항 피해자–가해자 중재 ········· 349
1. 기원 ········· 349
2. 운영 방식 ········· 350
제2항 양형 서클 ········· 352
1. 기원으로서의 치유 서클 ········· 352
2 운영 방식 ········· 353
제3항 가족 집단 회합 ········· 354
1. 뉴질랜드 마오리족의 회합 모델의 계승 ········· 354
2. 오스트레일리아의 와가 와가(Wagga Wagga) 모델과 재통합적 수치 주기 ········· 356
3. 가족 집단 회합의 일반적 형식과 특성 ········· 357

▸ **제3절 회복적 사법의 의의와 과제** ········· 359
제1항 효과 ········· 359
1. 배상 ········· 360
2. 피해자 치유 ········· 360
3. 가해자의 재범 억제 ········· 362
4. 절차의 공정성과 참여자의 만족 ········· 364
제2항 전망과 과제 ········· 366
1. 회복적 사법에 제기되는 몇 가지 우려 ········· 366
2. 과제 ········· 368

가. 형사 사법과 회복적 사법의 관계 설정 ······ 369
나. 제로섬 게임으로부터 벗어나기 ······ 371
다. 일반 공중의 법 감정에 적절히 대응하기 ······ 372
라. 공동체의 개입 효과를 기대하기 위한 선결 요건 ······ 373

▸ 제4절 소결 ······ 375

Chapter 12 • 현대사회와 새로운 형태의 피해 ······ 379

▸ 제1절 피해자학의 역사와 전망 ······ 380

▸ 제2절 현대사회의 특성 ······ 381

제1항 위험사회와 피해자화 ······ 381
제2항 개인주의와 피해자화 ······ 383
제3항 사이버세계와 피해자화 ······ 384

▸ 제3절 피해자학의 미래 쟁점 ······ 386

제1항 형사사법제도(경찰, 검찰, 법원)와 지역사회 ······ 386
제2항 새로운 이슈들(증오범죄) ······ 387
제3항 새로운 이슈들(인신매매) ······ 390
제4항 새로운 이슈들(인터넷과 사이버 피해) ······ 395
1. 사이버테러 ······ 396
2. 컴퓨터 및 네트워크 무단 접근(개인정보침해) ······ 398
3. 지적재산권 피해 ······ 399
4. 금융사기 및 해킹 ······ 400
5. 사칭(impersonation)과 사이버스토킹(cyberstalking) ······ 402
6. 신체적 사생활(privacy) 침해 ······ 403
7. 리벤지 포르노 ······ 404

▸ 제4절 요약 및 결어 ······ 405

Chapter 13 • 결론과 전망 ······ 410

▸ 제1절 피해자학에 대한 비판적 시각 ······ 413

1. 강압적 형사처벌과 피해자학 ··· 414
2. 신자유주의와 피해자학 ··· 415
3. '피해자화 도덕성'과 피해자학 ··· 417
4. 미시적 편향성과 피해자학 ··· 419

▸ 제2절 피해자학의 발전방향 ··· 423

▸ 제3절 소결 ··· 427

피해자학, 이해와 공감의 첫걸음의 참고문헌은

아래의 QR코드를 스캔하시면 확인하실 수 있습니다.

PART 01

피해자학 총론

CHAPTER

01

피해자학의 소개: 역사와 정체성, 그리고 전망

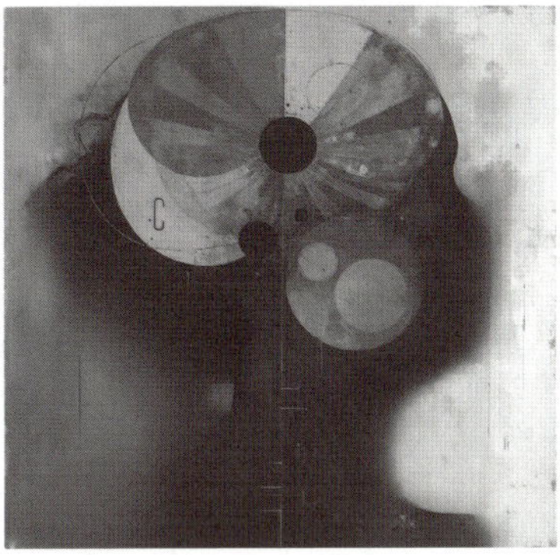

*

제 1 절

형사 사법 내 범죄피해자의 지위 변화

제1항 개관

역사적으로 봤을 때 형사 사법에서의 피해자의 지위 변화는 가히 극적이라 할 만하다. 가해자에 대한 보복과 피해자 배상에 초점을 맞췄던 초기 피해자-중심적인 사적 절차는 점차 가해자에 대한 형벌과 사회적 배상을 추구하는 정부-중심적인 형사 소추 모델로 진화하였다(Tobolowsky, 2000: 1).

가해자에 대한 정부-후원적 형사 소추 모델에서 피해자는 오로지 '증인'이라는 제한적인 역할만 수행하였고 피해자가 겪는 역경과 고난, 권리 등에 대한 관심은 거의 주어지지 않았다. 하지만 20세기 중반 다양한 요인의 영향으로 인해 범죄피해자들은 형사 사법 기관과 사회 서비스 조달 시스템, 그리고 연구 공동체로부터 상당한 관심을 받기 시작했다. 범죄피해자의 역경에 대한 관심이 고조되었으며 피해자를 형사 사법 체계 속으로 재통합하려는 운동이

*) Canva.ai, Leonardo.ai, Artguru.ai로 생성한 이미지를 활용하고 있음.

분출했다.

한 때 범죄학 연구의 주변에 머물렀던 범죄피해자들은 현재 학술적 연구의 중심을 이루고 있다. 결과적으로 피해자는 "잊힌 행위자"의 신세에서 형사 사법의 "핵심 연기자"로 이동하고 있다(Zedner, 2002: 419; Walklate, 2007: 8).

제2항 범죄피해자의 쇠락과 재발견

다음은 서구의 형사 사법에서 나타난 범죄피해자의 지위와 역할 변화에 대한 간략한 기술이다.[1] 독자들은 범죄에 대한 대응 방식이 어떻게 피해자 중심의 사적 대응 체계에서 국가 중심적인 형사 사법 체계로 이행하게 되었는지, 그리고 가해자-중심적인 형사 사법 체계로부터 어떻게 피해자-중심적 형사 사법 체계로의 변화가 싹트고 있는지를 목도하게 된다. 비록 논의의 초점은 서구의 경험에 맞춰지지만, 그 내용들은 오늘날 우리의 피해자 문제를 이해하는 데에도 도움을 줄 수 있을 것이라 생각한다.

1 피해자의 황금기

대부분의 사람은 공식적인 형사 사법 체계의 존재를 당연하게 생각한다. 사람들은 범죄 행동을 다스리는 이러한 방법이 역사적으로 항상 규범은 아니었음을 인식하지 못한다. 사실 형사 사법의 근대적 형태는 상대적으로 새로운 현상이다. 아주 오래 전에는 범죄자에 대응할 책임이 피해자와 그의 가족 및 친족에게 주어져 있었다. 법에 호소할 수 있도록 지원하는 공식적 기관들은 거의 존재하지 않았다. 피해자들은 스스로를 보호하도록 기대되었고 사회는 이러한 구조를 받아들였다.

아주 드문 예외를 제외하면, 성문화된 법률은 존재하지 않았다. 행위 규범

---

1) 이하 서술되는 내용들은 되너와 랩(Doerner and Lab, 2005: 1-3), 칼멘(Karmen, 2004: 2-3)의 논의에서 발췌 정리하였음.

은 기존의 사회 규범을 반영하였다. 사회는 살인 및 다른 심각한 능욕을 그 자체로 잘못된 행위(mala in se), 즉 사회적으로 결코 용납할 수 없는 행위로 인식했다. 하지만 범죄자에게 어떤 행동을 가할지를 결정하는 것은 전적으로 피해자나 범죄 피해로부터 살아남은 사람들의 몫이었다. 범죄자를 판결하거나 처벌하는 제도들은 아직 존재하지 않았다. 대신 피해자들은 자신의 손으로 사태를 해결해야만 했다.

물론 피해자에게 아무 것도 제공되지 않은 것은 아니었다. 사회는 범죄자에 대한 기본적인 응보와 배상 체계를 인식하고 있었다. 응보란 범죄자가 범죄 행위로 야기한 해(害)의 정도에 비례하는 고통을 받게 될 것임을 의미한다. 종종 응보는 배상의 형태나 피해를 갚을 수 있을 정도로 충분한 양의 금전적인 지불의 형태를 취하였다. 만약 범죄자가 배상할 능력이 없다면 그의 친족이 책임을 대신 짊어져야만 했다.

이러한 반응 체계는 동해보복(lex talionis), 즉 '눈에는 눈, 이에는 이의 원리'에 기초한다. 처벌은 피해자에게 가한 해에 상응하였다. 이 체계의 가장 중요한 특징은 피해자와 그 친족들이 문제를 다루고 보상의 수혜자가 된다는 것이었다. 단순한 시기의 사회들은 피해자 측의 보복에 가해자 측이 맞대응할 경우 나타날 수 있는 피의 보복의 악순환을 막기 위해 배상 제도들을 도입하였다. 법규들은 피해자들이 겪은 고통, 괴로움이나 손실의 보상을 위해 가해자들로부터 돈이나 귀중품을 받을 수 있도록 했다. 이러한 구조는 진정한 '피해자 사법 체계'였다(Doerner and Lab, 2005: 2).

2 피해자의 수난기

범죄를 다루는 이러한 체계는 중세 초기에도 온전히 이어졌다. 이 피해자-지향적 사법은 대개 농업 위주의 소규모 촌락 사회에서 발달하였는데, 그곳의 사회 관계들은 개인적 의무, 명백한 가족 유대, 강한 종교적 신념, 신성한 것으로 여겨지는 전통들에 기초하였다.

그런데 중세 시대가 진행됨에 따라 통치 계급인 귀족들은 가해자가 피해변상을 위해 피해자에게 제공하는 돈을 자신들의 부를 증가시키는 수단으로 바꿔 놓았다. 귀족들은 범죄를 피해자가 아니라 국가에 대한 행위로 재규정함으로써 이 목표를 성취할 수 있었다. 피해자는 성문법에서 사라졌고 국가를 위한 목격자의 지위로 격하되었다.

중세 시대가 끝나갈 무렵, 산업 혁명은 보다 큰 도시 공동체의 수요를 창출했다. 사람들은 새로운 산업에서 일자리를 구하기 위해 농촌을 떠나 도시로 몰려들었다. 사람들이 낯선 군중 속으로 섞이게 됨에 따라 관계들은 보다 비인간화되어 갔다. 예전에 서로를 구속했던 사람들 간 유대는 붕괴되었다. 이익 사회가 계속 성장함에 따라 오래된 피해자 사법 체계의 관행들은 무너져 내렸다. 피해자 사법 체계는 점차 위축되었으며 형사 사법 체계가 그 자리를 대신하게 되었다.

예전에 피해자들이 복수를 추구한 것은 자기-이해에서 비롯된 행위였다. 그들은 더 이상 스스로 그것을 할 수 없게 되었고 국가가 이를 대신했다. 국가와 피해자는 모두 가해자 응징이라는 동일한 이해관계를 공유하는 것으로 간주되었다(Kirchhoff, 2010: 104). 피해자들은 더이상 독자적으로 범죄자들에게서 응보와 배상을 끌어낼 수 없게 되었다. 과거 몇 세기 동안 공식적인 법 집행, 법원 및 교정 체계의 발달은 국가 보호라는 이해관계를 반영해 왔다. 대부분의 경우 형사 사법은 피해자와 그들의 이익을 망각했다. 대신 그 초점은 기소된 자의 권리를 보호하는 쪽으로 옮겨갔다.

이렇게 피해자들은 자신에게 해를 끼친 가해자들의 운명을 결정짓는 과정에서 통제를 상실했다. 대신 정부가 사법 절차들을 지배하여 유죄가 확정된 자들로부터 벌금을 뽑아내고 그들을 육체적으로 처벌했다. 피해자들이 입은 신체적 손상과 금전적 손실의 심각성은 기소와 형벌을 결정하는 데에만 중요했다. 범죄가 발생하기 전의 상태로 피해자를 되돌리는 것은 형사 절차가 종료된 이후 다른 영역(민사 소송)에서 다뤄져야 할 별개의 문제가 되었다(Schafer, 1968; Karmen, 2004: 3). 피해자들이 '자기' 사건에 대한 통제력을 잃게 됨에 따라, 그들의 역할은 경찰의 수사 시작에 필요한 고소장 제출, 피고인에 대한 국가의 공소 유지 및 범죄 사실 입증에 필요한 증거로서의 증언이라는 단지 두 가지에 대한 기여로 축소되었다(Karmen, 2004: 3).

3 피해자의 재조명기: 피해자-중심적 사법의 재등장

망각된 이래로 수십 년 후, 심지어 수 세기가 지난 다음, 범죄피해자들은 다시 새롭게 주목받기 시작했으며, 사실상 1950년대 말과 1960년대 초에 재발견되었다(Karmen, 2004: 4). 소수의 자조적 옹호 조직들, 사회 과학자들, 십자군적인 사명을 지닌 언론인들, 깨어 있는 형사 사법 공무원들, 그리고 책임 있는 입법가들이 완전히 망각되었던 피해자 문제에 대한 일반 공중의 관심을 환기시키는 데 도움을 주었다(Karmen, 2004: 4–7). 이 활동가들은 저술 활동, 회의, 집회와 청원과 같은 행사들을 통해, 피해자들은 관심과 행동을 받을만한 자격이 있는 잊힌 사람들이라는 메시지를 전달했다.

피해자에 대한 관심이 부활하기 시작했던 1960년대와 1970년대는 시민권 운동, 여성 운동, 대안적 청소년 문화 등 기존 체제에 도전하는 사회 운동이 전개되었고, 그 영향들이 결합됨으로써 기존에 무시되었던 다양한 집단으로부터 정의와 실체적인 권리가 요구되었다. 여성주의자들은 여성에 대한 폭력과 아동 학대 문제를 정치적으로 쟁점화하였으며 시민 행동 집단들은 인종주의 폭력의 문제를 부각시켰다. 그리고 범죄피해자에게도 적용되는 시민 헌장, 환자 권리를 향한 운동이 전개되었다(Goodey, 2005: 2). 자신들만의 고유한 의제를 가진 다양한 집단이 연합을 형성했고 개혁을 위한 캠페인에 동원되었다. 그 결과 범죄피해자에게 우호적인 새로운 법률들이 통과되었고 형사 사법 정책들이 바뀌기 시작했다.

20세기 후반에 접어들면서 학계, 정책 입안가 및 실무가들은 형사 사법 내에서 망각된 행위자인 피해자의 곤궁에 대해 더 많이 자각하기 시작했다. 범죄율이 요동치고 일반 공중의 범죄에 대한 두려움이 확산됨에 따라 가해자 중심적인 사법에서 피해자 중심적인 사법에 관한 관념들을 허용하는 분위기가 조성되었다. 비록 대부분 기본 원리의 잘못이라기보다 단지 그 모델이 부적절하게 적용된 탓이긴 하지만, 범죄자 갱생 사상을 실험했던 처우 모델은 정치적 우파에 의해 실패로 선언되었다.

새로운 이데올로기적 공간은 응보적인 '법과 질서'의 정치와 정치적 수사학으로 채워졌다(Goodey, 2005: 14). 대중 영합적인 정치가들은 범죄 문제를 정치적으로 쟁점화하여 법과 질서 및 범죄 감소를 강조하고 피해자에 초점을 맞춤으로써 선거에 승리하고자 했다. 또한 기업들은 자신과 가족의 생명과 재산은 스스로 지켜야 한다는 신자유주의 범죄 예방 관념에 호소함으로써 사회적으로 만연한 범죄의 두려움을 상품화하는 데 성공하였다. 처우 모델의 실패와 더불어, 가해자 분석에 기초하여 범죄 문제를 이해하고 해법을 마련하려는 전략에 한계를 느낀 범죄학자들은 분석의 초점을 '피해자'로 옮기기 시작했다. 그들은 범죄 (피해) 조사의 결과들을 활용하여 범죄 피해가 피해자의 생활 양식이나 일상생활과 밀접한 관련이 있다고 주장하였다. 언론은 취약한 피해자들에게 가해지는 범죄 및 피해자에 대한 형사 사법 시스템의 잘못된 처우를 보도하였다.

1980~90년대에는 가해자 중심적 형사 사법에서 '피해자-중심적' 형사 사법으로의 이행이 강화되었다. 이러한 변화는 증가하는 범죄율과 이를 측정하기 위한 수단들(범죄 조사, 피해 조사 등)의 발달, 경제성, 효율성, 효과성과 같은 사적 부문을 지배하고 있던 관리주의적 교의의 공적 부문으로의 확산, 피해자들에 대한 적절한 대응의 중요성을 인식한 정부, 서비스 공급자로서 형사 사법 기관의 위상 변화, 이용자와 고객에 대한 공공 기관 책임의 강조, 공공 기관들의 산출에 대한 회계 감사 문화의 등장과 같은 여러 가지 요인의 총체적 결과였다(Goodey, 2005: 3). 정책 결정권자들과 실무자들이 피해자를 형사 사법의 중심 역할자로 인식하기 시작함에 따라, 학계는 피해자에 대한 연구와 그 결과의 출간을 통해 이러한 발달에 응대하였다.[2)]

하지만 피해자-중심적 형사 사법으로의 이행은 아직 완결되지 않았다. 형사 절차에서는 피해자에 대한 무감각한 대우와 '2차 피해'가 여전히 빈번하며

---

2) 1980년대와 1990년대에는 피해자에 대한 조사, 정책, 실행에 대한 검증 작업(Lurigio et al., 1990; Van Dijk, 1985), 서구 사회에서의 피해자에 대한 경험적 학술 연구의 진보(Maguire and Pointing, 1988; Kaiser et al., 1991; Singh Makkar and Friday, 1995; Goodey, 2005: 3) 등 범죄 피해와 피해자 문제에 대한 다양한 학술적 관심이 전개되었다.

피해자를 위한 형사 사법 표준과 조치들은 그들의 욕구에 충분히 부합하지 못하고 있다(Ash, 1972; Christie, 1977; Goodey, 2005: 3에서 인용). 더욱이 피해자-중심적 사법에 대한 요청이 증가하면서 형사 사법 기득권층으로부터 반대 목소리가 흘러나기 시작했다. 그들은 피고인의 권리 침해를 대가로 피해자의 욕구를 증진하고 있다고 비판하였다. 이에 '피고인'의 권리 대 '피해자'의 권리의 논쟁이 갑작스럽게 나타났다.

현재 서구 사회에서는 피해자 중심적 사법의 발달과 관련하여 한편에서는 피해자에 대한 서비스의 표준화와 법적 준거가 마련되어야 한다는 인식이 자리하고 있고, 다른 한편에서는 가해자와 피해자에게 동등한 권리를 부여해야 한다는 인식이 자리하고 있다. 비록 형사 사법의 중심에 피해자가 위치하고는 있으나 아직까지는 단지 형사 사법의 상징적인 립 서비스에 머무르고 있다는 진단이 우세하다. 이에 피해자에 대한 실제적인 권리 부여와 보장이 이루어져야 한다는 주장이 부각되고 있다.

제 2 절

피해자학의 등장과 발전

제1항 피해자학의 태동

1 피해자학의 학문적 기원과 초기 피해자학자들의 관심

피해자학의 등장은 형사 사법에서 피해자가 재발견되는 과정과 맥을 같이 한다. 가해자 모델을 통한 범죄 억제에 한계를 느꼈고 피해자의 곤궁한 처지가 방치되고 있음을 인식한 일군의 학자는 피해자를 분석의 중심에 놓고 범죄 문제를 바라보기 시작했고 형사 사법의 변화를 촉구했다. 그 결과 '피해자학'이라는 새로운 분과 학문이 등장하였다.

분과 학문으로서 피해자학의 기원은 1940년대와 1950년대 범죄학자들이 수행한 몇몇 논문과 저서 및 연구 프로젝트들에까지 거슬러 올라갈 수 있다(Karmen, 2004: 8).[3] 한스 폰 헨티히(Hans von Hentig), 벤자민 멘델손(Benjamin Mendelsohn), 마빈 울프갱(Marvin E. Wolfgang)은 피해자학의 발전에 크게 기여한 초기 피해자학자들이다.

자신들을 피해자학자로 여겼던 최초의 학자들은 피해자와 가해자의 관계를 탐구했다. 그들은 자신의 범죄 피해 위험을 증가시킬 수 있거나 – 매우 어리거나 매우 나이가 많은 사람, 최근에 이민 온 자, 정신적으로 장애가 있는 자와 같은 어떤 종류의 사람들이 보이는 취약성(Von Hentig, 1948)으로 인해 혹은 연령, 성, 인종과 같은 요인의 측면에서 자신의 행동이 자신의 폭력적 사망에 기여했던 부류의 사람들(Wolfgang, 1958)처럼 – 범죄 피해를 촉진할 수 있는 피해자의 특성(피해자에 의한 도발 행위 등), 범죄의 실행에 기여할 수 있는 피해자의 의식적·무의식적 촉발에 대해 검증하기 시작했고, 어떤 상황이 범죄 사건으로 발전하고 표출되는 데 따른 피해자 책임에 초점을 맞췄다(Karmen, 2004: 8).

폰 헨티히와 멘델손의 초기 개념화 작업은 피해자를 비-피해자와 차별화할 수 있는 피해자에 관한 사고방식들을 개발하는 데 관심을 두었다. 다시 말해 그 둘은 피해자가 될 가능성이 높은 보통의 사람들이 존재한다는 사실을 제기하고자 했다. 이러한 주장을 논증하기 위해 그들은 각각 피해자 유형학을 개발하였다.

---

3) 보통 피해자학 교과서들은 한스 폰 헨티히와 벤자민 멘델손을 피해자학의 창시자들이라 언급한다(Morosawa, 2001: 52; Rock, 2007: 41). '피해자학'(victimologie)이라는 용어는 1947년 3월 루마니아 수도 부쿠레슈티의 콜트제아 병원(Coltzea Hospital)에서 열렸던 루마니아 정신 분석학회의 한 강연에서 벤자민 멘델손에 의해 소개된 어느 프랑스어 논문에서 유래했다(Van Dijk, 1992: 1; Goodey, 2005: 11 주4에서 재인용). 범죄자들에 의해 해를 입은 사람들에 대한 연구를 지칭하기 위해 'victimology'라는 영어식 표기는 정신 분석가 워덤(Wertham)이 살인자들에 관한 책에서 처음 사용하였다(Wertham, 1949: 259; Karmen, 2004: 8에서 재인용).

폰 헨티히는 범죄를 하나의 사회 과정으로서 가해자와 피해자 간 상호 작용이라 해석하였다. 결코 이전에는 범죄를 두 당사자 간 상호 작용으로 여기지 않았으며, 피해자를 범죄 사건의 능동적인 참여자로 생각하지 않았다(Kirchhoff, 2010: 107). 가해자는 형사 절차를 통한 범죄의 통제라는 관점에서 국가와의 관계 틀 속에서 보여 졌다. 반면 피해자는 범죄 입증 증거로서 액세서리 역할만을 수행했다. 폰 헨티히의 문제의식은 분명했다. 단순히 범죄 사건의 결과로만 검증하는 것은 실질적인 피해자와 실질적인 가해자에 대한 왜곡된 이미지를 가질 수 있다는 것이다. 그는 사건의 상황 밑에 놓여 있는 동학을 심층적으로 탐구한다면 피해자가 자신의 범죄 피해에 주요한 공헌자임을 밝혀낼 수 있다고 봤다.

이런 관점에서 폰 헨티히는 '피해자가 되기 쉬운 성향(victim proneness)' 개념에 착안하여 피해자의 유형학을 개발하였다. 그는 자신들의 구조적 특성으로 인해 다른 사람들보다 범죄피해자가 될 가능성이 훨씬 더 높은 몇몇 사람(예를 들면 여성, 아동, 노인, 정신적으로 비정상인 사람 등)이 존재한다고 주장하였다. 폰 헨티히는 상당수의 피해자들이 그들의 행동이나 행위 때문에 자신들의 피해에 책임이 있다고 이론화하였다(Von Hentig, 1948).

폰 헨티히가 제안한 유형학은 피해자가 항상 범죄 행동의 일차적 원인이라는 것을 함축하지 않는다. 대신 그가 염두에 두고 있던 점은 피해자의 특성이 피해 사건에 공헌할 수도 있다는 사실이다. 폰 헨티히는 개인이든 공동체이든 상관없이 피해자의 범죄-유발적 기능에 대해 주목하면서, 통제와 예방의 새로운 기법들을 개발하는 데 착수하였다(Von Hentig, 1948: v). 그의 '피해자가 되기 쉬운 성향' 개념은 이후 대부분의 범죄 피해 조사 작업에 영향을 미쳤던 '생활 양식' 개념 속에서 가장 예민하게 규명되었다(Walklate, 2007: 31).

'피해자학'이라는 용어를 개발한 멘델손 역시 통상적으로 가해자와 피해자 사이에 강한 인적 관계가 존재한다고 생각했다. 그는 이 관계를 명확히 밝히려고 노력했으며 그 연장선상에서 자신의 범죄에 기여하는 피해자 유형학을 개발하였다(Schafer, 1968). 멘델손은 이 작업에서 법률적인 틀을 채택했는데, 기본 개념은 '피해자의 유책성(victim culpability)'이었다. 이 관념을 이용하여,

그는 '완벽하게 무고한 것으로 보일 수 있는 피해자'로부터 '가해자로 시작해서 어떤 사건이 전개되는 동안 피해자가 되는 그런 피해자'('가장 책임이 있는' 피해자)까지 여섯 가지 피해자 유형을 개발하였다(Mendelsohn, 1956; Doerner and Lab, 2005: 6−7).[4)]

그의 작업은 피해를 설명하려는 다른 초기 피해자학적 시도들과 마찬가지로 이상적이고 무고한 피해자의 본질에 관한 기존의 지혜를 반영하였다(Goodey, 2005: 97). 매우 어리거나 매우 나이 들고, 성적으로 취약하며, 사회적으로 존경받을 만한 피해자여야만 자신의 피해와 관련하여 '무고한' 피해자로 고려될 수 있었다. 대조적으로 실업자나 홈리스처럼 기존 체제로부터 용인 가능한 사회적 행위의 기준 밖에서 생활하고 행동하는 것은 자신의 피해에 대한 유책성 정도를 평가할 때 의혹이나 불리로 작용하였다. 이러한 고정관념은 가해자로부터 피해자를 구분하는, '우리' 대 '그들'의 이분법에 기초하여 작동하는 경향이 있었다. 이러한 전통으로부터 피해자들이 자신의 피해에서 담당했던 역할에 관한 관념은 급기야 '피해자 비난'과 결합되어 나타났다.

마빈 울프갱은 피해자 촉진에 대한 주요한 연구를 수행하였다(Wolfgang, 1958). 그는 살인에서 분리된 독립체이자 '상호적인 참여자'(Wolfgang, 1967: 17)인 피해자, 가해자 둘 다에 초점을 맞춰 살인을 연구하였다. 범죄는 상호 작용이라는 폰 헨티히의 관념에 의존하여, 그는 피해자가 치명적인 결과(사망)로 귀결된 상호 작용에서 먼저 물리적 폭력을 사용한 사건들을 촉진(precipitated) 사건[5)]으로 규정하였다. 울프갱은 1948년부터 1952년까지 필라델피아에서 발생한 살인 사건 588건을 분석하였는데, 모든 살인의 26%(150건)는 피해자가 해당 범죄에서 긍정적인 촉진자(살인으로 이어졌던 행동들이 전개되는 동안 물리력을 가장 먼저 사용한)로서 기능한 것으로 나타났다(Wolfgang, 1967: 24, 77).

울프갱을 포함하여 초기 피해자학자들은 공통적으로 폭력 범죄의 촉발에

---

4) 구체적인 내용은 본 교재 제2장 제2절에서 자세히 다룰 것이다.

5) 울프갱(Wolfgang, 1958: 252)은 피해자 촉진 살인을 다음과 같이 정의하였다. "궁극적인 피해자는 살인 드라마에서 맨 먼저 그의 결과적인 살해자에 대해 물리력을 사용한 자이다. 피해자-촉진 사례들은 피해자가 먼저 치명적인 무기들을 드러내거나 사용한 경우, 논쟁 상황에서 먼저 주먹을 날린 경우, 줄여 말하자면 물리적 폭력에 의존하는 상호 작용을 먼저 시작한 자이다."(Doerner and Lab, 2005: 10).

서 피해자가 담당하는 부분적인 역할을 탐구하였다. 이러한 관심은 '피해자 촉진' 혹은 후에 '피해자 비난'으로 알려진 주제로 연결되었다. 스티븐 셰이퍼(Stephen Schafer)와 미나헴 아미르(Menachem Amir) 역시 피해자 촉진 문제에 관심을 가졌다.

스티븐 셰이퍼는 그의 저서 『피해자와 범죄자』(The Victim and His Criminal)에서 멘델손의 작업과 폰 헨티히의 작업을 검증하고 위험 요인 대신 '책임'에 입각하여 피해자를 분류하려 하였다(Schafer, 1968). 셰이퍼에 의하면, 범죄는 개인 행동이자 사회 현상이다. 그는 모든 범죄가 단순히 발생하는 것은 아니며 피해자가 방임 행동(acts of negligence), 촉진 행동(precipitative actions), 혹은 도발(provocations)을 통해 종종 범죄에 기여한다고 믿었다.

울프갱은 자신의 살인 연구에서 피해자 인지 개념을 사용했는데, 후에 미나헴 아미르(Amir, 1971)가 이를 강간을 다룬 최초의 연구들 중 하나에 적용하였다. 울프갱이 피해자가 살인 사건에서 직접적인 참여자가 되었던 상황을 다뤘다면, 아미르는 성행동에서 피해자의 자발성에 대한 가해자의 인식에 초점을 맞추었다. 그는 강간 사례에서 가해자와 피해자 간 상호 작용을 규명했다. 아미르(Amir, 1971)는 1958년에서 1960년 사이에 필라델피아에서 발생한 강간 사건에 대한 경찰 기록에 기초하여 모든 강간의 19%는 피해자-촉발[6]에 의한 것이었다고 주장했다.

의도하지 않게 아미르의 연구는 '피해자 비난'이라는 비판에 직면하였다. '피해자 촉발'은 폭력과 범죄의 사실은 인정하면서도 그것이 발생하도록 피해자가 방치한 점은 비난하는 의미를 담고 있다는 것이다. 1970년대부터 여성주의 범죄학자들은 특히 여성에 대한 신체적이고 성적인 폭력 사례에서 피해자를 비난했던 관념을 즉각적으로 비판하였다(Edwards, 1981; Griffin, 1971). 후

6) 아미르(Amir, 1971: 266)에 따르면, 피해자-촉발 강간은 다음과 같은 상황을 지칭한다. "피해자는 사실상 성관계에 동의했거나 그런 것처럼 보인다. 하지만 실제 성관계를 하기 전에 철회하거나 그런 암시에 따라 가해자가 성관계를 가지려 하기 전에 충분히 강하게 반응하지 않았다. 그 용어는 또한 섹슈얼리티 때문에 망쳐버린 위험한 상황에서 발생한 사례들, 특히 피해자가 외설적인 것으로 해석될 수 있는 말이나 몸짓을 보이거나 성관계에 응하는 것으로 이해될 수 있는 어떤 것을 구성할 때에도 적용된다."(Doerner and Lab, 2005: 10).

에 임상의들은 여성주의 범죄학자들과 함께 일반 공중과 실무자들에게 '피해자 촉발' 개념으로써는 즉각적으로 설명할 수 없는 아동 학대의 실태와 본질에 대해 알렸다(Griffiths and Moynihan, 1963; Goodey, 2005: 11에서 인용).

2 초기 피해자학자들의 작업에 대한 평가와 의의

록(Rock, 2002: 3)은 '원조-피해자학자들'에 대해 "종종 이론과 언어 및 학술적 정당성을 연구하는 추상적인 경험주의자였다."라고 평가한다. 폰 헨티히(Von Hentig, 1948), 멘델손(Mendelsohn, 1956)과 같은 초기 피해자학자들은 피해자 성향에 초점을 맞춤으로써 피해자학 발달의 후속적인 논조를 설정하였다. 피해자 성향은 피해자의 유책성과 결합되었다. 이러한 출발로부터 피해자 성향과 피해자 유발성 개념은 취약성, 생활 양식 개념으로 이어져 전통적인 피해자학적 작업의 핵심을 형성하였고 마이어스(Miers, 1989, 1990)가 '실증주의 피해자학'이라고 부른 것을 예증하게 된다.

이러한 초기 작업의 상당수는 범죄가 야기되는 사회적 맥락을 고려하지 않은, 피해에 대한 제한적이고 손상적인 해석으로 인해 신임을 잃었다(Goodey, 2005: 12). 피해자 성향으로부터 피해자 비난으로의 도약은 피해자 편에 서 있기로 기대된 피해자학에 부정적인 그림자를 드리웠다. 물론 이미 형법은 피고인(종종 여성 피해자를 살인, 강간 혹은 성폭행한 남성)의 행동을 설명하고 비난하는 데 도움을 주는 기여 요인으로서 피해자 측의 자극을 오랫동안 이용해 왔다(Ashworth, 1975; Goodey, 2005: 97에서 인용). 하지만 종종 가해자가 피해자보다 힘의 우위에 있는 폭력 범죄나 성폭력 범죄의 상황에서 피해자로부터의 자극을 피고인을 지지하는 감경 요인으로 고려하는 것은 강한 쪽의 행동을 봐주는 것이다. 더욱이 그 '자극'이라는 것은 '남성' 가해자의 관점에서 정의된다. 이에 따라 비록 피해자(남성) 측의 자극(수년 동안의 아내 학대)이 자기 남편(피해자)을 살해한 여성(가해자)의 살인 책임을 경감하거나 제거하는 데 성공적으로 적용되어 왔음에도 불구하고(Kennedy, 1992), 피해자 옹호 집단들, 특히 여성주의자들은 아미르(Amir, 1971)의 강간 및 피해자 도발에 대한 설명이나 형법상 이러한 자기 방어의 일반적인 사용(Lees, 1996, 1997; Radford and Russell, 1992)으로부터 추론될 수 있는 여성 피해자의 유책성에 관한 추측을 비난해 왔다(Goodey, 2005: 97에서 인용).

이처럼 피해자학 태동기 학자들의 관심은 그전까지 주류를 이루었던 범죄 행동에 대한 가해자 중심적 설명 방식에서 벗어나 가해자-피해자 상호 작용의 틀 속에서 이를 다룸으로써 범죄가 야기되는 과정을 탐색할 수 있는 계기를 마련하였다. 하지만 초기 학자들이 가해자-피해자 상호 작용 방식에 따른 피해자의 유형학과 피해자의 성향을 구성하는 데 초점을 맞추고 피해자 촉진과 피해자 유책성의 문제를 거론함으로써, 피해자학은 태동과 더불어 위기를 맞기도 하였다. 이에 대한 반성으로 몇몇 학자는 범죄의 실행에서 피해자 역할이나 가해자 역할에 초점을 맞추는 대신, 가해자와 피해자의 관계를 검증할 수 있는 보다 통합적인 접근을 주장했다. 이에 생활 양식, 근접성, 가해자와 피해자의 일상활동 등에 초점을 맞춰 범죄 피해를 설명하려는 새로운 이론들이 등장했다. 보다 최근에는 반복 피해에 대한 작업이 재피해 가능성이 높은 사람과 장소를 검증함으로써 초기 피해자학자들이 매달렸던 피해 성향의 유형학은 새로운 모습으로 재탄생하고 있다.

제2항 피해자학의 발전

1 영역과 주제의 다변화

피해자학의 가장 기본적인 초점은 범죄피해자에 대한 연구이다. 미국의 경우 범죄피해자에 대한 연구는 범죄를 측정하는 방식의 변화, 이론들에 대한 포괄적인 이해, 범죄 피해의 영향, 형사 사법 체계에서의 범죄피해자 역할의 확장 등을 유도해왔다(Tobolowsky, 2000: 2). 피해자 유형학과 피해자 촉진 등의 문제에 머물렀던 초기 피해자학의 관심 영역은 1960년대 이후 서구 사회 범죄율의 증가와 그에 따른 피해 상황의 악화로 말미암아 그 지평이 보다 확대되기에 이르렀다.[7] 미국에서는 범죄와 그 피해자에 대한 관심이 부활함에 따라 1960년대부터 피해자학 이론과 연구가 활발하게 수행되기 시작했다. 또한 개별 범죄피해자와 피해자 서비스 공급자, 범죄피해자 후원자들은 지역 수준에서 네트워크를 형성하기 시작했다(Tobolowsky, 2000: 2).

1960년대에 거리 범죄 문제가 심각해짐에 따라 미국의 「법 집행과 사법 행정에 관한 대통령 위원회」(President's Commission on Law Enforcement and the Administration of Justice)는 범죄학자들[8]로 하여금 피해자에게 더 많은 관심을 기울이도록 촉구했다(Task Force on Assessment, 1967: 80; Karmen, 2004: 8). 「대통령 위원회」는 개인들에게 범죄를 예방할 수 있는 장비들을 구입하여 스스로를 보호할 수 있도록 장려하고 범죄학자들에게는 범죄 피해에 취약한 개인과 장소에 대해 연구하도록 촉구하였다. 피해자 쟁점들은 대통령 위원회(1967) 보고서의 주요 초점이었다. 체계적인 피해 조사 착수, 피해자의 고통과 손실을 완화하기 위한 수단들의 제안, 피해자 서비스 제공을 목표로 하는 지역 사회 프로그램에 대한 아이디어, 피해자를 형사 사법 시스템에 관여하도록 하는 요청 등은 그 보고서의 피해자 항목에 제시된 주요 내용들이었다(Doerner and Lab, 2005: 18?).

1960년대와 1970년대에 범죄학자, 개혁가, 정치적 활동가들은 범죄자들이 어떤 의미에서는 피해자라는 점을 설득력 있게 주장하였다. 즉 빈곤, 열악한 학교 교육, 황폐한 주거 환경, 취업난, 차별, 분열된 가족 관계, 그리고 다른 사회적 부정의의 측면에서 피해자라는 것이다. 피해자 옹호가들은 이에 대한 반응으로써 가해자들이 먹잇감으로 삼는 무고하고 취약하며 준법적인 진짜 평범한 피해자들에 관해서 왜 인식하지 못하는지 반문하고, 그들의 고통을 완화시키기 위해 무엇이 행해져야 하는지 되물었다. 많은 사람은 제도적인 방임이 오랫동안 만연되어 왔음을 깨달았다. 불법 행동들에 의해 해를 입은 사람들이 더 나은 처우를 받을 자격이 있다는 합의가 출현하기 시작했다. 초기 논의의 초점은 피해자를 위한 재정적 지원 계획에 맞춰졌다. 고양된 정치

7) 이하 Karmen(2004: 8-10), Tobolowsky, 2000: 2-3)을 기초로 정리하였음.
8) 그들 중 몇몇은 피해자학자가 되었다.

적 권리를 위한 캠페인들이 곧 뒤를 따랐다(Karmen, 2004: 9).

1970년대의 피해자학은 고유의 국내 및 국제적인 전문 조직들, 학회들, 잡지들을 가지고 있는, 범죄학 내에서 특정 분야로 인식되었다. 1973년 예루살렘에서 개최된 최초의 세계피해자학회 심포지엄은 피해자-중심적 사법과 학술적 피해자학에 대한 국제적 인식이 태동했음을 나타냈다(Goodey, 2005: 103). 1970년대에는 영국과 미국에서 '범죄피해자 운동'이 출현했는데, 이는 다시 한 번 범죄피해자를 형사 사법의 집행 체계 속으로 통합하려는 것이었다(Tobolowsky, 2000: 2). 이 시기에 미국은 많은 주에서 폭력 범죄피해자를 위한 국가 보상의 제공, 피해자 서비스와 지원 프로그램의 도입과 같은 의미 있는 피해자-중심적 성취가 이루어졌다. 뿐만 아니라 범죄 피해의 쟁점들을 다루는 몇몇 전국적인 조직이 설립되었다.

1980년대에는 형사 절차에 피해자들을 참여시킬 수 있는 수단들이 도입되었다. 형사 사법에서 피해자-중심적인 발달이 중요성을 갖게 됨에 따라, 미국에서는 범죄 피해의 문제가 전국적인 관심사로 부상했다. 그 결과 1982년 레이건 정부에서는 「범죄피해자에 대한 대통령 특별 위원회」가 만들어졌다. 「대통령 특별 위원회」는 연방 및 주 정부의 행정 및 입법 부서, 형사 사법 기관, 범죄피해자 서비스의 조달에 관여하는 전문 기관들에 대한 60개 이상의 행동상의 권고가 포함된 최종 보고서를 발간했다(Tobolowsky, 2000: 2-3). 이 보고서의 결론은 15년 전의 대통령 위원회(1967)의 그것과 맥을 같이 하였다. 범죄피해자들의 실질적인 욕구는 여전히 충족되지 않고 있는 것으로 나타났다. 이 권고 사항들은 범죄피해자의 관심과 욕구를 형사 사법 시스템 속으로 보다 잘 통합할 수 있도록, 그 시스템의 '균형 회복'을 목적으로 고안된 것이었다. 이 최종 보고서가 발간된 이후 범죄피해자의 욕구와 권리를 지원하기 위한 의미 있는 연방 법률들이 제정되었다.

이렇듯 1960년대 이후 서구 사회에서는 범죄피해자를 보호하고 지원하기 위한 다양한 법 개혁이 출현하였다(Doerner and Lab, 2005). 그 주요 변화들로는 법원의 소송 과정에서 강간 피해자의 특성을 보호하는 법령, 구타당하는 배우자와 자녀들을 보호하기 위한 법률, 의사와 교사들로 하여금 의심스러운 아동 학대 사례를 보고하도록 의무화하는 입법, 소송 절차에 관한 정보를 피해자에게 제공하도록 하는 지침, 피해자에게 양형과 가석방 결정에서 영향력 있는 진술을 하도록 허용하는 조항들이 있다. 미국의 경우 몇몇 주 정부는 소위 '피해자 권리 장전'(Victim's Bill of Rights)을 통과시켰다. 이 조항들은 피고인에게 초점이 맞춰진 미국의 권리 장전(U.S. Bill of Rights)에 나타난 것과 유사한 방식으로 피해자 권리의 윤곽을 제시한다.

1990년대 이후 피해자학은 미국에서만도 240개 이상의 대학과 대학교에서 연구되고 있다. 최근에는 피해자 측면에서의 정의의 의미에 관한 연구들이 등장하고 있다(Wemmers, 2010). 린드와 타일러(Tyler and Lind, 1992; Wemmers, 2010: 27에서 인용)의 절차적 정의에 관한 작업에서 대개 영감을 얻은 많은 연구자가 인습적인 형사 사법에서의 피해자의 공정성에 대한 인식을 검증해왔다. 보다 최근에는 정의 이론이 회복적 사법 영역에서 응용되었다. 연구는 정의가 가해자의 처벌보다는 피해자와 관련된 것임을 보여 주고 있다.

2 범죄 피해 조사와 피해자학의 발달

그간 피해자학은 형사 사법 영역에서 피해자가 재발견되고 중요성이 인식되는 데 영향을 미쳤던 동일한 정치적, 사회적, 법적 변화에 호응하면서 크게 발전하였다. 특히 피해자학을 더욱 돋보이게 했던 주목할 만한 진전은 피해 조사의 도래와 그에 따른 범죄피해자 및 피해자화 관련 데이터의 풍성함이었다(Fattah, 2010: 46).

1964년 핀란드 범죄학자 인케리 안틸라(Inkeri Anttila)는 "실증 조사 수단들을 활용하면 주어진 기간 동안 얼마나 많은 사람이 피해를 당하고 얼마나 많은 사람이 그들의 피해를 경찰에 신고하는지 규명할 수 있다."라고 주장하였다(Fattah, 2010: 50). 이어 바이더맨과 리스(Biderman and Reiss, 1967)는 안틸라의 아이디어를 실현할 수 있는 예비 연구를 제안하였다(Fattah, 2010: 50). 이에 따라 미국에서 최초의 대규모 피해 조사가 1965년 「법 집행과 사법 행정에 관한 대통령 위원회」(U.S. President's Commission on Law Enforcement and Administration of Justice)에 의해 착수되었다(Ennis, 1967; Fattah, 2010: 51에서 인용). 조사 결과 보고되지 않은 범죄의 양이 기대치와 이전의 평가들을 훨씬 넘어선다는 사실이 밝혀졌다. 그 조사는 피해율, 심지어 심각한 유형의 피해 비율을 산출하였는데, 그 수치는 FBI의 표준 범죄 보고서의 연간 보고율보다 훨씬 높았다.

아마도 피해 조사의 주요한 공헌은 어떤 범죄 유형들의 양을 측정하려는 노력에 덧붙여 범죄피해자의 인구학적 특성에는 상당한 편차가 존재하고 범죄 피해는 사회 내에 균질적으로 분포되어 있지 않다는 것을 드러냈다는 점이다. 피해 조사 결과들은 범죄 피해가 어떤 집단과 지역에 군집되어 있고 가해자와 피해자 사이에는 흔히 생각하는 것보다 훨씬 큰 친밀성이 존재한다는 점을 보여 주었다(Fattah, 1989, 1991, 1992b; Fattah, 2010: 52). 이런 도구들을 통해 경찰 통계와는 별도로, 피해를 경험한 인구들이 겪은 부담이 측정되고 피해의 다양한 국면이 검증될 수 있었다.

범죄 피해 조사는 범죄 피해와 형사 사법의 다양한 분야에 적용되었는데, 피해자가 형사 사법 시스템에 대해 갖는 경험, 범죄에 대한 두려움, 구체적인 범죄 유형별 피해 실태의 연구, 반복 피해의 연구 등을 뒷받침하였다. 피해자 학자들은 범죄 피해의 단기적·장기적 효과, 신체적·감정적 영향에 대해 관심을 가졌으며 다양한 수준에서 나타나는 피해 취약성을 인식함으로써 서로 다른 유형의 지지가 필요함을 깨닫게 되었다. 그 결과 1990년대 영국에서는 반복 피해에 대한 대응이 범죄 예방 정책의 핵심 부분으로 자리잡게 되었다(Walklate, 2007: 16). 많은 학자는 범죄피해자의 보고가 형사 사법 과정에서 그들의 경험을 개선할 수 있는 다양한 정보를 제기한다고 봤다(Shapland et al., 1985; Mawby and Gill, 1987; Raine and Smith, 1991; Maguire and Kynch, 2000; Walklate, 2007: 16에서 인용). 그리하여 구체적인 형사 절차 속에서 피해자를 지원할 수 있는 방안을 탐색하였다. 이는 피해자 헌장의 제정과 이를 뒷받침할 수 있는 각종 입법의 제정으로 이어졌다.[9]

---

9) 예를 들어 영국의 경우 1990년 최초의 피해자 헌장이 제정되었고, 1996년과 2002년에도 피해자 관련 헌장이 만들어졌다. 1998년 '범죄 및 무질서 법'(Crime and Disorder Act)의 제정에 따라 피해자의 개인적 진술 프로그램이 도입되었고, 보호관찰소 업무의 상당 부분이 범죄피해자를 위해 설정되었으며, 잉글랜드와 웨일즈 전역에 걸쳐 경찰서에 가정 폭력

한편, 피해 조사의 발전과 더불어 생활 양식, 일상활동, 삶의 기회들에 기초하여 범죄 피해 현상을 이해하고자 하는 이론적 접근들이 등장했다. 그것은 원조 피해자학자들의 피해자 유형론 논의에서 탈피하여 사회 구조의 변동에 따른 생활 양식의 변화가 어떻게 범죄 피해에 영향을 미치는지를 탐구함으로써, 피해자학의 이론적 지평을 확대하였다. 그리고 초기 피해자학자들의 가해자-피해자 상호 작용에서 벗어나 동기화된 가해자, 매력적인 표적, 감시자의 부재 간 상호 작용으로 관점이 확대됨으로써 범죄 피해가 발생하는 맥락과 기회 구조를 규명할 수 있게 되었다.

이처럼 범죄 피해 조사의 발달은 무엇을 피해로 볼 것인가, 피해 사실을 어떻게 규명할 것인가, 피해 결과에 대해 어떤 대응책을 마련할 것인가 등 다양한 후속적 쟁점들에 대한 논쟁을 이끌어 냄으로써 피해자학의 지평을 더욱 풍성하게 넓히는 계기를 제공하였다.

제 3 절

피해자학의 탐색

제1항 피해자학이란 무엇인가?

1 정의

세계피해자학회(World Society of Victimology)는 피해자학의 학문적 연구에 대해 다음과 같이 정의한다(Goodey, 2005: 10). 피해자학이란 "범죄 피해의 정

전담 부서가 설치되었다. 또한 많은 경찰서에 인종적 괴롭힘 전담 부서(racial harrassment units)가 설치되었다(Walklate, 2007: 16-17).

도, 본질 및 원인, 관여한 사람들에 대한 결과, 그리고 사회, 특히 자발적 활동가와 전문적인 지원자뿐만 아니라 경찰 및 형사 사법 체계의 반응에 대한 과학적 연구"를 말한다(www.victimology.nl).

이 정의에 언급된 것처럼 피해자학은 말 그대로 피해, 피해자, 피해자에 대한 사회 및 형사 사법의 반응 등에 관심을 갖고서 그 현상을 분석하고 대안을 제시한다. 이러한 정의는 분과 학문의 연구 혹은 과학적 측면뿐만 아니라 범죄피해자에 대한 서비스 제공의 실천적 측면까지도 아우를 수 있다(Wallace, 2007: 3). 이 결합된 정의는 범죄피해자에게 영향을 미치는 다양한 쟁점에 대한 폭넓은 검증을 가능하게 해 줄 것이다.

2 피해자학의 관심 영역과 연구 대상

현대 사회에서 범죄 피해와 범죄의 두려움은 많은 사람의 삶의 일부로 확산하고 있다. 일반적으로 범죄는 우리 삶에 불편함을 주고 불안의 일부로서 일상생활에 중대한 영향을 미친다. 이에 범죄 및 범죄 피해에 대한 과학적 진단과 실천적 대응이 요청된다. 피해자학은 현재 범죄로 인해 사람들이 고통을 겪는 신체적, 정서적, 금전적 해에 대한 과학적 연구로 인식되고 있다.

원조 피해자학자들이 피해자의 유형 및 취약성과 피해 유발성의 문제에 그 초점을 한정했던 것과 다르게, 현대 피해자학의 관심 분야와 연구 영역은 피해의 측정, 피해의 상관성과 과정, 피해의 영향과 반응 등으로 크게 확대되었다(Karmen, 2004: 8-9; Kirchhoff, 2010: 110-117).

가. 피해의 측정

전통적으로 피해자학은 피해 측정 방법에 관심을 가져왔다. 범죄 피해 조사(Crime Victim Surveys, CVS), 국제 범죄 피해 조사(International Crime Victim Survey, ICVS) 등은 전문적인 방법론적 지식을 적용한 우수한 사례이다(Kirchhoff, 2010: 113). CVS는 미국에서 1972년부터 수행되어 왔고, ICVS는 몇 차례 조사가 이루어졌다. 특히 최근에는 유럽의 범죄 및 안전 조사(European Crime and Safety Survey, EUICS)와 결합되어 조사가 시행되었다. 이 조사는 유럽 연합에서 지금까지 수행된 범죄, 안전 보장, 안전에 대한 가장 집중적인 분석이다(Van Dijk et al., 2007; Kirchhoff, 2010: 114). 우리나라에서도 1993년부터 한국형사·법무정책연구원(구 한국형사정책연구원)에서 주기적으로 전국적인 범죄 피해 조사를 실시하고 있다.

범죄 피해 조사나 국제 범죄 피해 조사는 한 나라의 전화 보급률 등에 의존하여 표준화된 질문지, 전화 면접이나 대면 면접에 의해 자료가 수집된다. 주로 차량 관련 범죄(자동차 절도, 자동차로부터의 절도, 오토바이와 자전거 절도), 침입 절도와 절도(개인 재산 절도, 소매치기), 대인 범죄(강도, 성범죄, 폭행 및 협박), 비 인습적인 범죄(소비자 사기, 개인 정보 절도, 부패, 편견 범죄, 약물 관련 문제 등) 등에 초점을 맞춰 조사가 이루어진다.[10)]

나. 피해의 상관성과 과정

피해자 학자들은 피해와 관련이 있는 요인들을 찾으려 한다. 일반적으로 학자들은 피해가 무작위로 분배되는 기회의 사건인지, 그렇지 않은지를 규명하려 한다. 구체적으로 피해가 특정 집단에 집중되는지, 성, 연령, 사회적 지위 등에 의존하는지를 밝히려 한다. 이것은 피해의 사회적 상관성과 관련된 질문이다(Kirchhoff, 2010: 114). 피해자학 연구는 왜 어떤 개인이나 집단이 다른 사람이나 집단에 비해 더 빈번하게 피해를 입는지, 그리고 왜 어떤 표적은 반복적으로 피해를 입는지를 발견하고, 서로 다른 위험과 피해율에 대해 논리적으로 옳고 경험에 기초한 설명들을 제시하려 애쓴다. 피해자들의 특성을 연구하고 그들의 행위를 분석함으로써 피해자학은 범죄 피해의 위험과 기회를 고양시키는 성향이나 특별한 행위가 존재하는지 여부를 파악하려 한다.

피해자학은 범죄 피해의 발생을 가해자의 특성과 배경에서 파악(전통적인 범죄학의 접근 방식)하지 않고 총체적 상호 작용의 모델로써 파악한다. 그것은

---

10) 자세한 내용은 본 교재 제4장 참조.

상황적 요인들, 피해자-가해자의 관계 및 상호 작용, 가해자와 피해자가 범죄 행위의 실현이나 촉발에서 행한 역할들을 강조한다(Fattah, 2010: 47). 전통 범죄학이 범죄 행위를 단순히 가해자의 특질과 인성의 산물로 바라봤다면, 피해자학은 그것을 피해자와의 장·단기적 상호 작용의 산물로 바라본다. 피해자학은 범죄가 대부분 단순한 행동이 아니라 외부적이고 환경적인 자극들에 대한 어떤 반응이라고 주장한다(Fattah, 2010: 47). 이러한 자극들 중 몇몇은 피해자로부터 파생된다. 그러므로 피해자는 범죄가 발생하는 환경 및 피해가 발생하는 상황의 중요한 통합적 요소이다(Fattah, 2010: 47). 피해의 상관성에 대한 지식의 집약은 '이론 피해자학'의 발전을 유도한다.

다. 피해의 영향과 반응

피해자학은 범죄가 피해자에게 미친 영향과 피해자에 대한 다양한 반응을 연구한다. 피해에 대한 반응은 피해자 자신의 것일 수도 있고 피해자를 향한 사회의 반응일 수도 있으며 국가와 형사 사법 시스템으로부터 온 것일 수도 있다. 그것들은 부분적으로 차후의 피해에 대한 원인으로 작용하기도 한다(Kirchhoff, 2010: 115).

피해자학자들은 피해자들이 신체적으로 상해를 입었는지, 경제적으로 손실을 입었는지, 자존감이 훼손되었는지, 감정적으로 외상을 겪었는지, 개인적으로 소외당했는지, 명예가 훼손되었는지, 사회적으로 오명을 받았는지, 정치적으로 억압되었는지, 집합적으로 착취당했는지를 알고자 한다. 그들은 피해자들이 놀라고 공포에 떨고 침울하게 되고 화나고 분통한 정도를 규명하길 원한다. 피해자학자들은 피해자들이 지원을 받고, 서비스와 편의가 제공되고, 피해가 회복되거나 완화되고, 심신이 재활되고, 교육이 이루어지고, 역량이 강화되고, 명예가 회복되는지 등의 여부를 파악하는 데에도 관심을 갖는다(Karmen, 2004: 9). 그러한 지식은 '응용 피해자학'의 학문적 기초를 제공한다(Fattah, 2010: 48).

응용 피해자학은 다양한 위기 개입 모델과 프로그램을 통해 피해자들에게 도움을 주고 지원하고, 범죄 피해를 야기한 행동의 부정적 결과들을 완화하며, 그것의 재발을 막고 피해자들이 피해의 외상적 결과들을 극복할 수 있도록 돕는 데 관심을 갖는다. 원래 피해자 지원은 열정적인 민초적 자원 봉사자의 영역인데, 이제 이 분야는 이론과 실천이 만나는 접점이 되었다.

피해자학자들은 각종 피해자 지원 조직과 프로그램, 조직 간 연계, 국제 피해자 조직 및 단체 간 제휴와 협력의 문제에도 관심을 표명한다. 그리고 범죄피해 및 피해자에 대한 다른 사회 집단들과 제도들(뉴스 미디어, 의료 및 법률 전문가, 범죄 예방 하드웨어 및 보호 서비스를 판매하는 기업 등)의 관심은 물론, 피해자들의 곤경에 대한 일반 공중의 반응을 탐구한다.

한편, 피해자학은 가해자에 의해 야기된 상처와 손실의 영향을 탐구할 뿐만 아니라 범죄피해자에 대한 형사 사법 시스템의 응대, 특히 경찰관, 검사, 피고 측 변호인, 판사, 보호관찰관, 가석방위원회 등 형사 사법 기관 및 그 종사자들과 피해자 간 상호 작용의 문제도 탐구한다(Karmen, 2004: 9). 대부분의 경우 형사 사법 기관의 범죄 사건 인지는 피해자 신고에 의존하므로, 당국으로 하여금 형사 사법 시스템을 동원할지 여부를 결정하도록 하는 것은 피해자이다. 피해자의 성격, 태도 및 행위, 가해자에 대한 피해자의 관계 또한 경찰이 어떤 방식(공식적 혹은 비공식적)으로 절차를 진행할지를 결정하거나 검사가 기소 여부를 결정하는 데 있어 중요한 요인으로 작용한다. 피해자 관련 요인들은 사건의 최종 결과 및 법원에 의해 부과되는 제재에도 중요한 영향을 미친다. 뿐만 아니라 피해자학자들은 형사 사법 기관이 피해자를 어떻게 다루며, 그 과정에서 어떻게 '이차 피해'가 발생하는지를 규명한다.

범죄피해자가 현재 형사 사법 과정에서 수행하는 역할에 대한 더 나은 이해는 피해자의 참여를 고양시킬 뿐만 아니라 그러한 참여의 양식을 수립 혹은 개선하는 데 있어 필수적이다(Fattah, 2010: 48). 따라서 피해자학은 형사 사법 시스템의 기능에 대한 더 나은 이해와 의사 결정 과정의 개선을 유도할 수 있다. 피해자학자들은 형사 절차에서 피해자의 욕구와 권리 보장을 위해, 혹은 국가 차원에서 범죄피해자의 피해 복구와 회복을 위해 어떠한 법률적·제도적 장치들이 마련되고 있고 그것들의 문제점과 개선점은 무엇인지 등을 파악하려 한다. 이처럼 피해자학은 피해자들을 연구함으로써 입법가, 정책 입안가, 사회에 중요한 가치가 있는 유형의 정보와 지식을 추구한다.

제2항 피해자학의 이념적 지평

피해자학은 역사가 짧아 인간 행위에 대한 잘 발달된 이론 체계를 아직 갖추지 못했다. 그럼에도 불구하고 피해자학을 그 이념적 지향에 맞춰 구분하는 것은 어느 정도 가능하다. 칼멘(Karmen, 2004: 22)은 피해자학의 이데올로기적 관점을 보수주의, 자유주의, 급진-비판주의로 구분한다. 워크레이트(Walklate, 2007: 32−54)는 학술적인 관점과 이데올로기적인 관점을 혼합하여 피해자학을 실증주의 피해자학, 급진주의 피해자학, 여성주의 피해자학, 비판주의 피해자학으로 나눈다. 아래에서는 두 학자의 논의에 기초하여 피해자학의 이념적 지평을 연구 주제의 선택, 분석의 초점, 정책적 권고 사항의 방향성 등에 따라 보수주의적 관점, 자유주의적 관점, 비판주의적 관점, 급진주의적 관점, 여성주의적 관점으로 구분하고 그 특징들을 간략히 정리하였다.[11]

1 보수주의적 관점

피해자학 내의 보수적인 경향은 무엇보다 인습적인 범죄, 즉 일상적으로 범죄로 인식되는 불법 행위, 침입 절도나 거리 범죄와 같이 대중에게 다가가는 범죄에 초점을 맞춘다. 이들의 연구는 사적인 가정이나 기업 세계 같은 영역은 제외하고 일상생활의 범죄 피해에 한정한다.

사회적 합의와 질서, 균형, 점진적 변동 등 기능주의적 사회관을 표방하는 보수주의 피해자학(Walklate, 2007: 34)은 '피해자'가 그 자명한 고통의 본질에 따라 형법에 의해 주어지는 것으로 가정한다. 이로 인해 국가 자신은 물론 국가가 관장하는 법과 형벌 과정이 새로운 피해자를 만들고 가해자에 의해 이

11) 이하 Walklate(2007: 32-54), Karmen(2004: 22-24)에서 발췌 정리하였음.

미 피해를 입은 사람들에게 이차적 피해를 입힐 수 있다는 사실을 인식하지 못한다(Dignan, 2005: 53; Walklate, 2007: 36에서 인용). 대신 보수주의적 관점은 기존의 과학적 방법들(범죄 피해 조사와 같은)을 이용하여 인습적인 거리 범죄에 초점을 맞춰 범죄 피해의 규칙성을 밝히고자 한다(Miers, 1989: 3; Walklate, 2007: 32). 보수적인 피해자학은 인습적인 범죄 피해를 산정하는 데 착수함으로써 보수적인 피해자 옹호 집단의 법과 질서에 대한 투자를 확대하라는 요청과 범죄자들에게 강경하게 반응하라는 요청을 지원한다. 이러한 규칙성에 대한 관심은 초기부터 피해자학에 큰 영향을 미쳐 왔고 최근에는 생활 양식이나 일상활동 개념과 결합함으로써 피해자학 이론의 발달에 공헌하였다.

보수주의 피해자학에 따르면, 형사 사법은 가해자를 처벌함으로써 피해자를 만족시키는 응보적 기능을 수행한다. 보수적 사상의 기본 교리는 모든 사람(피해자, 가해자 모두)이 자신의 결정과 행동에 대해 엄격하게 책임을 져야만 한다는 점이다(Karmen, 2004: 22). 이 교리는 정부 지원보다 자기-의존을 강조한다. 즉, 개인들은 범죄 행동의 예방, 회피, 저항 및 피해 회복과 외부의 공격으로부터 자신, 가족, 자기 집을 방어할 개인적 책임을 갖도록 노력해야 한다는 것이다. 그리고 이 관점에서는 법 위반자들이 피해자들을 위해 엄격하게 처벌되어야 한다고 본다. 그러한 처벌은 차후의 일반 억제(일반 사람들을 위한 부정적 예로 작동하고 다른 잠재적 가해자들에게도 법을 위반하지 않도록 심사숙고해야만 한다는 경고를 보내는)와 특별 억제(어떤 새로운 범죄를 저지르지 않도록 범죄자들에게 교훈을 주는)로서 작동해야 한다.

핍스(Phipps, 1988)에 의하면, 보수주의 피해자학은 범죄로 인해 개인들에게 야기된 해(害)를 사회 질서, 법의 통치, 급기야는 공동체를 해치는 것으로 그 의미를 변형시킨다(Walklate, 2007: 36에서 인용). 이러한 변형은 해에 대한 반응으로서 사회 정책을 낳는 대신(Hilyard et al., 2005), 그런 해를 입은 것에 대한 사람들의 감정을 들춰내고 이를 통해 억압적인 사법(Garland, 2001)을 구현하는 데 활용되어져 왔다는 것이다. 보수주의 피해자학의 경우, 정치 영역에서의 '피해자'라는 용어는 단지 특별한 정책 발의에 대한 지지 산출의 필요성뿐만 아니라 범죄자를 우리와 다른 '그들'로서 배제하기 위한 이데올로기적 기제를 구성하는 데에도 기여한다.

2 자유주의적 관점

자유주의적 피해자학은 관심 대상에 거리 범죄를 넘어서서 사기 범죄와 화이트칼라 범죄, 분별없는 기업 중역들이나 부패한 국가 공무원들이 개인들에게 끼친 범죄적 해를 포함함으로써 보수주의의 협소한 초점을 확장한다 (Karmen, 2004: 23).

자유주의 사상 내의 기본 주제는 공정한 처우를 보장하고 불필요한 고통을 경감하기 위해 정부 개입을 보증하는 것이다. 이 입장은 범죄를 포함해서, 모든 종류의 불행으로부터 기인하는 충격과 손실들을 흡수할 수 있도록 복지 국가의 '안전망' 메커니즘을 확대하는 노력들을 유도한다. 구체적으로 '피해자가 다시 회복할 수 있도록 하기' 위해서는 국가 보상 기금, 교부금이 지급되는 범죄 보험 계획, 강간 위기 센터, 매 맞는 여성들을 위한 쉼터와 같은 프로그램들이 가용해야 한다고 주장한다.

몇몇 자유주의자는 범죄자를 교도소에 구금하여 처벌하는 대신, 범죄자로 하여금 피해자에게 배상하도록 함으로써 서로 소원해진 두 당사자 사이에 화해가 가능하게 될 실험들에 대해 열정적인 관심을 보인다(Karmen, 2004: 23).

3 급진주의적 관점

이 진영에 있는 피해자학자들은 피해의 문제가 전체 사회 구조 내에 착근되어 있는 착취적이고 억압적인 관계들로부터 야기된다고 본다. 그러므로 이들의 시선은 단순히 거리 범죄 행동의 인과성에 제한되지 않는다. 대신 공해 산업, 해로운 작업장의 소유주와 관리자, 기만적인 광고주, 억압적인 법 집행 기관, 차별적인 제도에 의해 행해지는 해를 포괄하도록 탐구 영역을 확대한다. 피해자들은 특정 개인들이 아니라 공장 노동자, 소수 집단, 소비자, 이웃

주민들과 같이 전체 인구 집단이 된다.

이 관점은 범죄뿐만 아니라 인간이 겪는 피해의 모든 측면에 관심을 갖는 멘델손의 작업에 뿌리를 두고 있다(Walklate, 2007: 37). 급진적 피해자학은 형법의 범위나 그 한계를 넘어서는 피해를 포함한다. 그것은 인권을 포괄하며 자본주의 국가에 의한 피해의 문제를 검증한다. 법의 제정 및 집행과 더불어 피해의 산출에 관련되는 국가의 역할에 대한 관심은 이 진영 내 서로 다른 가닥을 한데 묶는 공통의 맥락이다. 인권 문제 또한 급진적 피해자학 내의 다양한 분파가 공유하는 공통 관심사이다(Elias, 1985: 17). 보편적 인권에 대한 관심은 국제 사면 위원회(Amnesty International)와 같은 조직들을 통해 급진주의 피해자학의 버전을 피해자 운동과 연결한다.

최근 카우즐라릭과 동료들(Kauzlarich et al., 2001)은 '국가 범죄의 피해자학'을 제안하면서 급진주의적 관점을 개진하였다. 이들은 범죄피해자를 "일반적으로 인권법에 위배되는 암묵적 혹은 명시적인 국가 행위나 정책으로 인해 경제적, 문화적, 혹은 신체적 해, 고통, 배제, 착취를 경험한 개인들이나 그들의 집합"으로 규정한다(Kauzlarich et al., 2001: 176; Walklate, 2007: 39). 이들은 비준된 국제법, 국내법 및 인권 표준들을 국가의 범죄 행동들을 감시하는 데 사용할 수 있다고 제안했다. 이 관점에서는 자본주의 국가와 그 이익이 유지되는 방법이야말로 피해의 패턴 밑에서 작동하는 중요한 인과 기제라고 가정한다. 이러한 가정은 범죄 피해 과정들에 대해 국가에 좀 더 큰 책임을 귀속시킴으로써 개인과 국가 간의 서로 다른 정치적 관계를 설정한다(Walklate, 2007: 40).

요컨대 급진주의적 관점은 범죄 피해의 본질과 범위에 대해 훨씬 더 일반적인 개념을 제시한다. 이 진영은 인권의 형태 혹은 다른 종류의 인준된 법적 틀 속에서 피해에 관한 보편적 기준들을 추구해왔다. 또한 그 피해의 중요한 원인으로 국가의 역할에 주목한다. 법 체계와 형사 사법 기구들은 일차적으로 영향력 있는 집단들과 특권 계급들의 이익을 보호하기 때문에 문제의 일부로 고려되고 있다(Karmen, 2004: 23에서 인용).

4 비판주의적 관점

모비와 워크레이트(Mawby and Walklate, 1994: 21)는 비판 피해자학을 "피해자학의 몇몇 형태가 다른 것들보다 더 지배적인 것이 되게 하고 그런 형태들이 범죄피해자 정책 및 서비스 조달 문제와 상호 결합하는 방식에 대한 광의의 사회적 맥락을 검증하려는 노력"이라고 정의한다. 그러므로 비판 피해자학의 핵심은 어떻게, 왜 어떤 행동들이 범죄적인 것으로 규정되고 그 결과 어떻게 피해자학의 전 영역이 다른 것 대신 특정 행위들에 초점을 맞추게 되는지를 다루는 것이다(Doerner and Lab, 2005: 16). 모비와 워크레이트(Mawby and Walklate, 1994)는 사회의 권력자들에 의해 행해진 많은 범죄가 형법전에 종속되지 않는다고 지적한다. 결과적으로 그러한 범죄의 피해자들은 피해자학의 평균적인 논의 속에 포함되지 못한다.

비판 피해자학자들은 실증주의 피해자학처럼 사물의 단순한 '외양'인 범죄피해의 패턴과 규칙성의 측정에 전념하는 대신, 그러한 외양의 근본적인 발생 기제가 무엇인지를 포착하는 데 관심을 갖는다(Walklate, 2007: 50). 이들에게 있어 비판 피해자학을 구성하는 핵심 쟁점 중 하나는 현실이 어떻게 구성되느냐에 대한 이해를 개발하는 것이다. 모비와 워크레이트(Mawby and Walklate, 1994)는 실제적인 것(the real)을 연구하려는 노력들은 반드시 일상적인 현실의 구성에 기여하는 다수의 과정을 설명해야 한다고 주장한다. 즉 현실을 제대로 파악하려면 사람들의 의식적 활동, 무의식적 활동(일상이 구축되는 조건들을 유지할 뿐만 아니라 변화시키는 데 기여할 수 있는), 일상적인 생활을 뒷받침하는 관찰되지 않거나 관찰할 수 없는 생성 기제, 그리고 행동의 의도되거나 의도되지 않은 결과들을 설명할 수 있어야 한다고 본다.

비판 피해자학자들이 보기에 초기 피해자학자들과 그 계승자들은 초기 범죄학적 세계관을 공유하는데, 그들은 만약 범죄자들이 어떤 방식으로 규명될 수 있다면, 피해자들도 마찬가지로 규명될 수 있다고 생각했다. 이런 가정하에 실제 피해자들은 일반적인 규범과 다르게 표식이 새겨지는 몇몇 개인적 특성에 의해 규명될 수 있었다. 비판주의 시각에서 봤을 때, 개인적 특성(폰 헨티히의 작업에서처럼 피해자가 여성인지, 노인인지, 정신적으로 결함이 있는지 등)을 조건으로 하든 행위적 특성(멘델손의 작업에서처럼 전적으로 무고한 경우에서부터 피해자가 되어 버린 가해자까지)을 조건으로 하든 관계없이 피해자를 비-피해자로부터 구별할 수 있다는 발상은 대부분의 피해자학적 작업의 핵심 가정이었다. 비판 피해자학은 이런 방식으로 피해자를 구분할 수 있다는 가정에 도전한다. 대신 그들은 피해 과정들이 생산·재생산되는 것은 일상적인 삶의 의례적인 실천 속에서라는 견해를 분명히 밝히며, 따라서 '피해'라는 용어 그 자체를 문제가 있는 것으로 간주한다(Walklate, 2007: 51). 또한 비판주의적 관점에서는 피해의 본질을 이해하는 데 있어 유일하게 범죄 피해 조사에 의존하는 것을 피하려 한다(Walklate, 2007: 50). 이런 측면에서 피해 조사에 의존하여 노동자의 범죄 피해 현실을 규명하고자 했던 급진적인 좌파 현실주의자들은 실증주의로부터 벗어나지 못하고 있다는 평가를 받는다.

급진주의와 마찬가지로 이 관점도 피해 과정에 기여한다는 이유를 들어 법과 국가의 역할 모두를 문제삼는다. 모비와 워크레이트(Mawby and Walklate, 1994)는 비판 피해자학이 주류적인 피해자학의 지배적인 가정들에 도전할 뿐만 아니라 국가는 필연적으로 중립적이지 않다고 주장한다. 국가는 때로 시민들의 보편적 이해관계 속에서 작동하기도 하지만, 항상 자기 보존의 이해관계를 놓치지 않는다(Offe, 1984). 비판 피해자학의 관점에서 봤을 때, 국가는 '사실들'의 객관적이고 중립적인 중재자가 아니라 서로 다른 역사적 계기에서 아마도 경제적 상황들에 의존하게 될 자기 본위적이고 자기 동기 부여적인 기제이다.

비판적 피해자학의 핵심 관심은 전통적인 피해자학에서의 '피해자'의 용법과 그러한 용어가 적용되는 상황들에 도전하는 것이다. 그렇게 함으로써, 이들은 피해자학의 주요 가정들에 대한 근본적인 물음을 제기한다.

5 여성주의적 관점

여성주의 피해자학은 보다 넓은 범위의 범죄 피해들에 대한 인식(사적인 공간 내에서 발생하는 폭력, 가정폭력 등)을 가능케 하는 데 기여해왔다. 여성주의자들은 초기 피해 조사에서 등한시되었고 지금까지 감춰져 왔던, 가정과 같은 사적 공간에서 남성에 의해 저질러지는 여성에 대한 가정 폭력, 성폭력 피해의 실상을 폭로하였다. 여성주의 조사 연구는 여성의 전 생애에 걸쳐 공적 공간은 물론 가정에서도 발생하는 괴롭힘과 폭력의 경험을 언급하였다(Kelly, 1988; Stanko, 1988; Goodey, 2005: 53). 이러한 시간의 준거 틀은 계량적인 피해 조사에서는 설정할 수 없는 것이다. 여성주의 연구는 지난 12개월 간의 피해 경험을 묻는 대신 여성의 피해를 경험의 '연속체', 즉 어린 나이에서부터 경험하고 낮은 수준의 괴롭힘에서 성적 학대, 신체 학대에 이르는 연속체로써 탐구하고 이론화하였다. 또한 여성주의 피해자학은 계속 진행 중인 괴롭힘과 폭력에 대한 여성의 경험을 드러냄으로써, 반복 피해 영역에서의 연구의 길을 터놓았다(Goodey, 2005: 53). 1980년대 초 여성주의 피해자학의 중심 의제는 여성에 대한 남성 폭력이었는데, 이 주제에 대한 조사와 규명은 주류적인 피해자 지향적 연구나 정책에서 주변적이었던 쟁점들을 보다 중심적인 위치로 이동시킴으로써, 피해자학의 학술적·정책적 의제를 넓히는 데도 기여하였다(Walklate, 2007: 14).

한편, 페미니즘을 피해자학과 구분짓는 것은 권력 관계의 중요성과 그것이 사람들의 삶에 대해 미치는 영향에 대한 인식의 차이이다(Walklate, 2007: 43). 페미니즘과 피해자학 사이에 놓여 있는 긴장은 세상에 관한 사물들을 어떻게 알 수 있는지, 누가 세상에 관한 지식을 가질 수 있는지, 그리고 그 지식은 무엇과 같을 것인지 대한 질문을 제기한다. 여성주의자들이 보기에 권력자의 지식은 객관성이 결여되어 있으며, 여성들이 소유하는 지식이 보다 객관적이다. 여성에 대한 지식 생산 과정의 객관성은 대상과의 거리 두기나 과학을 인도주의와 분리하는 것에 의해서가 아니라, 연구자와 연구 대상자의 인식이 동일한 비판적 차원에서 작동한다는 자각에 의해 고양된다(Walklate, 2007: 43).

여성주의적 접근에 의하면, 오로지 범죄 피해 조사 데이터에만 의존하여 범죄 피해 경험의 본질과 범위를 파악하려는 지식 생산의 방식은 방법론적으로 제한적이고 이론적으로도 빈약하다. 여성주의 피해자학자들은 '백인의 관점'이 피해 조사를 뒷받침해 왔으며, 그렇기 때문에 '정상적,' '중립적' 혹은 '상식적'인 것으로 나타나는 것은 사실상 특정한 렌즈로 보여지는 세상일 뿐이라고 비판한다(Spalek, 2006: 43; Walklate, 2007: 43에서 인용). 여성주의 학자들의 작업은 특히 (실증주의) 피해자학이 백인 남성의 피해자학임을 분명하게 드러낸다.

페미니즘에서 영감을 얻은 대부분의 작업은 여성의 일상적인 삶의 본질을 추구하기 위해 늘 다른 사유 방식들을 추구해 왔으며 항상 승인된 지식(들)에 도전해 왔다(Walklate, 2007: 42). 여성주의자들의 도전은 여성들의 삶(과 다른 힘없는 집단들의 삶)에 대한 탐구에 적절할 뿐만 아니라, 범죄 피해 조사를 포함해서 일반적으로 어떻게 지식이 가치 있는 것으로 만들어지는지에 대한 비판적 사고를 고무시키고 있다.

제 4 절

피해자학의 정체성과 사명

피해자학은 비록 역사가 일천하지만, 가해자 중심에서 범죄 행위를 바라봤던 범죄학적 시각의 한계를 극복하고 가해자, 피해자, 그리고 두 당사자의 상호 작용에 영향을 미치는 다양한 힘들과 과정들에 주목하게 함으로써 범죄 문제에 대한 우리들의 이해의 폭을 더욱 넓혔으며 감춰졌던 피해자의 곤궁과 처지를 복원하는 데 지대한 공헌을 하였다. 피해자학의 관심은 초기의 가해자-피해자 상호 작용에 초점을 맞춘 피해자 유형학이나 피해자 촉진 등의 주제에서 벗어나 피해의 발생과 원인, 피해 실태에 대한 분석, 피해에 대한 반응, 피해의 회복 문제 등으로 그 영역이 넓어지고 있다. 이와 더불어 피해자학은 그 정체성 확립과 관련하여 중요한 두 가지 도전에 직면해 있다.

첫째, 피해자학이 다뤄야 할 피해의 유형과 범위를 설정해야 한다. 이는 피해자학 태동기 때부터 제기되어온 문제이다. 그 범위를 범죄 피해에 한정해야 한다는 견해와 인권 침해의 모든 유형으로 확대되어야 한다는 견해, 심지어 자연 재해와 사고 등 인간이 겪는 해, 고통, 괴로움을 피해로서 다뤄야 한다는 견해 등이 대립되고 있다. 피해자학의 분명한 정체성을 확립하기 위해서는 피해의 범위가 확정되어야 한다.

둘째, 피해자학의 등장에는 여성 운동, 시민권 운동 등과 민초적 수준에서 자생적으로 피해자 지원에 힘써 왔던 피해자 운동이 중요한 영향을 미쳤으며 이는 지금도 계속되고 있다. 더욱이 논쟁과 분석의 영역으로서 피해자학은 학계, 활동가, 정책 입안가들을 함께 끌어들이고 있는데, 이 강력한 혼합 속에는 다수의 긴장이 존재한다. 따라서 피해자학은 이론과 실천의 관계를 명확히 규정해야 한다. 아래에서는 이 두 가지 쟁점들에 대해 간략히 검토하도록 하겠다.

제1항 피해자학의 영역과 범위

피해자학은 먼저 피해자를 정의해야 한다. 이 과업과 관련하여 세 가지 서로 다른 방향이 존재한다(Kirchhoff, 2010: 112-113).[12] 첫 번째는 폰 헨티히, 셰이퍼, 울프갱의 사상들을 좇아 범죄피해자들에 주목한다. 그것은 전통적인 견해로서 범죄에 대한 특별한 피해자학이다. 두 번째는 범죄 피해는 물론, 자연 재해에서 교통사고까지 모든 피해자를 포함하는 멘델손 전통의 일반 피해자학의 관점이다. 세 번째는 피해자학의 영역을 범죄를 포함한 인권 침해 피

12) 피해자학의 범위가 무엇이어야 하느냐에 대한 이런 대안적 비전들에 대한 찬반 논쟁은 Schafer(1968), Galaway and Hudson(1981), Scherer(1982), Schneider(1982), Friedrichs(1983), Viano(1983) 등을 참조.

해자들로 한정한다.

첫 번째 관점을 지지하는 학자들은 피해자학의 초점이 범죄 피해에 한정되어야 한다고 믿는다(Flynn, 1982; Fattah, 1991; Karmen, 2004: 22). 이들은 피해자학의 영역이 인간의 고통에 대한 모든 연구를 담아내는 잡동사니 봉투는 아니라고 말하면서(Goodey, 2005: 15), 광의의 피해자에 대한 요청은 범죄와 범죄성의 다른 면, 즉 자연재해가 아닌 인간에 의해 행해진 범죄의 피해자를 다루는 '과학' 혹은 '분과 학문'으로서의 피해자학의 힘을 약하게 만든다고 비판한다. 이들이 피해자학의 범위를 범죄 피해에 한정하자는 주장에는 실용주의적 측면도 담겨 있다. 그래야만 연구와 이론화를 위한 정확하고 즉시 규명 가능한 범위, 분명한 방향이 존재할 수 있기 때문이다. 회의를 개최하고 잡지들을 출간하며 교재들을 쓰고 대학 강좌들을 개설하는 등의 실천적 목적을 위해 관리 가능하려면 그 분야의 경계들이 분명하게 설정되는 것이 필수적이라는 것이다.

두 번째 견해를 지지하는 피해자학자들은 범죄 피해가 피해자학의 주된 관심인 것은 분명하지만, 그것이 체계적인 연구 가치가 있는 고통의 유일한 형태가 되어서는 안 된다고 주장한다. 이들은 피해 연구가 범죄 피해는 물론, 억압적인 정치 체제, 인간에 의해 만들어진 재앙들(전쟁, 기근), 자연재해(홍수, 지진), 그리고 순수한 사고들을 통합하는 보다 넓은 지평을 갖기를 희망한다.

이런 견해는 벤야민 멘델손의 사상에서 유래한다. 초기 피해자학자들의 피해자 촉진에 대한 집착과 분화 및 뒤이은 분절화는 피해자학이라는 새로운 관심 영역을 지체시키고 위험에 처하게 한다는 우려를 낳았다(Bruinsma and Fiselier, 1982; Levine, 1978; Doerner and Lab, 2005: 12). 몇몇 학자는 피해자학이 고유한 분과 학문인지 아니면 단순히 범죄학의 하위 분야인지에 대해 궁금해하였다. 이에 멘델손은 '일반 피해자학'이라는 용어를 창안함으로써 피해자학이 범죄학의 변방으로부터 벗어나 독자적인 영역을 구축하기를 바랐다. 그는 인간이 수많은 인과 요인으로부터 고통당하기 때문에 범죄 피해에 초점을 맞추는 것은 너무도 협소한 관점이라 평가했다. 대신 그는 피해자학적 관심을 모든 종류의 피해자(범죄뿐만 아니라, 자연, 테크놀로지, 환경, 교통사고, 우주 에너지 등)를 포함하는 쪽으로 확장하였다. 이 견해를 지지하는 사람들의 공통 목표는 모든 종류의 재앙의 고통을 완화하기 위해 단기적 구원과 장기적 해결을 위한 효과적인 전략들을 개발하는 것이다. 불법적인 행위들과 완전히 적법한(그렇지만 기근, 건강 악화, 빈곤 및 다른 사회 문제들을 유도하는) 행위들 간의 구분은 인위적이며 정치적으로 결정된다(Elias, 1986; Karmen, 2004: 22에서 인용).

피해자에 대한 세 번째 정의는 일반 피해자학의 광의의 관점을 축소하여 범죄를 포함한 인권 침해 피해자들로 한정한다. 이 견해는 피해자학에서 가장 많이 수용되는 피해자 정의로서 1985년 「범죄 및 권력 남용 피해자를 위한 정의의 기본 원칙에 관한 유엔 선언」(UN Declaration of Basic Principles of Justice for Victims of Crime and Power Abuse)에 잘 반영되어 있다. 「유엔 선언」에 의하면, 피해자란 "회원 국가 내 형법 위반 행동이나 태만(부작위)에 의해 개인적 혹은 집합적으로 신체적 상해나 정신적 상처, 감정적 고통, 경제적 손실 또는 근본 권리의 실질적인 손상 등의 해가 야기되어 고통을 겪고 있는 사람들"이다(Walklate, 2007: 29).

사실 피해자에 대한 두 번째 정의는 그 개념이 너무 넓기 때문에 독립적인 연구 전통을 수립하기가 어렵다(Kirchhoff and Sessar, 1979; Strobl, 2010: 16에서 인용). 첫 번째 정의의 경우 그 준거로써 형법을 취하는데, 이 해법은 형법의 사각 지대가 피해자학의 연구 주제 설정을 방해하기 때문에 만족스럽지 못하다(Strobl, 2010: 16). 형법의 주요한 사각 지대는 법체계의 구성적 본질에서 비롯된다. 사회적으로 유관한 의미에서 누가 피해자가 되고 누가 가해자가 되는지는 궁극적으로 입법자의 결정에 달려 있다. 이 결정은 문화적 규준들과 권력을 지닌 사회 집단의 가치 선호에 의해 영향을 받는다. 세 번째 정의를 따를 때 형법상의 범죄뿐만 아니라 사회학적인 범죄 행위(사회적 규범 위반)도 피해자학의 연구 대상에 포함시킬 수 있다. 그리고 형법을 만들고 범죄를 규정하는 데 영향력을 행사하며 형법의 틀로써는 잘 포착이 되지 않는 사회의 권력 집단과 지배 세력들의 착취와 인권 침해를 '피해'의 범주 안에 포함시킬 수 있게 된다.

제2항 과학으로서의 피해자학, 실천으로서의 피해자학

피해자학과 피해자 지원의 전개 과정을 추적하다 보면, 서로 다른 의제와 철학을 지녔지만 인간의 고통에 대해서는 동등하게 공감하는 두 개의 대립적인 지향을 만나게 된다(Fattah, 2010: 53–54). 하나는 피해자학을 범죄학의 한 갈래로 보는 피해자학의 원론적 개념에 충실한 학자와 연구자 진영이다. 다른 하나는 여성주의자, 치료사, 사회사업가, 그리고 범죄피해자의 개선 및 피해를 입은 사람들을 위한 정의 획득을 자신의 사명으로 규정했던 사회적·정치적 활동가 진영이다. 두 집단은 서로 다른 언어를 말하며 서로 다른 파장에서 활동하고 있다. 전자에 대해서는 학술적인 과학자, 후자에 대해서는 인도주의자라는 명칭이 뒤따른다(Cressey, 1992: 57).

칼멘(Karmen, 2004: 9)은 피해자학자의 역할이 연구에 한정되어야 한다고 주장한다. 상처 입은 피해자들이 시련을 극복하도록 돕는 것은 실무가나 옹호자의 몫이지 연구자의 역할은 아니라는 것이다. 물론 활동가들도 피해자와 유족들의 고통과 곤경을 다룰 수는 있다. 하지만 그들은 피해자 관련 쟁점들을 도덕, 윤리, 철학 및 감정에 기초하여 다루기 때문에 주관적인 결론에 다다를 가능성이 높다고 칼멘은 진단한다(Karmen, 2004: 9). 인도주의로부터 과학을 분리해야 한다고 주장하는 진영은 피해자 관련 쟁점들이 특정한 정치 이념에 휘둘리는 것을 경계하려 한다. 이는 영국이든 미국이든, 특히 미국의 경우 우익의 응보주의 사법과 피해자-중심적 연구 간 제휴가 학문적 분과로서의 피해자학의 진보를 손상시켰다는 반성에서 비롯된다(Goodey, 2005: 96).

인도주의자들의 작업은 그것이 감정 중립적·학술적·과학적이지 않고 선전적인(propagandistic) 것으로 고려되기 때문에 강력히 비난받는 경향이 있다. 과학적 피해자학을 옹호하는 집단들은 피해자학의 담론이 인도주의 활동가들의 주장보다 과학적 작업에 기초하여 도출된 주장과 쟁점들에 의해 인도되어야 한다고 본다(Fattah, 1992a; Walklate, 2007: 30). 반대로 과학주의적인 작업은 그것이 사회 행동을 충분히 지향하지 않는다는 이유로 강력한 비난에 직면하곤 한다(Fattah, 2010: 54).

그런데 최근 과학적 접근과 인도주의적 접근을 통합하려는 노력들이 나타나고 있다. 피해자학 안에는 학술적, 정책적, 활동가적 관심이 복잡하게 얽혀 있는데, 학술적 관심과 활동가적 관심은 실질적인 피해자 정책의 고려 속에서 통합되는 경향이 있으므로 이를 분리하기 보다는 피해자학 내에서의 그 관계를 새롭게 정립해야 한다고 것이다(Dignan, 2005; Goodey, 2005; Walklate, 2007: 30). 구디(Goodey, 2005: 95)는 '피해자'를 정치적인 목적으로 활용하고자 하는 우익의 응보적 사법, 피해자 옹호 집단과 피해자학 간 결합이 피해자학의 학문적 순수성을 오염시켰다는 자괴감을 낳음으로써 실질적인 피해자-중심적 형사 정책을 추진할 수 있는 수단으로서의 피해자학의 잠재력이 간과되어 왔다고 진단한다. 더욱이 그는 현재 피해자-중심적 형사 정책은 진정 피해자들이 원하고 필요로 하는 것에 대한 통찰 없이 채택되고 있다고 평가한다. 그리하여 구디(Goodey, 2005: 96)는 소위 '피해자들을 위한다고 알려진' 정책 개발, 특히 활동가들에 의해 안내된 개발들을 검토하는 데에 학술적 연구가 보다 큰 역할을 수행해야 한다고 주장하며, 그러한 정책들을 비판적으로 평가하기 위해 학계와 행동주의자들이 함께 할 명백한 필요성이 존재한다고 제의한다.

요컨대 세 가지 입장, 즉 연구, 행동주의, 정책은 피해자-중심적 연구 및 형사 정책의 초점과 방향을 형성하고 틀 짓는 요소이므로 각자는 함께 고려되어야 한다. 다시 말해 연구는 행동주의와 정책 개발에 정보를 제공하고 행동주의와 정책은 연구를 틀 짓는 것으로 서로의 관계를 정립할 필요가 있다.

제 5 절

소결

피해자학의 역사는 피해자와 가해자 및 이들을 둘러싼 사회에 대한 역사이다. 그것은 피해, 피해자, 피해자에 대한 사회와 형사 사법 체계의 반응에 관심을 갖고 그 현상을 분석하며 대안을 추구한다. 인류 역사에서 범죄가 있는 한 고통받는 피해자들은 늘 존재해 왔다. 고대 사회에서 범죄는 피해자와 그의 가족이 대응해야 할 개인적 행위로 간주되었다. 그러나 국가 형사 사법 체계가 구축되면서부터 피해자에 의한 사적 사법 체계는 위축되었고 범죄피해자에게는 공소 유지를 위한 증인 이상의 지위와 역할이 부여되지 않았다. 20세기에 들어와 반전이 일어났는데, 범죄율이 증가하고 범죄의 두려움이 확산됨에 따라 피해자에 대한 관심이 부활하고 가해자 중심적인 형사 사법 내에 피해자 중심적인 관념들이 허용되기 시작하였다.

다수의 사회적 힘이 피해자의 재발견과 피해자학의 발달에 영향을 미쳤다. 여성주의 운동은 여성의 곤경에 대한 우리의 자각을 끌어 올렸다. 시민권 운동은 개인들에게 어떤 권리들을 보장하는 다수의 법률들이 통과되도록 하였다. 범죄가 증가하자, 사회는 점차 보수적이 되었고 피해자들이 겪는 외상을 더 잘 인식하게 되었다. 신자유주의 사조의 확산과 함께 피해 예방에서 공중의 역할이 중시되었다. 가해자 중심의 처우 모델의 실패와 더불어 가해자 분석을 통해 범죄 문제를 이해하고 해법을 마련하는 데 한계를 느꼈던 범죄학자들은 분석의 초점을 피해자로 옮기기 시작했다.

그간 피해자학은 범죄의 원인으로서의 피해자로부터 어떻게 범죄가 발생하고 어떻게 사람들이 피해자로 선택되는지를 연구하는 쪽으로 이동해 왔다. 특히 피해 조사의 발전과 더불어 생활 양식, 일상활동, 삶의 기회들에 기초하여 범죄 피해 현상을 이해하고 그 규칙성을 탐구하고자 하는 이론적 접근들이 등장하였다. 원조 피해자학자들이 피해자의 유형 및 취약성, 피해자의 피해 유발 문제에 연구 초점을 제한했던 데 비해, 현대 피해자학의 관심 영역은 피해의 측정과 피해 결과에 대한 분석, 피해의 원인 및 상관성과 과정 분석, 피해의 영향에 대한 사회와 형사 사법 기관의 반응, 국가 및 민간 부문의 피해자 지원 등으로 크게 확대되었다.

비록 그 역사가 일천하여 엄밀하게 구축된 이론 체계들을 갖추지는 못하고 있지만, 피해자학 진영 내에는 그 이데올로기적 지향성에 따라 보수주의적 관점, 자유주의적 관점, 급진주의적 관점, 비판주의적 관점, 그리고 여성주의적 관점으로 분화가 진행 중임을 목격할 수 있다. 보수적인 피해자학은 거리 범죄들의 피해에 초점을 맞추고 응보적 사법을 강조하며 사람들로 하여금 자신의 행동에 책임을 지도록 한다. 자유주의 피해자학은 분석 대상에 화이트칼라 범죄, 기업 범죄 등을 포함시킴으로써 보수주의적 초점을 확대한다. 급진주의적 관점에서는 형법의 범위와 한계를 넘어서는 피해를 포함하고 인권을 포괄하며 피해에 있어 자본주의 국가의 역할을 검증한다. 비판주의 피해자학에서는 개별 피해자들의 경험과 그것들에 대한 사회-정치적 권력들의 영향을 관찰하며, 피해자 서비스 '소비자'로서의 피해자 구성을 비판한다. 여성주의 피해자학은 보수주의 피해자학의 백인 남성주의적 관점을 비판하며 가정과 사무실과 같은 사적 영역에서 발생하는 여성의 폭력 피해에 대한 대중의 자각을 고취시킨다.

피해자학이 향후 발전하기 위해서는 그 정체성과 사명을 명확히 설정할 필요가 있다. 현재 피해자의 범주를 어디까지 설정할 것이냐에 따라 범죄피해자학과 일반 피해자학이 서로 입장을 달리 한다. 이와 관련하여 형법상의 범죄 피해는 물론 보편적인 인권 침해까지 포괄하는 피해자 개념을 대안으로 제시할 수 있을 것이다. 과학으로서의 피해자학과 실천으로서의 피해자학 간의 긴장도 해결되어야 한다. 이론이냐 실천이냐는 해묵은 논쟁에서 벗어나 과학적 연구는 실천과 정책 개발에 대한 정보를 제공하고 행동주의와 정책은 다시 연구의 방향을 틀 짓는 유기적인 관계가 정립될 필요가 있다.

토론 주제

1. 형사 사법 분야에서 나타난 범죄피해자의 지위 변동의 역사를 설명해 보자.
2. 피해자 중심적 형사 사법이 등장하게 된 정치 경제학적·사회적 맥락에 대해 설명할 수 있는가?
3. 초기 피해자학자들의 주된 관심은 무엇이었으며 그들이 수행한 작업에 어떠한 의의를 부여할 수 있는가?
4. 피해자학에는 어떤 관점들이 존재하며 이를 둘러싸고 어떠한 이데올로기적 지형이 형성되고 있는가?
5. 현대 피해자학의 관심 영역과 연구 대상, 사명을 어떻게 정리할 수 있는가?

주요 개념

피해자-중심적인 사적 절차
정부-중심적인 형사 소추 모델
가해자-중심적 형사 사법 체계
피해자-중심적 형사 사법 체계
피해자의 황금기
동해보복(lex talionis)
피해자의 수난기
피해자의 재조명기
피고인의 권리
피해자의 권리
가해자-피해자 간 상호 작용으로서 범죄
피해자 유형학
피해자가 되기 쉬운 성향(victim proneness)
피해자 유책성(victim culpability)
피해자 촉진
피해자 비난
범죄피해자 운동
피해자 권리 장전(Victim's Bill of Rights)
범죄 피해 조사
피해자학의 정의
범죄 피해의 측정
범죄 피해의 상관성과 과정
범죄 피해의 영향과 반응
응용 피해자학
보수주의 피해자학
자유주의 피해자학
급진주의 피해자학
비판주의 피해자학
여성주의 피해자학
피해자 정의
범죄피해자학과 일반 피해자학
과학으로서의 피해자학
실천으로서의 피해자학

CHAPTER

02

피해자 및 피해의 유형

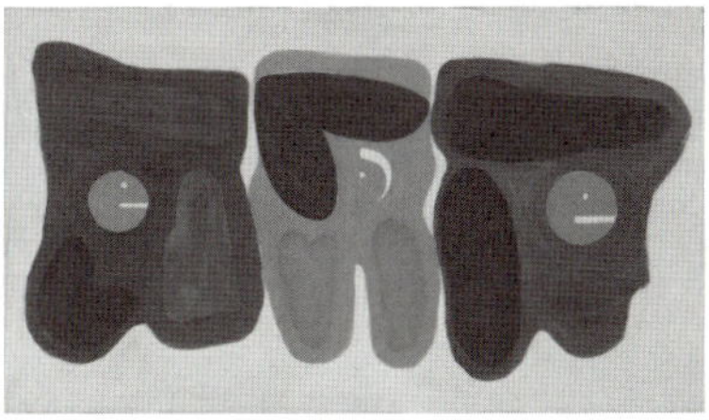

피해자는 타인의 범죄적 행위로 인해 직·간접적으로 신체, 감정 혹은 재산상의 피해를 겪은 사람을 일컫는다. 이러한 일반적 의미로서의 피해자 개념은 크게 법적인 개념과 사회과학적 개념으로 구분할 수 있다. 또한 피해는 피해의 특성에 따라 다양한 방식으로 유형화될 수 있는데 첫째는 피해자의 특성을 중심으로 유형화하기도 하고 둘째는 피해자가 겪은 피해를 중심으로 유형화하기도 하며 마지막으로 피해자와 피해를 구분하지 않고 전체적 맥락에서 함께 분류하기도 한다. 이 장에서는 피해자의 개념과 피해의 유형을 살펴본다.

제 1 절

피해자의 개념화

라틴어 Victim에서 유래되는 피해자라는 개념은 크게 두 가지의 의미를 갖는데 하나는 종교적 의식에서의 제물을 의미하고 다른 하나는 범죄적 행위에서의 희생자를 의미한다. 오늘날에 이르러 학계에서는 전자의 의미가 퇴색되고 후자의 의미만이 통용되고 있다. 즉 오늘날의 피해자는 범죄행위로부터의 피해자를 의미하고 그 범위와 영역은 학자에 따라 다양하게 규정된다. 피해자의 개념은 범위에 따라 개념화하기도 하고 학술적 차원에서 개념화되기도 하며 피해자의 역할에 따라 개념화되기도 한다.

제1항 일반적인 피해자 개념

일반적으로 피해자의 개념은 협의와 광의의 개념으로 구분할 수 있고 때로는 최협의, 협의, 광의, 최광의의 네 가지로 구분하기도 한다. 먼저 최협의의 피해자는 그 개념을 법률적인 해석에 국한시켜 정의하는 경우에 적용된다. 일반적으로 피해자라는 것은 범죄적 행위로부터의 피해를 입은 사람을 말하는데 이 범죄적 행위라는 것은 법을 위반함으로써 그 법익이 침해 또는 위협당한 사람을 말한다. 이때 위반한 법이 형벌법규에 국한될 때 그 피해자를 최협의의 피해자라고 규정한다. 이는 형법상의 피해자 개념과 일치하는 경향이 있으며 범죄행위의 대상이자 객체이며 보호법익의 주체가 된다. 최협의의 피해자는 일반적인 사람을 일컫는 자연인뿐만 아니라 법인이나 혹은 법인격이 없는 단체가 될 수도 있지만 범죄행위로 인하여 직접적인 피해를 당한 자연인, 법인, 단체 등만을 포함한다. 따라서 직접적인 피해가 아닌 간접의 피해를 당한 사람들 예를 들면 피해자의 가족이나 친지 등은 여기에 포함되지 아니한다.

다음으로 협의의 피해자 역시 범죄적 행위로부터의 피해를 당한 자를 일컫고 여기에도 역시 자연인뿐만이 아니라 영리 및 비영리 법인 및 법인격이 없는 단체도 포함된다. 앞서 범법행위를 형법범으로 한정할 경우엔 최협의의 피해자로 구분한 것을 기억할 것이다. 이에 비해 협의의 피해자는 형법범으로부터의 피해뿐만 아니라 법공동체의 보편적 행위규범을 위반한 범죄자들로부터의 피해를 당한 사람들을 일컫는다. 여기에도 역시 피해자의 가족 등 간접적인 피해를 당한 사람들은 포함되지 아니한다.

세 번째로 광의의 피해자를 들 수 있다. 이 유형에는 실질적인 의미의 법위반행위, 즉 범죄로 인하여 직접적인 피해를 당한 사람들(자연인, 법인, 단체) 뿐만 아니라 가족이나 친지들처럼 간접적인 피해를 당한 사람들도 포함된다. 또한 경찰직이나 소방직 종사자들과 같이 피해예방 혹은 피해자 구조활동 등의 행위로부터 피해를 당한 사람들도 여기에 포함시킬 수 있다. 광의의 피해자들이 겪는 피해의 내용으로는 육체적, 정신적, 경제적 손실뿐 아니라 감정적인 고통, 기타 기본권의 침해 등이 모두 포함된다. 전쟁, 대량학살 혹은 환경범죄 등의 경우 대량의 피해자가 발생하게 되고 이들이 보호되어야 할 권익의 주체가 될 수도 있기에 개인뿐 아니라 집단 또는 단체도 피해자가 될 수 있다.

한편 국가나 사회와 같은 대상도 피해자에 포함될 수 있는지에 대한 소수의 의견이 있다. 크게 보면 국가나 사회도 사회적 공존질서나 국가의 법질서를 침해하는 등의 피해를 입을 수 있는 것은 사실이나 그 피해의 구체성이 상대적으로 결여되는 것 역시 사실이다. 따라서 그 피해의 추상성이 높기 때문에 피해자학의 고유영역을 규정짓는데 문제가 발생할 수 있기에 국가나 사회는 피해자에서 제외시키는 것이 타당하다는 의견이 있다(김용세, 2010).

끝으로 최광의의 피해자에는 형법이나 기타 법률 및 규칙을 포함하여 사회생활에서 발생할 수 있는 모든 형태의 위법행위뿐 아니라 사건, 사고 등으로 인한 피해자가 모두 포함된다. 노사분규에 따른 적법한 노사대립 상에서 발생한 피해뿐 아니라 전쟁, 지진, 홍수 등 인위적, 자연적 재해의 피해, 경기불황이나 경영실패 등에 의한 실직자의 피해, 사회불평등에 따른 사회적 약자의 피해, 문화충돌에 따른 소수자의 피해 등 사회의 구조나 문화 등의 대립에서 비롯된 모든 피해가 다 포함된다. 이러한 피해자들은 사회적 약자로서 혹은 피해자로서 보호받아야 할 대상이긴 하지만 범죄피해자에 주목하는 피해자학의 연구대상으로서는 적절치 못한 것이 사실이다.

제2항 법적 개념

현재 우리나라 법률은 '피해자'의 범위를 명확히 규정하지 않고 있다. 하지만 피고인의 유죄가 확정되기 전 피해자 개념을 사용하는 것은 무죄추정 원칙에 위배될 수 있다는 문제가 있다. 이를 보완하는 차원에서 이진국(2024)은 형사소송법에 피해자 개념을 명확히 정의하면 보호 대상과 범위를 확정할 수 있어 피해자 보호 정책에 도움이 된다고 주장하면서 독일 형사소송법의 피해자 정의 방식을 참고해 우리 형사소송법에 피해자 개념을 규정할 것을 제안하였다. 그의 주장을 구체적으로 파악하기 위해 독일 형사소송법 제373b조[1]를 살펴보면, "이 법의 목적상 피해자는 범죄 및 범죄의 실행이 상정되거나 또는 법적으로 입증된 결과로, 그의 법적 이익이 직접적으로 손상되었거나 직접적인 피해를 입은 사람을 말한다."라고 피해자를 규정하고 있다. 독일에서는 피해자를 형사소송법에서 구체적으로 언급하며 그 개념을 명확히 규정하고 있는 것이다. 이에 비해 우리나라에서는 형사소송법에서 피해자를 명시하고 있는 조항들이 각각의 입법목적과 취지를 가지고 있기에 피해자를 통합적으로 그리고 포괄적으로 규정하는 개념을 사용하는 것이 현실적으로 불가능하다고 판단한다. 그럼에도 불구하고 유럽연합의 피해자보호지침이나 독일의 형사소송법을 참고하면 우리나라에서도 충분히 피해자에 대한 명확한 규정이 불가능한 것은 아니라는 것이 그의 주장이다. 이를 통해 보호의 대상이 되는 피해자가 누구이며 어디까지 보호해야 하는가를 명확히 할 수 있고 피해자보호를 담당하는 기관 역시 그 대상과 범위를 명확히 할 수 있다. 더 나아가 독일 형소법을 참고하여 범죄로 인해 법익을 침해당한 사람뿐만 아니라, 배우자와 직계친족, 형제자매까지도 피해자의 범위에 포함하여야 한다고 주장한다(이진국, 2024: 52).

한편 김혜경(2023)은 헌법재판소의 결정에서 나타난 피해자관련 개념 사용 용례를 분석함으로써 피해자라는 개념의 다양성을 파악하고 이의 정확한 사용을 제안하였다. 그는 먼저 피해자라는 용어가 범죄피해자, 형사피해자, 범죄로 인한 피해자, 비피해자, 피해자 등으로 다양하게 활용될 뿐만 아니라 법률상 규정만으로는 각각의 용어가 가지는 법적 차이를 구분할 수 없다는 점에 주목하였다. 이에 대한 해결책으로 김혜경(2023)은 범죄피해자보호법과 형

1) https://www.gesetze-im-internet.de/stpo/__373b.html
Im Sinne dieses Gesetzes sind Verletzte diejenigen, die durch die Tat, ihre Begehung unterstellt oder rechtskraftig festgestellt, in ihren Rechtsgutern unmittelbar beeintrachtigt worden sind oder unmittelbar einen Schaden erlitten haben. (영문번역: For the purposes of this Act, injured persons are those whose legal interests have been directly impaired or who have suffered direct damage as a result of the offense, its commission assumed or legally established.)

사소송법의 두 가지 중심 법률을 근거로 전자는 국가 개입의 보호중심 법률이고 후자는 피해자의 권리중심 법률로 그 성격을 구분한 후 범죄피해자와 형사피해자의 두 가지 용어를 구분하여 사용할 것을 제안하였다. 먼저 좁은 범위의 형사피해자란 형사절차상의 권리 및 의무의 주체자인 범죄의 직접적인 피해자를 의미하는 반면 범죄피해자란 범죄의 직접 피해자(형사피해자) 외에 그의 배우자, 직계친족 및 형제자매는 물론 범죄피해자 구조활동으로 피해를 당한 사람까지도 포함한다.

제3항 그 밖의 개념들

범죄학적 관점에서 피해자를 지칭하는 다양한 용어들은 각기 다른 맥락과 함의를 가지고 있다. 이러한 용어들의 사용은 단순히 언어적 차이를 넘어 법적, 사회적, 그리고 윤리적 함의를 내포하고 있다. '피해자'는 가장 일반적이고 공식적인 용어이다. 피해자는 형사소송법과 범죄피해자보호법 등 대부분의 법률에서 사용되는 표준 용어로서 이는 범죄로 인해 직접적인 피해를 입은 사람을 지칭하며, 형사절차의 모든 단계에서 일관되게 사용된다. 이에 비해 '피해호소인'(Alleged Victim)은 상대적으로 최근에 등장한 용어로, 피해 사실이 공식적으로 확인되기 전 단계에서 사용되곤 한다. 이 용어의 사용은 무죄추정의 원칙과 연관되어 있으나, 법률적으로는 인정되지 않는 용어로서 다음과 같은 특징을 갖는다. 첫째는 피해 주장의 진실성이 아직 확인되지 않았음을 암시하고 둘째는 피해자의 권리를 약화시킬 수 있다는 비판이 존재하며, 마지막으로 일부 정치적, 사회적 맥락에서 논란의 여지가 있다는 특징이 있다.

다음으로 '범죄자에 상응한 피해자'(Corresponding Victim)는 범죄학 이론에서 사용되는 개념으로, 특정 범죄 유형과 연관된 피해자 집단을 지칭한다. 이는 피해자학(Victimology)에서도 중요한 연구 주제로 다루어지는데 특정 범죄 유형과 피해자 특성 간의 상관관계 연구에 사용되고 범죄 예방 전략 수립에 활용되지만 피해자 비난(Victim blaming)으로 오용될 위험성이 존재한다는 약점이 있다.

마지막으로 실질적 피해자(Practical Victim)는 법적으로 피해자로 인정되지 않더라도 실질적인 피해를 입은 사람을 지칭할 때 사용된다. 주요 특징으로는 간접 피해자나 2차 피해자를 포함할 수 있다는 점, 피해자 지원 정책 수립 시 고려되는 개념이라는 점, 마지막으로 법적 정의와 실질적 피해 간의 간극을 메우는 역할을 한다는 점 등을 들 수 있다.

이러한 다양한 용어의 사용은 범죄학에서 중요한 학술적 함의를 갖는다. 첫째, 피해자의 법적 지위를 담보하는 차원에서 '피해자'라는 용어의 일관된 사용은 형사사법 절차에서 피해자의 권리를 보장하는 기반이 된다. 둘째, 피해자학의 발전이라는 차원에서 다양한 용어의 등장은 피해자에 대한 이해가 진화되고 심화되고 있음을 반영한다. 셋째, 사회적 인식 변화의 차원에서 '피해호소인'과 같은 용어의 등장은 피해자에 대한 사회적 인식 변화를 보여준다. 넷째, 정책적 함의의 차원에서 실질적 피해자 개념은 피해자 지원 정책의 범위를 확대하는 데 기여한다. 다섯째, 윤리적 고려의 차원에서 각 용어의 사용은 피해자의 권리 보호와 무죄추정의 원칙 사이의 균형 문제를 고려한다. 결론적으로, 피해자를 지칭하는 다양한 용어의 사용은 단순한 언어적 차이를 넘어 법적, 사회적, 윤리적 함의를 갖고 있으며, 이는 범죄학 연구와 형사사법 정책에 중요한 영향을 미친다고 할 수 있다. 따라서 이러한 용어들의 사용과 그 영향에 대한 지속적인 학술적 논의가 필요하다.

제 2 절

피해자의 분류 및 학자들의 유형화

제1항 피해자의 역할에 따른 분류

초기 피해자학이 범죄피해가 발생하기까지 피해자가 기여한 바가 어느 정도인가에 관심을 가져왔다면 차츰 그에 대한 관심은 줄어들고 범죄피해의 원인 및 대처에 더 많은 관심을 기울이는 것이 현대 피해자학의 추세이다. 그럼에도 불구하고 초기에 가졌던 관심이 퇴색되지는 않는다. 이러한 관심에서 비롯된 것이 소위 범죄피해가 발생하기까지 피해자가 기여한 바의 피해자 역할론이다. 피해자의 기여 정도에 따라 피해자 조장(助長)(victim facilitation), 피해자 촉발(促發)(victim precipitation) 및 피해자 도발(挑發)(victim provocation)로 구분하는 것이 그것이다[2)](Daigle 2012).

피해자 조장은 비록 피해자가 의도하지는 않았지만 가해자의 범죄행위가 쉽게 발생하도록 도와주는 과정에서 일어난다. 피해자가 범죄발생에 촉매역할을 하는 것이다. 예를 들어 자전거 이용자가 목적지에 도착해서 자물쇠를 잠그지 않은 채 일을 보러 떠났다면 잠재적 범죄자들에게는 자전거를 훔칠 절호의 기회가 제공된 셈이 된다. 만약 이 자전거가 없어졌다면 피해자는 스스로 절도피해를 도와주고 조장한 책임으로부터 자유롭지 못하다고 할 수 있다. 물론 범죄자는 자전거 자물쇠의 개폐 여부에 관계없이 자건거를 훔쳐서는 아니 되기에 무작정 피해자에게 책임을 전가할 수는 없다. 그럼에도 불구하고 피해자가 자전거를 자물쇠 풀린 상태에서 누구나 가져갈 수 있는 곳에 방치해 놓았다면 이는 분명히 피해자가 자전거를 훔치기 쉬운 대상(對象)으로 만들어

2) 조장은 피해자가 범죄의 발생에 도움(助)을 주어 범죄로 연장(長)되도록 용이하게 한다는 의미. 촉발(觸發)은 피해자와 가해자가 서로 닿거나 부딪히는(觸) 자극을 통해 범죄가 발생(發)한다는 의미. 도발(挑發)은 피해자의 부아를 돋아(挑) 범죄가 발생(發)하도록 만든다는 의미.

잠재적 범죄자로 하여금 범죄행위를 쉽게 저지르도록 도와준 셈이 된다.

피해자 조장과 유사한 개념으로서 피해자 촉발이 있다. 피해자 촉발은 피해자가 스스로의 피해자화에 책임이 있는 정도를 말한다. 이 개념은 비록 대부분의 피해자들이 범죄피해의 책임으로부터 자유롭다고는 하지만 일부 피해자들의 경우는 그렇지 않을 수도 있다는 점에 착안한다. 이 개념의 전제는 범죄피해의 두 구성원, 즉 가해자와 피해자의 두 당사자가 이미 범죄피해의 발생 전후 모든 과정에 깊숙이 관여하고 있다는 것이다. 예를 들어 두 사람이 언쟁을 벌이던 가운데 피해자가 가해자에게 먼저 듣기에 거북한 심한 욕을 하는 바람에 가해자의 주먹에 맞아 이가 부러졌다면 욕을 통해 가해자의 범행을 자극하고 부추겼다는 점에서 피해자에게도 어느 정도의 책임이 있다고 할 수 있다. 이처럼 피해자도 범죄피해가 발생하는데 기여한 자신의 역할로부터 자유로울 수 없는데 이 개념의 문제는 종종 피해자에게 부정적인 책임을 전가하는 것에 있다. 다시 말해 가해자의 역할은 무시한 채 피해자에게 모든 책임을 지우고 비난하려는 경우가 종종 발생한다.

마지막으로 피해자 도발은 다른 사람으로 하여금 불법행위를 저지르도록 선동(煽動, incite)하는 경우를 말한다. 불이 붙었는데 부채를 부쳐 불이 활활 타오르도록 선동하고 부아를 돋구는 행위를 도발이라고 한다. 피해자 도발의 핵심 요건은 피해자의 도발이 없었다면 범죄가 더 큰 문제로 도약하지 않았을 것이라는 점이다. 다시 말해 범죄가 발생한 현 상황에서 범죄발생에 더 큰 역할을 한 사람은 가해자가 아니라 피해자라는 것이다. 따라서 범죄의 결과에 대한 비난은 피해자에게 돌아간다. 예를 들어 노상강도가 칼을 들고 행인을 위협하여 돈을 갈취하려 하였으나 행인이 이에 굴하지 않고 총을 쏘아 강도를 제압했다면 이 상황에서의 최후 피해자는 행인이 아니라 노상강도가 된다. 애초에 그가 칼을 들고 위협하지 않았다면 그는 탄환의 피해자가 되지는 않았을 것이다. 이상에서 살펴본 피해자 촉발, 피해자 조장 및 피해자 도발의 경계선이 항상 명확한 것은 아니지만 보다 많은 연구와 사례를 통해 명확한 구분이 가능하도록 발전될 필요가 있다.

제2항 학자들의 유형화

1 헨티히

한스 폰 헨티히(Hans von Hentig)는 피해자화를 부추기는 범죄자-피해자의 조합에 관심을 두면서 범죄의 피해를 유발하는 요인들을 연구하였다. 그에 따르면 피해자들이 피해자화가 되는 성향에 따라 13가지의 범주를 구분하였다. 그것들을 나열하면 (1) 젊은 사람, (2) 여성, (3) 노인, (4) 이민자, (5) 우울증, (6) 정신적 결함/이상, (7) 물욕적인 (8) 둔한 정상인, (9) 소수자, (10) 방종한 사람, (11) 외롭고 상처받은 사람, (12) 괴롭히는 사람, (13) 막힌 자, 면제된 자, 싸우는 자[3] 등의 특성을 가진 사람들이다. 첫째, 젊은 사람은 신체적, 정서적 취약성과 제한된 생활 경험으로 인해 착취와 학대에 취약하다. 이들의 순진함은 의도치 않은 피해로 이어질 수 있다. 둘째, 여성은 사회문화적으로 인식된 취약성과 성별 역할로 인해 다양한 형태의 범죄에 노출되기 쉽다. 이는 신체적 특성과 자기방어 능력에 대한 사회적 편견에서 기인한다. 셋째, 노인은 신체적 허약함과 사회적 고립으로 인해 범죄 피해에 취약하다. 넷째, 이민자는 문화적 차이와 언어 장벽으로 인해 적응 과정에서 착취와 차별의 대상이 되기 쉽다. 다섯째, 우울증을 가진 사람은 정서적 취약성과 복종적 성향으로 인해 범죄의 표적이 되기 쉽다. 여섯째, 정신적 결함/이상이 있는 사람은 위협 인식 능력의 저하로 착취에 취약하다. 일곱째, 물욕적인 사람은 탐욕적이고 금전적 이득에 대한 욕구가 강한 특성을 지닌 사람들로, 사기꾼들의 표적이 되기 쉽다. 이들은 재정적 이익에 대한 과도한 욕심으로 인해 판단력이 흐려질 수 있다. 여덟째, 둔감한 사람은 합리적인 지능을 가졌으나 지나치게 순진하거나 혹은 특정한 측면/상황에서 취약해지는 사람들을 지칭하는데, 이들은 쉽게 기만당할 수 있는 특성을 지닌다. 아홉째, 소수자들은 사회

---

3) (1) young; (2) females; (3) old; (4) immigrants; (5) depressed; (6) mentally defective/deranged; (7) the acquisitive; (8) dull normals; (9) minorities; (10) wanton; (11) the lonesome and heartbroken; (12) tormentor; and (13) the blocked, exempted, and fighting.

적으로 소외된 계층으로, 이러한 주변화(marginalization)로 인해 범죄 피해에 취약하다. 사회적 차별과 불평등한 대우로 인해 피해자가 되기 쉽다. 열째로 방종한 사람은 쾌락을 무분별하게 추구하고 열정에 지배되는 특성을 지닌 사람들로, 이러한 성향으로 인해 범죄 피해의 위험에 쉽게 노출된다. 열한 번째, 외롭고 상처받은 사람은 정서적 취약성으로 인해 조종의 대상이 되기 쉽다. 이들은 외로움으로 인해 위험을 인지하지 못하는 상황에 처할 수 있으며 이로 인해 피해위험이 높아진다. 열두 번째, 남을 괴롭히는 사람은 자신의 공격적 행동으로 인한 보복성 피해에 노출될 수 있다. 열세 번째, 차단된 피해자는 자기방어 능력의 부족으로 협박 등의 상황에서 취약하다. 이들의 취약성은 자신을 방어하지 못하거나 위협을 인식하지 못하기 때문에 피해를 유발한다. 면제된 사람은 잘못된 의사결정과 취약성으로 인해 협박이나 갈취의 상황에 처하게 되어 피해를 입게 된다. 호전적인 사람은 대결적 성향으로 인해 폭력적 상황에 노출되기 쉽다. 이처럼 특정한 사람들은 자신들의 특성으로 말미암아 범죄의 대상이 되거나 피해자화가 일어날 확률이 더 높아진다. 젊은이나 노약자 및 여성은 무지함, 혹은 모험하기, 성적 매력 등 스스로의 특성에 의해 더 많은 피해를 당한다. 우울증 환자, 정신적 박약자 및 정신장애자는 환경으로부터의 위협을 인지하지 못하거나 잘못 대처함으로써 더 많은 피해를 당한다. 행동이 굼떠 답답한 사람들 혹은 외로움과 상처로 상심한 사람들은 최악의 정신 상태로 인해 위험을 인지하지 못할 수 있어 피해를 당할 수 있다. 이러한 피해자 유형 분류는 각 집단의 특성과 취약성을 이해하고, 이에 따른 맞춤형 예방 대책을 수립하는 데 중요한 시사점을 제공한다.

헨티히는 13가지의 피해유발요인을 열거한 후 이들을 3가지로 유형화하였는데 그들은 각각 일반적 피해자, 심리적 피해자 및 활동적 피해자이다. 일반적 피해자는 13가지 요인들 가운데 어린, 여성, 늙은, 이민자, 장애자, 소수민족 등이 이에 해당하는데 이들의 공통점은 육체적, 정신적, 사회경제적 지위가 상대적으로 열악하다는데 있다. 심리적 피해자는 13가지 요인들 가운데 우울하고 탐욕적이고 방탕하고 외롭거나 상심한 사람들로서 심리적 정황상 피해를 당하기 쉬운 사람들이다. 우울한 사람들은 자기보호본능이 떨어질 수 있고 매사에 무관심하여 자신에게 닥친 위험이나 고통에 무감각해질 수 있다. 끝으로 활동적 피해자는 13가지 요인 중 막히고 면제되고 호전적 유형의 피해자로서 자신이 당한 범죄피해의 충격으로 인하여 제도적으로 자신의 의지가 제대로 발휘되지 못한다는 반항심과 억울함에서 스스로 범죄자로 전락하는 경우를 들 수 있다. 이들 중 일부는 제도적 피해자라고 불리기도 한다(김용세, 2010).

2 멘델존

1940년대 피해자학이라는 용어를 만들어 피해자학의 아버지라고 불리는 멘델존은 피해자와 범죄자 간의 관계에 관심을 가진 변호사였다. 피해자와 목격자들을 면접한 결과를 바탕으로 그는 범죄자와 피해자 간에 일정한 관계가 형성되었다는 점을 알게 되고 피해자의 과실이 있었는지, 피해자를 비난할 이유가 있는지, 있다면 얼마나 있는지 등을 바탕으로 피해자를 6가지로 유형화하였다. 첫째는 완전히 결백한(completely innocent) 범죄자로서 단지 피해자의 특성상 피해를 입었을 뿐이지 피해자를 비난할 여지가 하나도 없는 경우가 해당된다. 결백한 어린이처럼 다만 어리다는 이유로 범죄자의 범행대상이 된 경우가 있을 수 있다. 둘째는 약간의 잘못이 있는(with minor guilt) 피해자로서 주변상황에 대한 무지의 결과로 범죄의 피해자가 된 경우이다. 부주의로 인해 길을 잘못 들어 갱 간의 또는 갱들 간의 총기전쟁의 총기사고의 피해자가 된 경우가 한 예이다. 셋째는 자발적(voluntary) 피해자, 혹은 가해자만큼 잘못 한(as guilty as offender) 피해자로서 범죄자만큼이나 과실이나 잘못이 있는 경우이다. 자살동호회에 가입한 사람의 경우처럼 범죄자만큼이나 피해자도 자신의 잘못된 선택의 책임을 져야 할 필요가 있다. 넷째는 범죄자보다 더 과실이 있는(more guilty than offender) 피해자로서 스스로의 피해를 자초한 경우가 이에 해당한다. 가만히 있는 가해자를 약올리고 부추겨 반발심에 폭력을 휘두르게 한 피해자가 예가 될 수 있다. 다섯째는 대부분의 잘못을 저지른(most guilty) 피해자로서 피해를 입게 된 대부분의 책임이 피해자 자신에게 있는 경우이다. 강도짓을 하다가 상대로부터 총상을 입게 된 강도는 비록 애초에 자신이 상대에게 그렇게 심한 상해를 입힐 의도가 없었다고 하더라도 자신에게 더 큰 잘못이 있다고 하겠다. 마지막으로 모의하는(simulating) 혹은 상상적인(imaginary) 피해자는 피해를 전혀 입지 않았음에도 피해사건을 만들어 마치 피해를 입은 것처럼 조작한 경우가 해당된다. 성폭력피해자의 경우 종종 이러한 사건이 발생한다.

3 울프갱

울프갱은 피해자촉발범죄에 대해 집중적인 관심을 가지고 연구한 학자이다. 1948년에서 1952년 사이에 미국 필라델피아에서 발생한 약 558건의 살인사건을 분석한 결과 일부 사건에서는 살인의 촉발원인이 피해자의 직접적이고도 도발적인 행위였음을 밝혀냈다. 이를 피해자촉발범죄라고 명명한 후 그는 이들 피해자들이 자신이 스스로 촉발한 행위가 도화선이 되어 결국 자신이 살인의 피해자가 되었다는 사실을 알아냈다. 예를 들어 두 사람이 말다툼을 하다가 첫 번째 사람, 즉 피해자가 먼저 폭력을 휘두르다가 상대가 더 큰 폭력으로 (대부분 살인에 이를 정도로) 대응하는 바람에 죽음에 이르게 되는 경우가 있다. 그는 필라델피아에서 일어난 살인사건의 약 26%가 이러한 피해자촉발살인임을 밝혀냈다.

그는 단순히 이들 범죄의 유형을 분류하는데 그치지 않고 그 결과의 원인이 되는 요인들을 밝혀내는 데 관심을 가졌다. 그의 연구를 통해 밝혀진 사실들을 열거하면, 가해자와 피해자가 서로 아는 사이였다는 점, 대부분의 피해자촉발살인은 남자와 남자 간의 사건이었다는 점, 가해자는 오랜 동안 폭력범죄의 경력을 가지고 있었다는 점, 술이 이들 간의 관계를 악화시키는 촉매역할을 했다는 점 등이다.

울프갱이 사용한 피해자촉발이라는 용어는 훗날 하위의도(subintentional) 살인에까지 적용될 정도로 파급효과가 컸다. 하위의도살인(혹은 준(準)의도살인)에는 살인의 피해를 의도적으로 유발하였다는 의미를 포함하고 있다. 하위의

도살인이 발생하는 상황에는 다음과 같은 경우가 있다. 피해자가 상황을 잘못 판단하거나, 스스로를 위험에 처하게 하거나, 위험한 생활양식에 빠져 있거나, 술이나 약물 등을 사용하는 등 자신이 죽음에 이르도록 스스로를 위험한 상황에 놓이게 하는 경우이다.

제 3 절

범죄유형별 피해자

제1항 대인범죄피해자

대인범죄는 개인 간의 폭력이나 위협이 수반되는 범죄로, 피해자와 가해자 간의 직접적인 접촉이 발생하는 범죄를 의미한다. 주요 유형으로는 폭행이나 상해, 성범죄, 아동학대, 데이트폭력 등이 있다. 폭행이나 상해, 협박이나 공갈과 같은 폭력범죄는 폭력을 사용해서 피해자에게 신체적, 정신적 나아가 경제적 손실을 초래한다는 점에서 대단히 심각한 범죄이다. 폭력범죄는 상대에 대한 불만이나 분노에서 비롯되지만 때로는 가해자가 특정한 기준에 따라 선별한다는 가설이 있다. 이를 지명성 가설이라 하는데 이 가설은 소년사건에서 보다 두드러지게 적용된다. 즉 소년사건의 가해자들은 폭력의 피해자로서의 상대를 고를 때 자신이 제압할 수 있는 대상을 선정하는데 이를테면 키가 작고 말라보이고 온순한 인상을 가진 상대를 고르는 경향이 있으며 따라서 이러한 특징을 가진 사람은 폭력범죄의 피해자가 될 확률이 커진다고 하겠다.

폭력범죄의 피해를 당하였을 때에는 신체적 상해의 위험이 늘 존재한다. 특히 폭력의 정도에 따라 타박상, 찰과상, 자상, 골절 등의 다양한 상해가 초래될 수 있으며 결과적으로 신체적 고통과 질병 등으로 신음하게 된다. 이러한 상해는 단기간에 회복될 수도 있지만 평생을 병상에 누워 일어나지 못할 수도 있으며 심지어는 죽음에 이를 수도 있다. 폭력피해는 또한 두려움, 자존감의 상실 등 정신적, 심리적 상처를 초래한다. 또한 치료가 장기화될 경우엔 치료비용뿐 아니라 실직에 따른 기회비용이 증가하면서 경제적 부담까지 지게 된다. 이러한 육체적 정신적 상처와 경제적 손실은 피해자로 하여금 정신적 장애를 일으킬 수 있으며 심한 경우에는 우울증이나 반사회적 성격장애를 일으킬 수도 있다.

폭력범죄의 일종으로 분류되기도 하는 성범죄는 다른 어떤 범죄보다도 재범의 위험이 큰 범죄이다. 이것을 피해자의 입장에서 보면 성범죄피해자는 언제든 다시 성범죄의 피해자가 될 수 있다는 것이다. 따라서 가해자의 입장에서는 재범의 가능성을 낮추기 위한 제도적 대응, 즉 장기구금이나 의료적 치료와 같은 대응책이 요구되며 피해자의 입장에서도 법적, 제도적 도움뿐 아니라 정신적, 신체적 나아가 사회적 도움의 다양한 대응책이 요구된다.

주지하다시피 성범죄의 피해자는 신체적인 상처뿐 아니라 정신적, 심리적인 차원에서 심각한 상처를 입는 것으로 알려져 있다. 일단 자신의 몸을 스스로 보호하지 못했다는 심각한 자괴감에서부터 성과 관련된 극도의 수치심, 하나의 완성된 인간으로서 당연히 지녀야 할 자존감에 심각한 상처를 입게 된다. 성범죄피해자의 또 다른 특성 중 하나가 어린 시절부터 장기간에 걸쳐 지속적인 성적 학대와 착취를 경험할 수 있다는 점이다. 특히 성적 학대의 가해자가 부모나 형제와 같은 가족일 경우 피해자가 겪는 심리적 충격과 파급효과는 상상을 불허할 정도이다. 이 경우 피해자는 극도로 황폐한 심정에서 살인까지 저지르는 최악의 상황을 벌일 수도 있다. 그 정도는 아니라 할지라도 대인관계를 기피하는 대인장애, 자신의 처지를 비관하는 우울증, 자신을 돌보아주지 못한 사회에 대한 원망에서 비롯되는 반사회적 성격장애 등 다양한 심리적 장애현상을 겪을 수도 있다.

성범죄피해자의 또 다른 특성으로 소위 수사나 재판과정에서의 2차 피해를 들 수 있다. 성폭력으로 인한 피해를 1차 피해라고 한다면 성범죄피해자는 성범죄 특유의 여러 가지 수사과정에서 수치심을 고스란히 겪어야 하는 문제가 발생한다. 이제는 성폭력피해자들의 지원을 위해 수사와 지원을 한 곳에서 처리하는 원스톱지원센터가 설립되었고 최근에 성폭력피해자통합지원센터의 명칭 일원화전략으로 서울에서는 동부해바라기센터로 개칭한 지원센터의 존재로 인해 과거에 비해 2차 피해의 개연성이 확연히 줄어들기는 했지만 여전히 성폭력피해자는 수사과정 및 재판과정에서의 2차 피해를 우려해야할 처지임에는 틀림없다. 참고로 서울동부해바라기센터는 서울특별시, 서울지방경찰청, 경찰병원의 3자가 협약을 통해 여성 및 아동의 피해를 간단히 처리하기 위해 1985년 경찰병원에 설립한 피해자지원센터이다. 수사과정에서의 2차 피해 이외에도 가정이나 직장에서의 낙인과 따돌림으로 인하여 가족관계가 파탄에 이르거나 직장에서 정상적인 생활을 영위하지 못하는 지경에 이를 수도 있다. 한편 재판과정에서의 2차 피해로는 소위 보호받을 자격이 없는 성적 가치의 소유자라는 낙인을 찍어 피해자의 자존감을 또 한 번 짓밟는 경우가 있는데 외국의 경우엔 방패법이라고 해서 피해자의 과거 성전력을 재판과정에서 들춰내거나 거론할 수 없도록 법적으로 금지하고 있기도 하다.

아동학대는 보호자를 포함한 성인이 아동의 건강과 복지를 해치거나 정상적 발달을 저해할 수 있는 신체적, 정신적, 성적 폭력이나 가혹행위를 하는 것을 의미한다. 아동학대는 피해자가 자신을 보호하거나 방어할 능력이 현저히 부족한 아동이라는 점에서 더욱 심각한 대인범죄로 간주된다. 아동학대의 가해자들은 대개 자신의 절대적 권력과 통제력을 행사할 수 있는 대상으로 아동을 선택한다. 특히 나이가 어리고, 신체적으로 약하며, 의사표현이 미숙한 아동일수록 학대의 위험에 더 많이 노출된다. 이는 폭력범죄의 지명성 가설이 아동학대에서도 뚜렷하게 나타나는 것을 보여준다. 아동학대의 피해는 매우 심각하고 장기적인 영향을 미친다. 신체적으로는 골절, 화상, 내상 등의 직접적인 상해뿐만 아니라 성장발달 지연이나 신체기능의 손상을 초래할 수 있다. 정신적으로는 우울증, 불안장애, 외상후스트레스장애(PTSD) 등이 발생할 수 있으며, 이는 성인이 된 이후까지도 지속될 수 있다. 또한 학대로 인한 정서적 손상은 대인관계 장애, 학습능력 저하, 공격성 증가 등으로 이어져 아동의 전반적인 발달에 부정적 영향을 미친다. 이러한 피해는 성인이 된 이후에도 지속되어 세대 간 폭력의 전이로 이어질 수 있다는 점에서 사회적으로도 매우 심각한 문제이다.

성장기의 아동학대 피해자들은 신체적으로 성장지연, 영양실조, 위생관리 부족 등의 특징을 보이며, 잦은 결석과 학업부진 현상이 나타난다. 정서적으로는 위축된 행동, 불안과 공포, 낮은 자존감을 보이며, 또래관계 형성에 어려움을 겪는다. 특히 타인에 대한 과도한 경계심과 불신감으로 인해 사회적 고립이 심화되는 경향이 있다.

이들은 성인기에 이르러서도 학대 경험의 영향이 지속되어 나타난다. 대인관계에서 친밀감 형성의 어려움을 겪으며, 자신의 감정을 적절히 표현하거나 조절하는 데 어려움을 보인다. 또한 우울증, 불안장애, 외상후스트레스장애(PTSD) 등 정신건강 문제를 겪을 가능성이 높다. 일부는 자신이 경험한 학대 패턴을 자녀에게 반복하는 세대 간 전이 현상을 보이기도 한다. 특히 주목할 점은 아동학대 피해자들이 보이는 양가적 행동 특성이다. 겉으로는 공격적이고 반항적인 행동을 보이면서도, 내면적으로는 극도의 불안과 두려움을 가지고 있다. 또한 학대 상황에서 생존하기 위해 발달시킨 과도한 순응성과 완벽주의적 성향은 성인이 된 이후에도 지속되어 건강한 자아정체성 형성을 저해할 수 있다. 이러한 피해자들의 특성은 적절한 치료적 개입이 이루어지지 않을 경우 만성화될 수 있으며, 이는 개인의 삶의 질 저하뿐만 아니라 사회적으로도 심각한 문제를 초래할 수 있다.

끝으로 데이트폭력은 연인 관계에서 발생하는 신체적, 정신적, 성적 폭력을 의미하며, 친밀한 관계에서 발생하는 특성으로 인해 일반적인 폭력범죄와는 다른 양상을 보인다. 데이트폭력은 단순한 폭력행위를 넘어 상대방에 대한 통제와 지배욕구에서 비롯되며, 이는 점진적으로 심화되는 경향이 있다. 데이트폭력의 경우에도 지명성 가설이 적용되는데, 가해자들은 주로 경제적으로 의존적이거나 심리적으로 취약한 상대를 선택하는 경향이 있다. 특히 자존감이 낮고 의존적인 성향이 강한 상대를 표적으로 삼는 경우가 많으며, 이러한 특성을 가진 사람들이 데이트폭력의 피해자가 될 가능성이 높다.

데이트폭력 피해자들은 신체적 폭력으로 인한 상해뿐만 아니라, 정서적 학대로 인한 심리적 외상을 겪는다. 지속적인 폭력과 통제는 피해자의 자존감을 심각하게 훼손하며, 우울, 불안, 외상후스트레스장애 등을 유발할 수 있다. 또한 가해자와의 친밀한 관계로 인해 피해 사실을 숨기거나 신고를 주저하는 경향이 있어 피해가 장기화되는 특징이 있다. 피해자들은 대인관계에서 심각한 어려움을 겪으며, 특히 친밀한 관계 형성에 대한 두려움과 불신이 강하게 나타난다. 자책감과 수치심으로 인해 사회적으로 고립되는 경향이 있으며, 이후의 연인관계에서도 건강한 관계를 형성하는 데 어려움을 겪는다. 또한 지속적인 폭력 경험으로 인해 학업이나 직장생활에 지장을 받으며, 이는 경제적 어려움으로 이어질 수 있다. 특히 데이트폭력 피해자들은 폭력의 악순환에 빠질 위험이 높아, 이후의 관계에서도 유사한 폭력 관계를 반복하는 경향이 있다.

제2항 재산범죄피해자

재산범죄피해는 개인의 재산권을 침해하는 사기, 절도, 횡령 등의 범죄로 인해 야기된다. 2023년도 범죄백서에 따르면, 2022년 재산범죄 발생 건수는 634,864건으로, 이는 2021년과 비교해 10.3% 증가한 수치이다. 재산범죄 중 가장 큰 비중을 차지한 것은 사기로, 전체의 51.9%를 차지했고 그 다음으로는 절도가 28.8%, 횡령이 9.7%로 뒤를 이었다. 지난 10년간의 재산범죄 추이를 살펴보면, 2013년 667,214건을 정점으로 2015년까지 60만 건대를 유지했다. 이후 2016년부터 감소세를 보이며 50만 건대를 기록했으나, 2019년부터 다시 60만 건대로 증가했다. 2021년에는 일시적으로 50만 건대로 감소했지만, 2022년에 다시 60만 건대를 기록했다. 전체적으로 볼 때, 재산범죄는 지난 10년 동안 4.8% 감소한 것으로 나타났다(범죄백서, 2023: 12).

사기범죄는 국민의 재산에 막대한 피해를 입히고, 사회 구성원 간 신뢰를 파괴하여 불안감을 조성하는 심각한 사회적 문제로 평가된다. 또한 사기범죄는 다른 범죄에 비해 피의자의 검거율이 낮고 피해금원의 회복도 어려운 특징이 있다. 이러한 범죄는 특히 서민 경제를 위협하며, 경찰은 이를 해결하기 위해 강도 높은 대책을 마련해왔다. 실제로 2019년 경찰은 사기범죄에 효과적으로 대응하기 위해 다음과 같은 '서민 3불(不) 사기범죄'로 세 가지 주요 분야를 선정하고 그에 따른 후속조치를 시행하였다.[4] 이들은 각각 1) 피싱 사기: 전화금융사기와 메신저 피싱 등. 2) 생활사기: 인터넷 사기, 취업 사기, 전세 사기 등. 3) 금융사기: 유사수신, 불법 다단계, 불법대부업, 보험사기 등이다. 이를 해결하기 위해 경찰은 수사부서, 지역경찰, 홍보부서 등으로 구성된 전담반(TF)을 중심으로 단속과 예방 활동을 병행하기도 하였다. 이러한 노력은 국민 불안을 해소하고 사회적 신뢰를 회복하기 위한 중요한 대응책으로 볼 수 있다.

사기범죄피해자의 특성은 다양한 측면에서 분석될 수 있다. 인구사회학적 특성을 살펴보면 연령, 종사자 직위, 교육수준에 따라 피해 경험의 차이가 나타난다. 이는 사회적 지위와 경험이 사기 피해의 취약성에 영향을 미칠 수 있음을 시사한다. 사기범죄의 피해자는 사기꾼들의 유혹적인 제안에 대해 상대적으로 무지하거나, 뭔가 획기적인 일을 기대하거나, 고도의 수익을 욕심내는 등의 특징을 갖기에 유혹에 쉽게 넘어가는 경향을 보인다. 그러나 사기범들에게 쉽게 넘어가는 것은 일반인들만이 아니다. 기업의 경영인이나 교수 등과 같은 전문적 지식인들도 사기범죄의 피해자가 될 수 있다. 단군 이래 최대의 사기사건으로 알려진 장영자 어음사기사건의 피해자들은 기업 경영인으로서 국회의원이자 중앙정보부 차장이라는 경력을 지닌 남편 이철희의 배경을 보고 빌린 돈의 몇 배에 해당하는 약속어음을 담보로 끊어주었고 이 약속어음을 다른 곳에서 할인하는 방식으로 장영자는 현재 시가의 수조원에 해당하는 사기사건을 일으키기도 했다. 기업의 입장에서는 자금압박으로 시달리는 상황에서 큰돈을 빌릴 수 있고 약속된 어음은 배경이 든든한 사람이 끊어갔으니 반드시 돌려받을 수 있을 것으로 생각한 것이다. 교육수준이 높은 사람

4) 경찰청 보도자료 2019.9.2. 브리핑자료
https://www.police.go.kr/user/bbs/BD_selectBbs.do?q_bbsCode=1002&q_bbscttSn=1B000001122240000

이라고 사기범죄피해에서 제외되지는 않는다. 봉급생활자의 입장에서 고수익 보장이라는 유혹에 빠지게 되면 쉽게 사기범죄의 피해에 노출될 수 있다.

사기범죄피해자의 일부는 사건 자체를 묻어버리고 없던 일로 치부하여 세상에 드러나지 않는 경우도 많이 발생한다. 사기범죄피해자들이 신고를 하지 않는 이유는 첫째, 범죄의 심각성에 대한 인식이 낮을 수 있다. 둘째, 신고 절차의 복잡성과 시간 소요에 대한 부담감이 작용할 수 있다. 셋째, 가해자가 아는 사람일 경우 보복에 대한 두려움이 신고를 망설이게 만들 수 있다. 넷째, 경찰의 대응 능력에 대한 불신이 존재할 수 있다. 사기범죄피해자의 신고 행태는 단순히 개인의 선택이 아닌 복합적인 사회적, 심리적 요인들의 상호작용 결과로 이해해야 한다. 따라서 신고율을 높이고 암수범죄를 줄이기 위해서는 개인적 차원의 인식 개선뿐만 아니라, 사회제도적 차원의 개선이 필요하다.

피해자의 심리적 특성도 주목할 만하다. 타인을 쉽게 신뢰하는 성향, 의존적 성격, 그리고 긴급한 상황에 쉽게 반응하는 특징이 두드러진다. 이러한 심리적 특성은 사기꾼들이 악용하기 쉬운 요소로 작용하며, 피해자들이 사기에 빠지기 쉬운 환경을 조성한다. 특히 취약계층, 즉 소득수준이 낮거나 신용등급이 낮은 계층, 그리고 노인층이 사기 피해에 더 취약한 것으로 나타난다. 이는 경제적 어려움이나 정보 접근성의 한계가 사기 피해의 위험을 높일 수 있음을 보여준다. 사기 피해 후 피해자들은 심각한 심리적, 사회적 영향을 받는다. 우울, 불안, 분노, 불면 등의 심리적 트라우마를 겪으며, 세상과 사람에 대한 신뢰를 상실하게 된다. 또한, 자신의 잘못된 판단에 대한 수치심과 자책감에 시달리는 경향이 있다. 이러한 영향은 단순한 재산상의 손실을 넘어 피해자의 삶의 질을 크게 저하시키는 요인이 된다.

피해 요인을 살펴보면, 재산범죄에 대한 두려움, 재산범죄 피해의 간접 경험, 그리고 보이스피싱 노출 경험 등이 사기범죄 피해와 밀접한 관련이 있는 것으로 나타난다. 이는 과거의 경험이나 인식이 실제 피해로 이어질 수 있음을 시사하며, 예방 교육의 중요성을 강조한다. 결론적으로, 사기범죄피해자의 특성은 복합적이며 다차원적이다. 단순히 개인의 부주의나 무지로 치부할 수 없는 사회구조적, 심리적 요인들이 복합적으로 작용하고 있음을 알 수 있다. 따라서 사기범죄 예방과 피해자 보호를 위해서는 개인적 차원의 주의뿐만 아니라, 사회적 차원의 지원과 체계적인 교육이 필요하다. 이를 통해 취약계층을 보호하고, 전반적인 사회의 신뢰도를 높이는 노력이 요구된다.

절도의 피해는 소매치기나 침입절도의 형태를 띠는데 가해자와 피해자가 직접적으로 대면하는 상호작용이 이루어지지 않기 때문에 사전에 인지하고 예방하기가 상대적으로 어려운 점이 있다. 소매치기의 경우 범행대상을 고를 때 피해자의 특성을 고려하기 마련이다. 마치 폭력범죄의 가해자들이 자신이 제압할 수 있는 대상을 고르듯 소매치기도 피해자의 상태를 파악해서 쉽게 자신의 목표물을 절취할 수 있을 만한 대상을 고른다. 일반적으로 피해를 본 남성들은 뒷주머니에 넣은 지갑, 여성들은 핸드백이나 쇼핑백 등에 넣어둔 물건을 잃게 되고 가해자는 피해자의 주의를 돌리기 위해 살짝 부딪히는 등의 여러 가지 방법을 동원한다. 여성을 대상으로 한 소매치기의 경우엔 치한을 가장하여 몸을 슬쩍 접촉한 후 상대의 주의가 산만한 틈을 노려 범행을 저지르기도 한다.

침입절도의 경우엔 주변 환경을 고려하여 범행대상을 고르는 경향이 있다. 소위 환경설계를 통한 범죄예방의 기본원리에서 알 수 있듯이 자연적 감시, 자연적 접근통제, 지역적 강화 및 유지 등의 전략을 통해 범죄예방이 쉽게 시도되지 않는 곳이 범행대상이 된다. 자연적 감시란 인적, 물적 자원의 배치를 통해 범죄예방을 위한 가시성을 확보하는 것이며, 자연적 접근통제란 인적 자원의 물리적 접근을 통제함으로써 범죄에로의 접근을 막는 것이며, 지역적 강화란 특정 공간의 물리적 소유주를 명백히 밝히는 장치를 통해 잠재적 범죄자의 접근을 막는 것이며 마지막으로 유지란 특정 공간이 원래의 목적대로 유지되고 관리된다는 사실을 잠재적 범죄자에게 알림으로써 범죄를 예방하는 것이다. 이처럼 침입절도를 막기 위한 예방적 전략이 잘 세워질수록 침입절도의 피해자가 될 개연성을 줄일 수 있다.

최근 주거형태가 단독주택에서 아파트 등의 고층의 다가구형태로 바뀌면서 침입절도가 상대적으로 어려워진 것은 사실이다. 2014년도 통계청의 행정

구역별 주택유형에 따르면 전국의 주택유형은 아파트가 49.59%로 가장 많고 다음이 단독주택(37.53%), 다세대 및 연립주택(9.62%) 등으로 나타나 아파트의 비율이 상대적으로 높으며 대도시로 올수록 더욱 그러하다. 그러나 단독주택이 아니라고 해서 항상 침입절도로부터 안전한 것은 아니다. 2층 이상의 다가구주택이라 하더라도 창문이나 비상구 등의 개폐를 확인하지 않고 방심한 경우엔 이 틈을 타 침입절도를 행하는 경우가 비일비재하기 때문이다. 따라서 침입절도의 예방을 위해서는 물리적인 개폐장치의 완비도 중요하지만 거주자의 꼼꼼한 문단속도 대단히 중요하다고 하겠다.

제 4 절

피해자화와 그 유형

피해자학에서 피해자(victim)는 범죄의 직접적인 결과로 신체적, 정서적 또는 재산상의 피해를 입은 개인 또는 단체를 말한다. 이에 비해 피해자화(victimization)는 피해자와 가해자 간의 관계를 조사하는 과정과 현상으로 피해자학에서는 보다 광범위한 내용을 다루고 있다. 피해자가 되는 유형, 원인 및 결과를 분석하고 연구하는 특정 관심분야이다. 피해자는 피해를 입은 사람이나 단체인 반면, 피해자화는 사람들이 어떻게 그리고 왜 피해자가 되는지에 대한 전체 과정, 관계, 역학을 포괄한다는 점에서 차이가 있다. 이러한 이해는 범죄학과 피해자학 모두에서 매우 중요한데, 이 두 분야는 서로 연결되어 있으며 범죄가 있는 곳에 피해자가 존재하기 때문이며 이들이 피해자로 전환되는 현상과 그 과정을 바로 피해자화라고 한다. 피해자화의 유형으로는 제1차, 제2차, 제3차 피해자화가 있다.

제1항 제1차 피해자화

제1차 피해자화(primary victimization)란 범죄나 위법행위로 인해 개인이나 집단이 직접적인 피해를 당한 경우를 일컫는다. 1차적 피해자화에는 신체적인 피해자화와 경제적인 피해자화 및 정신적인 피해자화가 있다. 신체적인 피해자화는 주로 범죄자의 물리적인 가해로 인해 피해자의 신체상의 상해가 유발되었을 경우를 말하며 이때 그 피해는 일정 기간이 경과한 이후에 회복이 되는 일시적 상해와 오랜 기간이 지나가도 회복되지 않는 영구적 상해로 구성된다. 이에 비해 경제적인 피해자화는 범죄 혹은 범법행위로 인해 재물이나 현금상의 손상을 입었거나 혹은 신체적인 상해를 치유하기 위한 경제적 부담 등이 유발되었을 경우를 말하며 경제적인 피해자화는 그 피해액의 정도에 따라 소액피해와 그 밖의 피해 등으로 나눌 수 있다. 끝으로 정신적인 피해자화는 범죄로 인해 유발된 유무형의 정신적 손상을 일컫는 것으로써 사실 피해자화의 정도를 정확히 측정하는 것은 상당히 어려운 것이 사실이다. 정신적 피해자화 역시 일시적이고 경미한 피해에 머무르는 경우도 있지만 그 고통이 평생 동안 피해자의 정신세계를 부정적으로 지배하는 중대한 피해가 될 수도 있다.

주목할 점은 제1차 피해자화의 인식과 영향이 피해자의 개인적, 사회적 특성에 따라 상이하게 나타날 수 있다는 것이다. 이러한 특성에는 성별, 연령, 사회경제적 지위, 인종, 민족, 문화적 배경 등이 포함된다. 따라서 동일한 범죄 행위로 인한 피해라 할지라도, 피해자가 느끼는 주관적 피해 정도는 이러한 요인들에 의해 다양하게 나타날 수 있다. 이러한 제1차 피해자화에 대한 이해는 범죄피해자 지원 정책 수립과 피해자 보호 프로그램 개발에 있어 중요한 기초를 제공한다. 또한, 형사사법 체계 내에서 피해자의 권리를 보장하고 적절한 보상 및 회복을 위한 제도적 장치를 마련하는 데 있어 핵심적인 개념으로 작용한다.

제2항 제2차 피해자화

제2차 피해자화(secondary victimization)는 범죄피해자가 초기 범죄 사건 이후 경험하는 추가적인 피해나 트라우마를 지칭하는 중요한 범죄학적 개념이다. 이는 제1차 피해자화와는 달리, 범죄자가 아닌 사회 시스템이나 기관에 의해 발생하는 간접적인 형태의 피해를 의미한다. 제2차 피해자화를 발생시킬 수 있는 주체로는 경찰이나 검찰과 같은 사법기관종사자, 대중매체 종사자, 의료기관 종사자, 사회복지 서비스 제공자, 피해자의 가족, 친구, 지인 등이 있을 수 있다. 제2차 피해자화의 형태로는 수사 과정에서의 불가피한 절차적 피해, 부적절한 수사 기법이나 태도로 인한 피해, 미디어의 선정적 보도나 편향된 여론 형성으로 인한 피해, 사회적 낙인이나 차별로 인한 피해 등이 있다.

제2차 피해자화는 다음과 같은 메커니즘을 통해 발생할 수 있는데 사법 시스템이 피해자의 감정이나 필요를 고려하지 않고 기계적으로 운영될 때 발생하는 제도적 무감각, 특정 범죄나 피해자에 대한 사회의 고정관념이 피해자를 비난하거나 의심하게 만들 때 발생하는 사회적 편견, 언론의 선정적이거나 편향된 보도가 피해자의 프라이버시를 침해하거나 부정적 이미지를 형성할 때 발생하는 미디어의 영향, 관련 종사자들의 피해자 심리나 적절한 대응 방식에 대한 이해 부족으로 인해 발생하는 전문성 부족 등이 그것이다.

성폭력 피해자에 대한 수사 과정은 제2차 피해자화의 대표적인 사례로 꼽힌다. 이 과정에서 발생할 수 있는 문제점들로는 여성 피해자를 남성 수사관이 조사할 때 발생하는 심리적 불편함을 야기하는 성별 불일치, 피해 상황에 대해 지나치게 상세한 묘사를 요구하는 부적절한 질문, 수사관의 불친절하거나 거만한 태도에서 비롯되는 비전문적 태도, 피해자의 행동이나 옷차림에 대한 부적절한 지적을 하는 피해자 비난 등이 있다. 이러한 요소들은 피해자로 하여금 범죄 자체로 인한 1차 피해에 더해 추가적인 심리적 고통을 경험하게 만든다.

제2차 피해자화를 예방하고 최소화하기 위해서는 첫째, 수사 및 재판 과정에서 피해자의 권리와 존엄성을 존중하는 피해자 중심적 접근 방식 채택, 관련 종사자들에 대한 지속적인 교육 및 훈련을 제공하는 전문성 강화, 피해자 보호를 위한 법적, 제도적 장치(예: 진술조력인 제도, 피해자 국선변호사 제도 등)를 마련하는 제도적 개선, 범죄 보도에 관한 윤리적 가이드라인을 수립하고 준수하는 미디어 가이드라인 등이 있다.

결론적으로, 제2차 피해자화에 대한 인식과 이해는 범죄피해자의 권리 보호와 회복을 위해 매우 중요하다. 이는 단순히 범죄자를 처벌하는 것을 넘어, 피해자의 전인적 회복과 사회 정의 실현을 위한 핵심적인 과제라고 할 수 있다.

제3항 제3차 피해자화

제3차 피해자화는 제1차 피해자화와 제2차 피해자화의 과정에서 적절한 대응이 이루어지지 못할 때 발생한다. 앞선 두 과정으로 인해 육체적, 정신적, 경제적 피해를 입고 그 결과 정신적으로 심한 고통과 갈등을 겪고 있는 피해자에게 형사사법기관원들이나 직장상사들과 같은 공적 인물이나 가족, 친지와 같은 사적 인물들이 조언이나 위로 등의 적절한 대응을 하기보다 비난이나 험담과 같은 부정적 대응을 할 경우 피해자는 한 번 더 상처를 입게 된다. 피해자의 성격이나 사건의 유형에 따라 다른 결과가 나타나기는 하지만, 제1, 2차 피해자화에서 야기된 상처로 인해 고독과 번민에 쌓여 있을 피해자에게 제3차 피해가 가해지면 혼자 지내고 싶은 생각이 들고 결과적으로 대인관계에 문제가 발생할 수도 있다. 이처럼 가족이나 친지 혹은 더 나아가 사회에 대한 반감 등의 증상이 나타날 수도 있어 세상에 대한 원망에서 반사회적 범죄를 저지르거나 혹은 술이나 약물에 빠진 은둔형 외톨이로 살아갈 수도 있다.

이러한 제3차 피해자화를 예방하기 위해서는 형사사법기관 등의 주도면밀한 대응이 중요할 뿐만 아니라 피해자 상담이나 조언 등을 제공하는 민간봉사단체의 활성화 역시 요구된다. 이처럼 공적인 부문과 사적인 부문 간의 공조가 적절히 이루어져 피해자의 필요에 부응할 때 제3차 피해자화는 예방될 수 있다.

제3차 피해자화(tertiary victimization)는 범죄피해자가 경험하는 복합적이고 장기적인 피해의 연속선상에서 발생하는 현상으로, 범죄학 및 피해자학 분야에서 중요한 연구 주제이다. 이는 제1차 및 제2차 피해자화 이후 적절한 사회적 지지와 대응이 부재할 때 발생하는 추가적인 피해를 의미한다. 앞선 두 과정으로 인해 육체적, 정신적, 경제적 피해를 입고 그 결과 정신적으로 심한 고통과 갈등을 겪고 있는 피해자에게 사법공무원이나 직장상사 혹은 가족, 친지와 같은 주변 인물들이 조언이나 위로와 같은 긍정적 대응보다 비난이나 험담과 같은 부정적 대응을 하면 피해자는 한 번 더 상처를 입게 된다. 피해자의 성격이나 사건의 유형에 따라 다른 결과가 나타나기는 하지만, 제1, 2차 피해자화에서 야기된 상처로 인해 걱정과 근심에 빠져 있을 피해자에게 제3차 피해가 가해지면 대인관계에 문제가 발생할 수도 있고 심할 경우 술이나 약물에 빠진 은둔형 외톨이로 살아가거나 자살로 이어질 수도 있다. 또는 반대로 가족이나 친지 혹은 더 나아가 사회에 대한 반감이 심해지면 개인적 범죄 혹은 반사회적 범죄를 저지를 수도 있다.

제3차 피해자화는 피해자의 삶에 광범위한 영향을 미칠 수 있다. 먼저 심리적인 측면에서 우울증, 불안장애 등 정신건강 문제가 악화되거나 외상후스트레스장애(PTSD) 증상이 심화될 수 있다. 다음으로 사회적인 측면에서 대인관계 기능이 저하되고 사회적 네트워크가 축소되며 직업적 기능이 손상될 수 있다. 끝으로 행동적인 측면에서 술이나 마약 등의 약물남용, 자해 또는 자살의 위험 증가, 나아가 극단적인 경우엔 범죄행위로 전환될 수도 있다.

제3차 피해자화를 예방하고 피해자의 회복을 지원하기 위해서는 다차원적 접근이 필요하다. 첫째는 공적 부문의 역할로 형사사법기관의 피해자 중심 접근 강화, 피해자 지원 서비스의 체계화 및 확대 그리고 피해자 권리 보호를 위한 법적, 제도적 장치 마련 등이 필요하다. 둘째는 민간 부문의 역할로 피해자 상담 및 지원 단체의 활성화, 지역사회 기반의 피해자 지원 네트워크 구축 그리고 피해자 가족 및 지인을 위한 교육 프로그램을 제공하는 것이 요구된다. 셋째는 사회적 인식 개선으로 피해자에 대한 편견 해소를 위한 공공 캠페인, 미디어의 책임있는 보도 문화 조성, 그리고 학교 및 직장에서의 피해자를 이해하는 교육을 실시할 수 있다. 마지막은 이들을 통합한 통합적 접근으로 공적 부문과 민간 부문의 협력 체계 구축, 피해자 지원을 위한 다학제적 연구 및 실천 모델 개발, 그리고 장기적 관점의 피해자 회복 프로그램 운영 등을 꼽을 수 있다.

결론적으로 제3차 피해자화는 범죄 피해의 연속선상에서 발생하는 복합적이고 장기적인 현상으로, 피해자의 전인적 회복과 사회 복귀를 저해하는 중요한 요인이다. 이를 예방하고 피해자의 회복을 지원하기 위해서는 공적 부문과 민간 부문의 유기적 협력, 사회적 인식 개선, 그리고 피해자 중심의 통합적 지원 체계 구축이 필수적이다. 이러한 노력은 단순히 개별 피해자의 회복을 넘어, 사회 전체의 정의와 안전을 증진시키는 데 기여할 것이다.

제 5 절

소결

이 장에서는 피해자의 개념과 유형화라는 주제로 다양하게 사용되고 있는 피해자 개념을 개괄하고 그에 따른 피해자의 유형을 분류하여 보았다. 일반적으로 피해자는 범죄나 사고로 인해 신체적, 정신적, 경제적 손해를 입은 개인이나 집단을 의미한다. 이는 사회적 통념과 일상적 언어 사용에서의 피해자 개념을 반영한다. 법적으로 피해자는 범죄행위로 인해 직접적인 피해를 입은 자로, 형사소송법과 범죄피해자보호법 등에서 규정하고 있다. 이는 형사사법 절차에서 피해자의 권리와 지위를 명확히 하는 데 중요한 역할을 한다.

피해자의 역할에 따른 피해 유형은 피해자조장, 피해자촉발 및 피해자도발로 분류된다. 피해자 조장(Victim Facilitation)은 피해자가 의도하지 않았지만 부주의나 무지로 인해 범죄 발생을 용이하게 만든 경우를 말한다. 피해자 촉발(Victim Precipitation)은 피해자의 행동이 범죄자의 범행 동기를 자극하거나 범죄 상황을 유발한 경우를 의미한다. 마지막으로 피해자 도발(Victim Provocation)은 피해자가 적극적으로 범죄자를 자극하거나 도발하여 범죄를 유발한 경우를 지칭한다.

주요 학자들의 피해자 유형 분류를 보면 먼저 헨티히(Hentig)의 연구는 피해자의 특성과 상황이 범죄 피해 가능성에 미치는 영향을 체계적으로 분석했다. 그가 제시한 13가지 요인은 연령, 성별, 정신 상태, 사회적 지위 등 다양한 특성을 포함하며, 이러한 요인들이 어떻게 범죄 피해의 가능성을 높이는지 설명한다. 예를 들어, 젊은이나 노약자, 여성은 신체적 취약성이나 사회적 위치로 인해 피해에 노출될 가능성이 높다. 우울증 환자나 정신장애인은 위험 인지 능력의 부족으로 피해를 당할 수 있다. 헨티히의 3가지 유형 분류는 피해자의 특성을 더욱 체계적으로 이해할 수 있게 해주며, 이는 범죄 예방과 피해자 보호 정책 수립에 중요한 기초를 제공한다. 이러한 분류는 피해자학 발전에 큰 기여를 했으며, 현대 범죄학에서도 여전히 중요한 이론적 기반으로 활용되고 있다.

멘델존의 피해자 유형 분류는 피해자와 범죄자 간의 관계, 그리고 피해자의 과실 정도에 따라 6가지로 구분된다. 그들은 각각 1. 완전히 결백한 피해자: 어린이처럼 전혀 비난의 여지가 없는 경우 2. 약간의 잘못이 있는 피해자: 무지나 부주의로 인해 피해를 입은 경우 3. 자발적 피해자: 범죄자와 동등한 수준의 과실이 있는 경우 4. 범죄자보다 더 과실이 있는 피해자: 스스로 피해를 자초한 경우 5. 대부분의 잘못을 저지른 피해자: 피해의 주된 책임이 피해자에게 있는 경우 6. 상상적 피해자: 실제 피해가 없음에도 피해를 조작한 경우 등이다. 멘델존은 이러한 분류를 통해 피해자의 책임과 과실 정도를 체계화했다. 그의 연구는 피해자학의 발전에 큰 기여를 했으며, 범죄 상황에서 피해자의 역할을 이해하는 데 중요한 통찰을 제공했다. 이 분류는 법적, 사회적 맥락에서 피해자의 지위를 평가하는 데 유용한 틀을 제공하지만, 동시에 피해자 비난의 위험성도 내포하고 있어 신중한 적용이 필요하다.

범죄유형별 피해자 연구에서는 대인범죄와 재산범죄피해자의 특성을 다루었다. 대인범죄의 경우, 폭행과 상해 피해자들은 신체적 손상뿐만 아니라 심리적 트라우마를 겪는 경향이 있으며, 특히 외상후스트레스장애(PTSD)의 발생 위험이 높다. 아동학대 피해자의 경우, 장기적인 발달 장애와 정서적 문제를 겪을 수 있으며, 성인기까지 그 영향이 지속될 수 있다. 데이트폭력 피해자들은 친밀한 관계에서의 배신감과 자존감 하락 등 복합적인 심리적 문제를 경험하는 것으로 나타났다. 반면, 재산범죄피해자들은 주로 경제적 손실과 관련된 스트레스를 겪는다. 사기 피해자들은 금전적 손실 외에도 타인에 대한 신뢰 상실과 자책감을 경험하는 경향이 있다. 절도와 침입절도 피해자들은 재산 손실뿐만 아니라 사생활 침해와 안전에 대한 불안감을 겪을 수 있으며 이에 대한 대책이 필요하다.

각 범죄 유형에 따라 피해자의 특성, 피해 양상, 그리고 회복 과정이 상이하다. 대인범죄피해자들은 주로 심리적, 정서적 지원과 의료적 개입이 필요한 반면, 재산범죄피해자들은 경제적 보상과 법률적 지원이 더 중요할 수 있다. 또한, 대인범죄피해자들의 회복 과정은 보통 장기적이고 복합적인 접근이 필요한 반면, 재산범죄피해자들의 경우 상대적으로 단기적인 개입으로도 효과를 볼 수 있다. 이러한 차이는 범죄 유형에 따른 맞춤형 피해자 지원 정책의 필요성을 강력히 시사한다. 예를 들어, 대인범죄피해자들을 위해서는 장기적인 심리상담과 트라우마 치료 프로그램이 필수적일 수 있으며, 아동학대 피해자를 위해서는 발달단계를 고려한 특화된 지원이 필요할 것이다. 반면, 재산범죄피해자들을 위해서는 신속한 경제적 보상 체계와 법률 자문 서비스가 중요할 수 있다. 또한, 모든 유형의 범죄피해자들에게 공통적으로 필요한 것은 2차 피해 방지를 위한 사회적 인식 개선과 피해자 보호 시스템의 강화이다.

끝으로 피해자화는 범죄로 인한 피해의 확산 과정을 설명하는 개념으로, 1차, 2차, 3차 피해자화로 구분된다. 1차 피해자화는 범죄 행위로 인한 직접적인 피해를 의미하며, 신체적, 정신적, 경제적 손실을 포함한다. 2차 피해자화는 형사사법 절차 과정에서 발생하는 추가적인 피해를 지칭하며, 수사 및 재판 과정에서의 스트레스, 프라이버시 침해, 피해자에 대한 부적절한 대우 등이 해당된다. 3차 피해자화는 범죄 피해 이후 사회적 낙인, 관계의 단절, 직업 상실 등 장기적이고 간접적인 피해를 의미한다. 이러한 피해자화의 단계적 구분은 피해의 복합성과 지속성을 이해하는 데 중요한 틀을 제공한다. 특히, 2차와 3차 피해자화 개념은 범죄 피해가 단순히 일회성 사건이 아니라 지속적이고 복합적인 과정임을 강조하며, 이는 피해자 지원 정책이 포괄적이고 장기적인 관점에서 수립되어야 함을 시사한다. 따라서 효과적인 피해자 보호와 지원을 위해서는 각 단계의 피해자화에 대한 이해와 대응이 필요하며, 이는 피해자 중심의 형사사법 체계 구축에 핵심적인 요소로 작용한다.

토론 주제

1. 피해자 유형화에 대한 헨티히와 멘델존의 접근 방식의 차이점은 무엇이며, 각각의 장단점을 어떻게 평가할 수 있을까요?
2. 제2차 피해자화를 예방하기 위해 형사사법 시스템에서 어떤 구체적인 개선이 필요하다고 생각하십니까?
3. 범죄 유형별(대인범죄와 재산범죄) 피해자 지원 정책의 차별화가 필요한 이유는 무엇이며, 어떤 방식으로 접근해야 할까요?

주요 개념

피해자 개념
피해자 유형화
피해자 조장
피해자 촉발
피해자 도발
헨티히의 13가지 피해자 유형
멘델존의 6가지 피해자 분류
울프갱의 피해자 촉발범위
대인범죄피해자
재산범죄피해자
환경설계를 통한 범죄예방(CPTED)
제1차 피해자화
제2차 피해자화
제3차 피해자화
피해자 지원체계

CHAPTER

03

피해자학 이론

제 1 절

이론적 논의와 구조

이론(theory)은 현상을 체계적으로 설명하고 예측하기 위한 개념적 틀로 정의될 수 있다. 과학적 맥락에서 이론은 "자연 세계의 일부 측면에 대한 잘 입증된 설명으로, 반복적인 관찰과 실험을 통해 확인된 사실들의 집합체를 기반으로 한다." 이론은 단순한 추측이나 가설을 넘어, 현상의 근본적인 메커니즘과 원리를 설명하고자 하는 포괄적이고 체계적인 지식 체계이다.

피해자학 이론(victimological theory)은 이러한 이론적 틀을 범죄피해자 연구에 적용한 것으로, 범죄 피해의 발생 과정, 피해자의 특성, 그리고 피해자와 가해자 간의 상호작용 등을 설명하고 예측하는 데 초점을 맞춘다. 이는 단순히 "왜"라는 질문에 대한 답을 찾는 것을 넘어, 피해자화 현상의 복잡한 역학관계를 이해하고, 이를 바탕으로 범죄 예방과 피해자 보호 정책을 수립하는 데 기여한다.

피해자학 이론은 피해자화 과정을 체계적으로 설명하고, 피해자 특성과 범죄 유형 간의 상관관계를 분석하며, 피해자-가해자 관계의 역동성을 이해하도록 도와주고, 2차, 3차 피해자화 현상의 메커니즘을 규명하며, 효과적인 피해자 지원 및 범죄 예방 전략을 개발하는데 도움이 될 수 있다. 이러한 이론적 접근은 범죄학, 사회학, 심리학 등 다양한 학문 분야의 지식을 통합하여 피해자 현상을 다각도로 분석한다. 예를 들어, 멘델존(Mendelsohn)의 피해자 유형론이나 헨티히(Hentig)의 피해자 취약성 이론 등은 피해자의 역할과 특성을 체계화하여 피해자화 현상을 설명하려 하였다. 결론적으로, 피해자학 이론은 단순히 피해자가 되는 이유를 설명하는 데 그치지 않고, 피해자화 현상의 복잡한 메커니즘을 이해하고, 이를 바탕으로 더 효과적인 범죄 예방과 피해자 보호 정책을 수립하는 데 기여하는 중요한 학문적 도구라고 할 수 있다.

범죄 피해의 분포에 관한 일반적 관찰에 따르면, 성별, 인종, 연령 등의 인구통계학적 특성에 따라 피해 경험의 차이가 존재한다. 구체적으로, 여성보다는 남성, 백인보다는 흑인, 장년층보다는 청소년층에서 더 높은 범죄 피해율이 관찰된다. 이러한 현상은 특정 집단이 다른 집단에 비해 범죄 피해에 더 취약한 이유에 대한 의문을 제기한다. 이러한 차별적 피해 분포의 원인을 규명하기 위해 다양한 가설이 제시될 수 있다. 예를 들어, 특정 집단의 특성이 잠재적 범죄자들의 범행 동기를 자극하는지, 또는 특정 인구 집단이 범죄에 대해 구조적으로 더 취약한 위치에 있는지 등의 질문이 제기된다. 더 나아가, 피해자화의 위험을 증대시키는 특정 요인의 존재 여부도 중요한 연구 주제가 된다. 이러한 복합적인 질문들에 대한 체계적인 답변을 제시하기 위해 피해자학 이론이 발전해왔다. 피해자학 이론의 주요 관점 중 하나는 범죄 가해자와 피해자 간의 유사성과 상호 연관성에 주목한다. 즉, 범죄 행위와 피해 경험 사이에는 일정한 관계가 존재하며, 이들은 상호 연결된 현상으로 이해될 수 있다는 것이다. 피해자학 이론은 또한 피해자의 행동이나 상황이 범죄 피해 가능성에 영향을 미칠 수 있다는 점을 강조한다. 이는 피해자를 비난하거나 책임을 전가하는 것이 아니라, 피해자화 과정의 복잡한 역학관계를 이해하고 예방 전략을 수립하기 위한 분석적 접근이다. 이처럼 피해자학 이론은 범죄 피해의 차별적 분포, 가해-피해의 상호 연관성, 그리고 피해자화 과정에 영향을 미치는 다양한 요인들을 체계적으로 설명하고 분석하는 이론적 틀을 제공한다. 이를 통해 범죄 예방과 피해자 보호를 위한 보다 효과적인 정책 수립에 기여할 수 있다.

피해자학 이론은 범죄학 이론과 마찬가지로 다양한 관점과 접근 방식을 통해 피해자화 현상을 설명하고자 한다. 이러한 이론적 틀은 크게 네 가지 주요 범주로 분류될 수 있다: 구조적 이론, 과정적 이론, 기회 이론, 그리고 특성 이론이다. 각 이론은 피해자화 현상의 서로 다른 측면에 초점을 맞추며, 이를 통해 피해자학에 대한 포괄적이고 다차원적인 이해를 제공한다. 구조적 이론

(Structural Theories)은 거시적 관점에서 사회적 현상의 정적인 특성에 주목한다. 이 이론들은 사회 구조, 제도, 문화적 규범 등이 어떻게 피해자화 과정에 영향을 미치는지 분석한다. 예를 들어, 사회경제적 불평등, 권력 구조, 제도적 차별 등이 특정 집단의 피해자화 가능성을 높인다는 점을 강조한다. 과정적 이론(Process Theories)은 미시적 수준에서 개인의 동적인 특성과 상호작용에 초점을 맞춘다. 이 이론들은 개인의 생애 과정, 사회화 과정, 의사결정 과정 등이 어떻게 피해자화로 이어지는지 탐구한다. 예를 들어, 가족 관계, 또래 집단의 영향, 개인의 학습 경험 등이 피해자화 과정에 미치는 영향을 분석한다. 기회 이론(Opportunity Theories)은 환경적 요인과 상황적 맥락이 피해자화에 미치는 영향을 강조한다. 이 이론들은 일상 활동 이론(Routine Activities Theory)이나 생활양식 이론(Lifestyle Theory) 등을 포함하며, 범죄 기회의 구조와 피해자의 노출 정도가 어떻게 피해자화 위험을 증가시키는지 설명한다. 특성 이론(Trait Theories)은 개인의 생물학적, 심리학적 특성이 피해자화 가능성에 미치는 영향을 탐구한다. 이 이론들은 유전적 요인, 성격 특성, 인지적 패턴 등이 어떻게 특정 개인을 더 취약하게 만드는지 분석한다. 예를 들어, 충동성, 위험 감수 성향, 자아 통제력 등의 개인적 특성이 피해자화와 어떻게 연관되는지 연구한다.

이러한 다양한 이론적 접근은 피해자화 현상의 복잡성과 다면성을 반영한다. 각 이론은 피해자화의 서로 다른 측면을 조명함으로써, 피해자학에 대한 종합적인 이해를 가능케 한다. 더불어, 이러한 이론적 다양성은 피해자 지원 정책과 범죄 예방 전략 수립에 있어 다각적인 접근을 가능하게 하며, 피해자학 연구의 깊이와 폭을 확장시키는 데 기여한다.

제 2 절

구조적 이론

제1항 근린맥락이론

근린맥락이론은 사회해체이론과 밀접한 연관성을 지니고 있다. 주지하다시피, 범죄학의 대표적 구조이론인 사회해체이론은 지역사회를 분석 단위로 설정하여 지역사회의 특성과 범죄 간의 상관관계를 체계적으로 논증한 이론적 틀이다. 이 이론의 핵심 명제는 특정 지역의 빈곤 수준 악화, 구성원의 민족적 다양성 및 이질성 증대, 그리고 거주 이동성의 증가가 해당 지역의 범죄율 상승과 정적 상관관계를 보인다는 것이다. 이러한 사회해체이론의 논리적 구조를 피해자학적 맥락으로 확장하면, 개인이 거주하며 상당 시간을 보내는 지역의 특성이 해당 개인의 피해자화 가능성을 설명하는 데 유의미한 분석틀로 활용될 수 있다. 즉, 근린맥락이론은 사회해체이론의 지역사회 중심 분석 방법론을 피해자화 현상에 적용함으로써, 거주 환경의 구조적 특성이 개인의 피해자화 경험에 미치는 영향을 체계적으로 고찰할 수 있는 이론적 기반을 제공한다.

범죄 발생의 지리적 집중 현상과 마찬가지로, 범죄 피해 역시 특정 지역에 집중되는 경향이 있다. 이러한 현상은 '우범피해지역'이라는 개념으로 설명될 수 있다. 셔먼 외(Sherman et al., 1989)의 선구적 연구에 따르면, '핫스팟(hot spots)'으로 지칭되는 우범지역은 타 지역에 비해 범죄 발생이 현저히 집중되는 공간적 특성을 보인다. 그들의 실증적 분석 결과, 미네소타주 미니아폴리스 시의 경우, 전체 경찰 신고의 대다수가 도시 전체 면적의 불과 3%에 해당하는 지역에서 발생한 것으로 나타났다. 이러한 연구 결과는 개인의 거주 지역이 그 자체로 범죄 피해 가능성의 주요 결정 요인이 될 수 있음을 시사한다. 즉, 우범지역에 거주한다는 사실만으로도 개인의 범죄 피해 확률이 급격히 상승할 수 있다는 것이다. 이는 개인의 생물학적 특성, 심리적 상태 또는 생활 양식과 같은 개인적 요인과는 독립적으로, 단순히 거주 환경의 특성에 의해 피해 가능성이 결정될 수 있음을 의미한다.

피해자화와 근린 환경의 상관관계에 대한 가장 직접적인 논의는 샘슨(Sampson, 1985)의 연구에서 찾아볼 수 있다. 그는 미국 센서스국(Bureau of Census)과 법무부 사법통계국(Bureau of Justice Statistics)이 공동으로 1973년부터 1975년까지 수집한 전미범죄조사(National Crime Survey) 데이터를 분석하여, 근린의 특성이 개인의 피해자화에 차별적 영향을 미친다는 사실을 실증적으로 규명하였다.

샘슨의 연구는 선행 연구들(Blau and Blau, 1982; Messner, 1983)에서 제기된 경제적 불평등 또는 인종 구성 등 거시적 요인이 공식 범죄율에 미치는 영향력의 정도에 관한 학술적 논쟁에서 출발하였다. 그는 이러한 거시적 효과의 유의성을 입증하고자 하였으며, 범죄에 대한 사회생태학적 관점을 바탕으로 다양한 이론과 연구 결과를 종합하여 근린 효과를 규정하였다. 이를 위해 실업, 소득 불평등, 인종 구성, 구조적 밀도, 거주지 이동성, 가족 구조 등의 거시적 지표들을 분석에 활용하였다.

샘슨의 연구 결과는 기존의 피해자화 연구와는 차별화된 양상을 보여주었다. 즉, 앞서 언급한 거시적 근린 효과들이 연령, 인종, 성별, 수입, 결혼 상태 등 개인적 특성을 통제한 상태에서도 개인의 범죄 피해에 통계적으로 유의미한 영향을 미치는 것으로 나타났다. 특히, 이러한 거시적 지표들의 영향력은 통제 변수의 선택에 따라 상이한 결과를 보였다. 예컨대, 사회적 통합 변수(가족 구조와 이동성)와 기회 요인(구조적 밀도)을 통제할 경우, 불평등과 인종이 피해자화에 미치는 영향력이 감소하는 경향을 보였다.

이러한 연구 결과는 범죄 피해 여부가 주로 개인의 특성에 의해 결정된다는 기존의 통념에 대한 반증을 제시한다. 오히려 근린의 거시적 특성이 개인의 범죄 피해 가능성에 상당한 영향을 미친다는 사실을 명확히 보여주고 있다. 이는 피해자화 현상을 이해하고 예방 정책을 수립함에 있어 개인적 요인뿐만 아니라 사회구조적 요인에 대한 종합적 고려가 필요함을 시사한다.

제2항 아노미이론

사회의 구조에 대한 관심을 나타내는 이론으로 머튼의 아노미이론을 들 수 있다. 뒤르껭의 아노미가 사회변동에 따른 무규범상태를 상정하였다면 머튼의 아노미는 문화적 목표와 제도화된 수단 간의 괴리나 격차를 의미한다. 피해자학에서 머튼의 아노미 이론은 문화적 목표와 제도적 수단, 즉 사회구조 사이의 괴리가 개인의 피해자화에 미치는 영향을 설명하는 데 활용될 수 있다. 사회가 강조하는 목표(예: 경제적 성공)를 달성하기 위한 합법적 수단이 제한될 때, 개인은 다양한 방식으로 적응하며 이 과정에서 범죄 피해에 취약해질 수 있다.

머튼의 5가지 적응양식을 피해자학의 입장에서 적용하면, 첫째는 동조적 적응으로 사회적 목표와 수단을 모두 수용하는 개인은 상대적으로 피해자화 위험이 낮을 수 있다. 둘째로 혁신적 적응의 경우, 개인은 목표는 수용하지만, 불법적 수단을 사용하는 경우, 범죄에 연루되어 피해자가 될 위험이 증가할 수 있다. 셋째로 의례의 경우, 개인은 제도화된 수단은 준수하지만 문화적 목표를 포기하였기에 사회적 고립을 자초하게 되고 이로 인해 특정 유형의 피해에 취약해질 수 있다. 넷째는 도피로서 특정 개인이 문화적 목표와 제도화된 수단 모두를 거부하는 경우, 사회적 보호망에서 벗어나 다양한 형태의 피해에 노출될 수 있다. 끝으로 반역의 경우 개인은 새로운 문화적 목표를 달성하기 위해 기존에 인정되지 않는 비제도적 수단을 추구하게 되고 이로 인해 기존 사회 질서와의 충돌 과정에서 피해자가 될 위험이 있다. 이러한 적응양식은 개인의 피해자화 과정을 이해하고 예방 전략을 수립하는 데 유용한 틀을 제공할 수 있다.

메스너와 로젠펠드의 제도적 아노미이론도 피해자학에 적용할 수 있다. 제도적 아노미이론은 사회 제도 간의 불균형, 특히 경제 제도의 지배가 범죄율 증가에 미치는 영향을 설명한다. 피해자학의 관점에서 이 이론은 다음과 같이 활용될 수 있다. 첫째로 제도적 불균형이 특정 집단의 피해자화 위험을 증가시키는 메커니즘을 설명할 수 있다. 예를 들어, 경제적 가치가 지나치게 강조되는 사회에서는 경제적 취약계층이 경제적 가치를 추구하는 과정에서 범죄 피해에 더 노출될 수 있다. 둘째로 사회 제도들(가족, 교육, 정치, 경제)의 상호작용이 피해자 보호와 지원에 미치는 영향을 분석할 수 있다. 경제제도 이외의 다양한 제도들이 서로 균형을 이루며 발전해야 하는데 경제제도만을 지나치게 강조하여 제도 간 균형이 무너질 때 피해자 지원 시스템이 약화될 수 있다는 점이 피해자학의 관심 쟁점이 될 수 있다. 셋째는 제도적 차원의 거시적 접근이 필요함을 강조하며 연구의 방향을 제시할 수 있다. 피해자화를 예방하기 위해서는 개인의 행위에 초점을 맞춘 미시적 접근보다는 제도와 구조에 초점을 맞춘 거시적 접근이 필요할 수 있다. 단순히 개인 수준의 개입이 아닌, 사회 제도 전반의 균형 회복이 중요함을 시사한다. 넷째로 경제적 성공에 대한 과도한 강조가 어떻게 피해자 비난으로 이어질 수 있는지 설명할 수 있다. 예를 들어 경제적 성공을 중시하는 사회에서는 성범죄피해자의 일상활동이나 생활양식을 비난하면서 피해자가 경제적 이익을 위해 위험을 감수했기 때문에 일어난 일이라고 인식할 수 있으며 이는 피해자에게 책임을 전가하는 2차 피해자화의 원인을 이해하는 데 도움이 된다. 다섯째로 피해자 지원 정책 수립에 있어 다양한 사회 제도의 역할을 강조할 수 있다. 제도적 아노미이론은 경제적 제도 및 장치에 대한 지나친 강조에 따른 피해자화를 전제로 하기에 경제적 지원뿐만 아니라 가족의 지원과 사랑, 교육적 지원의 중요성, 정치적 개입과 지원 등 다각적 접근의 중요성을 강조할 수 있다. 이러한 적용은 피해자학 연구와 정책 수립에 있어 보다 포괄적이고 체계적인 접근을 가능하게 한다.

제3항 가족구조이론

가족구조이론은 가족 구성원의 구조적 특성과 범죄 및 비행 간의 관계를 탐구하는 중요한 이론적 프레임워크로, 범죄학 및 사회학 분야에서 광범위하게 연구되어 왔다(김준호 · 노성호, 1990). 이 이론은 가족 내 지위와 역할의 구조적 배열이 개인의 범죄 행위 및 피해 경험에 미치는 영향을 분석한다. 가족 구조는 주로 부모(아버지와 어머니)와 자녀(형제자매)의 지위로 구분되며, 이러한 구조의 완전성 여부가 범죄 및 비행의 주요 결정 요인으로 간주된다.

Sampson(1985)의 선구적 연구는 가족 구조의 특성이 범죄 피해화(victimization)에 미치는 영향을 실증적으로 입증하였다. 특히, 여성 가장 가구의 비율이 높은 지역에서 절도 및 폭력 범죄의 피해 위험이 증가하는 것으로 나타났다. 이는 가족 구조의 취약성이 지역 사회의 범죄 통제 능력과 사회적 응집력에 부정적 영향을 미칠 수 있음을 시사한다.

더불어, Sampson의 연구는 가구 밀도와 주거 이동성이 범죄 피해화에 미치는 영향도 조명하였다. 고밀도 지역(5가구 이상)과 높은 이주율을 보이는 지역에서 개인의 범죄 피해 위험이 증가하는 것으로 나타났다. 이는 사회해체이론(Social Disorganization Theory)의 관점에서 해석될 수 있으며, 지역 사회의 불안정성과 사회적 통제의 약화가 범죄 피해 위험을 높이는 메커니즘을 설명한다.

이러한 연구 결과는 가족 구조가 단순히 개인 수준의 요인을 넘어서, 지역 사회의 맥락에서 범죄 피해화에 영향을 미치는 중요한 변수임을 입증한다. 따라서, 범죄 예방 및 피해자 보호 정책 수립 시 가족 구조의 다양성과 그 영향을 고려해야 할 필요성을 제시한다.

향후 연구에서는 가족 구조의 변화가 범죄 및 피해화에 미치는 종단적 영향, 가족 구조와 다른 사회경제적 요인들 간의 상호작용, 그리고 문화적 맥락에 따른 가족 구조의 영향력 차이 등을 더욱 심도 있게 탐구할 필요가 있다. 이를 통해 가족 구조이론은 범죄학 및 피해자학 분야에서 더욱 정교화되고 확장될 수 있을 것이다.

제 3 절

과정적 이론

과정적 이론은 범죄학과 피해자학에서 중요한 위치를 차지하며, 구조적 이론과는 다른 관점에서 범죄와 피해자화 현상을 설명한다. 과정적 이론의 핵심은 개인의 행동과 경험이 시간에 따라 어떻게 변화하고 발전하는지에 초점을 맞춘다는 것이다. 이는 구조적 이론이 사회의 거시적 요인에 주목하는 것과 대조되는 것이다. 여기에서는 가장 기본적인 이론으로서의 사회통제이론, 학습이론 및 긴장이론을 묶어서 설명하고 다음으로 티틀(Tittle)의 통제균형이론을 설명하며 끝으로 역동적 발달과정을 다루는 연령등급이론과 생애과정이론을 설명하고자 한다.

사회통제이론은 개인이 사회와 맺는 유대관계가 범죄와 피해자화를 억제한다고 본다. 사회학습이론은 범죄 행동과 피해자 행동이 학습되는 과정에 주목하며, 긴장이론은 개인이 경험하는 스트레스와 좌절이 범죄나 피해자화로 이어질 수 있다고 설명한다. 이러한 과정적 이론들은 개인의 경험, 학습, 관계 형성 등 동적인 요소를 강조하며, 시간의 흐름에 따른 변화를 중요하게 다룬다. 구조적 이론들이 사회의 전반적인 구조와 제도에 초점을 맞추면서 상대적으로 정적인 관점을 제시하는 것과는 대비되는 부분이다. 과정적 이론의 강점은 개인 수준에서의 개입과 예방 전략 수립에 유용하다는 점이다. 이는 범죄 예방과 피해자 보호 정책을 개인화하고 맞춤화하는 데 도움을 준다. 또한 과정적 이론은 생애주기에 걸친 범죄와 피해자화의 변화를 설명하는 데 적합하여, 장기적인 관점에서의 정책 수립에도 기여한다.

제1항 세 가지 기본 과정이론: 통제, 학습, 긴장

과정적 이론은 피해자학과 범죄학 분야에서 중요한 위치를 차지하고 있으며, 주로 통제이론, 학습이론, 그리고 긴장이론으로 구성된다. 이 세 이론은 범죄 행위와 피해자화 과정을 설명하는 데 있어 핵심적인 역할을 수행하며, 각각 독특한 관점과 분석 틀을 제공한다.

허쉬(Hirschi, 1969)의 사회통제이론은 청소년 범죄피해 현상을 이해하고 설명하는 데 중요한 이론적 기반을 제공한다. 이 이론은 개인과 사회 간의 유대관계가 범죄 행위뿐만 아니라 피해자화 과정에도 유의미한 영향을 미친다고 주장한다. 사회통제이론에 따르면, 청소년의 사회적 유대는 애착(attachment), 전념(commitment), 참여(involvement), 신념(belief)의 네 가지 요소로 구성된다. 이러한 사회적 유대가 약화될 경우, 청소년들은 범죄 피해에 더욱 취약해질 수 있다. 예컨대, 가족과의 애착이 약한 청소년들은 적절한 보호와 감독을 받지 못해 위험한 상황에 노출될 가능성이 증가한다.

고트프레드슨과 허쉬(Gottfredson and Hirschi, 1990)의 자아통제이론은 사회통제이론을 확장하여 개인의 자기통제력이 범죄 행위와 피해 경험에 미치는 영향을 설명한다. 낮은 자기통제력을 가진 청소년들은 충동적이고 위험 감수적 행동을 더 많이 하게 되어, 범죄 피해에 노출될 가능성이 높아진다는 것이다.

이러한 이론적 틀은 청소년범죄 피해 예방과 통제 정책에 중요한 시사점을 제공한다. 첫째, 자기통제력이 어린 시절에 형성된다는 점을 고려할 때, 조기교육 프로그램을 통한 자기통제력 향상이 중요하다. 둘째, 가족, 학교, 지역사회와의 유대를 강화하는 프로그램을 통해 청소년들의 사회적 지지 네트워크를 확대해야 한다. 셋째, 청소년들이 위험한 상황에 노출되는 것을 줄이기 위한 환경적 개입이 필요하다. 넷째, 개인의 자기통제력 향상과 사회적 유대 강화를 동시에 추구하는 통합적 접근이 효과적일 수 있다.

결론적으로, 사회통제이론과 자아통제이론은 청소년범죄 피해의 근본 원인을 이해하고, 이에 대한 효과적인 예방 및 개입 전략을 수립하는 데 중요한 이론적 기반을 제공한다. 이러한 이론적 틀을 바탕으로 한 정책적 접근은 청소년들의 안전과 건강한 발달을 도모하는 데 기여할 수 있을 것이다. 향후 연구에서는 이러한 이론적 관점을 실증적으로 검증하고, 다양한 사회문화적 맥락에서의 적용 가능성을 탐색할 필요가 있다.

다음으로, 학습이론(Learning Theory)은 범죄 행위와 피해자화가 사회적 학습 과정을 통해 습득된다고 본다. 서덜랜드(Sutherland)의 차별접촉이론과 에이커스(Akers)의 사회학습이론이 대표적이다. 피해자학에서는 이 이론을 통해 피해자 행동 패턴이 어떻게 학습되고 강화되는지, 그리고 이것이 반복적 피해자화에 어떻게 기여하는지 분석한다. 차별접촉이론이나 학습이론은 친구의 영향력을 매우 중시한다. 친구와의 접촉을 통해 비행을 학습한다는 것이다. 특히 친구의 압력(peer pressure)은 청소년들뿐만 아니라 성인들의 행동에도 그것이 정상적인 행위이건 혹은 비행 행위이건 혹은 더 나아가 범죄의 피해이건 많은 영향력을 행사한다. 비행친구들과 많이 어울리면 어울릴수록 청소년들의 범죄피해확률은 높아지는데 후에 설명하게 될 생활양식이론이나 일상활동이론에서 직관적으로 알 수 있듯이 동기화된 가해자와 함께 있는 것 그 자체가 피해의 확률을 높이게 된다. 또한 비행친구들과의 어울림은 비행친구들로부터의 피해가 아닐지라도 일상적이고 정상적인 상황에 처하기 보다는 보다 비정상적이며 불확실하고 위험한 상황에 처할 수 있게 되기가 쉽다. 이러한 비정상적 상황은 범죄피해의 확률도 높여준다. 테일러와 동료들(2007)의 연구에서도 보듯이 비행친구를 갖는 구체적 예로서 갱의 구성원이 되면 그 자체로 폭력범죄의 피해를 당할 확률이 급격히 높아지게 된다.

마지막으로 긴장이론(Strain Theory)은 사회적 압력과 스트레스가 범죄 행위나 일탈 행동을 유발한다고 주장한다. 애그뉴(Agnew)의 일반긴장이론이 대표적이다. 피해자학에서는 이 이론을 통해 사회경제적 압박이나 스트레스가 어떻게 개인을 범죄 피해에 더 취약하게 만드는지 설명한다. 애그뉴의 일반긴장이론(General Strain Theory)은 범죄학적 관점에서 발전했지만, 피해자학에도 중요한 통찰을 제공한다. 이 이론도 피해자학의 관점에서 해석할 수 있는데 일반긴장이론에 따르면, 개인이 경험하는 긴장은 세 가지 주요 원인에서 비롯된다. 1) 긍정적 목표 달성의 실패, 2) 긍정적 자극의 제거 또는 상실, 3)

부정적 자극의 출현이 그것이다. 이러한 긴장은 부정적 감정, 특히 분노를 유발하며, 이는 범죄나 일탈 행동으로 이어질 수 있다. 피해자학의 맥락에서 이 이론을 적용하면, 긴장이 어떻게 개인을 피해자화의 위험에 노출시키는지 설명할 수 있다. 예를 들어, 목표 달성의 실패로 인한 좌절감은 위험한 상황에 대한 판단력을 저하시킬 수 있고 이로 인해 피해상황에 쉽게 노출될 수 있다. 중요한 관계의 상실(긍정적 자극의 제거) 역시 사회적 지지 네트워크를 약화시켜 범죄피해에 쉽게 노출되는 취약성을 증가시킬 수 있다. 또한 학대나 차별 같은 부정적 자극의 경험은 자존감을 낮추고 위험한 대처 메커니즘을 채택하게 할 수 있기에 피해자화를 부추길 수 있다. 이러한 긴장 요인들은 개인의 감정 상태와 행동 패턴에 영향을 미쳐, 범죄 피해의 위험을 높일 수 있다. 긴장으로 인한 분노나 우울감은 위험한 상황에 대한 인식을 둔화시키거나, 자기 파괴적 행동을 유발할 수 있는 것이다.

일반긴장이론은 피해자의 대처 메커니즘을 이해하는 데도 도움을 준다. 애그뉴에 따르면, 긴장에 대한 반응은 개인의 대처 자원과 능력에 따라 달라지는데, 피해자학에서 이는 왜 일부 개인이 피해 경험 후 더 효과적으로 회복하는 반면, 다른 이들은 지속적인 피해자화의 순환에 빠지는지 설명하는 데 유용하다. 더불어, 이 이론은 2차 피해자화 현상을 이해하는 데도 적용될 수 있다. 초기 피해 경험으로 인한 긴장이 적절히 해소되지 않을 경우, 이는 추가적인 부정적 경험(예: 사법 시스템에서의 부당한 대우)에 더 취약하게 만들 수 있다. 일반긴장이론의 피해자학적 적용은 예방과 개입 전략 수립에도 중요한 시사점을 제공한다. 긴장 요인을 식별하고 관리하는 것이 피해 예방의 핵심 전략이 될 수 있으며, 피해자 지원 프로그램은 긍정적 대처 메커니즘을 강화하는 데 초점을 맞출 수 있다. 결론적으로, 애그뉴의 일반긴장이론은 피해자화 과정을 보다 포괄적으로 이해하는 데 기여하며, 피해자 지원과 범죄 예방 정책 수립에 중요한 이론적 기반을 제공한다.

이상에서 설명한 세 이론은 각각 독립적으로 발전해 왔지만, 상호 보완적인 관계를 가지고 있다. 통제이론이 사회적 유대의 중요성을 강조한다면, 학습이론은 범죄와 피해자화의 학습 과정에 주목하고, 긴장이론은 사회구조적 압력의 영향을 분석한다. 이러한 다각적 접근은 범죄 현상과 피해자화 과정의 복잡성을 종합적으로 이해하는 데 기여한다. 피해자학에서 이 이론들의 적용은 범죄학적 관점을 넘어 피해자의 경험과 행동을 설명하고 예측하는 데 중요한 통찰을 제공한다. 예를 들어, 통제이론은 사회적 지지 네트워크의 부재가 어떻게 피해자화 위험을 증가시키는지 설명할 수 있고, 학습이론은 피해자의 대처 전략이 어떻게 형성되는지 이해하는 데 도움을 줄 수 있으며, 긴장이론은 사회경제적 스트레스가 어떻게 개인을 범죄 피해에 더 취약하게 만드는지 분석할 수 있다. 이 세 가지 과정적 이론은 피해자학과 범죄학 연구에 있어 핵심적인 이론적 기반을 제공하며, 범죄 예방과 피해자 보호 정책 수립에 중요한 지침을 제시한다.

제2항 통제균형이론

티틀(Tittle, 1995, 1997)이 제시한 통제균형이론은 피해자화 과정을 설명하는 데 중요한 통찰을 제공한다. 이 이론은 개인이 타인에게 행사하는 통제의 양과 자신이 받는 통제의 양 사이의 균형이 비행 참여 위험에 미치는 영향을 분석한다. 통제균형이론의 핵심 개념은 '통제비(control ratio)'로, 이는 개인이 행사하는 통제와 받는 통제의 상대적 비율을 의미한다. 티틀은 이 통제비가 균형에서 벗어날 때 비행 행위가 발생할 가능성이 높아진다고 주장한다. 구체적으로, 개인이 행사하는 통제가 받는 통제보다 많을 경우 '통제잉여(control surplus)' 상태가 되며, 반대의 경우 '통제결핍(control deficit)' 상태가 된다.

이론의 주요 가설은 통제잉여와 통제결핍 모두 비행 성향을 증가시킨다는 것이다. 그러나 흥미롭게도, 통제비의 성격에 따라 비행의 유형이 달라진다. 통제잉여 상태에서는 타인에 대한 착취와 같은 자율적 형태의 비행이 나타나는 반면, 통제결핍 상태에서는 반항과 같은 억압적 형태의 비행이 발생하는 경향이 있다. 이러한 통제균형이론의 관점은 피해자학 연구에 중요한 함의를 제공한다. 예를 들어, 통제결핍 상태에 있는 개인이 반항적 행동을 통해 오히려 더 큰 피해에 노출될 가능성을 설명할 수 있다. 또한, 통제잉여 상태에 있는 개인이 타인을 착취하는 과정에서 예기치 못한 피해를 입을 수 있는 메커니즘을 이해하는 데 도움을 준다.

피케로와 힉만(Piquero and Hickman, 2003)은 티틀의 통제균형이론을 피해자학에 적용하여 중요한 이론적 확장을 시도하였다. 그들은 티틀이 통제균형과 비행행위를 연관 지은 것과 유사하게, 통제잉여 또는 통제결핍 상태가 통제균형 상태에 비해 범죄피해 가능성을 증가시킨다고 주장하였다. 통제잉여 상태에 있는 개인들은 자신의 욕구와 필요가 충족된 상태를 유지하고자 하는 경향이 있다. 이로 인해 그들은 자신의 행동을 규제할 동기가 부족하여 피해자화의 위험을 증가시키는 행동을 할 가능성이 높아진다. 더욱이, 통제잉여자들은 통제결핍 상태에 있는 이들을 부적절하게 대함으로써 후자의 반발을 유발하고, 결과적으로 자신이 피해를 입는 상황을 초래할 수 있다. 반면, 통제결핍 상태에 있는 개인들 역시 다른 메커니즘을 통해 범죄피해의 위험에 노출될 수 있다. 자율성이 제한된 상황에 익숙해짐에 따라, 이들은 자기보호와 자기주장에 대한 자신감과 신념이 부족해질 수 있다. 이러한 취약성은 잠재적 가해자들에게 쉬운 범행 대상으로 인식될 수 있다. 통제결핍자들은 때로 자신의 부족함을 보상하기 위해 공격적 행동을 보이기도 하지만, 이는 오히려 자신을 피해 상황에 노출시키는 결과를 초래할 수 있다.

피케로와 힉만의 실증 연구는 통제잉여와 통제결핍 모두가 일반적인 피해자화 경험과 특히 절도 피해에 유의미한 영향을 미친다는 것을 입증하였다. 이러한 발견은 통제균형이론이 범죄 행위뿐만 아니라 피해자화 과정을 이해하는 데에도 유용한 이론적 틀을 제공할 수 있음을 시사한다. 이 연구의 함의는 피해자학 분야에 중요한 시사점을 제공한다. 첫째, 범죄 피해 예방 전략을 수립할 때 개인의 통제 상태를 고려해야 한다는 점이다. 둘째, 피해자 지원 프로그램에서 통제균형의 회복을 목표로 하는 개입이 효과적일 수 있다는 것이다. 마지막으로, 이 이론은 피해자-가해자 역학관계에 대한 새로운 이해를 제공함으로써, 범죄 예방과 피해자 보호 정책의 발전에 기여할 수 있다.

향후 연구에서는 통제균형이론의 적용 범위를 확장하여 다양한 범죄 유형과 문화적 맥락에서 그 유효성을 검증할 필요가 있다. 또한 통제비의 변화가 피해자화 과정에 미치는 영향과, 역으로 피해 경험이 통제비에 미치는 영향을 종단적 연구를 통해 심층적으로 분석할 수 있다. 이러한 연구는 피해자화의 동적 과정을 이해하는 데 중요한 통찰을 제공할 것이다. 마지막으로, 통제균형이론을 기반으로 한 실제적인 피해 예방 및 개입 프로그램을 개발하고, 그 효과성을 엄밀히 평가하는 것이 중요한 과제가 될 것이다. 이러한 다각적 접근은 통제균형이론의 학문적 발전뿐만 아니라 실질적인 피해자 보호 정책 수립에도 기여할 수 있을 것이다.

제3항 인생항로적 관점

인생항로적 관점(또는 생애과정적 관점)을 채택한 종단적 연구들은 장기적 시간 축에서 생애과정을 조망하는 방식으로 수행된다. 이와 유사하나 구별되는 접근으로 발달론적 관점이 있는데, 두 관점의 주요 차이점은 외부 사건의 역할에 대한 인식에 있다. 발달론적 관점은 유기체 외부의 장기적 사건들에 대해 상대적으로 낮은 관심을 보이며, 주로 유기체의 자체적 발전 과정에서 나타나는 신체적, 심리적 변화에 초점을 맞춘다. 반면, 생애과정적 관점은 내적 심리 작용에만 국한되지 않고, 유기체 외부의 사건들, 즉 인생의 다양한 경로에서 발생하는 사건들의 사회학적 역할에 보다 큰 비중을 둔다. 이러한 차이는 각 관점이 개인의 발달과 생애 경험을 이해하는 데 있어 상이한 이론적, 방법론적 접근을 취하게 함을 시사한다.

허쉬와 곳프레드슨(Hirschi and Gottfredson, 1990)의 범죄의 일반이론은 인생항로적(생애과정적) 관점의 발전에 역설적이지만 결정적인 역할을 하였다. 허쉬는 1969년 청소년 비행의 원인에 관한 저작을 통해 다양한 이론을 비교분석하며 학계의 주목을 받았다. 그러나 20여 년 후 곳프레드슨과의 공동 연구를 통해 기존의 통제이론에서 벗어나 자아통제이론을 제시하게 된다. 자아통제이론의 방법론적 특징은 종단적 연구의 한계를 지적한 점이다. 이들은 개인의 성격이나 행동이 시간의 경과에 따라 크게 변하지 않는다는 전제하에, 고비용의 종단적 연구의 필요성에 의문을 제기하였다. 이러한 주장은 '안정성 대 변화'라는 대논쟁(Great Debate)을 촉발시켰고, 이는 해당 분야의 이론적, 방법론적 발전을 가속화하는 계기가 되었다. 허쉬와 곳프레드슨(1990)은 모든 범죄행위의 근원을 낮은 자아통제력(low self-control)으로 설명하는 간결하면서도 강력한 주장을 제시하였다. 이들의 이론에 따르면, 낮은 자아통제력을 가진 개인은 범죄나 비행에 연루될 가능성이 높으며, 이들의 행동을 결정짓는 핵심 요인은 기회이다. 즉, 범죄의 기회가 주어진다면 이들은 언제든 범죄를 저지를 준비가 되어 있다는 것이다.

이러한 자아통제이론은 범죄학 분야에 큰 영향을 미쳤으며, 이후 다양한 실증적 연구를 통해 검증되고 발전되어 왔다. 그러나 동시에 이 이론은 자아통제력의 안정성과 변화 가능성, 그리고 범죄 행위의 다양한 원인에 대한 학술적 논쟁을 촉발시켰다. 이러한 논쟁은 범죄학 이론의 발전과 더불어 범죄 예방 및 개입 전략의 수립에 중요한 시사점을 제공하고 있다.

허쉬와 곳프레드슨(Hirschi and Gottfredson, 1990)은 낮은 자아통제력이 범죄 행위로 이어지는 과정을 설명하기 위해 6가지 주요 특성을 제시하였다. 이들 특성은 다음과 같다. 만족지연불능성 및 충동성, 위험지향적 행위양태, 장기적 목표 부재와 단기목표지향성, 정신활동보다 육체활동 선호, 낮은 좌절용인성, 둔감성 및 자기중심성 등이 그것이다.

충동적인 개인은 즉각적인 만족을 추구하며 지연된 보상을 견디지 못한다. 이들은 현재의 만족을 위해 미래의 이익을 쉽게 포기하는 경향이 있다. 위험지향적 성향을 가진 이들은 행동의 결과를 숙고하기보다 위험 자체에 매력을 느껴 무분별한 행동을 하게 된다. 이러한 특성은 범죄 행위와 같은 위험한 상황에 쉽게 노출되게 만든다. 단기목표지향적 개인은 장기적 결과를 고려하지 않고 당면한 이익에만 집중한다. 이는 미래에 대한 계획이나 준비가 부족하게 만들어, 즉각적인 욕구 충족을 위해 범죄를 저지를 가능성을 높인다. 육체활동을 선호하는 이들은 문제 해결 시 대화나 토론보다는 폭력적 방법을 선택하는 경향이 있다. 이는 갈등 상황에서 물리적 해결책을 우선시하게 만들어, 폭력 범죄로 이어질 수 있다. 낮은 인내심을 가진 개인은 좌절 상황에서 쉽게 흥분하거나 분노를 조절하지 못한다. 이러한 특성은 스트레스나 갈등 상황에서 적절한 대처를 어렵게 만들어, 충동적인 범죄 행위로 이어질 수 있다. 마지막으로, 둔감한 특성을 지닌 이들은 자기중심적 사고를 보이며, 타인에 대한 공감 능력이 부족하다. 이는 타인의 고통이나 피해를 고려하지 않은 채 범죄를 저지르게 만드는 요인이 될 수 있다.

곳프레드슨과 허쉬(1990)는 이러한 낮은 자아통제력이 유년기에 형성되면 쉽게 변화하지 않는다고 주장하였다. 이들은 자아통제력이 개인의 내재적 특성이라기보다는 외부 환경, 특히 부모의 사회화 과정을 통해 발달된다고 보았다. 약 8세를 전후로 형성되는 이 특성은 일단 확립되면, 이후 충동적이고 근시안적인 행동을 조절하고 변화시키는 데 상당한 어려움을 겪게 된다고 설명하였다. 이러한 자아통제이론의 관점은 범죄학 및 피해자학 분야에 중요한 함의를 제공한다. 특히, 범죄 예방과 피해자화 과정의 이해에 있어 조기 개입의 중요성을 강조한다. 낮은 자아통제력이 범죄 행위뿐만 아니라 피해자화와도 연관될 수 있다는 점에서, 이 이론은 범죄-피해자 관계에 대한 새로운 시각을 제시한다.

그러나 이 이론은 환경적 요인과 생애 과정에서의 변화 가능성을 상대적으로 경시한다는 비판도 받고 있다. 자아통제력이 어린 시절에 형성되어 거의 변하지 않는다는 주장은 후천적 경험이나 교육의 영향을 과소평가할 수 있기 때문이다. 따라서 이에 대한 지속적인 학술적 논의와 실증적 검증이 요구된다. 결론적으로, 허쉬와 곳프레드슨의 자아통제이론은 범죄 행위와 피해자화 과정을 이해하는 데 중요한 통찰을 제공하지만, 동시에 인간 행동의 복잡성과 변화 가능성을 고려한 보다 포괄적인 접근이 필요함을 시사한다.

슈렉(Schreck, 1999)은 자아통제이론을 피해자학에 적용한 선구적 학자로, 피해자학 이론의 실제적 적용에 중요한 기여를 하였다. 그의 연구는 범죄와 피해의 상호연관성에 주목하여, 범죄 가해자와 피해자 사이의 특성 유사성을 탐구하였다. 슈렉은 범죄를 저지르는 개인이 동시에 범죄 피해를 많이 경험한다는 관찰에 기반하여, 범죄 가해와 피해의 원인이 유사할 것이라는 가설을 제시하였다. 그의 실증적 연구 결과, 낮은 자아통제력이 범죄 경험을 통제한 후에도 폭력 피해와 재산 피해에 유의미한 영향을 미친다는 사실을 발견하였다. 이러한 발견은 두 가지 중요한 함의를 갖는다. 첫째는 낮은 자아통제력의 독립적 효과로 낮은 자아통제력은 범죄 가해 행위뿐만 아니라 범죄 피해에도 독립적이고 통계적으로 유의미한 영향을 미친다. 이는 자아통제력이 범죄피해자화 과정에서 중요한 요인임을 시사한다. 둘째는 낮은 자아통제력과 가해행위의 상호작용 효과로 단순히 가해 행위를 많이 하는 개인이 피해를 많이 경험하는 것이 아니라, 가해 행위와 낮은 자아통제력이 결합될 때 피해 경험이 더욱 증가한다는 점이 확인되었다. 이는 낮은 자아통제력과 가해행위 사이의 상승적 상호작용을 나타낸다.

이러한 연구 결과는 낮은 자아통제력을 가진 개인이 범죄피해자가 될 확률이 높다는 결론을 지지한다. 슈렉의 연구는 피해자학 분야에 자아통제이론을 적용함으로써, 범죄 피해의 메커니즘에 대한 새로운 이해를 제공하였다. 이는 범죄 예방과 피해자 보호 정책 수립에 있어 개인의 자아통제력 향상을 중요한 요소로 고려해야 함을 시사한다. 더불어, 이 연구는 범죄학과 피해자학의 이론적 통합 가능성을 제시하며, 범죄 가해와 피해의 연속성에 대한 학문적 관심을 촉발시켰다. 향후 연구에서는 자아통제력과 범죄 피해 간의 관계에 영향을 미치는 다양한 맥락적 요인들을 탐구하고, 종단적 연구를 통해 이러한 관계의 동태적 특성을 파악할 필요가 있다.

제4항 연령등급 통제이론

범죄의 일반이론은 낮은 자아통제력이라는 단일 요인을 통해 모든 범죄의 원인을 설명하고자 하는 시도이다. 그러나 이러한 접근은 범죄 현상의 복잡성을 충분히 반영하지 못한다는 비판을 받고 있다. 실제로 많은 사람들이 범죄를 저지르지만, 그들의 삶이 항상 범죄로 점철되어 있는 것은 아니다. 범죄와 피해라는 현실은 단일 요인만으로 설명하기에는 너무나 복잡하고 다면적이다. 인간의 삶에서 발생하는 다양한 사건과 경험들은 개인의 생활과 독립적으로 존재하는 것이 아니라, 그 사람에게 직간접적으로 영향을 미친다. 예를 들어, 낮은 자아통제력으로 인해 충동적인 삶을 살아온 사람이라 하더라도, 범죄나 피해의 기회가 주어지지 않는다면 그러한 경험을 하게 될 가능성은 낮아진다. 따라서 기회나 환경 등 개인의 외적 요인들이 범죄 및 피해 경험에 미치는 영향에 주목할 필요가 있다.

샘슨과 라웁(Sampson and Laub, 2003)은 이러한 맥락에서 인간의 성장 과정에서 겪게 되는 다양한 사건들에 주목하였다. 이들은 곳프레드슨과 허쉬(Gottfredson and Hirschi, 1990)와 마찬가지로 통제이론적 전통에 기반을 두고 있으나, 특히 성인기의 사회적 유대와 통제에 초점을 맞추었다. 통제이론의 기본 전제는 인간이 적절히 통제되지 않으면 언제든 범죄를 저지를 수 있는 위험한 존재라는 것이다. 따라서 범죄를 저지르지 않는 것은 적절한 통제가 이루어지고 있기 때문이라고 본다. 연령등급통제이론은 이러한 통제의 양상이 연령에 따라 변화한다는 점에 주목한다. 샘슨과 라웁이 특히 강조한 통제 요인은 결혼과 고용이다. 이들은 어린 시절 범죄와 비행으로 점철된 삶을 살았던 사람들도 결혼과 고용을 통해 새로운 전환점을 맞이할 수 있다고 주장한다. 좋은 결혼 관계와 안정적인 직장은 개인에게 긍정적인 사회적 유대를 제공하며, 이는 일종의 사회적 자본으로 작용하여 범죄로부터 멀어지게 하는 보호 요인이 될 수 있다.

연령등급통제이론의 맥락에서, 좋은 사회적 유대는 잭슨토비(Jackson Toby, 1957)가 제시한 '동조에로의 위기(stake in conformity)' 개념과 밀접하게 연관된다. 토비는 일반 청소년과 비행 청소년의 삶을 비교 분석하며, 전자가 후자에 비해 높은 수준의 동조에로의 위기를 경험한다고 주장하였다. 이는 사회적 규범과 기대에 순응하며 살아온 개인들이 그러한 기대를 저버릴 경우 잃게 되는 것이 더 많다는 것을 의미한다.

구체적으로, 부모나 교사의 기대에 부응하며 성장한 청소년들은 반항적 행동을 통해 이러한 신뢰와 기대를 저버릴 경우, 중요한 사회적 관계와 지지를 상실할 위험에 직면하게 된다. 반면, 이미 사회적 기대에서 벗어난 삶을 살아온 비행 청소년들에게는 이러한 위험이 상대적으로 낮게 인식된다. 이들에게 부모나 교사의 실망은 이미 일상적 경험의 일부가 되어 있기 때문이다.

연령등급통제이론의 관점에서 볼 때, 성인기의 결혼과 고용을 통해 형성된 긍정적 사회적 유대 역시 이러한 동조에로의 위기를 강화하는 요인으로 작용할 수 있다. 안정적인 결혼 생활과 직장에서의 좋은 관계를 유지하고 있는 개인이 범죄나 비행에 연루될 경우, 그가 직면하게 될 사회적, 경제적 손실은 매우 클 수 있다. 이는 곧 범죄 억제 요인으로 작용하게 된다.

따라서 연령에 따라 변화하는 사회적 통제와 유대는 범죄자의 교화와 재사회화 과정에서 중요한 역할을 한다고 볼 수 있다. 이러한 관점은 피해자학 분야에도 중요한 함의를 제공한다. 즉, 범죄 피해 경험이 개인의 사회적 유대와 동조에로의 위기에 미치는 영향, 그리고 이러한 요인들이 피해자의 회복과 재피해 방지에 어떤 역할을 하는지에 대한 연구의 필요성을 제기한다. 더불어, 이러한 이론적 틀은 피해자 지원 정책 수립에 있어서도 중요한 시사점을 제공한다. 피해자의 연령과 생애 단계에 따른 맞춤형 지원 전략, 그리고 피해자의 사회적 유대를 강화하고 동조에로의 위기를 적절히 관리할 수 있는 프로그램의 개발이 필요함을 시사한다. 이를 통해 피해자의 회복력을 증진시키고, 장기적으로는 재피해 위험을 감소시킬 수 있을 것이다. 연령등급통제이론은 본래 범죄학 분야에서 발전한 이론으로, 연령에 따른 사회적 유대의 변화가 범죄 억제에 미치는 영향을 설명하는 데 초점을 맞추고 있다. 그러나 최근 연구에서는 이 이론이 범죄 피해를 설명하는 데에도 유용하다는 주장이 제기되고 있어, 피해자학 분야에서도 주목받고 있다.

데이글과 동료들(2008)의 연구는 연령등급통제이론이 피해자학 분야에도 적용될 수 있음을 실증적으로 입증하였다. 특히 결혼과 고용이라는 두 가지 주요 요인이 범죄 피해 경험에 미치는 영향을 분석하였다. 이러한 접근은 범죄학 이론을 피해자학에 확장 적용하는 시도로서, 두 학문 분야 간의 통합적 이해를 촉진하는 데 기여하고 있다.

결혼의 경우, 잠재적 피해자에 대한 보호 요인으로 작용하는 것으로 나타났다. 결혼 이후 개인의 범죄 피해 확률이 유의미하게 감소하는 현상이 관찰되었는데, 이는 다음과 같은 측면에서 설명될 수 있다. 첫째, 결혼을 통한 성인으로서의 지위 획득이 잠재적 가해자의 인식을 변화시켜 공격 대상으로서의 매력도를 낮추는 효과가 있을 수 있다. 둘째, 결혼한 개인의 생활양식과 일상활동의 변화가 범죄 피해에 노출될 기회를 감소시키는 요인으로 작용할 수 있다. 예를 들어, 가족과 함께 보내는 시간이 증가하거나, 위험한 환경에 노출될 가능성이 줄어들 수 있다. 반면, 고용은 결혼과는 다소 상이한 방식으로 범죄 피해에 영향을 미치는 것으로 나타났다. 이는 생활양식이론과 일상활동이론의 관점에서 해석될 수 있다. 고용은 개인의 생활양식과 일상 활동에 큰 변화를 가져오는데, 특히 가정 외부에서 보내는 시간이 증가하게 된다. 이러한 변화는 잠재적 가해자와의 접촉 기회를 증가시켜 범죄 피해의 가능성을 높일 수 있다. 그러나 동시에 고용은 경제적 안정과 사회적 네트워크 확대 등의 긍정적 효과를 통해 장기적으로는 범죄 피해 위험을 감소시킬 수 있는 요인으로도 작용할 수 있다.

이러한 연구 결과는 연령등급통제이론이 범죄학을 넘어 피해자학 분야에서도 유용한 설명력을 가질 수 있음을 시사한다. 특히, 생애 주기에 따른 사회적 역할과 지위의 변화가 범죄 피해 경험에 미치는 영향을 이해하는 데 중요한 통찰을 제공한다. 이는 피해자 지원 정책 및 프로그램 개발에 있어 연령별, 생애 단계별 특성을 고려해야 함을 시사한다. 향후 연구에서는 결혼과 고용 외에도 다양한 생애 사건들이 범죄 피해 경험에 미치는 영향을 탐구함으로써, 이론의 적용 범위를 더욱 확장할 필요가 있다. 예를 들어, 자녀 출산, 이혼, 은퇴 등의 생애 사건들이 범죄 피해 위험에 어떤 영향을 미치는지 살펴볼 수 있을 것이다. 또한, 문화적 맥락과 사회경제적 요인들이 이러한 관계에 어떤 조절 효과를 가지는지에 대한 연구도 필요하다. 결론적으로, 연령등급통제이론의 피해자학적 적용은 범죄 피해의 동태적 특성을 이해하는 데 중요한 기여를 하고 있다. 이는 피해자학 연구의 이론적 기반을 확장하고, 보다 효과적인 범죄 예방 및 피해자 지원 전략 수립에 기여할 수 있을 것이다.

제 4 절

특성이론

제1항 유전자와 피해자화

최근 범죄학 이론의 주요 관심사 중 하나는 유전자와 범죄 간의 관계를 규명하는 것이다. 생물학과 유전학의 급속한 발전에 힘입어, 특정 생물학적 또는 유전적 특성이 범죄 행위와 연관성이 있다는 주장이 학계에서 주목받고 있다. 이러한 접근은 범죄학의 영역을 확장하고, 범죄 행위의 복잡한 메커니즘을 이해하는 데 새로운 통찰을 제공하고 있다.

유전적 다형성(genetic polymorphism)은 이 분야에서 중요한 개념으로 부각되고 있다. 특히 알코올이나 약물 중독과 같은 문제와 범죄와의 관계를 설명할 때, 유전적 변이로서의 다형성이 중요한 역할을 한다는 점이 강조되고 있다. 예를 들어, Caspi et al.(2002)의 연구에서는 모노아민 산화효소 A(MAOA) 유전자의 특정 변이가 아동기 학대 경험과 상호작용하여 성인기의 반사회적 행동에 영향을 미칠 수 있음을 보고하였다.

신경전달물질의 역할 또한 범죄 행위와 관련하여 주목받고 있다. 모노아민 옥시데이즈, 세로토닌, 도파민 등의 신경전달물질은 정보 전달 과정에서 중요한 역할을 하며, 이들의 활성화 정도에 따라 행동 억제, 기분, 보상 체계, 주의력 등에 변화가 일어날 수 있다. 예를 들어, Beaver et al.(2007)의 연구에서는 도파민 수용체 유전자인 DRD2와 환경적 요인(비행 친구와의 교류) 간의 상호작용이 폭력 피해 경험과 연관이 있음을 밝혀냈다.

유전자와 환경 간의 상호작용 효과는 이 분야에서 특히 중요한 연구 주제이다. 특정 유전자가 항상 비행이나 범죄를 유발하는 것이 아니라, 특정 환경적 조건과 결합될 때 그 효과가 발현된다는 점이 강조되고 있다. 이는 범죄 행위의 복잡성과 다차원성을 잘 보여주는 예라고 할 수 있다. 예를 들어, 유전적으로 알코올 중독에 취약한 개인이 음주를 권장하는 문화적 환경에 노출될 경우, 알코올 중독의 위험이 크게 증가할 수 있다.

피해자학 분야에서도 이러한 생물학적, 유전학적 접근이 적용되고 있다. 특히 도파민 연구는 피해자화 과정을 이해하는 데 중요한 통찰을 제공하고 있다. 도파민은 뇌의 보상과 처벌 체계와 밀접하게 연관된 신경전달물질로, 적정 수준에서는 문제 해결 능력과 주의력을 향상시키지만, 과도한 수준에서는 폭력성이나 공격성으로 이어질 수 있다.

Beaver et al.(2007)의 연구는 DRD2 유전자와 환경적 요인 간의 상호작용이 폭력 피해 경험과 연관이 있음을 보여주었다. 구체적으로, DRD2 유전자의 특정 다형체를 가진 남성이 비행 친구들과 교류할 경우, 다른 조건의 개인들에 비해 폭력 피해를 경험할 가능성이 높아지는 것으로 나타났다. 이러한 연구 결과는 유전적 요인이 피해자화 과정에 영향을 미칠 수 있음을 시사하는 중요한 발견으로 평가받고 있다.

그러나 이러한 생물학적, 유전학적 접근에는 주의가 필요하다. 유전적 결정론에 빠지지 않도록 주의해야 하며, 환경적, 사회적 요인과의 복잡한 상호작용을 항상 고려해야 한다. 또한, 이러한 연구 결과가 윤리적 문제나 낙인화로 이어지지 않도록 신중한 해석과 적용이 요구된다. 결론적으로, 유전자와 범죄, 그리고 피해자화 간의 관계에 대한 연구는 아직 초기 단계에 있지만, 범죄학과 피해자학에 새로운 지평을 열고 있다. 이러한 연구들은 범죄 예방과 피해자 보호 정책 수립에 있어 개인의 생물학적 특성과 환경적 요인을 동시에 고려해야 함을 시사하고 있다. 향후 연구에서는 이러한 관계의 구체적인 메커니즘을 밝히고, 다양한 맥락에서의 적용 가능성을 탐구하는 것이 중요한 과제가 될 것이다.

제2항 술과 피해자화

범죄와 알코올의 관계는 범죄학에서 오랫동안 주목받아온 주제이다. 전미범죄피해조사(NCVS)의 결과에 따르면, 전체 피해자의 27.5%가 가해자가 사건 당시 약물이나 알코올의 영향 하에 있었다고 인지하고 있는 것으로 나타났다(Bureau of Justice Statistics, 2008). 이는 범죄 가해와 알코올 사용 간의 밀접한 관계를 시사한다.

그러나 주목할 만한 점은 피해자 역시 알코올과 밀접한 관련이 있다는 사실이다. 트자덴과 퇸네스(Tjaden and Thoennes, 2006)의 전미대여성폭력연구(National Violence Against Women Survey, NVAWS)에 따르면, 성인기에 강간을 경험한 여성의 20%, 남성의 38%가 피해 직전 음주를 했다고 보고하였다. 이러한 음주 경험은 성폭력뿐만 아니라 물리적 폭력 피해와도 밀접한 관련이 있는 것으로 나타났다.

알코올이 피해자화와 연관되는 주요 메커니즘은 다면적이고 복합적인 특성을 지닌다. 첫째, 알코올은 개인의 자제력을 현저히 저하시켜 위험한 상황에 대한 적절한 대처 능력을 약화시키는 결과를 초래한다. 이는 잠재적 피해자가 위험 상황에서 효과적으로 벗어나거나 자신을 보호하는 데 어려움을 겪게 만든다. 둘째, 음주는 위험 상황에 대한 인지 및 판단 능력을 심각하게 저하시키는데, 이로 인해 잠재적 피해자는 현재의 위험을 과소평가하거나 심지어 완전히 무시하게 되는 경향을 보인다. 이러한 인지적 왜곡은 개인을 더 큰 위험에 노출시키는 결과를 초래할 수 있다. 마지막으로, 음주 상태의 개인은 잠재적 가해자에게 상대적으로 더 쉬운 표적으로 인식될 수 있다. 이는 가해자가 피해자의 취약한 상태를 이용하여 범죄를 저지를 가능성을 높이는 요인으로 작용한다. 이러한 메커니즘들이 복합적으로 작용하여 알코올 섭취가 개인의 피해자화 위험을 증가시키는 주요 요인으로 작용하게 된다.

알코올과 피해자화의 관계를 이해함에 있어 장소의 문제도 중요하게 고려해야 한다. 예를 들어, 가정에서 가족과 함께 음주를 하는 경우와 밤늦게 술집에서 음주를 하는 경우는 피해자화 위험에 있어 현저한 차이를 보인다. 특히 후자의 경우, 능력 있는 보호자의 부재와 동기화된 가해자의 존재가 결합될 때 피해 위험이 크게 증가한다. 이는 Cohen과 Felson(1979)의 일상활동이론과 밀접히 연관된다. 더불어, 알코올은 범죄 피해 후 대응 방식에도 영향을 미친다. 예를 들어, 가상 시나리오를 통한 연구에서 알코올이 관련된 사건의 경우 피해자의 경찰 신고율이 현저히 낮아지는 것으로 나타났다. 특히, 미성년자의 경우 이러한 경향이 더욱 두드러졌다. 이는 알코올 관련 피해가 암수범죄로 남을 가능성이 높음을 시사한다. 이러한 현상은 다음 절에서 살펴볼 Hindelang, Gottfredson, 그리고 Garofalo(1978)의 생활양식이론과 Cohen과 Felson(1979)의 일상활동이론과 같은 기회적 이론들과 밀접히 연관된다. 이들 이론은 개인의 일상적인 활동 패턴과 생활양식이 범죄 피해 위험에 어떻게 영향을 미치는지 설명한다.

최근의 연구들은 알코올과 피해자화의 관계를 더욱 세밀하게 분석하고 있다. 예를 들어, 테스타와 리빙스턴(Testa and Livingston, 2009)의 연구는 알코올 사용이 성폭력 피해 위험을 증가시키는 구체적인 경로를 통해 알코올 섭취와 여성의 성적 피해 취약성 간의 복잡한 관계를 심도 있게 탐구하였다. 이들의 연구 결과는 음주가 인지적 기능을 저하시켜 위험 상황에 대한 인식과 회피 능력을 감소시킴으로써 성폭행 위험을 증가시킨다는 점을 실증적으로 입증하였다. 더불어, 알코올이 억제력을 저하시켜 여성으로 하여금 잠재적으로 위험한 행동을 취하게 함으로써 피해 위험을 간접적으로 증가시킬 수 있다는 점도 밝혀냈다. 또한, Abbey 등(2004)의 연구는 알코올이 성폭행 피해자의 위험 인식과 저항 능력에 미치는 영향을 체계적으로 분석하였다. 이 연구에 따르면, 음주는 여성의 상황 평가 능력을 현저히 저하시키며, 동시에 폭행에 대한 신체적, 인지적 저항 능력을 감소시키는 것으로 나타났다. 이러한 발견은 알코올이 성적 피해 가능성을 높이는 데 중추적 역할을 할 뿐만 아니라, 피해자의 방어 행동의 효과성을 저하시키는 데에도 상당한 영향을 미친다는 점을 강조한다.

이러한 연구 결과들은 알코올과 성폭력 피해의 관계에 대한 우리의 이해를 심화시키며, 예방 전략 수립에 중요한 시사점을 제공한다. 특히, 알코올이 피해자의 인지 능력과 행동 양상에 미치는 다면적 영향을 고려할 때, 단순한 음주 자제 권고를 넘어선 포괄적이고 맥락화된 접근이 필요함을 시사한다. 향후 연구에서는 이러한 관계의 구체적 메커니즘을 더욱 세밀하게 파악하고, 다양한 상황적, 개인적 요인들과의 상호작용을 탐구함으로써, 보다 효과적인 예방 및 개입 전략을 개발하는 데 기여할 수 있을 것이다.

결론적으로, 알코올과 피해자화의 관계는 복잡하고 다차원적이다. 이는 단순히 개인의 음주 행위뿐만 아니라 사회적 맥락, 환경적 요인, 그리고 개인의 취약성 등 다양한 요소들이 상호작용한 결과로 이해해야 한다. 따라서 효과적인 범죄 예방과 피해자 보호를 위해서는 알코올 사용에 대한 개인적 차원의 개입뿐만 아니라, 안전한 음주 환경 조성, 대중 교육, 그리고 피해자 지원 서비스 강화 등 다각적인 접근이 필요하다.

제 5 절

기회 이론

제1항 생활양식이론

1978년 힌델랑, 곳프레드슨, 가로팔로(Hindelang, Gottfredson, and Garofalo)는 “개인 범죄의 피해자들(Victims of Personal Crime)”이라는 저서를 통해 범죄피해자화에 대한 획기적인 연구 결과를 제시하였다. 이들은 1972년 미국 8개 도시의 범죄 자료를 분석하여 대인범죄피해자의 인구사회학적 특성을 체계적으로 조사하였다. 연구 결과, 연령, 결혼 상태, 고용 상태, 성별 등이 범죄 피해 가능성과 밀접한 관련이 있는 것으로 나타났다. 구체적으로, 젊은 연령층, 이혼/별거/미혼으로 독거하는 사람들, 남성, 그리고 고용된 사람들이 상대적으로 높은 범죄 피해 위험에 노출되어 있음이 밝혀졌다. 이러한 발견은 Lauritsen과 Rezey(2013)의 연구 등 후속 연구들에서도 유사한 패턴이 확인되었다.

힌델랑과 동료들(Hindelang et al., 1978)이 제시한 생활양식이론은 범죄피해자화 현상을 설명하는 데 있어 중요한 이론적 틀을 제공한다. 이 이론의 핵심은 개인의 생활양식이 범죄 피해 위험에 직접적인 영향을 미친다는 것이며, 이를 설명하기 위해 '선행사건(antecedents)'과 '연결기제(connecting mechanism)'라는 두 가지 주요 개념을 활용한다. 선행사건은 '역할 기대(role expectations)'와 '구조적 제한(structural constraints)'으로 구성된다. 역할 기대는 "개인의 성취지위와 귀속지위와 관련된 문화규범 및 선호되고 기대되는 행위를 정의하는 문화규범"을 의미한다(Hindelang et al., 1978: 242). 예를 들어, 기혼자들은 미혼자들에 비해 가정에서 보내는 시간이 더 많을 것으로 예상되며, 이는 상대적으로 안전한 생활환경을 제공할 수 있다. 구조적 제한은 "경제, 가족, 교육, 법적 질서와 같이 다양한 제도적 질서 안에 존재하는 특별한 합의의 결과로 주어지는 행위적 선택권의 제한"을 뜻한다(Hindelang et al., 1978: 242). 이는 개인의 경제적 상태가 거주지, 교통수단, 교육 내용 등의 선택에 영향을 미치고, 이러한 요소들이 범죄 피해 가능성에 영향을 준다는 것을 의미한다.

생활양식이론에 따르면, 개인의 생활양식은 이러한 선행사건들에 의해 형성되며, 이는 다시 특정 시간, 장소, 범죄 유형에 대한 노출 정도에 영향을 미쳐 궁극적으로 범죄 피해 가능성을 결정한다. 이 과정에서 '노출(exposure)'과 '교제(association)'라는 개념이 중요한 역할을 한다. 노출은 위험한 상황에 처할 기회를 의미하며, 힌델랑과 동료들은 집 밖에서의 활동 기회가 많을수록 범죄 피해 가능성이 높아진다고 주장한다. 이는 Cohen과 Felson(1979)의 일상활동이론에서도 유사하게 나타나는 개념으로, 잠재적 범죄자와의 접촉 기회 증가가 피해 위험을 높인다는 것이다. 교제는 지속적인 개인 관계를 의미하며, 생활양식과 노출 사이의 간접적 관계를 매개하는 역할을 한다. 개인은 자신과 유사한 생활양식을 가진 사람들과 더 많은 시간을 보내게 되며, 이는 특정 유형의 범죄 피해 위험에 노출될 가능성을 증가시킬 수 있다.

이러한 생활양식이론의 관점은 Meier와 Miethe(1993)의 연구에서도 지지되었으며, 그들은 생활양식/노출 모델이 범죄 피해의 패턴을 설명하는 데 유용하다고 주장하였다. 또한, Lauritsen과 Rezey(2013)의 연구에서도 개인의 생활양식과 사회구조적 요인이 범죄 피해 위험에 미치는 영향이 확인되었다. 생활양식이론은 범죄 예방 정책에도 중요한 시사점을 제공한다. 특정 생활양식과 관련된 위험 요인을 식별하고, 이를 바탕으로 맞춤형 예방 전략을 수립할 수 있다. 또한, 이 이론은 범죄 피해의 불균등한 분포를 설명함으로써, 사회적 취약계층에 대한 보호 정책의 필요성을 강조한다.

힌델랑과 동료들(Hindelang et al., 1978)은 생활양식이론의 이론적 틀을 바탕으로 8가지 주요 명제를 제시하였다. 이 명제들은 개인의 생활양식과 범죄 피해 가능성 간의 복잡한 관계를 체계적으로 설명하고 있다. 첫째, 개인범죄의 피해자가 될 가능성은 공공장소에서 보내는 시간의 양과 직접적인 관계가 있다. 이는 Cohen과 Felson(1979)의 일상활동이론과 맥을 같이하는 것으로, 잠재적 범죄자와의 접촉 기회 증가가 피해 위험을 높인다는 주장을 뒷받침한다. 둘째, 공공장소, 특히 야간에 있을 가능성은 개인의 생활양식에 따라 크게 변동한다. 특히 미혼 남성의 경우 이러한 경향이 두드러진다. 이는 Sampson과 Lauritsen(1990)의 연구에서도 확인된 바 있으며, 특정 인구집단의 생활패턴이 범죄 피해 위험과 밀접히 연관됨을 시사한다. 셋째, 유사한 생활양식을 가진 사람들 사이에서도 사회적 관계와 상호작용의 양은 불균형적으로 분포한다. 이는 개인의 사회적 네트워크가 범죄 피해 위험에 미치는 영향을 고려해야 함을 의미한다. 넷째, 개인범죄의 피해자가 될 가능성은 피해자와 가해자가 공유하는 인구사회학적 특성의 정도에 따라 달라진다. 이는 범죄학에서 논의되는 '동종성 원칙'과 연관되며, Lauritsen 등(1991)의 연구에서도 유사한 결과가 보고된 바 있다. 다섯째와 여섯째 명제는 가족 외 사람들과 보내는 시간의 양이 개인의 생활양식 및 범죄 피해 가능성과 밀접히 연관됨을 강조한다. 이는 사회적 관계의 특성이 범죄 피해 위험에 미치는 영향을 설명하는 데 중요한 통찰을 제공한다. 일곱째와 여덟째 명제는 생활양식의 차이가 범죄자로부터의 분리 능력 및 범행 대상으로서의 적합성과 연관됨을 제시한다. 이는 Felson과 Clarke(1998)의 상황적 범죄 예방 이론과도 연결되는 부분으로, 범죄 기회 구조의 중요성을 강조한다.

생활양식이론의 중요성은 범죄 현상을 피해자의 관점에서 조명했다는 점에 있다. 이 이론은 개인의 생물학적, 심리학적 특성뿐만 아니라 생활양식과 사회적 맥락을 종합적으로 고려함으로써, 범죄 피해의 복합적 성격을 포괄적으로 이해하는 데 기여하였다. Meier와 Miethe(1993)의 연구에서도 이러한 접근이 지지되었으며, 생활양식/노출 모델이 범죄 피해 패턴을 설명하는 데 유용하다고 주장되었다. 이 이론은 범죄 예방 정책에도 중요한 시사점을 제공한다. 특정 생활양식과 관련된 위험 요인을 식별하고, 이를 바탕으로 맞춤형 예방 전략을 수립할 수 있다. 예를 들어, 에크(Eck, 1994)는 이러한 접근을 바탕으로 '범죄 삼각형' 개념을 제시하여 실용적인 범죄 예방 전략을 개발하였다. 존 에크(John Eck)의 범죄 삼각형 연구는 로렌스 E. 코헨(Lawrence E. Cohen)과 마커스 펠슨(Marcus Felson)의 일상활동이론을 확장한 것으로 평가된다. 에크는 범죄 발생에 필수적인 세 가지 요소로 가해자, 대상/피해자, 그리고 장소를 식별하는 범죄 삼각형 개념을 더욱 발전시켰다. 그는 이 개념에 '통제자(controllers)'라는 새로운 요소를 도입함으로써, 세 가지 핵심 요소의 수렴을 방해하여 범죄를 예방할 수 있는 잠재력을 가진 요인들을 설명하고자 하였다. 에크의 범죄 삼각형 모델은 범죄 예방에 있어 환경적 요인과 장소 관리의 중요성을 강조한다. 이 모델은 범죄 발생의 메커니즘을 보다 체계적으로 이해할 수 있게 해주며, 이를 통해 지역사회가 효과적인 범죄 예방 전략을 수립할 수 있는 이론적 기반을 제공한다. 에크의 연구는 범죄학 분야에서 환경범죄학과 상황적 범죄예방 이론의 발전에 중요한 기여를 하였으며, 실제 범죄 예방 정책 수립에도 유용한 틀을 제공하고 있다.

결론적으로, 힌델랑과 동료들의 생활양식이론은 범죄피해자화 현상을 이해하는 데 중요한 이론적 기반을 제공하였다. 이 이론은 개인의 생활양식과 사회구조적 요인이 범죄 피해 위험에 미치는 영향을 체계적으로 설명함으로써, 피해자학 분야의 발전에 크게 기여하였다. 그러나 현대 사회의 급격한 변화와 새로운 형태의 범죄 출현을 고려할 때, 향후 연구에서는 이 이론을 바탕으로 한 확장된 모델의 개발이 필요할 것이다. 특히, 사이버 범죄와 같은 새로운 유형의 범죄에 대한 적용 가능성을 탐구하고, 글로벌화된 사회에서의 생활양식 변화가 범죄 피해에 미치는 영향을 분석하는 등의 연구가 요구된다.

제2항 일상활동이론

코헨과 펠슨(1979)은 범죄율의 추세와 주기를 살펴보기 위해 소위 일상활동이론을 활용하였다. 이들은 소위 약탈적 범죄를 성공적으로 수행하기 위해 필요한 개별 범법자의 특성이 무엇인가를 살펴보기보다는 범죄달성을 위해서는 어떠한 환경이 필요한가에 초점을 맞추어 이론을 전개하였다. 대부분의 범죄행위는 동기화된 범법자, 적절한 대상, 유능한 보호자의 부재라는 세 가지 조건이 동일한 시간과 공간에 수렴할 때 성립된다. 이러한 명제가 성립하기 위해서는 기본적으로 몇 가지 전제가 필요하다. 하나는 범죄란 항상 일어날 수 있는 정상적인 행위중 하나라는 점이다. 따라서 누구든지 잠재적으로 범죄를 저지를 수 있는 잠재적 범죄자라는 점을 감안한다면 결국 문제는 기회인 것이다. 앞서 언급한 세 가지의 조건이 딱 들어맞는 조건이 형성되면, 즉 기회가 오면 범죄는 발생한다. 여기에서 범죄에 대한 일반적인 생각을 완화할 필요가 있다. 범죄라고 하면 대단히 전문적이고 악독한 범죄자가 일반적인 상식을 가진 사람이면 절대로 할 수 없는 일을 잔인하고 포악한 방법으로 단숨에 해치우는 극적인 범죄를 생각하기 쉽다. 그러나 실제로 범죄란 그리 극적인 행위만은 아니다. 범죄는 기회가 오면 누구든지 쉽게 저지를 수 있는 그런 행위라는 점을 기억할 필요가 있다. 범죄자가 되기 위해 항상 빠른 두뇌회전이 필요하지는 않다.[1)]

사실 일상활동이론은 에이모스 홀리(Amos Hawley)의 인간생태학이론에서 출발한다. 홀리는 인간생태학에 대한 거시사회학적 접근으로 널리 알려진 미

1) 범죄에 대해 잘못 알고 있는 신화 10가지 중 첫 번째가 소외 극적신화(dramatic fallacy)이다. 극적 신화란 모든 범죄가 극중에서 보는 바와 같이 완벽하고 똑똑한 범죄가 아니라는 것이다. 대부분의 범죄는 재치 있고 영리한 방식이 아닌 멍청하고 바보스러운 방식으로 저질러진다.

국의 사회학자로서, 미국사회학회 제69대 회장을 역임하였다. 그의 저서 『인간생태학: 공동체 구조 이론』(1950)은 사회조직에 대한 생태학적 접근을 가장 포괄적으로 정립한 것으로 평가받으며, 인간생태학을 이론적 틀로 체계화하였다. 홀리의 접근방식은 인구집단이 사회적·물리적 환경에 사회조직을 통해 어떻게 적응하는지에 초점을 맞추었다. 그는 개인 간의 관계가 환경 변화에 적응하는 구조를 형성한다고 주장하였다. 홀리의 인간생태학 이론의 핵심 개념은 다음과 같다: - 적응은 개인 간의 상호의존성을 통해 발생한다 - 체계는 통신/교통 기술이 부과하는 한계에 도달할 때까지 성장한다 - 환경은 사회 발전에 제약을 가한다 - 사회집단의 조직화와 확산은 기본적 생태학적 과정이다 - 변화는 결정론적이 아닌 확률론적 성격을 띤다.

홀리는 인간생태학을 생물학과 도시사회학에 대한 의존에서 탈피시켜, 생태학 분야와의 연계를 강화하고 거시사회학 영역에 확고히 자리매김하였다. 그는 조직 구조가 개인의 행동에 압도적인 영향을 미치며, 실질적 권력은 개인이 아닌 조직화된 체계에 존재한다고 보았다. 홀리의 연구는 조직생태학과 인구학 등 후속 연구자들에게 영향을 미쳤으며, 특히 체계 확장과 장소의 위계에 관한 그의 견해는 큰 영향력을 발휘하였다. 그는 인간생태학과 사회학에 대한 공헌을 인정받아 미국사회학회와 코넬대학교 등으로부터 다수의 영예를 수여받았다.

코헨과 펠슨(1979)은 홀리의 이론을 자신들의 일상활동이론을 접목시켜 그 안에서 범죄를 유도하는 세 가지 요소를 발전시켰다. 그것이 앞서 언급한 동기화된 범죄자(motivated offender), 적절한 대상(suitable target), 유능한 보호자의 부재(absence of capable guardians)의 세 가지이다. 이들 세 조건이 시간과 장소를 초월하여 수렴할 때 범죄는 발생한다. 따라서 이 세 가지 요소들 중 하나라도 만족시키지 못한다면 범죄는 발생하지 않는다. 그러므로 이러한 요소들을 고려하여 범죄 예방 전략을 수립한다면 효과적인 예방책을 마련할 수 있을 것이다.

첫째, 범죄 발생의 전제조건으로서, 동기화된 잠재적 범죄자는 범행 대상을 물색할 만큼의 충분한 동기부여와 실행 의지를 보유하고 있어야 한다. 단순한 의도를 넘어서, 이러한 동기화된 범죄자는 자신의 범죄적 욕구를 실제 행동으로 전환할 수 있는 실행력을 구비해야 한다. 일상활동이론에서는 범죄자의 동기화 과정을 설명하기보다는, 사회 내에 범죄 동기가 항시 존재한다는 것을 전제로 한다. 즉, 사회구성원 중 일정 비율은 상시적으로 범죄를 실행할 수 있는 동기화 상태에 있으며, 적절한 기회가 주어질 경우 즉각적인 실행이 가능한 상태임을 가정한다. 따라서 동기화된 범죄자가 적합한 범행 대상을 식별할 경우, 범죄 실행 여부는 궁극적으로 범죄자의 실행 의지에 달려 있다고 볼 수 있다.

둘째, 동기화된 범죄자의 존재와 더불어 적절한 범행 대상의 존재는 범죄 발생의 필수 요소이다. 적절한 대상의 형태는 범죄 유형에 따라 다양하게 나타날 수 있으며, 이는 용이하게 취득 가능한 물품, 해당 물품이 소재한 주거 공간 또는 고가의 귀중품을 소지한 개인 등 다양한 형태로 존재할 수 있다. 적절한 대상의 범주는 다층적 차원에서 고려되어야 하는데, 이는 국가적 차원의 거시적 대상에서부터 개인이 용이하게 통제할 수 있는 미시적 물품에 이르기까지 광범위한 스펙트럼을 포괄한다. 그러나 궁극적으로 특정 대상이 진정한 의미의 적절한 범행 대상으로 규정되는 것은 개별 범죄자의 주관적 인식과 선호도에 의해 결정된다고 할 수 있다.

마지막으로 일상활동이론의 최종 구성요소는 유능한 보호자의 부재로 규정된다. 보호자는 적절한 대상을 물색하며 상시적으로 범행을 실행할 동기를 지닌 범죄자가 존재함에도 불구하고, 이들의 범죄 행위를 억제하거나 예방할 수 있는 잠재적 역량을 보유해야 한다. 보호자의 개념은 광범위한 해석이 가능한데, 이는 경찰과 같은 공식적 법집행기관 종사자부터 다수의 군중에 이르기까지 포괄적으로 적용될 수 있다. 그러나 주목할 점은 보호자의 단순한 존재만으로는 범죄 행위의 억제나 예방이 불가능하며, 보호자는 실질적인 범죄 예방 능력을 구비해야 한다는 것이다. 이는 다수의 군중이 존재하는 상황에서도 소매치기가 발생할 수 있으며, 경찰의 직접적인 감시 하에서도 시위가 발생할 수 있다는 사실에서 입증된다. 따라서 유능한 보호자라는 개념은 광범위한 외연과 내포를 지니고 있어, 다양한 해석과 적용이 가능한 다의적 개념임을 주지할 필요가 있다.

나아가 코헨과 펠슨(Cohen and Felson, 1979)은 범죄 예방에 있어 일반 시민의 역할에 주목하며, 이들이 경찰보다 더 효과적인 보호자 역할을 수행할 수 있다고 주장하였다. 이러한 주장의 근거는 일반 시민들이 지역사회 내에서 수적 우위를 점하고 있어, 경찰력으로는 달성하기 어려운 광범위하고 지속적인 감시와 순찰 기능을 수행할 수 있다는 데 있다. 이러한 관점은 공식적 통제 기관보다 비공식적 사회 통제 메커니즘의 효과성을 강조하는 것으로, 잠재적 범죄자로부터 피해자를 보호하는 데 있어 일반 시민의 역할이 더욱 유용하고 효과적일 수 있음을 시사한다. 이는 사회적 자본 이론(Putnam, 2000)과도 연결되는 부분으로, 지역사회의 결속력과 상호 신뢰가 범죄 예방에 중요한 역할을 한다는 점을 뒷받침한다.

일반 시민의 범죄 예방 참여는 다양한 형태로 나타날 수 있다. 자율방범대나 녹색어머니회와 같은 조직적 활동은 주민자치의 일환으로 체계적인 범죄 예방 활동을 수행할 수 있다. 이러한 조직적 활동의 효과성은 여러 연구를 통해 입증된 바 있다(예: Bennett et al., 2006). 한편, 특정 조직에 소속되지 않은 개별 시민들의 비조직적, 자발적 참여 또한 중요한 역할을 할 수 있다. 이는 제인 제이콥스(Jane Jacobs, 1961)가 주장한 '거리의 눈(eyes on the street)' 개념과 맥을 같이 하는 것으로, 일상적인 시민들의 관심과 감시가 범죄 예방에 중요한 역할을 한다는 것이다. 더 나아가, 특정 지역에 일시적으로 방문한 사람들조차도 잠재적 보호자 역할을 수행할 수 있다는 점은 주목할 만하다. 이는 범죄 기회 이론(Felson and Clarke, 1998)의 관점에서, 범죄 발생에 필요한 세 가지 요소(동기화된 범죄자, 적합한 대상, 보호자의 부재) 중 하나인 '보호자의 부재'를 제거함으로써 범죄 기회를 감소시킬 수 있다는 논리와 일맥상통한다. 이처럼 코헨과 펠슨의 주장은 범죄 예방에 있어 지역사회 구성원들의 적극적 참여와 일상적 감시의 중요성을 강조하고 있다. 이는 현대 범죄학에서 중요하게 다루어지는 지역사회 중심 범죄 예방(community-oriented crime prevention) 전략의 이론적 기반을 제공하며, 효과적인 범죄 통제를 위해서는 공식적 통제 기관과 지역사회 구성원들의 협력이 필수적임을 시사한다.

코헨, 클루겔과 랜드(Cohen, Kluegel, and Land, 1981)는 범죄 피해 위험에 영향을 미치는 다섯 가지 주요 요인을 제시하였다. 이들은 체계적인 이론적 틀을 통해 다섯 가지 피해자화 요인을 제시하면서 범죄 피해의 메커니즘을 설명하고자 하였다. 첫째, 노출(Exposure)은 개인이 잠재적 범죄자와 조우할 수 있는 상황에 놓이는 시간의 양을 의미한다. 둘째, 근접성(Proximity)은 잠재적 범죄자와의 물리적 거리를 나타낸다. 셋째, 보호(Guardianship)는 범죄를 억제할 수 있는 보호 조치나 개인의 존재를 의미한다. 넷째, 표적 매력도(Target Attractiveness)는 개인이나 물건을 범죄자에게 매력적인 대상으로 만드는 특성을 말한다. 마지막으로, 특정 범죄의 정의적 속성(Definitional Properties of Specific Crimes)은 특정 범죄의 고유한 특성이 그 범죄의 발생 가능성에 미치는 영향을 의미한다. 이들의 연구는 미국 인구의 대표 표본 데이터를 사용하여 소득, 인종, 연령과 같은 사회 계층화 요인이 약탈적 범죄 피해의 위험과 어떻게 관련되는지를 체계적으로 검증하였고 이를 통해 범죄 피해의 사회구조적 측면을 밝히고, 범죄학 및 피해자학 분야에 중요한 이론적 기여를 하였다.

이와 유사하게 스파크스(Sparks, 1982)는 피해자화 과정의 여섯 가지 주요 특성을 제시하였는데, 이는 피해자학 분야에서 중요한 이론적 기반을 제공하며, 범죄 피해의 복합적 성격을 이해하는 데 기여하고 있다. 첫째, 피해자 유발(Victim Precipitation)은 피해자의 행동이 범죄 발생에 기여하는 상황을 의미한다. 이는 피해자의 직접적인 도발이나 무의식적인 행동이 범죄자의 동기를 자극하거나 범죄 기회를 제공할 수 있음을 시사한다. 둘째, 조력자(Facilitator)로서의 피해자는 자신의 행동이나 부주의로 인해 의도치 않게 범죄 발생을 용이하게 만드는 경우를 말한다. 이는 피해자의 부주의한 행동이 범죄자에게 기회를 제공할 수 있음을 강조한다. 셋째, 취약성(Vulnerability)은 특정 개인이나 집단이 그들의 특성이나 상황으로 인해 피해자가 될 가능성이 높은 상태를 의미한다. 이는 사회적, 경제적, 신체적 요인 등 다양한 측면에서 나타날 수 있다. 넷째, 기회(Opportunity)는 범죄자가 범죄를 저지를 수 있는 상황적 조건을 의미한다. 이는 코헨과 펠슨(Cohen and Felson)의 일상활동이론과 연관되며, 범죄 발생의 상황적 요인을 강조한다. 다섯째, 매력도(Attractiveness)는 피해자의 특성이나 행동이 범죄자에게 더 매력적인 대상으로 보이게 만드는 요소를 말한다. 이는 범죄자의 대상 선택 과정에 영향을 미치는 중요한 요인이다. 마지막으로, 면책성(Impunity)은 특정 피해자에 대한 범죄 행위에 대해 처벌이나 보호 조치가 부족한 상황을 의미한다. 이는 범죄자들이 특정 대상에 대해 더 대담하게 범죄를 저지를 수 있게 만드는 요인이 된다.

끝으로 미써와 마이어(Miethe and Meier, 1994)는 범죄성과 피해자화 이론의 요소들을 결합한 통합 이론을 제시하였다. 이들은 근접성, 노출, 매력도, 보호 등의 개념을 분석하여 이러한 요인들이 어떻게 상호작용하며 범죄와 피해자화에 영향을 미치는지를 탐구하였다. 미써와 마이어의 접근법은 범죄자의 의사결정 과정과 잠재적 피해자의 일상적 행동이 취약성을 증가시키는 방식을 동시에 고려하는 것의 중요성을 강조한다. 이는 기존의 범죄자 중심 또는 피해자 중심의 단편적 접근을 넘어서는 통합적 시각을 제공한다. 이러한 통합적 관점을 통해 그들은 범죄자나 피해자 중 한 쪽에만 초점을 맞춘 모델보다 더 높은 예측력을 가진 검증 가능한 모델을 개발하였다. 이들의 연구는 범죄학과 피해자학 분야에 중요한 이론적 기여를 하였으며, 범죄 현상을 보다 포괄적이고 역동적으로 이해할 수 있는 틀을 제공하였다. 이러한 통합적 접근은 범죄 예방 정책과 피해자 보호 전략 수립에 있어 더욱 효과적이고 균형 잡힌 방안을 모색할 수 있게 해준다.

이와 같이, 피해자화의 주요 요인은 개별적이면서도 상호 연결된 방식으로 작용하여 특정 환경에서 범죄의 발생과 피해자화 과정을 설명하는 중요한 이론적 틀을 제공한다. 이러한 요인들을 종합적으로 고려한 피해자 보호 전략이 마련될 때, 피해자의 안전이 극대화될 수 있다.

제 6 절

요약 및 소결

피해자학 이론은 크게 구조적 이론, 과정적 이론, 특성 이론, 기회 이론으로 구분되며, 각각의 이론들은 피해자화 현상을 서로 다른 관점에서 체계적으로 설명하고 있다. 사회구조이론은 근린맥락이론(사회해체이론), 아노미이론, 가족구조이론을 중심으로 사회구조적 요인이 범죄 피해에 미치는 영향을 설명한다. 근린맥락이론은 지역사회의 집합적 효능성 약화, 사회적 유대 붕괴, 비공식적 사회통제의 약화가 범죄 피해 위험을 증가시키는 메커니즘을 분석한다. 특히 지역사회의 빈곤, 인구이동성, 인종적 이질성 등이 사회해체를 촉진하고 이것이 범죄 피해의 불균등한 분포로 이어진다고 설명한다. 아노미이론은 급격한 사회변동 과정에서 발생하는 규범의 약화와 가치관의 혼란이 개인을 범죄 피해에 취약하게 만드는 과정을 분석하며, 특히 사회적 목표와 이를 달성하기 위한 제도화된 수단 간의 괴리가 피해자화에 미치는 영향을 강조한다. 가족구조이론은 가족 해체, 한부모 가정의 증가, 가족 기능의 약화 등 가족 체계의 변화가 보호 기능을 약화시켜 범죄 피해 위험을 증가시키는 과정을 설명한다.

과정적 이론은 범죄 피해의 동태적 측면을 설명하는데, 먼저 기본적 과정이론으로서 사회통제이론, 학습이론, 긴장이론을 들 수 있다. 사회통제이론은 사회적 유대의 약화가 범죄 피해 위험을 증가시킨다고 보며, 학습이론은 피해자화가 학습되는 과정에 주목한다. 긴장이론은 사회적 긴장이 피해자화로 이어지는 메커니즘을 설명한다. 티틀의 통제균형이론은 통제의 불균형이 범죄 피해와 연관됨을 주장하며, 특히 통제잉여와 통제결핍이 각각 다른 형태의 피해자화로 이어질 수 있음을 설명한다. 샘슨과 라웁의 인생항로이론은 생애 과정에서 발생하는 주요 전환점들이 피해자화에 미치는 영향을 분석한다. 연령등급통제이론은 연령에 따른 사회적 통제의 변화, 특히 결혼과 고용과 같은 성인기의 사회적 유대가 범죄 피해 위험을 감소시키는 과정을 설명한다.

특성 이론은 피해자의 개인적 특성에 주목한다. 유전자와 피해자화 연구에서는 유전적 다형성과 신경전달물질의 역할이 주목받고 있다. 특히 도파민 수용체 유전자인 DRD2와 환경적 요인 간의 상호작용이 폭력 피해 경험과 연관됨이 밝혀졌다. 또한 모노아민옥시데이즈, 세로토닌 등의 신경전달물질이 정보 전달 과정에서 중요한 역할을 하며, 이들의 활성화 정도에 따라 행동 억제, 기분, 보상 체계에 변화가 발생할 수 있다. 술과 피해자화의 관계에서는 알코올이 자제력과 판단능력을 저하시켜 범죄 피해의 위험을 증가시키는 것으로 나타났다. 특히 음주는 위험 상황에 대한 인지 및 대처 능력을 약화시키고, 잠재적 가해자에게 취약한 표적으로 인식되게 만든다. 더불어 음주 장소와 같은 환경적 요인도 피해 위험에 중요한 영향을 미치는 것으로 확인되었다.

기회 이론은 범죄 피해의 상황적 맥락을 강조한다. 생활양식 이론은 개인의 일상적인 활동 패턴과 생활방식이 범죄 피해 위험에 미치는 영향을 분석하며, 일상활동 이론은 동기화된 범죄자, 적합한 대상, 보호자의 부재라는 세 가지 요소의 시공간적 수렴을 통해 범죄 발생을 설명한다. 이러한 구조적 접근은 사회적 불평등과 계층화가 범죄 피해의 불균등한 분포에 미치는 영향을 체계적으로 분석한다. 범죄 삼각형 이론은 범죄자, 대상/피해자, 장소라는 세 가지 요소의 수렴을 통해 범죄 발생을 설명하며, 이러한 요소들 중 하나를 제거하거나 통제함으로써 범죄를 예방할 수 있다고 주장한다. 또한 근접성, 노출, 매력도, 보호와 같은 피해자화 요인들이 범죄 기회 구조에 어떤 영향을 미치는지 살펴보았다.

이러한 다양한 이론적 접근은 피해자화 현상의 복잡성과 다면성을 이해하는 데 중요한 통찰을 제공한다. 각 이론은 서로 다른 관점에서 피해자화 과정을 설명하면서도, 상호 보완적인 설명을 제공함으로써 종합적인 이해를 가능하게 한다. 이는 효과적인 범죄 예방 전략과 피해자 보호 정책을 수립하는 데 필수적인 이론적 기반이 된다. 향후 피해자학의 발전을 위해서는 이러한 다양한 이론적 관점들을 통합하고 발전시키는 노력이 계속되어야 할 것이다.

특히 현대 사회의 급격한 변화와 새로운 형태의 범죄 출현을 고려할 때, 기존 이론의 적용 범위를 확장하고 새로운 설명 모델을 개발하는 것이 중요한 과제가 될 것이다.

토론 주제

1. 일상활동이론에서 제시하는 범죄 발생의 세 가지 요소(동기화된 범죄자, 적절한 대상, 유능한 보호자의 부재)를 고려할 때, 현대 사회에서 가장 효과적인 범죄 예방 전략은 무엇일까요?
2. 생활양식이론과 일상활동이론은 피해자의 행동이 범죄 피해 가능성에 영향을 미친다고 설명합니다. 이러한 관점이 피해자 비난으로 이어질 위험은 없을까요? 어떻게 이를 방지할 수 있을까요?
3. 유전자와 신경전달물질이 범죄 피해 가능성과 연관된다는 연구 결과를 고려할 때, 이러한 생물학적 요인에 대한 이해가 피해자 보호 정책에 어떻게 반영되어야 할까요?

주요 개념

일상활동이론
생활양식이론
구조적 이론
과정적 이론
특성 이론
기회 이론
사회해체이론
아노미이론
통제균형이론
연령등급통제이론
유전적 다형성
신경전달물질
피해자화 요인
범죄 삼각형
피해자 유발

PART 02

범죄피해의 실태와 현황

CHAPTER

04

범죄피해의 측정과 실태

제 1 절

범죄피해조사의 의의

범죄의 발생을 파악하는 방법에는 크게 공식범죄통계, 자기보고식조사, 범죄피해조사가 있다. 이들은 각각 다음과 같은 나름대로의 장점과 단점을 모두 갖고 있다.

첫째, 범죄통계(crime statistics)는 피해자 또는 목격자들이 해당 범죄를 신고하거나 수사기관이 범죄발생을 인지함으로써 그 범죄들을 처리하는 과정에서 작성되는 통계이며, 범죄에 대한 가장 기본적인 지표이다. 그러나 다른 공식통계에 비해 그 유용성이 낮은데, 왜냐하면 모든 범죄통계에는 그 발생이 파악되지 않는 범죄의 암수(dark figure) 또는 숨은 범죄(hidden crime)가 존재하기 때문이다. 이러한 숨은 범죄의 규모는 주로 범죄의 유형에 따라서 달리 나타나는데, 일반적으로 절도, 손괴, 사기, 강도 등의 재산범죄의 암수 규모가 폭행, 살인과 같은 폭력범죄의 암수 규모에 비해 훨씬 더 많다. 또한 탈세와 같은 화이트칼라범죄나 약물남용, 성매매와 같은 피해자 없는 범죄(victimless crime)의 암수 규모는 모든 범죄들 중 가장 높은 수준이다. 대부분의 약물남용이나 성매매는 발각되지 않는다.

그러나 폭력범죄인 강간의 경우 피해자들이 신고하기를 꺼려하기 때문에 강간의 암수 규모는 매우 높은 실정이다. 이것은 성범죄에 대한 피해를 보는 문화적 태도에 따라서 매우 다르게 나타나지만, 한국의 경우 범죄피해조사가 처음 시행되었던 1990년대 초의 강간의 신고율은 3-4%에 불과하였지만, 최근의 범죄피해조사결과는 강간의 신고율이 10%를 상회하는 것으로 나타나고 있다. 이 결과는 범죄통계에서 나타나는 범죄발생건수가 단순히 범죄의 발생에 의해서만 결정되는 것은 아니라는 것을 보여준다. 심지어 범죄발생은 줄어들더라도 공식범죄통계상의 범죄는 증가할 수 있다. 이러한 범죄통계의 한계를 극복하기 위하여 자기보고식조사나 범죄피해조사가 이용된다.

둘째, 자기보고식조사(self-reported survey)는 범죄발생을 파악하기 위하여 일정한 표본을 추출하고 이 조사대상자들에게 자신이 지난 일정 시기(6개월 또는 1년이 대부분) 동안 행했던 범죄건수를 질문하는 방법이다. 일반적으로 "귀하는 지난 6개월 동안 다음의 행위(범죄)를 몇 번이나 하였습니까?"와 같은 질문을 하고 이후 나열된 범죄유형별로 자신이 행한 건수를 직접 기입하게 하는 방식이 주로 이용된다.

그러나 무기명의 설문조사라고 하더라도 일반적으로 사람들은 자신들이 범한 범죄에 대해서 잘 고백하려 하지 않는다. 특히 이러한 경향은 살인, 강간, 강도와 같은 중한 범죄일수록 더 강하게 나타난다. 따라서 자기보고식조사는 비교적 경미한 범죄나 비행의 발생을 파악하기 위하여 행해진다. 실제로 성인의 기초질서위반이나 음주운전, 탈세 등의 비교적 경미한 범죄나 청소년비행, 그리고 약물남용 등의 조사에 자기보고식조사가 이용되고 있다. 그 중에서도 청소년의 약물남용에 대한 조사는 정기적으로 행해지고 있는데, 청소년들의 약물남용수준의 변화나 남용하는 약물의 종류 등을 파악하고 대책을 세우는데 매우 유용하게 이용되고 있다.

셋째, 범죄피해조사(crime victimization survey)는 보통 일정한 간격(1-4년)으로 조사가 행해지는데, 매번 표본을 새롭게 추출하고 조사대상자들에게 "귀하는 지난 6개월 동안 다음의 범죄피해를 몇 건이나 당하였습니까?"라는 질문을 제시하고, 범죄유형별로 피해건수를 직접 기입하게 하는 방법을 사용한다. 이 방법은 자기보고식조사와 같이 살인범죄나 피해자 없는 범죄를 파악할 수 없다는 단점이 있으나, 사소한 범죄유형에서부터 비교적 중한 범죄유형까지 거의 모든 범죄를 파악할 수 있다는 장점이 있다. 일반적으로 범죄피해는 오래 남는 기억이며, 자신의 범죄피해에 대해서는 대부분 거리낌 없이 고백하기 때문에, 비교적 정확하게 범죄의 발생을 파악할 수 있다. 따라서 우리나라를 비롯한 세계의 여러 나라들은 대규모의 자금을 투입하여 정기적으로 범죄피해의 규모를 파악하고 있다.

이처럼 범죄피해조사는 범죄의 암수까지도 모두 파악할 수 있다는 장점이 있으며, 표본규모가 크면 범죄발생의 추이도 어느 정도 파악할 수 있고, 또한 범죄피해 외에도 범죄피해의 두려움이나 그 외 범죄피해와 관련된 다양한 요인들(범죄피해의 원인, 범죄피해의 신고, 범죄피해의 규모 등)을 파악할 수 있다는 장점을 가진다. 이런 점에서 범죄피해조사는 범죄현상을 파악하는 이상의 세 가지 방법 중 비교적 가장 믿을만한 방법이라고 할 수 있다. 다만 비용이 많이 들고, 피해자가 없는 일부 범죄유형들(살인, 약물남용, 성매매)은 이 방식으로는 파악이 힘들다.

제 2 절

범죄피해조사의 방법론적 발전과 수정

제1항 미국범죄피해조사

미국의 범죄피해조사의 역사는 크게 다음의 4단계로 구분할 수 있다(Doerner and Lab, 2011). 1단계는 1960년대에 대통령위원회의 명령으로 피해조사를 통해 일반 시민들로부터 범죄피해에 관한 민감한 정보를 얻어낼 수 있는지를 타진해 보는 수준해 보는 수준이었다. 당시 대통령위원회에서는 범죄문제에 대한 제대로 된 정보가 매우 부족하다는 점을 절감하고 범죄피해자에 대한 설문조사들을 통해 이러한 정보를 획득하고자 하였다. 이 중 가장 유명한 것은 미국여론조사센터(National Opinion Research Center, NORC)의 후원으로 실시된 것으로, 이것은 미국의 1만 가구를 대상으로 지난 1년 간의 그들이 경험한 범죄피해에 대해 질문하고, 만약 범죄피해경험이 있다면 가장 최근의

2건의 범죄피해에 대해 세부정보를 추가적으로 질문하는 형식을 취했다. 이 조사의 결과는 미국의 범죄통계(Uniform Crime Report. UCR)가 단지 실제 발생한 범죄의 50%밖에 보여주지 못한다는 것이었다(Doerner and Lab, 2011: 30).

2단계는 범죄피해조사의 방법론적 문제점들을 해결하기 위해 다양한 실험연구들이 행해진 시기였다. 초기 범죄피해조사의 결과는 다양한 방법론적인 한계로 인해서 실제 정책대안 마련을 위해 이용하는데 한계가 있었다. 예를 들어 1년이라는 긴 회상기간은 자신의 범죄피해경험을 누락하는 회상실패(memory decacy)의 문제와, 해당기간 이전에 발생한 범죄피해를 해당기간 내에 당한 것이라고 오해하는 시간단축(telescoping) 등과 같은 많은 문제를 만들어내었다. 이러한 문제점들을 해결하기 위해서 경찰수사자료에서 피해자를 찾아서 피해조사를 하는 역방향기록확인(reverse record check)이나 피해조사를 통해 경찰에 신고한 적이 있다고 응답한 피해자의 기록을 경찰기록에서 확인하는 순방향기록확인(forward record check) 등의 방법을 통해서 회상실패를 줄이려는 노력이 행해졌다(Doerner and Lab, 2011: 32-33).

3단계는 좀 더 정교한 연구설계를 가진 본격적인 범죄피해조사가 1970년대를 거치면서 진행되었고, 이것은 1972년 처음으로 실시된 미국범죄조사(National Crime Survey, NCS)로 나타났다. 이 NCS는 무려 72,000가구를 표본으로 삼았으며, 3년에 걸쳐 6개월마다 조사를 실시하여 총 7번의 면접이 진행되었다. 이 조사는 이전의 NORC의 조사에 비해 표본규모를 크게 키워 대표성이 높아졌고, 또한 회상시기를 6개월로 줄여 회상과 관련된 다양한 문제점들을 줄인 조사라고 할 수 있었다(Doerner and Lab, 2011: 34-35).

4단계인 1979년에는 새롭게 제기된 범죄피해조사의 문제점들을 개선하기 위해 이것의 재설계를 위한 연구가 이루어졌고, 이 과정에서 완전히 수정된 새로운 형태의 범죄피해조사가 만들어졌다. 이 수정된 범죄피해조사는 이전의 조사와 구별하기 위하여 미국범죄피해조사(National Crime Victimization Survey, NCVS)라고 불리는데, 이렇게 NCS가 NCVS로 바뀌는 과정에서 개선된 사항은 크게 다음의 몇 가지로 나뉠 수 있다.

첫째, 기존의 NCS가 하나의 양식에서 범죄유형별로 범죄피해유무를 질문하고, 만약 범죄피해가 있다면 세부사항을 질문하는 형식을 취한 것에 반해서, NCVS는 복수의 양식을 통하여 범죄피해유무와 해당범죄의 세부사항을 묻는 질문을 분리하였다. 단일양식을 사용할 때 생기는 문제점은 응답자가 범죄피해가 있다고 응답하는 경우 자세한 세부사항을 진술해야 하는 의무가 생기므로 이러한 피로한 작업을 회피하기 위해 자신의 범죄피해를 숨길 가능성이 있다는 것이다. 이를 개선하기 위해 NCVS의 새로운 조사설계는 설문지를 단일양식에서 선별양식과 사건양식의 두 가지로 나누고, 선별양식에서는 범죄피해의 유무만을 질문하고 이 양식에서 범죄피해가 있다면 사건양식에서 세부사항을 질문하는 형식을 취한다. 이렇게 함으로써 우선 범죄피해의 유무를 왜곡 없이 신속히 파악하고, 이 파악된 피해사례들을 대상으로 보다 더 구체적으로 세부사항을 알아낼 수 있게 되었다(Bureau of Justice Statistics, 1995; Bureau of Justice Statistics, 1994a; 1994b; 박철현, 2001 참조).

둘째, 중앙집중화된 컴퓨터 전화면접(Computer−assisted Telephone Interview, CATI)이 새롭게 채택되었다. 이 기법은 가구방문면접을 통해서 수집된 표본들에 전화약속을 하고 중앙에서 면접원들이 전화를 걸면 컴퓨터 화면은 안내문을 보여주고 질문을 하게 된다. 응답자들은 컴퓨터에 응답을 입력하면 컴퓨터는 다음 질문이 있는 새로운 화면을 보게 된다. 이 방식은 면접원들이 인쇄된 면접표나 설문지를 갖고 조사를 하는 것에 비해 훨씬 더 신속하게 조사를 할 수 있다. 종이에 응답을 표시하는 것에 비해 컴퓨터에 응답을 입력하는 것은 더 빠르며, 특히 개방형질문에서 그 차이는 더욱 두드러진다. 또한 이렇게 조사된 응답들은 즉시 분석이 가능한 자료로 만들 수 있다(Maxfield and Babbie, 2009: 343-344).

셋째, 인지적 면접(cognitive interview)의 도입으로, 선별양식에서 회상의 촉진을 위한 많은 자극진술들이 채택되었다. 이 자극진술들은 응답자들이 놓치기 쉬운 범죄피해의 기억을 여러 가지 단서들을 제시함으로써 기억을 되살리려는 의도로 이용되었고, 주로 시간이나 장소, 가해자, 맥락 등의 여러 가지의 단서들을 제시하는 진술이다. 이러한 자극진술은 범죄유형에 따라 달라지는데, 예를 들어 폭력범죄에 대한 NCVS의 자극진술은 다음과 같다.

표 4-1 미국범죄피해조사 수정면접표에서 사용된 폭력범죄에 대한 자극문항

(이미 언급하신 사건 외에) 지난 6개월 동안 귀하는 다음과 같은 곳에서 폭행당하거나 위협을 당하거나 그로 인해 어떤 물건을 뺏긴 적이 있습니까?

(a) 집에서 - 현관이나 정원 포함
(b) 친구집, 친척집 또는 이웃집이나 그 근처
(c) 직장이나 학교에서
(d) 창고 또는 세탁소, 쇼핑몰, 레스토랑, 은행 또는 공항에서
(e) 차량 안에서
(f) 거리나 주차장에서
(g) 여관, 파티, 극장, 체육관, 야외, 볼링장 또는 낚시나 등산 중에

또는

(h) 이런 장소에서 어떤 사람에게 폭행당할뻔 하거나 물건을 뺏길 뻔한 적이 있습니까?

응답자에게 부연설명 및 추가질문을 하면서 생각할 시간을 줄 것.

(이미 언급하신 사건 외에) 어떤 사람에 의해 다음과 같은 방식으로 폭행당하거나 위협을 당한 적이 있습니까? (전화나 메일을 통한 위협도 포함됩니다.)

(a) 무기로 - 칼, 총
(b) 야구방망이, 후라이팬, 가위 또는 막대기
(c) 돌이나 병을 던져서
(d) 팔이나 멱살잡기, 주먹으로 때리기 또는 목을 조름
(e) 강간, 강간당할 뻔하거나 다른 형태의 성적 폭력
(f) 면전에서의 위협

또는

(g) 그 외 다른 폭행이나 위협이 있었습니까? 범죄로 생각되지 않더라도 말해 주십시오.

피해사실이 있는 경우에는 어느 정도의 상해가 있었는지 질문할 것

일반적으로 사람들은 아는 사람에 의한 사건들은 고려하지 않습니다. (이미 언급한 다른 사건들 외에) 다음과 같은 사람들에 의해 물건을 도둑맞거나 또는 공격당하거나 위협당한 적이 있습니까? (전화를 통한 위협 포함)

(a) 직장이나 학교에서 알고 있는 사람, 선후배
(b) 이웃이나 친구
(c) 친척이나 가족
(d) 만난 적이 있거나 알고 있었던 어떤 다른 사람

바로 다음 질문으로 넘어갈 것

일반적으로 강요되거나 원치 않는 성적 행동에 관한 사건에 대해 말하기는 쉽지 않습니다. (이미 언급된 사건들 외에) 귀하는 다음과 같은 사람들에 의해 원치 않는 성적 행동을 강요당한 적이 있습니까?

여기에는 직접적인 접촉뿐만 아니라 인터넷이나 전화 등의 다양한 접촉이 모두 포함됩니다.

(a) 전혀 몰랐던 사람
(b) 안면만 있었던 사람

또는

(c) 잘 아는 사람

해당되는 사건이 있다면, 간략한 설명을 유도하여 설명을 듣고, 불분명한 사항들은 추가 질문을 한 다음, 종합하여 오른쪽 항목을 기입

출처: 박철현, 2001 참조

이러한 자극진술은 인간의 기억이 뇌 속에서 저장되어 있지만, 다양한 요인에 의해서 인출이 잘 되지 않아서 기억을 하지 못하고, 이 경우 적절한 단서를 제공한다면 인출을 할 수 있다는 심리학이론을 바탕으로 하고 있다. 따라서 범죄피해도 적절한 맥락이 되는 단서를 풍부하게 제공한다면 기억을 촉진할 수 있고, 이러한 단서로 범죄피해가 가능한 다양한 장소, 수법, 가해자의 유형들을 제공함으로써 회상을 촉진하려는 것이다.

실제로 허블(Hubble, 1995)은 새로운 조사방법을 사용함으로써 폭력범죄의 50%, 절도의 25% 이상, 침입절도의 20%를 추가로 포착했다고 보고했다. 그는 1991년에 NCS 방식과 NCVS 방식으로 각각 조사된 표본에 대한 분석을 통하여 이러한 더 많은 발견은 선별양식, 중앙집중화된 컴퓨터 전화면접(CATI), 반복피해에 대한 재설계를 통한 개선에서 기인한다고 결론내렸다.

표 4-2 미국 범죄피해조사 조사설계 변경 전후 1,000명(가구)당 피해건수 비교

범죄유형	변경 후(NCVS)	변경 전(NCS)	백분율 차이
대인범	125.5	91.2	37.6*
폭력범죄	47.8	32.1	49.1*
강간	1.8	0.7	161.9*
강도	6.1	5.9	2.3
폭행	40.0	25.5	57.0*
중폭행	11.1	9.0	23.6*
단순폭행	28.9	16.5	75.2*
절도	77.7	59.2	31.3*
가구범죄	180.4	152.2	18.5*
주거침입절도	58.6	48.9	19.9*
주거지절도	103.3	83.2	24.0*
자동차절도	18.5	20.1	-8.0

*: P<.10
출처: Hubble, 1995, 표1에서 재작성

그 외 NCVS의 수정된 조사방법의 효과에 대한 다른 연구들(Persely, 1995; Kindermann et al., 1997)도 유사한 결과를 보여주고 있다. 예를 들어 킨더만과 그의 동료들은 NCS와 NCVS 각각 50%씩 배정하여 1992년 1월에서 1993년 6월 사이에 조사된 자료를 이용하여 이 개정 피해조사의 효과를 살펴본다. 다음의 <표 4-3>에 따르면, 강도, 대인절도, 자동차절도를 제외한 모든 유형에서 이전의 조사방법(NCS)보다 수정된 조사방법(NCVS)이 유의미하게 더 많은 범죄피해를 포착했음을 보여준다. 허블의 연구결과와 다른 점은 절도범죄피해에서 유의미한 차이가 없었다는 정도이다. 특히 많이 차이가 나는 피해유형은 강간으로, 이전에 비해 변경 후 2.6배나 많은 피해건수를 포착한 것으로 나타난다. 그 외 단순폭행도 이전에 비해 1.8배나 더 많이 포착한 것으로 나타난다.

표 4-3 국 범죄피해조사 조사설계 변경 전후 1,000명(가구)당 피해건수 비교

범죄유형	변경 후(NCVS)	변경 전(NCS)	NCVS/NCS Ratio
대인범죄	49.6	34.4	1.44†
폭력범죄	47.8	32.1	1.49†
강간	1.8	.7	2.57†
강도	6.1	5.9	1.03
폭행	40.0	25.5	1.57†
중폭행	11.1	9.0	1.23†
단순폭행	28.9	16.5	1.75†
대인절도	1.8	2.4	.75
가구범죄	325.3	264.5	1.23†
주거침입절도	58.6	48.9	1.20†
주거지절도	248.2	195.5	1.27†
자동차절도	18.5	20.1	.92

†: P<.10

출처: Kindermann et al., 1997

이처럼 NCVS의 수정된 조사설계는 과거의 조사설계에 비해 더 많은 범죄피해를 포착할 수 있었다. 현재에도 이용되고 있는 이 NCVS의 조사설계는 우리나라의 범죄피해조사를 개선하는 데 이용되었고, 그 많은 장점들이 현재의 국내 범죄피해조사에 반영되어 있다.

제2항 국제범죄피해조사

미국 외에도 영국, 네덜란드, 스위스, 독일 등의 여러 나라들이 범죄피해조사를 시행하고 있지만, 대표적으로 살펴볼만한 것은 UN 지역 간 범죄 및 형사사법연구소(UN Interregional Crime and Justice Research Institute, 이하 UNCRI)의 주관하에 행해지고 있는 국제범죄피해조사가 있다. 국제범죄피해조사는 1989년 처음으로 네덜란드 법무부의 주도로 시행된 이후 1996년에는 UN의 주도로 동일한 조사표를 이용하여 조사가 행해졌다. 그 후 2000년, 2005년에 조사가 다시 세계적으로 행해졌다. 1989년 첫 조사에는 17개국이 참여하였고, 1992년에는 29개국이, 1996년에는 45개국이, 2000년에는 44개국이, 그리고 가장 최근 조사인 2005년에는 34개국이 참여하였다(아래 표 4-4 참조). 특히 이 중 2000년 조사에는 우리나라도 한국형사정책연구원(장준오, 2000)의 주관으로 함께 참가하여 조사가 이루어 졌다. 한국은 2000년에 제주도를 제외한 전국의 16세 이상 남녀 2,043명에 대해 ICVS의 설문지를 통해 조사를 진행하였다.

표 4-4 국제범죄피해조사의 연도별 참가국가

국가	도시	조사연도					비고
		1989[a]	1992[a]	1996/97[a]	2000/01[a]	2004/05[b]	
알바니아	Tirana			R	●		
아르헨티나	Buenos Aires		●	●		●	
호주		●	●			●	
오스트리아				●			
아제르바이젠	Baku				●		
벨라루스	Minsk			●	●		
벨기에		●	●			●	
볼리비아	La Paz			●			
보츠나와	Gaborone			●	na		
브라질	Rio de Jainero		●	●			
불가리아	Sofia			●	●	●	

캄보디아	Pnom Phen				R		
캐나다		●	●	●	●	●	
카탈로니아 (Spain)					●		
중국	Beijing		●				
콜롬비아	Bogota			●	●		
코스타리카	San Jose		R	R			
크로아티아	Zagreb			●	●		
체코	Prague		N	M+R	●		
덴마크					●	●	
이집트	Cairo		●				
영국		●	●	●	●	●	
에스토니아	Tallinn		R	M+R	●	●	
핀란드		●	●	●	●	●	
프랑스		●		●	●	●	
조지아	Tbilisi		M	M+R	●		
독일		(●)				●	(서독)
그리스						●	
헝가리	Budapest			●	●	●	
홍콩						●	
아이슬란드						●	
인도	Bombay		●	R			
인도네시아	Jakarta	(S)	M+R	M+R			(Surabaya)
아일랜드						●	
이탈리아			●			●	
일본		●	●		●	●	na

키르기즈스탄	Bishkek			M+R	●		
라트비아	Riga			M+R M	●		(1995) (1998)
레소토	Maseru				na		
룩셈부르크						●	
리투아니아	Vilnius			M+R	●		
멕시코						●	
몰타				(●)			전국 조사
모잠비크					(●)		(2002)
마케도니아	Skopje			●			
나미비아	Windhoek				na		
네덜란드		●	●	●	●	●	
뉴질랜드			●			●	
나이지리아	Lagos			(●)			1998
북아일랜드		●		●	●	●	
노르웨이		●				●	
파나마	Panama				●		
파라과이	Asuncion			●			
페루						●	
폴란드	Warsaw	●	N	N	(●)	●	바르샤바 에서 추가 조사
포르투갈					●	●	
루마니아	Bucharest			R	●		
러시아	Moscow		●	●	●		
스코틀랜드	Bratislava	●		●	●	●	
슬로바키아			N	●			

슬로베니아	Ljubljana		●	R	●		
남아프리카 공화국	Johanne sburg		●	●	na	●	
한국	Seoul				●		
스페인		●				●	
스와질랜드	Mbabane				na		
스웨덴			●	●	●	●	
스위스		●		●	●	●	
탄자니아	Dar es Salaam		●				
필리핀	Manila			R	●		
튀니지	Tunis		●				
튀르키예						●	
우간다	Kampala		●	R	●		
우크라이나	Kiev			●	●		
미국		●	●	●	●	●	
유고슬라비아	Belgrade			●			
잠비아	Lusaka				●		
짐바브웨	Harare			●			

R: 소규모 농촌지역이 포함됨.

M: 복수의 도시표본

N: 전국조사

na: 데이터가 이용가능하지 않음.

출처: a: UNICRI. 2002. URL "http://www.unicri.it/services/library_documentation/publications/icvs/-data/participating_20countries.pdf"에서 재작성

b: Van Dijk, Jan et al.. 2007. 부록3.

이 국제범죄피해조사의 초기목적은 범죄피해율에 대한 국제적인 비교, 각국의 범죄피해율과 공식통계에 나타난 범죄율의 비교, 범죄피해의 집단에 따른 차별적 분포의 파악, 형사사법제도에 대한 각국 국민들의 인식 등을 파악하고 비교하는 것이었다(노성호 외, 2012 참조).

일반적으로 추천되는 조사방법은 미국의 NCVS에서도 사용되는 중앙집중화된 컴퓨터 전화면접(CATI)이지만, 실제로는 각국의 형편에 따라 다양한 방법이 사용된다. 일반적으로 조사원의 인건비가 비싼 유럽의 선진국들은 보통 전화면접을 이용하지만, 인건비가 싼 나라에서는 굳이 전화면접을 할 필요가 없다. 따라서 2000년에 참여한 우리나라도 대면면접을 통해 자료를 수집한 바 있다. 이런 다양성으로 인해, 국제범죄피해조사(ICVS)가 동일한 면접표를 통해 국제비교를 지향하는 조사통계이기는 하지만, 실제로 정밀하게 국가 간 범죄피해율을 비교하는 것은 한계가 있다. 그러나 범죄피해율이 아닌 범죄의 신고율이나 범죄피해의 두려움 등은 상대적으로 국가 간 측정오차가 적으므로, 이들을 국제범죄피해조사 결과를 통해서 비교하는 것은 상대적으로 의미가 있다.

국제범죄피해조사(ICVS)의 질문방식은 지난 5년간의 피해경험을 질문하는데, 직접적으로 범죄유형을 풀어서 설명한 후 지난 5년간 이런 피해경험이 있는지를 질문한다. 이러한 방식은 과거에 많이 쓰였던 방식으로서, 한국형사정책연구원의 2006년 이전의 범죄피해조사에서도 쓰였던 방식이다. 다음의 <그림 4-1>은 2000년 한국조사에서 사용된 조사표의 일부인데, 지난 5년간 피해경험이 있으면, 피해회수를 질문하는 전형적인 방식을 사용한다. 앞서 언급한 바와 같이 미국의 범죄피해조사에서도 과거에는 이런 방식을 사용했었고, 몇 가지 한계를 갖지만 한편으로 간략하게 조사가 가능하며, 설문지조사방법을 병행하기에 유리하고, 비용이 적게 든다는 이점이 또한 있다. 따라서 국가별로 매우 다양한 환경에서 행해지는 국제조사의 방식으로 장점을 가진다.

19. 지난 5년 동안에 어떤 사람이 귀하에게 폭력을 사용하거나 위협을 하여 강제로 물건을 빼앗아 간 적이 있거나, 빼앗아 가려고 시도한 적이 있었습니까? (소매치기는 제외함)
(1) 예 --> 문항 19a로
(2) 아니오 --> 문항 20으로
(3) 잘 모르겠다 --> 문항 20으로
19a. 이런 일이 언제 일어났습니까? (조사원은 아래의 항목을 읽어줄 것)
(1) 올해 (2000년) --> 문항 20으로
(2) 작년 (1999년) --> 문항 19b로
(3) 그 이전에 --> 문항 20으로
(4) 잘 모르겠다/기억을 못 하겠다 --> 문항 20으로
19b. 지난 해(1999년)에 이런 일이 몇 번이나 일어났습니까?
(1) 한 번 (2) 두 번 (3) 세 번 (4) 네 번 (5) 다섯 번 이상 (6) 잘 모르겠다

그림 4-1 2000년 한국조사표에서 강도피해를 측정하는 질문

이 국제범죄피해조사는 유럽연합의 출범과 함께 현재는 유럽 범죄 및 안전 조사(The European Crime and Safety Survey, 이하 EU ICS) 위주로 발전하였는데, 이 조사는 ICVS의 하위조사로서 갤럽, UNCRI, 독일의 막스프랑크연구소, 룩셈부르크의 CEPS/INSTED,[1] 이탈리아의 GeoX Ltd.에 의해 시행되었으며, 유럽연합 집행위원회 총국(European Commission, DG.)이 자금을 함께 제공했다. 2005년 조사 이후 새로운 EU ICS나 ICVS는 행해지지 않고 있다.

제3항 한국의 전국범죄피해조사

한국에서 범죄피해조사를 본격적으로 처음 소개한 것은 한국형사정책연구원에서 "범죄피해조사란 무엇인가?"라는 보고서(심영희 외, 1990)를 출판한 것이며, 이후 한국형사정책연구원에서는 서울시민을 대상으로 처음으로 범죄피해조사를 시행하였다(심영희 외, 1991). 또한 이즈음에 통계청의 『사회안전부문 조사』에 범죄피해에 대한 문항이 일부 포함되었다. 이후 전국단위 범죄피해

1) 룩셈부르크 사회경제연구소(LISER)의 전신

조사는 한국형사정책연구원과 통계청의 두 기관에서 정기적으로 조사가 진행되었다.

한국형사정책연구원에서는 1993년, 1996년, 1998년, 2002년, 2005년에 걸쳐 2-4년을 주기로 범죄피해조사가 시행되어 왔다. 이러한 2005년의 한국형사정책연구원의 범죄피해조사는 2,000-3,000 케이스 정도의 비교적 소표본으로 이루어진 조사이지만, 범죄피해건수 외에도 범죄피해와 관련한 많은 관련 정보를 포괄하고 있는 본격적인 범죄피해조사라는 의미가 있다.

반면 통계청에서는 1991년, 1996년, 2001년, 2005년, 2008년에 걸쳐 3-5년의 주기로 범죄피해조사를 시행한 바 있다. 통계청의 조사는 사회안전부문조사의 한 하위분야로서 조사가 된 것이기 때문에, 조사내용이 절도, 폭행, 강도, 사기 정도의 간략한 범죄피해건수와 범죄피해의 두려움 정도에 그치고 있으나, 그 표본규모가 20,000-34,000 가구, 42,000-81,000명에 이르는 대규모 조사라는 가치가 있다.

이러한 전국규모의 두 조사 외에도 특정 지역이나 특정 범죄유형에 국한된 소규모의 범죄피해조사들도 행해졌는데, 서울시나 부산시만을 대상으로 하거나(심영희 외, 1991; 허일태, 2001), 청소년만을 대상으로 하거나(노성호 외, 1999), 사이버상의 범죄피해만을 대상으로 하거나(이민식, 2000), 농작물이나 농사용 기계의 절도피해만을 대상으로 하거나(기광도, 2001) 또는 캠퍼스 범죄피해만을 대상으로 한 연구(박철현, 2001)들이 그것이다.

한국형사정책연구원의 전국 규모의 범죄피해조사는 초기 피해자학과 범죄학의 발전에 많은 기여를 하였으나, 한편으로는 그것이 가진 다양한 한계로 인하여 실질적인 정책대안을 제시하는데는 많은 한계가 있었다. 이에 학계를 중심으로 그것의 한계와 개선방안에 대한 많은 제안이 있어왔고(기광도, 2002; 박순진, 2002; 이순래, 2002; 박철현, 2002), 이러한 제안의 대부분은 미국의 NCVS가 갖는 보다 많은 장점을 받아들이자는 것으로 요약된다. 이에 한국형사정책연구원에서는 범죄피해조사의 연구설계의 개선작업을 시작하여 마침내 2008년에 완전히 수정된 형태의 새로운 설문지를 마련하고 첫 조사를 시행하였다.

이 조사는 전국범죄피해조사(통계청 승인번호 제 40301호)라는 이름으로, 기존에 따로 행해져 왔던 한국형사정책연구원의 범죄피해조사와 통계청의 사회안전부문조사의 일부였던 범죄피해조사를 통합한 것이라고 할 수 있다. 이러한 통합은 그동안 두 조사가 따로 진행됨으로써 발생된 예산낭비와 예산부족으로 인한 대표성의 미흡 등의 문제점을 개선하였을 뿐만 아니라 새로이 그동안 한국형사정책연구원의 범죄피해조사의 문제점으로 지적되어 왔던 다양한 문제점들을 대부분 개선하였다. 최근 2012년 조사부터는 '국민생활안전 실태조사'로 불리기도 한다.

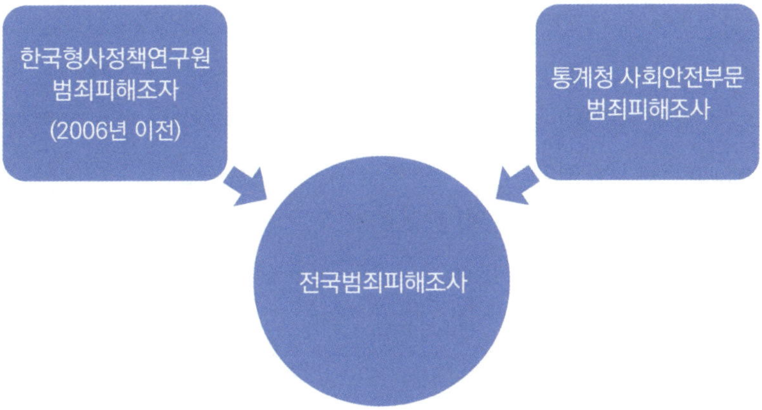

그림 4-2 전국범죄피해조사의 출범

이 전국범죄피해조사(김은경 외, 2009)에서 개선된 사항을 요약하면 다음의 몇 가지로 나누어 볼 수 있다(박철현, 2012).

첫째, 보이스피싱을 포함한 사기, 스토킹 등의 시민들의 체감범죄율에 영향을 미치는 피해유형들이 (비주기적으로) 포함되었다.

둘째, 기존의 단일형식의 조사표가 대규모의 자극진술들을 포함한 선별양식과 사건양식의 두 가지로 나뉘어 졌다. 이 과정에서 법률적 개념규정을 지양하고 응답자들이 쉽게 이해할 수 있는 형태로 조사표가 만들어 졌다. 또한 선별양식의 사용으로 인하여 응답자의 피로도에 따른 응답오차를 줄일 수 있게 되었다.

셋째, 반복피해와 미수범죄에 대한 측정이 가능해졌다.

넷째, 가구단위의 표집으로 추출된 가구에 대해 가구주와 가구원 조사를 통해 가구범죄와 개인범죄를 표집오차를 대폭 줄여서 측정할 수 있게 되었다.

다섯째, 제주도를 포함하는 진정한 전국단위의 조사가 이루어졌다.

여섯째, 표본규모가 약 15,000 사례로 증가하여 대표성이 높아졌다.

일곱째, 통계청에서 실제 조사를 관리·시행하여 조사과정의 통일성이 증가하였다.

이렇게 개선된 전국범죄피해조사는 실제로 미국의 NCVS의 방식을 대폭 받아들였는데, 특히 단일양식의 설문지를 선별양식과 사건양식의 두 가지 복수양식으로 나누고, 선별양식에서 많은 다양한 자극진술들을 포함하여 응답자가 범죄피해경험을 회상하는데 도움을 주도록 고안했다. 이러한 개선은 실제로 많은 새로운 범죄피해를 포착하는데 도움이 되었다. 박철현의 연구(박철현, 2012)에 따르면, 한국에서 범죄피해율이 지속적으로 지수적으로 하락한다고 가정할 때, 이러한 조사설계의 개선은 절도, 침입절도, 폭행, 강도피해를 이전의 조사설계에 비해 더 많이 포착한 것으로 나타난다. 구체적으로 새로운 조사방법을 도입함으로써 절도에서 추가로 210-540%, 강도에서 추가로 170-200%, 그리고 폭행/상해에서 추가로 30-210%를 더 발굴한 것으로 나타났다.

표 4-5 개정 피해조사 양식의 효과

피해유형	연도	개정 후 피해건수		차이** (B-A)	비 (B/A)
		역함수 예상 (A)	실제 수치* (B)		
침입절도	2008	36.1	45.2	+9.1	1.3
	2010	29.9	39.5	+9.6	1.3
성폭력	2008	11.4	6.8	-4.6	0.6
	2010	8.1	2.0	-6.1	0.2

폭행/상해	2008	3.0	9.2	+6.2	3.1
	2010	2.1	2.8	+0.7	1.3
강도	2008	1.7	4.6	+2.9	2.7
	2010	1.1	3.3	+2.2	3.0
절도	2008	9.3	59.6	+50.3	6.4
	2010	6.3	19.6	+13.3	3.1

*: 범죄피해조사 각 연도

**: paired t-test, t=1.66, p<.10(단측검증)

출처: 박철현, 2012

반면 새로운 조사설계에 의해 성폭력은 오히려 감소하였는데, 기존의 범죄피해조사가 개인단위의 조사로서 굳이 가구에 방문하지 않아도 조사하는데 전혀 문제가 없는 반면에, 새로운 범죄피해조사는 100% 가구에 방문하여야 조사가 가능하다. 이러한 조사환경의 변화는 여성 가족구성원에게 성폭력과 같은 민감한 개인정보를 숨기게 만들었을 가능성이 높다. 만약 그렇다면 조사방법에 대한 새로운 수정이 필요하다고 할 수 있다. 예를 들어 조사방법을 대면면접으로 한정하지 말고, 미국범죄피해조사(NCVS)에서 일부 사용하는 중앙집중화된 컴퓨터 전화면접(CATI)과 같은 방식은 조사 시에 다른 가족구성원이 옆에 있음으로 인해 발생할 수 있는 비표집 오차를 어느 정도 감소시킬 수 있다(박철현, 2012).

제 3 절

범죄피해의 실태와 추이

제1항 범죄피해의 실태와 추이

여기에서는 우리나라에서 시행되고 있는 대표적인 범죄피해조사라고 할 수 있는 통계청과 한국형사정책연구원의 범죄피해조사 결과를 통해 한국의 범죄피해의 실태와 추이를 살펴본다. 통계청의 피해조사결과를 요약한 다음의 표에 따르면, 우리나라에서 많이 발생하는 범죄는 소매치기나 절도와 같은 절도범죄가 가장 많이 발생하고 그 다음으로 사기, 폭행, 강도의 순인 것을 알 수 있다. 이들의 추이를 살펴보면, 대부분의 범죄유형에서 범죄피해가 감소하고 있다는 것을 알 수 있다. 예를 들어 범죄피해를 경험한 가구비율이 절도의 경우 2001년 7.1%에서 2005년 4.5%, 그리고 2008년 4.2%로 점점 줄어들고 있으며, 1,000 가구당 피해율로 표시된 이전 시기에서도 동일하게 나타난다. 사기의 경우 같은 시기에 4.5%, 2.4%, 1.7%로 역시 줄어들고 있으며, 강도도 1.1%, 0.7%, 0.5%로 점점 피해가구가 줄어들고 있다. 다만 폭행범죄만 2001년 1.3%에서 2005년 0.5%로 줄었다가 2008년 다시 0.6%로 소폭 상승할 뿐이다.

표 4-6 통계청 피해조사 결과

연도	전체	소매치기	절도	폭행상해	강도	사기
1991	167.0건	93.2	51.3	14.4	8.1	-
1996	125.4건	54.5	49.6	14.1	7.1	-
2001		-	52.5 (7.1)	9.3 (1.3)	6.8 (1.1)	31.5 (4.5)
2005		-	54.6 (4.5)	7.4 (0.5)	8.0 (0.7)	29.9 (2.4)

2008		-	59.4 (4.2)	7.9 (0.6)	6.7 (0.5)	25.9 (1.7)

주) 괄호 안은 각 범죄피해를 경험한 가구비율임.
주) 1996년 이전은 천 가구당 피해건수이며, 2001년 이후는 범죄유형별 구성비율임.
출처: 통계청. 사회안전부문조사 각 연도.

이 통계청의 피해조사결과는 우리나라에서 전반적으로 범죄피해가 일관되게 감소하고 있다는 것을 보여준다. 이러한 추세는 한국형사정책연구원의 조사결과에서도 크게 다르지 않다. 조사설계가 개선되기 전인 1993년에서 2005년 사이의 범죄피해조사 결과를 살펴보면, 1,000명(가구)당 전체 범죄의 피해건수가 1993년 255.3건에서 1996년 224.0건, 1998년 210.5건, 2002년 110.0건, 그리고 2005년 93.2건으로 줄어들고 있으며, 이러한 추세는 개정 후에도 동일하게 거의 대부분의 범죄유형별 피해건수가 지속적으로 감소하고 있는 것으로 나타난다.

개정 후의 전국범죄피해조사 결과를 토대로 범죄유형별 범죄피해의 분포를 살펴보면, 강도, 주거침입절도, 절도 등에서 점진적인 감소추세를 보여주고 있으며, 성폭력도 2020년부터 새로 포함된 것을 제외하면 대체로 감소하고 있는 것을 알 수 있다. 반면에 사기의 경우 다양한 새로운 형태의 사기범죄가 빈발하고 있어 예외적으로 증가추세로 나타나고 있다. 사기의 경우 최근에 상당수가 온라인을 토대로 발생하고 있어, 최근 범죄가 온라인으로 이동하고 있는 추세를 잘 보여준다.

표 4-7 범죄유형별 1,000명(가구) 당 피해건수의 추이

범죄유형	조사연도							
	2008	2010	2012	2014	2016	2018	2020	2022
성폭력	6.8	2.0	1.7	1.3	0.8	1.6	3.7[a]	4.8[a]
폭행	9.2	2.8	5.2	1.6	1.6	1.6	3.6	2.6
강도	4.6	3.3	0.7	0.6	0.7	1.3	0.4	0.7

주거침입절도	45.2	39.5	10.8	14.2	13.3	15.3	11.8	6.2
손괴	?	?	6.3	6.7	5.2	3.7	1.6	6.3
사기	40.6	16.9	8.1	9.3	11.5	10.0	21.0	33.3
절도	59.6	19.6	13.3	16.0	14.4	15.7	6.7	14.1

출처: 한국형사정책연구원 범죄피해조사 각 연도.
a: 성적 접촉이 없는 성범죄피해경험이 새로 포함됨.
?: 기타 가구범죄에 포함되어 따로 집계되지 않음.

이상의 통계청과 한국형사정책연구원의 범죄피해조사 결과를 통해 알 수 있는 것은 우리나라에서 범죄피해가 지속적으로 감소하고 있다는 것을 알 수 있다. 그럼에도 불구하고 공식통계상으로 같은 유형의 범죄가 이 정도로 감소하지 않는 것은 신고율 증가나 기타 다른 왜곡요인이 작용하고 있는 것으로 추정할 수 있다.

제2항 범죄피해조사 결과와 공식통계와의 비교

실제로 공식통계에서 나타나는 범죄율과 범죄피해조사에서 나타나는 피해율의 추이는 상이한 것으로 알려져 있다. 강절도 범죄에 대해 공식통계와 범죄피해조사와의 차이를 연구한 일련의 연구(박순진, 2003; 최인섭 · 황지태, 2004)에 의하면, 이 두 통계수치는 매우 상반된 추이를 나타내는데, 공식통계상의 범죄율은 증가하는 반면에 범죄피해조사상의 피해율은 감소하는 것으로 나타난다. 여기에 대해 박순진(2003)은 사회전반의 신고율의 상승이 전체적인 범죄율의 감소에도 불구하고 표면적으로 통계상으로는 상승하는 것으로 나타난다고 결론 내렸다. 이처럼 공식통계에서 나타나는 범죄의 양상과 범죄피해조사에서 나타나는 범죄의 양상은 매우 크게 차이가 난다. 그것의 가장 큰 이유는 범죄의 암수(dark figure) 때문이다. 숨은 범죄라고도 불리는 범죄통계에 잡히지 않는 범죄들은 신고율이 증가하면 감소한다. 따라서 범죄통계상에서 나타나는 추이는 암수 규모의 변화 탓일 수 있다.

따라서 범죄의 암수가 어느 정도 되는지에 대해 파악하는 것은 범죄피해조사의 한 목적이기도 하다. 그러나 이러한 암수의 파악을 위해서는 범죄피해조사의 표본규모가 매우 커야 한다는 전제가 필요한데, 현재의 표본규모로는 이것을 정확하게 파악하는데 다소의 한계가 있다. 이러한 한계를 감안하면서, 공식통계와 범죄피해조사상의 범죄율을 파악해보기로 하자. 다음의 <표 4-8>은 한국형사정책연구원의 2012년 범죄피해조사의 결과를 공식통계상의 범죄율과 비교한 것이다. 이 표에 따르면, 공식통계는 실제로 발생하는 범죄의 일부분만을 포착하는 것을 알 수 있다. 범죄피해조사에서 나타난 피해율을 실제로 발생한 전체 범죄규모라고 가정한다면, 이것에 비해 공식통계가 포착하지 못하는 암수의 규모는 범죄유형별로 달라지는데, 강도가 암수율이 92.1%로 가장 많고, 그 다음으로 손괴가 91.3%, 절도가 80.7%, 성폭력이 75.9%, 사기가 41.7%, 폭행이 27.1%의 순으로 많았다. 이 결과는 폭력범죄에 비해서 재산범죄가 압도적으로 암수의 규모가 크다는 것을 보여준다. 다만 폭력범죄 중에서 성폭력은 암수율이 75.9%로 높았고, 재산범죄 중에서는 사기가 암수율이 낮았다. 반면에 폭행은 암수율이 매우 낮다는 것을 알 수 있다.

표 4-8 공식통계와 범죄피해조사의 비교(2012)

구분	성폭력	강도	폭행	사기	절도	손괴
인구 10만 명 당 피해율	173.5	65.7	515.3	813.0	2,982.5	1,380.9
공식통계 10만 명 당 범죄율	41.9	5.2	375.7	473.6	575.2	120.2
암수율(%)	75.9	92.1	27.1	41.7	80.7	91.3

출처: 김은경 외. 2014

제 4 절

소결

범죄피해조사는 공식통계를 통해서 알기 어려운 소중한 정보를 제공해 준다. 그중에서도 범죄의 암수를 어느 정도 극복할 수 있다는 큰 장점이 있어, 범죄에 대한 연구에서 매우 소중한 자료를 제공해 준다. 그러나 어느 정도 신뢰성 있는 자료가 되기 위해서는 표본규모나 방법론적인 엄밀함이 필요하고, 여기에서 나타나는 다양한 문제점들을 극복하기 위해 범죄피해조사에 대한 지속적인 수정이 가해졌다. 특히 이 중에서도 미국범죄피해조사(NCVS)의 조사설계 개선은 이론적, 방법론적 차원에서 여러모로 큰 참고가 된다. 특히 이 조사설계 개선에서 나타난 인지적 면접기법의 도입은 범죄피해조사를 획기적으로 개선시키는 계기가 되었다.

이에 따라 국제범죄피해조사(ICVS)는 아직 예전의 기법으로 조사가 이루어지고 있지만, 국내의 전국범죄피해조사는 미국범죄피해조사를 본보기로 삼아서 유사한 형태의 개선이 이루어졌고, 현재는 2년마다 조사가 이루어지고 있다. 이러한 개선에 대한 평가는 일부 이견이 있으나,[2] 대체로 기존의 조사방법에 비해서 훨씬 더 많은 범죄피해를 포착해낸 것으로 평가된다.

이 일련의 범죄피해조사에서 나타난 범죄피해율의 추세는 최근 온라인상의 범죄가 크게 증가한 사기를 제외하고 매우 일관되게 범죄피해가 감소하고 있는 것으로 나타난다. 공식통계상으로 증가하고 있는 범죄율과는 달리 피해조사에서는 일관되게 감소하고 있는 것은, 대체로 한국인들의 신고율의 증가에 기인한다는 것이 일반적인 학계의 결론이다. 최근의 범죄피해조사결과와

---

2) 형사정책연구원의 한 연구(최수형 · 탁종연, 2014)는 기존의 조사방법이 새로운 조사방법에 비해 더 많은 피해를 포착한다고 보고한다. 그러나 이 연구의 결론은 잠정적이다. 기존의 국내외의 대부분의 연구들이 새로운 방식이 더 많은 범죄피해를 포착한다고 보고하는데 비해서, 이 연구의 상반된 결과는 아마도 상이한 조사주체라는 비표집오차에서 기인하는 것으로 생각된다.

공식통계상의 범죄율을 비교해 보면, 역시 강절도나 손괴, 성폭행의 암수율은 매우 높은 반면에, 폭행이나 사기의 암수율은 낮은 것으로 나타난다. 이처럼 공식통계에서 나타나는 범죄현상에 대한 재검토와 수정이 가능한 것은 범죄피해조사의 중요한 가치라고 할 수 있을 것이다.

토론 주제

1. 범죄피해조사는 전통적 방식에서 인지적 면접으로 변하게 되었는지에 대해 토론해봅시다.
2. 범죄의 암수는 어떤 범죄에서 많고, 어떤 범죄에서 적은가? 이유는?
3. 국제범죄피해조사의 장단점은 무엇인가?
4. 회상실패를 줄일 수 있는 다양한 방식에 대해 논의해 봅시다.

주요 개념

범죄통계
자기보고식조사
범죄피해조사
범죄의 암수
회상실패
미국범죄피해조사
중앙집중화된 컴퓨터 전화면접
인지적 면접
선별양식
사건양식
국제범죄피해조사
전국범죄피해조사
사회안전부문조사
신고율
암수율

CHAPTER

05

범죄피해의 두려움

범죄피해의 두려움은 일반적으로 범죄피해의 직접적인 결과로 나타나는 것 같지만, 실제로는 이 외에도 매우 다양한 요인들이 범죄피해의 두려움에 영향을 미친다. 실제로 범죄피해를 적게 당하는 집단인 여성이나 노인들은 범죄피해의 두려움을 다른 집단에 비해 훨씬 더 많이 느낀다. 과거에 범죄피해의 두려움은 형사정책에서 큰 중요성을 갖지 못했으나, 최근에는 범죄피해에 못지않은 중요한 형사정책의 대상으로 등장하였다. 이것은 지역사회경찰활동의 발전에 힘입은 바 큰데, 전통적 경찰활동이 범죄의 검거와 범죄의 감소에 초점을 맞춘데 반해서 지역사회경찰활동은 범죄율의 감소와 함께 시민들의 범죄피해의 두려움을 낮추는 것도 매우 중요하게 생각한다.

예를 들어 윌슨과 켈링(Wilson and Kelling, 1982)의 깨진창이론(broken window theory)에 따르면, 지역사회의 무질서는 범죄피해의 두려움을 증가시키고, 이 증가된 범죄피해의 두려움으로 인해 주민들이 외부에서의 활동을 자제하고 지역의 비공식적 활동에 참여하지 않음으로 인해서 지역사회의 범죄에 대한 통제력이 떨어지고, 결과적으로 지역의 중범죄를 증가시킨다. 이처럼 범죄피해의 두려움을 지역사회의 비공식적 통제로부터 영향을 받기도 하지만, 반대로 범죄피해의 두려움으로 인해 지역의 비공식적 통제력을 약화시키기도 한다. 따라서 주민들의 범죄피해의 두려움을 낮추는 것은 과거에 비해 정책적으로 매우 중요한 지역경찰의 목표가 되었다.

제 1 절

범죄피해의 두려움의 개념과 측정

일반적으로 사람들은 누구나 범죄피해의 희생자가 되길 원하지 않는다. 범죄피해의 두려움(fear of crime)은 이러한 대중의 일반적인 느낌에 의해서 나타난다. 그러나 이러한 일반적인 범죄피해의 두려움은 폭력범죄로부터 신체적 피해를 당할 공포일 수도 있고, 아니면 재산상의 피해를 당할 염려일 수도 있다. 따라서 일종의 걱정(worry)이나 염려(concern)로부터 공포(fear)를 구분해야 한다는 주장도 있으나(대표적으로 주희종, 1999)[1], 일반적으로는 국내에서는 'fear'를 두려움으로 번역하는 경향이 있으며, 이 두 개념을 구분하지 않거나 아니면 공포와 같은 개념으로 사용하는 편이다.

일반적으로 범죄피해의 두려움은 무형의 두려움과 유형의 두려움의 두 가지로 나뉜다(Keane, 1992). 무형의 두려움(formless fear)이란 특정유형의 범죄피해를 가정하지 않은 막연한 두려움의 느낌을 말한다. 이러한 무형의 두려움을 측정하기 위해서는 일반적으로 "야간에 동네를 걸을 때 얼마나 두려움을 느끼는가?"와 같은 질문이 사용된다. 반면에 유형의 두려움(concrete fear)이란 응답자가 구체적인 범죄유형에 대해 자신이 피해자가 되는 것의 두려움을 얼마나 느끼는지를 나타낸다. 이러한 유형의 두려움을 측정하기 위해서는 일반적으로 "다음의 각 범죄가 자신에게 일어날 가능성이 얼마나 됩니까?"와 같은 질문이 사용된다(이윤호, 2007: 187 참조).

실제로 국제범죄피해조사(ICVS)와 통계청의 과거 사회안전분야조사에서 범죄피해의 두려움을 측정하는 방식은 무형의 두려움을 측정하는 방식이라고 할 수 있다. 이 조사들에서 주로 이용되었던 질문방식은 "귀하가 사시는 곳에서는, 해가 저문 후에 혼자 다닐 때 얼마나 안전하십니까?"나 "누군가가 귀하

1) 맥스필드(maxfield, 1984)는 두려움(fear)은 폭력범죄피해의 두려움을, 염려(worry)는 재산범죄피해의 두려움을 측정하기 위한 것으로 구분하여 사용하기도 하였다.

의 집에 침입할 가능성에 대해 어떻게 생각하십니까?”라는 질문이 사용된다. 그러나 일반적으로 많이 이용되는 이러한 방식의 두려움 측정에 대해 페라로와 라그란지(Ferraro and LaGrange, 1987, 주희종, 1999에서 재인용)는 이러한 측정 방식이 범죄피해의 두려움이라기보다는 범죄의 위험성을 측정한 것이라고 비판한다. 실제로 범죄피해의 두려움은 범죄피해를 당한 위험(risk)에 의해 영향을 많이 받기는 하지만, 이것이 완전한 범죄피해의 두려움은 아니라는 것이다. 따라서 최근에는 각 범죄유형별로 느끼는 두려움을 구체적으로 질문하는 방식을 많이 사용한다.

37. 귀하가 사시는 곳에서는, 해가 저문 후에 혼자 다닐 때 얼마나 안전하십니까? (혼자 다니지 않는다고 응답한 사람에게는 어떻게 느끼느냐고 물어볼 것)
    (1) 매우 안전하다
    (2) 어느 정도 안전한 편이다
    (3) 어느 정도 안전하지 못한 편이다
    (4) 매우 안전하지 못하다

38. 해가 저문 후 집에 혼자 있을 때에 귀하는 얼마나 안전하다고 느끼십니까?
    (1) 매우 안전하다
    (2) 어느 정도 안전한 편이다
    (3) 어느 정도 안전하지 못한 편이다
    (4) 매우 안전하지 못하다

39. 앞으로 12개월 안에 누군가가 귀하의 집에 침입할 가능성에 대해 어떻게 생각하십니까?
    (1) 가능성이 매우 높다
    (2) 어느 정도 가능성이 있다
    (3) 가능성이 거의 없다
    (4) 잘 모르겠다

그림 5-1 국제범죄피해조사의 범죄피해의 두려움 질문

출처: 장준오, 2000

현재 미국의 범죄피해조사(NCVS)의 주 조사표에는 범죄피해의 두려움을 측정하는 문항이 없다. 그러나 학교에서의 범죄피해를 조사하는 보조 조사표에는 범죄피해의 두려움을 측정하는 문항이 존재한다. 다음의 <그림 5-2>는 이 학생조사표의 일부분인데, 여기에서는 "귀하는 얼마나 자주 학교빌딩이나 학교시설에서 어떤 사람이 자신을 공격하거나 해를 입힐까봐 두렵습니까?", "귀하는 얼마나 자주 스쿨버스나 등하교 중에 어떤 사람이 자신을 공격하거나 해를 입힐까봐 두렵습니까?", "학교나 스쿨버스, 등하교 외에, 귀하는 얼마나 자주 어떤 사람이 자신을 공격하거나 해를 입힐까봐 두렵습니까?"라는 문항들을 사용한다. 이 미국의 조사표에서 위험이 아닌 비교적 구체적인 피해유형의 두려움을 직접 질문하고 있는 것을 알 수 있다.

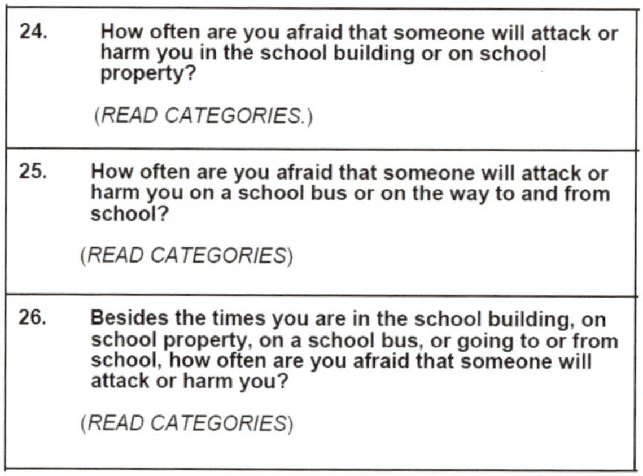

24.	**How often are you afraid that someone will attack or harm you in the school building or on school property?** (*READ CATEGORIES.*)
25.	**How often are you afraid that someone will attack or harm you on a school bus or on the way to and from school?** (*READ CATEGORIES*)
26.	**Besides the times you are in the school building, on school property, on a school bus, or going to or from school, how often are you afraid that someone will attack or harm you?** (*READ CATEGORIES*)

그림 5-2 미국범죄피해조사의 학교범죄피해설문의 두려움 문항

출처: 미국범죄피해조사 School Crime Supplement(2013)

우리나라의 전국범죄피해조사(국민생활안전실태조사 2012)는 두려움의 매우 다양한 측면을 파악한다. "밤에 혼자 집에 있을 때 두렵다"나 "밤에 혼자 동네 골목길을 걸을 때 두렵다"와 같은 무형의 두려움을 측정하는 문항들도 있고, 배우자(애인)나 자녀의 대리피해에 대한 두려움을 측정하는 문항도 있으며, 구체적인 범죄유형들에 대한 직접적인 두려움을 측정하는 문항들도 있고, 심지어 범죄피해를 당할 위험이나 취약성에 대해 직접적으로 질문하는 문항들도 존재한다.

5 귀하는 다음과 같은 상황에서 얼마나 두려움을 느끼십니까?

항 목	전혀 그렇지 않다	그렇지 않은 편이다	보통 이다	그런 편이다	매우 그렇다
1) 밤에 혼자 집에 있을 때 두렵다	①	②	③	④	⑤
2) 밤에 혼자 동네 골목길을 걸을 때 두렵다	①	②	③	④	⑤

6 귀하는 아래의 사람들이 일상생활 중에 범죄피해를 당할까 봐 평소 얼마나 두렵습니까?

항 목	해당자 없음	전혀 그렇지 않다	그렇지 않은 편이다	보통 이다	그런 편이다	매우 그렇다
1) 나 자신이 범죄피해를 당할까 봐 두렵다		①	②	③	④	⑤
2) 배우자(애인)가 범죄피해를 당할까 봐 두렵다	⓪	①	②	③	④	⑤
3) 자녀가 범죄피해를 당할까봐 두렵다	⓪	①	②	③	④	⑤

7 귀하는 다음 각 항목의 범죄피해를 당할까 봐 평소 얼마나 두렵습니까?

항 목	전혀 그렇지 않다	그렇지 않은 편이다	보통 이다	그런 편이다	매우 그렇다
1) 누군가 몰래 내 돈이나 물건을 훔쳐갈까 봐 두렵다	①	②	③	④	⑤
2) 누군가 강제로 내 돈이나 물건을 빼앗아갈까 봐 두렵다	①	②	③	④	⑤
3) 누군가 나를 구타(폭행)하여 다치게 할까 봐 두렵다	①	②	③	④	⑤
4) 누군가에게 속임을 당해 내 재산을 잃을까 봐 두렵다	①	②	③	④	⑤
5) 누군가 나를 성추행하거나 성폭행할까 봐 두렵다	①	②	③	④	⑤
6) 누군가 내 물건이나 재산을 부수거나 못쓰게 할까 봐 두렵다	①	②	③	④	⑤
7) 누군가 내 집에 침입할까 봐 두렵다	①	②	③	④	⑤
8) 누군가 나를 쫓아다니거나 전화 등으로 집요하게 괴롭힐까 봐 두렵다	①	②	③	④	⑤

8 귀하는 다음 각 항목에 대하여 어떻게 생각하십니까?

항 목	전혀 그렇지 않다	그렇지 않은 편이다	보통 이다	그런 편이다	매우 그렇다
1) 나는 다른 사람에 비해 범죄피해를 당할 소지가 높다	①	②	③	④	⑤
2) 누군가 나를 폭행하려 한다면, 나는 나 자신을 방어할 수 있다	①	②	③	④	⑤
3) 내가 범죄피해를 당한다면, 다른 사람에 비해 피해 결과가 더 심각하고 오래 지속될 것이다	①	②	③	④	⑤

그림 5-3 전국범죄피해조사의 두려움 관련 문항

제 2 절

범죄피해의 두려움을 설명하는 모델

범죄피해의 두려움은 다양한 모델들에 의해서 설명된다. 이러한 모델들은 크게 범죄피해경험모델(crime victimization model)과 사회통제모델(social control model) 그리고 취약성모델(vulnerability model)로 나눌 수 있다(Gate and Rohe, 1987). 이 중 범죄피해경험모델은 다시 직접피해경험모델과 간접피해경험모델로 나눌 수 있고, 사회통제모델은 다시 비공식 사회통제모델과 공식 사회통제모델로 나눌 수 있다.

제1항 직접피해경험모델

직접피해경험모델(direct victimization model)은 자신이 직접 범죄피해를 경험함으로써 범죄피해의 두려움이 생긴다고 설명한다. 많은 범죄피해의 경우 당하는 피해자의 입장에서는 끔찍한 경험일 수 있다. 이처럼 범죄피해를 경험한 사람이 해당 범죄에 대해 더 많은 두려움을 갖는다는 사실은 상식적으로 쉽게 이해할 수 있다. 실제로 아동기에 성폭력피해를 경험한 여성은 이후로도 매우 오랜 시기에 걸쳐 성폭력과 남성에 대한 대인기피 등의 트라우마를 안고 살아가는 경우가 많다.

또한 개인이 취할 수 있는 많은 적극적인 예방행동들은 대부분 범죄피해의 경험에 의해 생겨난다. 예를 들어 침입절도를 경험한 가구는 그렇지 않은 가구에 비해 더 경보장치의 설치나, 담이나 창 대문의 보수, 민간경비 가입, 가스총 등의 호신도구 구입 등의 예방조치를 더 많이 취한다. 노상에서 강도나 성추행의 경험이 있는 여성은 그렇지 않은 여성에 비해 더 많이 가스총이나 치한퇴치용 스프레이 등을 구입하고, 귀가시간을 앞당긴다. 이처럼 개인이 실제로 경험하는 범죄피해는 심각한 범죄일수록 더 많은 두려움을 만들어내고 더 많은 예방조치를 하게 만든다.

한편 직접적인 범죄피해경험이 범죄피해의 두려움에 영향을 미친다고 주장하는 연구들은 취약성모델(vulnerability model)과 함께 다루어지기도 한다. 특히 여성의 범죄피해의 두려움은 성범죄피해 경험이 매우 중요한 영향을 끼친다는 연구결과들이 많다. 예를 들어 최근 힐린스키(Hilinski, 2009)는 여대생들의 범죄피해의 두려움이 성폭행의 경험에 의해 영향을 받는다는, 소위 성폭행의 그림자 가설(the shadow of sexual assault hypothesis, Ferraro, 1995)을 검증하였는데, 여대생의 성폭행의 경험은 단지 성폭행범죄에 대한 두려움뿐만 아니라 일반적인 다른 범죄를 포함한 범죄피해의 두려움으로 나타난다는 것을 보여주었다. 국내에서 김지선의 연구(2004)도 이와 유사한 연구결과를 보고하고 있다. 또한 래인과 그의 동료들(Lane et al., 2009)은 특히 여대생에게 있어 (성폭행 피해경험이 아닌) 성폭행 피해의 두려움은 여대생의 범죄피해의 두려움에 큰 영향을 미친다는 것을 보여주었다(박철현, 2012a 참조).

범죄피해경험이 과연 두려움을 만들어내는지에 대해서 기존 연구결과들은 매우 상이한 결과들을 제시하고 있다. 많은 연구들은 범죄피해경험이 있는 경우 두려움이 증가하는 연구결과를 제시하는 반면에(예를 들어 McCoy et al., 1996; Roundtree, 1998), 또 많은 다른 연구들은 범죄피해경험이 두려움과 별다른 관계가 없다는 결과를 제시한다(예를 들어 McGarrell et al., 1997; Ferraro, 1995). 이렇게 연구의 결과들이 상충되는 것은 이들 연구들이 서로 상이한 두려움의 정의와 측정방식에 기인하는 것일 수도 있다. 한편으로 어쩌면 범죄유형에 따른 차이일지도 모른다. 예를 들어 쿡과 팍스(Cook and Fox, 2011)에 따르면, 재산범죄피해에 대한 두려움에 피해경험은 별다른 영향을 미치지 않는 반면, 자신에게 이러한 피해가 발생할 지각된 위험(perceived risk)이 오히려 크게 영향을 미친다. 또 한편으로 이것은 연령에 따라 달라질 수도 있다. 예를 들어 국내에서 범죄피해의 두려움에 대한 연령별, 성별 차이를 살펴 본 장안식 외(2011)의 연구에 따르면, 10대 청소년의 범죄피해의 두려움은 다른 연령대와 달리 사회적 무질서나 공식적, 비공식적 통제의 효과가 나타나지 않는다. 단지 여자 청소년의 경우에 물리적 무질서만이 유의미한 영향을 미치고 있을 뿐이었다(박철현, 2012a 참조).

제2항 간접피해경험모델

직접적인 범죄피해의 경험도 범죄피해의 두려움을 만들어 내지만, 오히려 주변의 친구나 지인 또는 대중매체로부터 듣는 범죄피해의 경험이 더 많은 범죄피해의 두려움을 만들어낸다는 주장이 있다. 간접피해경험모델(vicarious or indirect victimization model)은 자신이 실제로 경험한 범죄피해보다는 다른 사람이 경험한 범죄피해를 보거나 전해서 들음으로써 범죄피해의 두려움을 갖게 된다고 설명한다.

실제로 범죄피해의 두려움에 대한 많은 연구들은 범죄피해를 적게 당하는 사람들이 더 많은 범죄피해의 두려움을 갖는다고 보고한다. 이러한 사람들이 범죄피해의 경험으로서 접하게 되는 원천은 대부분 주변사람이나 대중매체들이다. 남학생에 비해 범죄피해를 훨씬 적게 당하는 여대생들은 친구들과의 대화를 통해 남학생들에 비해 더 많은 범죄피해사례를 접한다. 이렇게 입소문을 통해 듣는 범죄피해의 사례는 많은 경우 실제보다 더 부풀려져서 전달되는 경향이 있다. 예를 들어 “중국에서 여행하던 여학생이 납치되어 장기를 적출당했다”는 식의 이야기는 여대생들의 해외여행과 해당범죄에 대한 두려움을 극도로 확대하는 하나의 사례이다.

대중매체 또한 비슷한 방식으로 범죄피해의 실태를 과장해 전달한다. 대중매체를 통해 전달되는 범죄피해의 사례들은 일반적인 범죄의 분포를 반영하지 않는다. 앞 장에서 살펴 본 바와 같이 범죄피해 중 폭력범죄, 그중에서도 심각한 폭력범죄의 비율은 재산범죄에 비해 많지 않음에도 불구하고, 대중매체에서 보도되는 범죄의 유형들은 대부분 폭력범죄이며, 그중에서도 더욱 심각한 강간, 살인, 연쇄살인 등의 폭력범죄들이 주가 된다. 이러한 심각한 범죄들은 자신이 해당 범죄를 직접 경험하지 않았더라도, 높은 수준의 두려움을 만들어 내는 원천이 된다. 특히 피해자가 자신과 유사한 집단이라면 그 두려움은 배가되는 경향이 있다.

기존의 많은 연구들은 대리피해경험이 직접피해경험에 비해 더 많은 두려움을 가져온다고 주장한다. 특히 대중매체들은 경미하거나 사소한 범죄들은 보도하지 않는 반면에, 자주 일어나지 않는 중한 범죄에 대해서 더 많이 보도하는 경향이 있다. 따라서 텔레비전이나 신문을 통해 흉악한 범죄사건을 많이 접하는 사람들이 자신들이 직접 피해를 당하지 않는다고 하더라도 자신이 당할 수 있는 범죄피해라고 생각하기 때문에 범죄피해의 두려움이 높을 수 있다. 이러한 대중매체와 두려움의 관계에 대한 연구들(Health and Petraitis, 1987; Williams and Dickinson, 1993; Liska and Baccaglini, 1990; Chiricos et al., 1996)의 결과는 이 매체들에 많이 접할수록 범죄피해의 두려움이 높다는 것을 보여준다(박철현, 2012a 참조).

제3항 비공식 사회통제모델

비공식 사회통제모델(informal social control model)은 지역사회의 비공식적 사회통제가 약할수록 범죄피해의 두려움을 더 많이 느낀다고 설명한다. 예를 들어 지역사회의 해체현상이 심할수록, 지역사회의 익명성이 높을수록, 지역이 다양한 인구집단에 의해 구성되어 있을수록 더 많은 두려움을 느낀다는 것이다. 이 비공식적 사회통제모델은 다시 크게 무질서모델과 이웃통합모델로 나눌 수 있다. 무질서모델(disorder model)은 지역사회의 해체현상 중의 하나라고 할 수 있는 굴러다니는 쓰레기, 깨진 창, 벽에 있는 낙서 등의 물리적 무질서나 거리를 배회하는 불량청소년이나 갱과 같은 사회적 무질서가 많은 목격하는 사람은 더 많은 범죄피해의 두려움을 느낀다는 것이다.

예를 들어 깨진 창(broken window)으로 상징화되는 지역의 쇠퇴는 버려진 건물과 낙서, 청소년 갱의 배회, 굴러다니는 쓰레기 등의 다양한 형태의 무질서와 함께 나타난다(Wilson and Kelling, 1982). 이러한 비문화성(incivility)의 징표들 중에 버려진 건물이나 낙서, 깨진 창, 굴러다니는 쓰레기 등은 물리적 무질서의 상징이며, 반면에 불량배나 비행청소년, 술에 취한 사람들, 매춘부 등의 모습은 사회적 무질서의 상징이다. 이러한 두 가지 형태의 무질서는 모두 범죄피해의 두려움에 영향을 미치는 것으로 알려져 있다. 이러한 무질서는 결국 범죄를 증가시키고 두려움을 낳게 하는 원인이 된다(박철현, 2012a).

범죄피해의 두려움을 분석한 많은 기존연구들은 사회적, 물리적 무질서가 범죄피해의 두려움을 증가시킨다는 연구결과를 제시한다. 예를 들어 프랭클린과 그의 동료들(Franklin et al., 2008)은 범죄피해의 두려움을 설명하는 취약성모델, 무질서모델, 이웃(사회)통합모델과 같은 몇 가지 모델들 중에서 무질서모델이 범죄피해의 두려움을 가장 잘 설명한다는 것을 보여주었다. 그 외에도 무질서가 범죄피해의 두려움을 설명하는 직접적 또는 간접적 요인이라는 주장은 범죄피해의 두려움에 대한 최근의 많은 연구들에서 찾아볼 수 있다(예를 들어 Gainey et al., 2011; Elchardus et al., 2008; Wyant, 2008; Lane and Meeker, 2003; Markowitz et al., 2001; McCree et al., 2005; 박정선 · 이성식, 2010; 박철현, 2012a 참조).

이웃통합모델(neighborhood integration model)은 지역주민들 사이에 유대가 약할수록 두려움을 많이 느낀다는 것이다. 예를 들어 지역주민들이 서로 잘 알고, 만나면 반갑게 인사를 하는 동네에서 느끼는 범죄피해의 두려움은 그렇지 않은 동네에 비해 훨씬 적을 것이다. 이웃에 배회하는 청소년들이 누구인지 잘 모를 때, 지역단위에서 주민들의 자치활동이 적을 때, 주민들은 서로의 정체에 대해 잘 모를 것이고 결과적으로 범죄피해의 두려움은 클 것이다.

이런 점에서 샘슨과 그의 동료들(Sampson et al., 1997)의 집합효율성이론(collective efficacy theory)은 이웃통합모델의 한 형태로 이해할 수 있다. 그들에 따르면, 집합효율성이란 공공장소의 질서를 유지할 수 있는 이웃지역의 능력인데, 이웃지역의 결속과 상호신뢰가 존재할 때 나타난다. 이러한 집합효율성이 존재할 때 주민들은 범죄통제를 위해 적극적으로 행동하게 될 것이며, 지역의 두려움은 줄어들 수 있다. 결국 이것은 어떤 지역의 비공식적 통제가 강할 때 서로에 대해 의지할 수 있고, 따라서 범죄피해의 두려움은 줄어들 것이다. 반대로 비공식적 통제가 약할 때 지역을 돌아다니는 청소년들에 대해 관심을 갖지 않게 될 것이며, 이렇게 높은 익명성이 존재하는 상황에서 지역의 주민들은 나아가 두려움을 갖게 될 것이다(박철현, 2012a).

지역주민들이 동질적이고 서로 연대감이 강할수록 두려움이 낮다는 연구결과는 많은 기존의 연구들에서 찾아 볼 수 있다. 예를 들어 갱범죄에 대한 두려움을 분석한 한 연구(Land and Meeker, 2003)에 따르면, 무질서나 지역의 쇠퇴요인과 함께 인종적, 민족적 다양성이 높은 지역은 그렇지 않은 지역에 비해 더 많은 두려움을 만들어 낸다. 그 외에도 많은 연구들은 이러한 이웃통합이나, 집합효율성, 사회적 응집력(social cohesion) 등의 요인이 범죄피해의 두려움에 영향을 미친다고 보고한다(Gibson et al., 2002; Markowitz et al., 2001 등). 예를 들어 국내에서 박철현의 연구(2005)도 범죄피해경험과 함께 이웃의 통합정도는 대학생들의 범죄피해의 두려움에 영향을 미친다고 보고한다(박철현, 2012a 참조).

이상에서 살펴 본 이웃 간의 사회유대와 집합효율성, 사회적 응집력 등은 모두 지역의 비공식적 통제의 강도를 나타내는 척도들이다. 한편으로 한 지역에서 관찰되는 물리적, 사회적 무질서들 또한 이러한 지역의 사회유대나 사회적 응집력과 밀접한 관련을 가진다. 국내에서 이들 간의 상호관계를 연구한 이성식 외의 연구(2012)에 따르면, 낮은 집합효율성은 높은 무질서를 가져오고, 이러한 무질서는 범죄피해의 두려움을 높인다. 다시 말해서 집합효율성이 직접 범죄피해의 두려움에 영향을 미치는 것이 아니라, 무질서를 통해서 간접적으로 범죄피해의 두려움에 영향을 미친다. 이처럼 사회적, 물리적 무질서나 이웃통합의 정도는 모두 한 지역의 비공식적 통제의 보여주는 한 지표이다.

제4항 공식 사회통제모델

공식 사회통제모델(formal social control model)은 법집행기관에 대한 신뢰나 법집행의 효율성에 대한 믿음이 낮을수록 범죄피해의 두려움이 높다고 설명한다. 예를 들어 지역사회에서 활동하는 경찰을 잘 알고, 그들을 자주 목격하고, 경찰이 법집행이나 범죄예방활동을 잘한다고 생각하는 사람들은 범죄피해의 두려움이 낮을 것이다. 특히 자신이 범죄피해를 당했을 때, 경찰이 신속하게 자신이 처한 어려움을 해결해 줄 수 있다고 생각하는 사람은 범죄피해의 두려움이 낮을 것이다.

시민들은 눈앞에서 경찰을 자주 볼 때, 보통 낮은 두려움을 가질 것으로 예상할 수 있다. 실제로 많은 연구들은 경찰을 자주 보는 사람들이 범죄피해의 두려움이 낮다고 보고한다. 송봉규와 장석헌(2013)에 따르면, 도보순찰이든 차량순찰이든 더 많이 경찰활동을 목격하는 사람들은 더 낮은 범죄피해의 두려움을 갖는다. 그러나 이러한 순찰활동의 유형과 범죄피해의 두려움과의 관계는 연구결과가 일치하는 것은 아니다. 실제로 차량순찰의 효과에 대해서는 많은 쟁점들이 있다. 예를 들어 핀란드에서의 대표본(성인 3,245명, 청소년 977명)을 통한 한 연구(Salmi et al., 2004)에 따르면, 경찰의 도보활동은 범죄피해의 두려움을 낮추지만, 성인과 청소년 집단 모두에서 경찰의 순찰차량을 통한 활동을 자주 목격하는 것은 범죄피해의 두려움을 높인다.

캘리포니아에서 두 소수집단(라틴계, 베트남계)에 대해 경찰개입의 효과를 연구한 토레스와 보겔(Torres and Vogel, 2001)에 따르면, 주거단지 바로 앞에 파출소를 만들고 경찰의 개입을 목격한 주민들은, 두 집단 모두에서 범죄피해의 두려움을 적게 느끼게 되었다. 이처럼 경찰활동의 가시성(visibility)에 대해 다소의 불일치가 존재하지만, 대체로 경찰을 자주 목격하는 것은 범죄피해의 두려움을 낮추는 것으로 보인다.

그런데 단순히 경찰활동의 가시성이 아닌, 경찰(활동)에 대한 신뢰도(만족도)와 범죄피해의 두려움과의 관계에 대한 연구결과들은 비교적 일관되게 경찰활동의 신뢰도가 높을수록 범죄피해의 두려움이 낮은 것으로 나타난다. 국내에서 경찰활동에 대한 만족도와 범죄피해의 두려움 간의 관계를 살펴본 장안식의 연구(2012)에 따르면, 경찰에 대한 만족도가 높을수록, 자신이 느끼는 범죄피해의 두려움에는 영향을 미치지 않았지만, 응답자들의 주변의 친족 등이 범죄피해를 당할까 두려워하는 대리두려움(vicarious fear)은 낮았다. 또한 박윤환과 장현석(2013)도 경찰에 대한 신뢰도가 높은 사람들이 범죄피해의 두려움이 낮다고 보고한다. 이러한 경찰에 대한 신뢰도와 범죄피해의 두려움 간의 부적 관계는 많은 연구에서 지적하고 있다(김소희 외, 2015; 이명우 외, 2014; Sprott and Doob, 1997).

이처럼 공식적인 통제가 경찰활동의 가시성이든 경찰활동에 대한 신뢰도이든 어떤 것으로 측정되는지에 관계없이 일반적으로 공식적인 통제가 믿을 만하고, 원활하게 통제가 잘된다고 생각하는 사람들은 범죄피해의 두려움이 낮다.

제5항 취약성모델

취약성모델(vulnerability model)은 범죄피해를 당할 가능성이나 범죄피해를 당했을 경우 그것으로부터 회복가능성이 범죄피해의 두려움에 주로 영향을 끼친다고 설명한다. 전자는 보통 신체적 취약성(physical vulnerability)으로 불리는데, 이것은 성별, 연령, 체격조건 등에서 취약한 정도를 말한다. 반면 후자는 사회적 취약성(social vulnerability)으로 불린다.

일반적으로 여성이 실제로는 남성에 비해 범죄피해를 적게 당하지만, 더 높은 범죄피해의 두려움을 갖는 것은 여성들이 신체적으로 남성에 비해 약하고, 여성이 주로 당하는 성폭행과 같은 심각한 범죄의 위험이 있기 때문이다. 또한 사회적 소수집단은 범죄피해를 당했을 때 주변으로부터 도움을 받을 수 있는 여지가 적기 때문에 더 많은 범죄피해의 두려움을 갖는다. 유사하게 체격이 작은 사람은 체격이 큰 사람에 비해 신체적 취약성이 높기 때문에 더 많은 범죄피해의 두려움을 갖는다.

반면 노인의 높은 범죄피해의 두려움은 주로 범죄피해를 당했을 경우 당하기 전의 상태로 완벽하게 회복할 수 있는 가능성이 적기 때문에 생겨난다. 이것은 특히 폭력범죄피해의 두려움으로 나타나는데, 노인의 신체적인 퇴화는 하나의 신체적 취약성이기도 하지만, 건강한 상태로 회복을 어렵게 만드는 사회적 취약성이기도 하다. 노인이 폭력적인 상황이나 폭력적인 젊은이를 회피하는 경향은 이러한 혹시 발생할지도 모를 자신의 신체상해와 이것의 회복에 대한 걱정이 앞서기 때문이다. 보통 이러한 사회적 취약성은 개인의 경제적인 능력과도 밀접히 관련되어 있다. 예를 들어 부유한 노인은 범죄피해가 발생하기 이전의 상태로 신체피해나 재산피해를 복구하는데 가난한 노인에 비해 상대적으로 용이하다. 따라서 사회적인 지위나 위세, 계급, 직업 등은 모두 사회적 취약성과 매우 밀접하게 관련된 요인들이다.

제 3 절

범죄피해의 두려움의 실태와 추이

한국에서 범죄피해조사가 시작된 것은 90년대 초부터였고, 이때부터 범죄피해의 두려움을 측정하는 문항들이 조사에 포함되기 시작했다. 범죄피해의 두려움은 범죄건수나 범죄의 심각성과 같은 범죄라는 실재를 꼭 반영하는 것은 아니다. 예를 들어 선정적인 언론의 범죄에 관한 뉴스를 많이 접하는 사람일수록, 보통 범죄피해의 두려움은 높다. 언론은 대체로 일부의 극단적인 흉악한 사건들이나 중범죄를 선정적으로 보도하는 경향이 있는데, 실제로 이런 사건들은 자주 발생하는 범죄들이 아니다. 나영이 사건이나 연쇄살인사건 등의 엽기적인 사건들은 범죄피해의 두려움을 크게 높이지만, 실제로 이런 사건들은 자주 일어나지 않는다. 이처럼 전체적인 범죄율의 상승이나 하강은 범죄피해의 두려움에 직접적으로 영향을 크게 미치지는 않는다.

이런 점을 감안하고 우리 사회에서 범죄피해의 두려움 수준이 어떻게 변해왔는지를 살펴보기로 하자. 다음의 <그림 5-4>는 전국범죄피해조사로 개정된 후 범죄피해의 두려움을 느끼는 사람의 비율의 추이를 살펴본 것이다. 이 그림에 따르면, 우리 사회에서 범죄피해의 두려움을 느끼는 사람은 2008년에 37.8%로 가장 높았고, 그 이후 다소의 증감은 있으나 전반적으로 서서히 줄어드는 것으로 나타난다. 범죄통계상으로 범죄율이 계속 증가하고 있지만, 실제로 시민들이 느끼는 범죄피해의 두려움은 지속적으로 감소하고 있는 것으로 나타난다. 이것은 시민들이 체감하는 안전이 과거에 비해 조금씩 개선되고 있는 것을 보여준다.

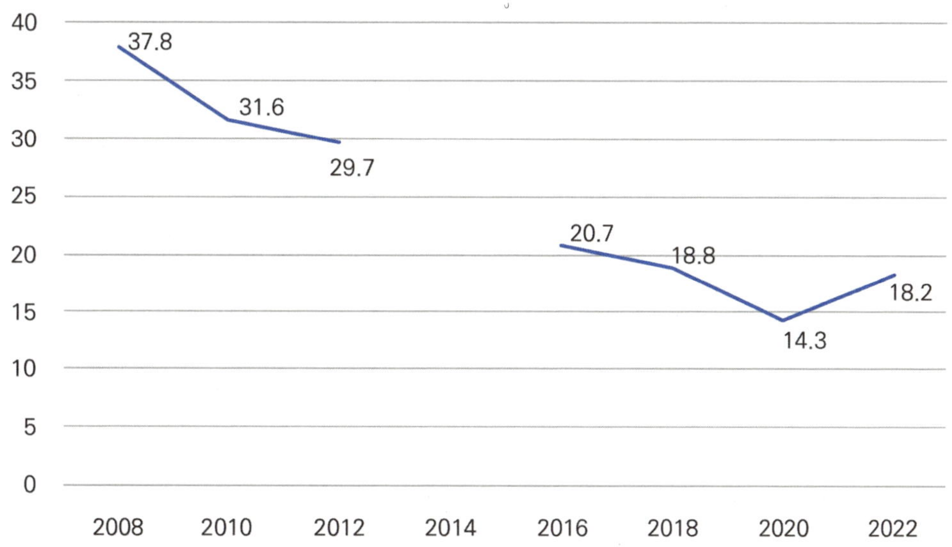

그림 5-4 범죄피해의 두려움을 느끼는 사람 비율의 추이

출처: 한국형사정책연구원, 전국범죄피해조사 각 연도(2014년 보고되지 않음)

이것을 범죄피해의 유형별로 두려움을 살펴보면(표 5-1), 범죄유형별로 큰 차이는 보이지 않으나, 대체로 사기, 폭행, 절도피해의 두려움이 더 높게 나타난다. 사기와 폭행피해의 두려움 평균이 각각 2.32로 가장 높았고, 그 다음

으로 절도피해의 두려움의 평균이 2.31로 높았고, 그 다음으로 주거침입피해의 두려움이 2.25로 높았다. 반면 몰카, 스토킹, 손괴, 강도피해의 두려움은 낮은 것으로 나타났다. 대체로 범죄피해의 두려움이 범죄의 심각성과 자신이 당할 가능성의 조합으로 이루어진다고 볼 때, 생활 속에서 쉽게 당하기 쉬운 범죄피해들의 두려움이 높은 것을 알 수 있다. 반면에 연령이나 성에 따라 일부 집단은 당하기 어려운 스토킹이나 몰카, 성폭행의 두려움이 낮은 것으로 나타난다.

표 5-1 범죄유형별 피해의 구체적 두려움(2022)

피해유형	피해를 당할까봐 두렵다(%)					평균
	전혀 그렇지 않다 (1)	그렇지 않은 편이다 (2)	보통이다 (3)	그런 편이다 (4)	매우 그렇다 (5)	
절도	15.3	48.9	25.1	10.4	0.2	2.31
사기	20.9	41.0	24.2	12.9	1.0	2.32
손괴	25.6	42.8	23.9	7.2	0.4	2.14
주거침입	23.08	41.19	23.69	11.25	0.79	2.25
강도	24.18	43.09	23.26	9.02	0.45	2.18
폭행	21.85	38.86	25.84	12.34	1.11	2.32
스토킹	27.45	43.18	22.73	6.25	0.38	2.09
몰래카메라	33.08	36.97	19.8	9.23	0.92	2.08
성추행/강간	31.99	37.09	21.39	8.73	0.8	2.09

출처: 한국형사정책연구원. 전국범죄피해조사 2022

이것을 집단별로 살펴보면, 일반적으로 여성은 남성에 비해 훨씬 더 많은 범죄피해의 두려움을 느낀다. 이것에 대한 한 설명으로 페라로(Ferraro, 1996)의 '성폭력의 그림자 가설(the shadow of sexual assault hypothesis)'이 있다. 이것은 성폭력범죄가 다른 범죄유형들에 비해 매우 우월한 중요범죄(master crime)

이기 때문에, 성폭력피해의 두려움은 다른 여타의 범죄의 두려움에 대해서도 매우 강한 영향을 미친다는 것이다. 특히 이 가설은 젊은 여성들의 높은 범죄피해의 두려움을 잘 설명하는 것으로 알려져 있다(박철현, 2014).

노인들 또한 젊은 층에 더 많은 범죄피해의 두려움을 느끼는 것으로 알려져 있다. 그런데 한국의 조사결과는 이와 상반된 결과를 보여준다. 대체로 일관되게 모든 두려움의 유형에서 연령이 낮을수록 더 많은 두려움을 나타낸다. 이 결과는 흔히 노인들의 취약성으로 인해, 범죄피해를 적게 당하는 노인들의 두려움이 높다는 외국의 일관된 연구결과들과는 완전히 상반되는 것이다.

제 4 절

소결

지금까지 이 장에서는 범죄피해의 두려움의 개념과 측정, 범죄피해의 두려움을 설명하는 모델, 그리고 범죄피해의 두려움의 추이와 실태에 대해 살펴보았다. 현대의 형사정책에서 범죄피해의 두려움은 점점 그 지위가 높아가고 있다. 왜냐하면 과거에는 범죄피해의 두려움이 범죄나 범죄에 대한 보도의 결과라고 단순히 인식되었지만, 최근에는 범죄피해의 두려움이 범죄에 영향을 미치는 중요한 요인일 수 있고, 따라서 범죄피해의 두려움에 초점을 맞춘 다양한 프로그램들이 늘어나고 있다. 매우 다양한 요인에 의해 나타나는 범죄피해의 두려움은 주민들로 하여금 지역사회의 다양한 활동에 대한 참여를 접게 만들 수 있다. 두려움이 높은 사람들은 지역에서 무슨 일이 일어나며, 어떤 비공식적인 활동이 행해지고 있는지에 대한 관심을 접게 된다. 따라서 지역에는 익명성이 점점 늘어나며, 이것은 결과적으로 위험한 중범죄자들이 활동하기에 안성맞춤인 환경을 제공한다.

그러나 다행스러운 것은 한국에서 범죄피해의 두려움 수준이 점점 감소하고 있다는 것이다. 공식통계상의 범죄율이 증가하고, 엽기적이고 흉악한 범죄들이 언론 상에 지속적으로 등장하고 있지만, 우리 시민들이 느끼는 범죄피해의 두려움은 조금씩 감소하고 있다. 향후 지속적으로 범죄피해의 두려움에 초점을 맞춘 대책을 세워, 범죄피해의 두려움을 더욱 낮출 수 있도록 하여야 할 것이다.

토론 주제

1. 한국에서 무질서 모델은 얼마나 범죄의 두려움을 잘 설명하는가?
2. 범죄피해의 두려움을 가장 많이 느끼는 인구집단은 누구이고, 그 이유는 무엇인가?
3. 한국에서 범죄피해의 두려움은 어느 정도인가?

주요 개념

범죄의 두려움
무형의 두려움
구체적 두려움
범죄피해경험모델
직접피해경험모델
간접피해경험모델
사회통제모델
무질서모델
깨진 창
비문화성의 징표
이웃통합모델
취약성모델
집합효율성
비공식사회통제모델
공식사회통제모델
대리두려움
신체적 취약성
사회적 취약성
성폭력의 그림자

CHAPTER

06

범죄피해의 결과와 사회적 비

보다 나은 삶의 질을 위한 한 중요한 조건 중의 하나는 범죄로부터 안전해지는 것이다. 그러나 개인별로 차이는 있지만, 누구나 범죄피해의 위험을 갖고 실제로 피해를 당하면서 살아간다. 그러면 범죄피해의 결과에 속하는 것에는 어떤 것을 들 수 있을까? 범죄피해는 크게 직접피해와 간접피해로 나눌 수가 있다. 직접피해는 범죄를 당하는 피해자가 해당 범죄로부터 얻는 즉시 나타나는 범죄피해를 말한다. 여기에는 피해자나 피해가구의 신체피해나 재산피해를 포함할 수 있다. 폭행이나 강간, 살인 등의 주로 폭력범죄를 당하는 과정에서 나타나는 신체적 피해는 경우에 따라서 매우 심각한 피해일 수 있다. 또한 사기, 강도, 절도, 손괴 등의 주로 재산범죄를 당하는 과정에서 나타나는 재산손실 또한 매우 가벼운 피해에서 큰 피해에 이르기까지 다양하게 나타난다. 이러한 직접피해는 쉽게 눈에 띄고 비교적 용이하게 측정할 수 있다는 특징을 갖는다.

반면 간접피해는 이런 직접피해를 제외하고 피해자나 피해가구에 나타나는 추가적인 비용으로서, 직접적으로 측정하기 어려운 비용을 말한다. 여기에는 매우 다양한 것들이 포함될 수 있는데, 예를 들어 입원으로 인해 생업활동이나 여가활동을 할 수 없는 여파로 나타나는 비용손실, 눈에 쉽게 띄지는 않지만 때로는 매우 심각한 정신적 피해(우울증, 범죄피해의 두려움, 대인관계기피, 대인관계손상 등), 그리고 이러한 피해를 미래에 당하지 않기 위한 회피비용 등이 그것이다. 이 간접피해는 얼핏 직접피해에 비해 크지 않은 것 같지만, 그 반대인 경우도 많다. 예를 들어 어릴 적에 당한 근친강간피해는 일생을 통해서 매우 큰 정신적인 영향을 미친다. 이러한 범죄의 직접, 간접피해는 쉽게 눈에 띄고 띄지 않고의 차이가 있지만, 모두가 범죄피해와 높은 연관성을 갖는다는 데 그 공통점이 있다. 따라서 경우에 따라서 이러한 피해들을 모두 묶어 1차 피해라고 통칭하기도 한다.

반면 2차 피해는 이런 1차 피해와 관계없이 형사사법기관을 거치면서 형사

사법기관이나 종사자의 특성으로부터 기인하는 피해를 말한다. 그런데 범죄피해는 얼핏 생각하면 피해자 본인에게 국한되어 피해가 나타날 것 같지만, 실제로는 그렇지 않다. 1차 및 2차 피해는 주로 개인 피해자나 가구에 국한되어 나타나는 비용이지만, 그 외에도 많은 비용이 존재한다. 예를 들어 범죄가 발생하지 않는다면 형사사법기관을 위한 비용은 필요는 없을 것이다. 또한 수많은 범죄피해자 지원단체들도 필요하지 않을 것이다. 이처럼 전 사회적 차원에서 범죄는 피해자나 피해가구뿐만 아니라 추가적인 더 많은 비용을 발생시킨다. 이러한 비용을 범죄의 사회적 비용(social cost of crime)이라고 한다. 이 사회적 비용은 피해 당사자가 아닌 사회전체가 부담하는 비용이라는 점에서 1, 2차 피해와 구별된다.[1)]

이하에서는 먼저 범죄로 인한 직·간접적 비용을 살펴보고, 그 다음으로 2차 피해와 범죄의 사회적 비용을 살펴보기로 한다.

제 1 절

범죄로 인한 피해자의 직접피해

범죄로 인한 직접적 피해에는 폭력범죄피해로 인한 신체적 상해와 재산범죄피해로 인한 재산손실 이 두 가지가 가장 전형적이다. 그중 재산범죄의 피해액은 비교적 명확하게 파악이 가능하므로, 범죄통계에서도 피해액의 분포를 찾아볼 수 있다. <표 6-1>을 살펴보면, 전체적으로 피해액이 10만원 초

1) 경우에 따라서 범죄피해는 1차 피해, 2차 피해, 3차 피해로 구분되기도 한다. 여기서 1차 피해란 범죄로 인한 직접적인 피해를 말하는데, 이 책의 구분에서 직접피해와 간접피해를 포함한다. 2차 피해란 형사사법기관을 거치면서 당하는 추가적인 피해를 말하며, 3차 피해란 범죄피해로부터 장기간 회복하지 못하는 것을 말하는데, 이 책의 구분에서는 간접피해에 해당한다(류병관, 2006의 리뷰를 참조).

과 100만 원 이하인 범죄가 가장 많은 것을 알 수 있고, 이것을 범죄유형별로 보아도 대부분의 범죄에서 이 정도의 피해액이 가장 많음을 알 수 있다. 다만 예외적으로 사기의 경우 100만 원 초과 천만 원 이하가 가장 많았으며, 배임의 경우 천만 원 초과 1억 이하가 가장 많은 30.0%를 차지했다. 이 결과에서 대부분의 전통적인 범죄는 10만 원에서 100만 원 이하 정도의 피해를 당하는 것을 알 수 있고, 화이트칼라범죄는 피해액수가 훨씬 더 크다는 것을 알 수 있다.

표 6-1 공식통계에 나타난 유형별 피해액 분포(2014) (단위: %)

유형	합계	피해 없음	1만 이하	10만 이하	100만 이하	천만 이하	1억 이하	10억 이하	10억 초과	미상
전체	620,479 (100.0)	2.4	3.6	14.9	36.6	19.2	10.8	3.2	0.3	9.0
절도	266,335 (100.0)	2.7	5.3	18.3	48.1	15.4	1.6	0.1	0.0	8.4
강도	1,588 (100.0)	8.7	5.7	14.7	33.0	17.3	4.6	0.5	0.0	15.6
사기	241,102 (100.0)	1.3	1.3	9.2	25.3	27.2	22.0	6.3	0.5	6.9
공갈	7,041 (100.0)	11.2	5.3	8.1	16.0	9.0	3.0	0.7	0.1	46.5
횡령	37,800 (100.0)	3.1	3.5	8.9	28.2	17.9	20.0	7.7	1.2	9.6
배임	4,958 (100.0)	3.0	1.1	1.1	3.7	12.8	30.0	22.4	7.2	18.7
장물	3,605 (100.0)	10.6	3.4	3.0	33.3	10.2	2.9	0.7	0.1	35.9
손괴	58,050 (100.0)	3.0	5.6	30.0	41.8	6.3	0.6	0.1	0.0	12.6

출처: 대검찰청. 범죄분석

일반적으로 피해액이 클수록 더 많이 신고하기 때문에, 범죄통계상의 피해액은 범죄피해조사 결과보다는 더 높다는 예상을 할 수 있다. 신체상해 피해를 금전적으로 환산하기에는 다소 어려움이 따르지만, 일반적으로 치료비용을 통해 신체상해의 비용을 추정한다. 2012년 한국형사정책연구원의 범죄피해조사에는 이러한 신체상해의 비용이 수록되어 있는데, 신체상해가 발생한 범죄 중 성추행(1건), 강도(2건), 폭행(17건)의 치료비용은 평균 30만 원이었다. 대부분이 폭행피해이므로 폭행의 평균적인 치료비용이 30만 원 가량 되는 것으로 추정할 수 있다. 2022년 전국범죄피해조사의 결과에 따르면, 재산범죄 중 사기의 피해액이 평균 536만 원으로 가장 높고, 그 다음으로 절도가 64만 원, 손괴가 47만 원의 순으로 나타난다. 이 결과는 공식통계상에 나타난 결과와 유사하다.

표 6-2 재산범죄유형별 평균 피해액수

구분	최솟값	최댓값	평균
절도	1만 원	3천만 원	64만 원
사기	8천 원	2억	536만 원
손괴	3천 원	350만 원	47만 원

출처: 한국형사정책연구원. 전국범죄피해조사 2022.

제 2 절

범죄로 인한 피해자의 간접피해

간접피해란 직접피해를 제외하고 명확히 측정하기가 쉽지 않고 피해자의 특성에 따라서 크게 달라지는 추가적인 비용을 말한다. 범죄로 인해 발생하는 간접피해 중 경제활동이나 여가활동을 하지 못하는 기회비용은 피해자의 특성에 따라서 달라지는 비용이다. 예를 들어 연봉이 매우 높은 피해자와 무직인 피해자의 기회비용은 매우 상이하다. 또한 피해유형에 따라서도 달라지는데, 재산범죄에 비해서 폭력범죄 피해의 경우에 상대적으로 더 크다. 다만 재산범죄피해의 경우에도 매우 큰 액수의 피해인 경우 기회비용은 클 수 있다. 예를 들어 사기로 전 재산을 날린 경우 피해자의 기회비용은 매우 클 것이다. 우리나라의 경우 사망이나 중상해를 당한 경우는 국가로부터 구조기금을 일부 받을 수 있지만, 그 외의 경우 법적으로 피해배상이 보장되지 아니한다. 따라서 현실적으로는 가해자가 검거되고 경제적인 능력이 있는 경우에 한해 합의를 통해 배상을 받는 방법이 있다.

이런 기회비용 외에도 피해자에게 나타날 수 있는 정신적 피해는 경우에 따라서 매우 심각할 수도 있다. 이것은 주로 재산범죄보다는 폭력범죄를 당한 경우에 상대적으로 크게 나타난다. 다음의 <표 6-3>은 폭력범죄로 인해 피해자가 느끼는 정신적 피해를 살펴본 것이다. 2022년 전국범죄피해조사 결과, 폭력범죄피해로 인한 정신적 피해 중 가장 높은 비율을 나타낸 것은 우울감으로 전체의 52.6%가 이런 정신적 피해를 당했으며, 이전의 조사에서는 우울감을 느낀 사람이 더 높은 비율로 나타난다. 그 다음으로는 공황상태, 쇼크와 같은 두려움을 느낀 폭력범죄피해자의 비율이 43.3%로 높게 나타났으며, 그 외 불면증/악몽/환청/두통이 24.5%, 고립감이 21.5%, 사회생활/인간관계 곤란이 21.2%의 순으로 높게 나타났다.

표 6-3 폭력범죄피해로 인한 정신적 피해

구분	연도				
	2014	2016	2018	2020	2022
우울함(무력감, 자신감 상실)	63.66	62.32	77.03	59.81	52.6
고립감(외로움, 갇힌 느낌)	33.65	32.74	32.12	33.18	21.5
두려움(공황상태, 쇼크)	70.06	59.57	66.72	47.89	43.3

불면증, 악몽, 환청, 두통	34.48	47.09	44.47	25.89	24.5
사회생활 · 인간관계 곤란	14.20	37.87	30.90	16.82	21.2
이사 또는 전학	8.69	15.49	3.39	6.88	1.4
자살충동	3.03	-	-	5.95	0.4
자살시도	-	2.16	-	5.24	-
기타	-	4.34	-	-	1.2

출처: 한국형사정책연구원. 전국범죄피해조사 2022: 143

특히 폭력범죄 중에서도 성폭력피해는 다양하고도 오래 지속되는 정신적 피해를 유발하는 것으로 알려져 있는데, 2013년 성폭력실태조사에 따르면, 스토킹, 성희롱, 성추행, 강간과 같은 성폭력피해를 당한 23%의 피해자는 정신적 고통을 경험한 것으로 나타난다. 이러한 정신적 피해는 적대감이나 분노(42%), 다시 피해당할 두려움(42%), 자신에 대한 실망이나 무력감(38%), 피해당시의 기억이 계속 남(35%), 불안과 우울(30%), 대인기피(24%)의 형태로 나타난다(황정임 외, 2013).

이런 정신적 피해는 피해의 상황적 특성이나 가해자와의 관계에 따라서 그 정도가 달라진다. 성폭력실태조사 자료를 통해 강간피해자를 연구한 신연희와 채규만(2010)에 따르면, 가해자와 피해자가 잘 모를수록 더 많은 우울, 불안, 분노를 경험한다. 특히 강간피해자는 반복적으로 같은 피해를 당할수록, 그리고 주변에 유사한 피해를 당한 피해자가 없고 혼자 피해를 당했을수록 불안과 우울감이 높았고, 피해자의 연령이 높을수록 분노를 많이 느끼는 것으로 나타난다(신연희 · 채규만, 2010).

자신이나 친밀한 주변인에게 발생한 범죄로 인해 입는 정신적인 피해는 대부분 살인, 성폭력, 폭행, 스토킹 등의 폭력범죄피해에 기인한다. 일반적으로 폭력범죄 피해를 당한 피해자는 적응장애, 학습장애, 불안, 우울, 두려움, 분노, 약물의존, 자존감 하락, 외상후스트레스장애(Post Traumatic Stress Disorder, PTSD) 등에 시달리게 된다. 국내에서 2,044명의 초, 중, 고등학생들을 대상으로 학교폭력피해와 우울증의 관계를 연구한 조윤오의 연구(2012)에 따르면, 학교폭력을 경험한 학생들일수록 우울증의 정도가 높게 나타나며, 학생-교사 관계가 친밀할수록 우울증을 덜 느낀다(조윤오, 2012).

이러한 정신적 피해는 피해자 본인에게만 한정되는 것은 아니다. 장기 실종아동의 부모들의 경험을 연구한 김진숙(2014)에 따르면, 실종아동의 부모들은 단기적으로 하늘이 무너지는 충격, 끝없는 죄책감, 아이를 찾을 수 없는 절망감을 느끼며, 장기적으로 가족관계와 생계기반의 붕괴를 경험하고 노후대비의 부실로 이어진다. 또한 자녀를 잃어버린 부모라는 사회적 편견에 시달리며, 주위 사람이나 공무원들의 무관심에 대한 실망을 느낀다. 이러한 실종아동 부모들의 정신적 피해는 실제로 실종 아동 피해자의 피해를 능가하는 것일지도 모른다.

범죄피해로 인한 기회비용이나 정신적 피해 외에 범죄피해를 당하지 않기 위한 피해자의 회피비용 또한 간접피해의 하나라고 할 수 있다. 피해자가 아닌 일반시민들이 범죄피해를 회피하기 위해 예방도구(세콤, 가스총 등)나 보험을 구입한다면, 사회적 비용으로 볼 수 있지만, 범죄피해의 결과로 예방도구나 보험을 구입한다면, 이것은 사회적 비용 중 피해자의 간접피해로 볼 수 있다. 일반적으로 회피행동(소극적 범죄예방)이나 예방행동(적극적 범죄예방)은 범죄피해보다 후행하는 것으로 알려져 있다. 다시 말해서 예방행동을 통해서 범죄피해를 적게 당하기보다는, 범죄피해를 당하고 난 후 회피행동이나 예방행동을 하게 된다. 따라서 이러한 회피행동이나 예방행동 상당수는 피해자의 간접비용에 속하는 것이다. 한국형사정책연구원의 범죄피해조사(2013)에 따르면, 범죄피해자들은 밤에 자기 전에 문단속을 확인하거나, 위험한 지역을 피해 다니거나, 밤에 혼자 택시를 타지 않는 등의 소극적 예방행동을 하는 사람들의 비율이 높았다.

제 3 절

형사사법기관과 2차 피해

가해자뿐만 아니라 범죄피해자도 본인의 의지와는 상관없이 대부분 형사사법기관을 거치게 된다. 경찰이나 검찰에서 하는 피해자진술은 자신의 피해를 신고한 피해자가 거쳐야하는 중요한 과정 중의 하나이다. 또한 피해자 법정진술권을 행사하거나 증인으로서 법정에 출석하는 것도 피해자가 형사사법기관을 접촉할 수 있는 중요한 단계들이다. 이처럼 피해자가 형사사법기관을 접촉할 때 형사사법기관의 부적절한 행위로 인해서 주로 정신적 피해를 당하는 것을 2차 피해라고 한다.

예를 들어 경찰에서 피해자진술을 할 때 경찰관의 부적절한 태도로 모멸감을 느꼈다든지, 경찰에서 피해자의 개인정보에 대한 보안을 유지하지 못해 언론이나 인터넷에 유포된다든지, 아니면 반복적으로 같은 진술을 계속하게 하여 고통을 가져오는 것 모두 2차 피해에 해당한다. 이하에서는 우선 이러한 2차 피해가 발생하는 원인을 설명하는 몇 가지 이론적 논의를 살펴보고, 그 다음으로 2차 피해의 유형을 실증적 연구결과들을 통해서 살펴본다.

제1항 2차 피해의 원인

2차 피해의 가해자는 형사사법기관 종사자가 대부분이지만, 그 외에도 간혹 일반대중, 언론, 주변사람들도 될 수도 있다. 따라서 2차 피해가 발생하는 원인은 이들의 가치관이나 통념에 의해 주로 설명되는 경향이 있다. 여기에 속하는 것으로는, 정의사회의 세계관, 강간통념(강간신화), 책임 있는 피해자에 대한 논의들이다. 이들은 모두 사회나 특정 피해자에 대한 고정관념이라고 할 수 있는 것들로서, 이것이 2차 피해를 발생시키는데 매우 중요한 역할을 한다고 설명한다.

첫째, 정의사회(just-world)의 세계관(Lerner, 1980)은 형사사법기관에서의 2차 피해를 설명하는데 자주 이용되는 고정관념이다. 사회에서 상당한 규모의 사람들은 세상이 정의롭게 흘러간다고 생각한다. 따라서 착한 일을 한 사람은 복을 받고, 나쁜 일을 한 사람은 벌을 받는다고 생각한다. 어릴 때부터 익힌 수많은 권선징악의 동화이야기 속에서 사람들은 사회가 정의롭게 돌아간다는 고정관념을 부지불식간에 마음속에 각인시킨다. 이런 고정관념을 강하게 갖는 사람들은 범죄피해에 대해서도 이런 고정관념을 적용시키는 경향이 있다. 예를 들어 강간피해를 당한 사람들은 피해자가 그런 피해를 당할만한 태도를 지녔거나 행동을 했기 때문이다. 왜냐하면 정의사회는 항상 바르게 행동하는 사람들에게 강간피해라는 벌을 내리지 않을 것이기 때문이다. 이런 생각은 형사사법기관 공무원과 같이 성공적으로 직업경력을 획득한 사람들에게 더욱 강하게 나타날 수 있다. 이런 사람들에게 정의사회는 항상 노력하는 사람들에게 합당한 보상을 제공해 왔기 때문이다.

둘째, 유사한 논의로, 책임 있는 피해자에 대한 논의이다. 범죄발생에 있어서 책임 있는 피해자는 광범위하게 존재한다. 살인피해를 유발(provocation)한 학대남편이나 강간피해를 조장(precipitation)한 히치하이크를 즐기는 소녀, 그리고 아주 책임이 낮은 경우로, 부주의로 문을 잠그지 않아 피해발생에 기여(facilitation)한 침입절도 피해자와 같은 사람들이 그것이다. 이 중에서도 평소에 히치하이크를 즐기거나, 클럽을 즐기는 강간피해자들은 보다 큰 비난에 직면한다. 자신의 안전에 대해서는 스스로 지킬 책임이 있지만, 이런 여성들은 위험한 환경에 너무 자주 노출된다. 심지어는 즉석만남에 의한 성관계를 즐기는 여성들로 여겨진다. 이런 책임 있는 피해자들은 대체로, 화간과 강간의 경계선상에 존재한다고 여겨지고, 형사사법기관에서 보다 많은 2차 피해를 당하는 경향이 있다.

셋째, 강간통념 또는 강간신화(rape myth)라고 불리는 고정관념이 있다. 이에 따르면, 강간은 낯선 사람에 의해 우발적으로 행해지며, 여성이 저항하면 강간이 불가능하다. 따라서 저항하지 않거나 거부의 의사를 결사적으로 드러

내지 않은 강간피해자는 진정한 피해자가 아니며, 진정한 강간의 피해자(real victim)는 낯선 가해자에 의해 무력을 통해 강간을 당하며, 결사적인 저항과정에서 신체적 상해를 입은 도덕적으로 흠결 없는 여성들이다. 따라서 이러한 진정한 피해자의 기준에 맞지 않는 외관상 멀쩡한 피해자들은, 특히 강간과정에서 무기나 폭력을 사용하지 않았고 사건 후 즉시 신고하지 않은 피해자들은 강간피해의 신빙성이 의심되며 2차 피해의 가능성이 높아지게 된다(이명신 · 양난미, 2012: 158의 리뷰를 참조). 결국 이것은 형사사법기관 종사자들의 가부장적 가치관과 여기서 파생되는 강간통념이 2차 피해를 가져오게 만드는 원인이 되는 것이다.

여기에 대한 국내의 연구결과들은 대체로 이러한 강간신화나 강간통념이 2차 피해를 유발하는데 중요한 역할을 한다고 보고하지만, 모든 연구결과가 일치하지는 않는다. 실제로 장미정과 조은경(2004)은 경찰관들에게 진술조서의 질문들을 읽고 2차 피해를 유발하는 질문인지를 가려내게 한 결과, 강간통념이 강한 경찰관일수록 2차 피해를 유발하는 질문을 잘 가려내지 못하였다고 보고한다. 또한 이명신과 양난미(2012)의 연구결과에 따르면, 남성경찰관들의 성폭력에 대한 편견은 피해자에 대한 비난과 의심을 증가시킨다. 다시 말해서 피해자에 대한 비난과 의심은 기본적으로 2차 피해를 증가시키는 것이므로, 강간통념을 많이 가진 경찰관일수록 2차 피해를 더 많이 만들어낸다. 그러나 이들은 유사한 자료(경남 3개지역 경찰관들 표본)를 이용하여 2차 피해를 직접적으로 측정한 또 다른 연구(이명신 · 양난미, 2011)에서는 성폭력에 대한 편견이 강한 경찰관일수록 덜 적극적으로 수사를 하지만, 이 둘 중 어떤 것도 2차 피해와 통계적으로 유의미한 관계를 갖지는 않는다고 보고한다.

제2항 2차 피해의 유형과 실태

구체적으로 어떤 경우에 피해자가 모멸감을 느끼고 결과적으로 2차 피해를 가져오는지에 대해서 파악할 수 있는 방법은 몇 가지가 있다. 그중 가장 많이 이용되는 방법은 형사사법기관을 경험한 피해자와의 심층면접을 통하는 것이다. 대규모로 범죄피해자를 설문조사하는 것은 매우 어려우므로, 비교적 소규모의 피해자를 질적으로 면접함으로써 피해자들이 느끼는 모멸감이나 불편함을 쉽게 알아낼 수 있다. 두 번째 방법은 수사 및 재판기록 상에 나타난 형사사법기관 종사자의 대응방식을 평가하는 방법이다. 이 방식은 따로 개인을 조사할 필요는 없지만, 문제 있는 발언이나 행동을 연구자의 주관을 통해 판단해야하는 문제가 있다. 세 번째 방법은 형사사법기관에서 직원들로부터 부당한 대우를 당했다고 소송을 제기하거나 성폭력이나 가정폭력 상담소에 문제를 제기하는 내용을 통해 2차 피해를 파악하는 방법이다. 이 방식은 개인을 따로 조사할 필요가 없으며, 피해자가 절실히 느끼는 문제를 파악하는데 장점이 있으나, 한편으로 심각한 문제로 한정된다는 한계도 있다. 이하에서는 이러한 다양한 방식으로 파악된 국내에서의 2차 피해의 유형에 대해 살펴보기로 한다.

첫째, 가장 많이 지적되는 2차 피해 중의 하나는 동일한 사안에 대해 반복되는 소환과 심문이다. 일반적으로 사람들은 범죄피해를 당하면 경찰에서 한 번만 진술하면 되는 것으로 생각하기 쉽지만, 어느 정도 심각한 피해인 경우 실제로는 최소 2번 이상의 소환을 통해 동일한 질문에 동일한 답변을 반복해야하는 경우가 대부분이다. 경찰에서 조서를 작성하기 위해 한 번, 검찰에서 공소장을 작성하기 위해 또 한 번, 그리고 담당자가 바뀌면 또 한 번, 이런 식으로 반복되는 똑같은 질문과 대답은 피해자를 지치게 만들고 고소를 후회하게 만드는 중요한 요인이다(박철현 · 곽명달, 2007). 특히 2차 피해와 주로 관련이 되는 강간, 가정폭력 등의 범죄가 매우 민감한 사건이라는 점을 감안하면 이러한 반복되는 진술은 피해자에게 큰 고통을 준다.

둘째, 피해자에 대한 사생활 침해이다. 가장 자주 문제가 되는 질문은 성경험여부에 대한 질문이다. 예를 들어 "성경험이 있느냐?, 관계가 처음이었냐?"(이미경, 2011; 박철현 · 곽명달, 2007)와 같은 질문은 사건과 큰 관련이 없는 질문이면서도 매우 자주 나타나는 피해자에 대한 질문들이다. 과거 이 질문은 단순강간이 친고죄일 때, 고소를 취하해도 공소를 유지할 수 있는 강간치상죄로 처리하기 위한 필요한 질문이기도 했지만, 친고죄가 아닌 성폭력특별법이 생긴 이후에도 여전히 강간피해자에 대한 중요한 질문으로 남아있다.

셋째, 강간과정을 정확히 확인하기 위한 질문과정에서 비속어와 저속어의 남발은 피해자에게 모멸감을 줄 수 있음에도 행해지고 있으며(박철현 · 곽명달, 2007), 심지어 여러 사람이 지켜보는 현장검증 과정에서 피해자에게 당시의 체위를 재현하라는 경찰의 요구(이미경, 2011)에 피해자는 큰 모멸감을 느낀다. 또한 공판과정에서 가해자측 변호사의 민망한 질문(예를 들면 본인도 즐기지 않았는가?)처럼 자신의 범죄피해를 이유로 모멸감을 느끼는 2차 피해는 범죄신고를 후회하게 만드는 중요한 요인이 된다.

넷째, 부적절한 조사 및 재판환경이다. 주로 이런 문제는 피해자가 가해자와 대면하는 상황에서 많이 나타난다. 예를 들어 방금 남편에게 맞고 온 가정폭력 피해자를 남편이 건너편에 보이는 곳에서 진술을 받는다던지, 민감한 성폭력사건을 개방된 사무실에서 진술을 받는다던지(박철현 · 곽명달, 2007), 또는 만나고 싶지 않은 가해자와 대질신문을 한다던지, 범인식별실을 사용하지 않고 가해자들과 마주 보는 가운데 범인을 가려내도록 한다던지 등은 피해자를 불안하게 만드는 중요한 사례들이다. 법정에서도 성폭행범이 지켜보는 데서 어린 피해자가 증언하는 것은 매우 당혹스러운 일이지만, 아직도 CCTV를 통한 증언 등 제도화된 수단을 잘 사용하지 않는 경우가 많다(이미경, 2011).

다섯째, 최근에는 많이 사려졌지만, 경찰이나 검사가 가해자에게 편향된 수사태도로 피해자를 대하는 경우도 있다. 이런 것은 대부분 고소취하나 합의를 종용하거나, 피해자에 대한 비난으로 이어진다(박철현 · 곽명달, 2007). 예를 들어 "네가 밀양 물을 흐려 놓았다. 밀양을 이끌어갈 애들이 다 잡혀 왔는데 어떻게 할거냐?"(이미경, 2011; 이승준, 2007)와 같은 피해자 비난은 가해자를 오히려 두둔하고 피해자를 비난하는 태도이다.

밀양 여중생 성폭행사건

2004년에 발생한 밀양 여중생 성폭행사건은 경찰의 부적절한 수사태도로 인해 피해자가 2차 피해를 당하게 된 매우 전형적인 사례이다. 이 사건은 밀양 및 창원 지역 남자 고등학생들이 울산의 모 여중에 다니는 최모양 자매와 그들의 고종사촌 등을 유인하여 집단으로 성폭행을 하고, 이 과정에서 휴대폰으로 성폭행과정을 촬영하여 신고를 못하게 협박하여 거의 1년 동안 장기간 성폭행이 이어진 사건이다. 또한 일부 가해자는 피해자의 얼굴이 찍힌 동영상을 인터넷에 올려 광범위하게 유포하였다.

사건을 담당한 울산경찰은 자신이 밀양출신인데 피해자가 오히려 밀양물이 흐려졌다거나 가해자들을 오히려 두둔하여 피해자에게 큰 고통을 주었다. 또한 부주의로 실명이 기록된 상부보고를 위한 문서를 기자들에게 유출하여 피해자의 실명이 그대로 유출되었다. 이 과정에서 피해자는, 가해자의 부모들이 학교를 쫓아다니며 합의를 종용하는 과정에서 학교를 다니지 못하고 다른 지역 학교로 전학을 다니는 등의 고통을 당했다.

이 사건은 대규모의 가해자들이 존재하는 사건의 규모도 특별하지만, 수사경찰의 부적절한 태도 또한 매우 전형적으로 2차 피해의 다양한 요소들을 대거 포함하고 있다. 예를 들어 피해자보다는 가해자의 편에서 피해자를 비난하거나, 여경에 의한 조사요구를 거절하거나, 부적절하게 가해자와 대면시키거나(부적절한 조사환경), 피해자의 사생활을 침해하여 모욕감을 주거나, 피해자의 개인정보를 유출하는 등의 태도는 이 사건에서 나타난 경찰관으로서 지켜야 할 기본적인 수사태도를 지키지 않은 문제점들이다.

여섯째, 피해자의 개인정보를 보호하지 않는 것이다. 죄 없는 피해자의 신상정보는 각별히 보호되어야 함에도 불구하고 실제로는 보호되지 않고 외부에 유포되는 경우가 직·간접적으로 존재한다. 예를 들어 밀양 여중생 성폭행사건에서 피해자의 신상정보는 경찰이 기자들에게 실명이 기재된 지방청 보고용 문건을 유출하여 인적사항이 공개되는 일이 있었다(이승준, 2007). 이렇게 경찰의 부주의로 공개되지는 않더라도, 언론에 자세한 사건내용이 보도됨으로써, 주위사람들에게 숨긴 자신의 강간피해가 유출되는 일도 있었다(박철현·곽명달, 2007).

이러한 몇 가지 전형적인 2차 피해의 유형들은, 경찰의 피해자 의식이 높아짐에 따라 많이 개선이 되었지만, 여전히 2차 피해로 인해 고통받는 피해자들이 존재하고 있다. 이러한 2차 피해의 결과는 피해자들이 피해를 숨기고 신고를 꺼리게 만드는 것이 대표적이다. 일반적으로 한 번 경찰을 접해 본 사람들은 자신의 범죄피해에 대한 신고율이 낮다.

제 4 절

범죄피해의 사회적 비용과 그 추산

지금까지 살펴본 피해들은 모두 주로 피해자나 피해가구, 나아가서 피해자의 가족들이 당하는 피해라고 할 수 있다. 그러나 여기서 살펴볼 피해는 이들보다는 주로 사회전체가 피해를 분산하여 나누어야 하는 피해라고 할 수 있다. 이것은 주로 사회가 부담하여야할 비용으로 표현되기 때문에, 범죄의 사회적 비용이라고 지칭된다. 이미 살펴 본 범죄피해의 직접 및 간접비용 또한 모두 여기에 포함되는 비용이다.

범죄는 발생단계별로 다양한 비용을 발생시킨다. 쉽게 생각할 수 있는 것 중에는 앞서 논의한 피해자의 신체적, 재산적, 정신적 피해와 일이나 여가활동을 할 수 없는 기회비용, 범죄피해를 회피하기 위한 회피비용, 형사사법기관이 범죄자를 검거하고 구금하는 비용 등의 다양한 비용이 발생한다. 따라서 범죄의 사회적 비용을 추산하기 위해서는 보통 세 단계로 나누어 이 비용을 추정하는데, 예방단계, 실행단계, 대응단계가 그것이다. 이것은 범죄의 사회적 비용을 추계하는 많은 선행연구들이 하고 있는 방법이며, 한국의 선행연구들도 대부분 이러한 구분을 따른다. 다음의 <표 6-4>는 이 세 가지 단계에서 전형적으로 발생하는 비용들을 간략히 요약한 표이다.

우선 예방단계에서는 주로 회피비용이 나타나는데, 이것은 범죄피해를 당하지 않기 위한 비용이다. 구체적으로 개인이 경보장치나 가스총을 구매하거나, 개를 사서 키우는 것, 그리고 민간경비에 가입하는 것 등이 포함된다. 또한 정부차원에서 실시하는 범죄예방비용도 보통 여기에 포함된다. 반면 범죄로 인한 삶의 질 저하나, 범죄피해의 두려움 등은 이 단계에서 발생하지만, 측정하기가 쉽지 않은 비용이다.

실행단계에서는 주로 범죄로 인한 직·간접적 비용이 나타난다. 범죄피해로 인한 신체적 상해를 치료하기 위한 비용 및 정신적 피해비용, 재활비용, 재산

피해비용 등이 이 단계에서 나타난다. 반면 피해자의 삶의 질 저하비용, 살인 피해자의 기회비용, 범죄의 발생으로 인한 사회적 분위기 저하비용 등은 이 단계에서 나타나지만, 측정이 쉽지 않은 비용들이다.

대응단계에서는 주로 형사사법기관과 관련하여 나타나는 비용들이다. 경찰, 검찰, 법원, 교정 등의 다양한 단계에서 사용되는 예산은 이 단계의 비용으로 간주된다. 왜냐하면 범죄가 발생하지 않으면 존재할 필요가 없는 기관들이기 때문이다. 그러나 제보자가 목격자, 배심원 등에게 발생하는 비용, 가해자 및 피해자의 가족들이 치러야 하는 비용, 형사사법절차상의 손해배상비용은 정확히 측정하기 어려운 비용들이다.

표 6-4 범죄의 단계별 사회적 비용

단계	추정가능비용	추정불가비용	비고
예방단계	1. 방범비용1: 경보장치의 설치나 방범도구의 구입 2. 방범비용2: 세콤 등 민간경비서비스 가입비용 3. 잠재적 피해자(집단, 국가) 정부의 범죄예방비용 (경찰활동에 포함해서 추산)	1. 잠재적 피해자(개인) 범죄에 대한 두려움 비용 삶의 질 저하비용 2. 잠재적 피해자(집단, 국가) 정부의 범죄예방비용 (경찰활동 제외)	회피비용 간접피해
실행단계	1. 범죄피해자의 직접 피해비용 사기, 절도 등의 범죄피해비용 폭행, 상해 등의 의료치료비용 2. 범죄피해자의 간접 피해비용 정신적 피해비용 피해자재활비용	1. 직접피해자(개인) 삶의 질 저하비용 살인피해자의 기회비용 2. 간접피해자(집단, 국가) 범죄에 따른 사회비하비용	직접피해 간접피해 기회비용
대응단계	1. 경찰단계 2. 검찰단계 3. 판결단계 4. 교정단계 a. 시설내처우 (수형자 수용비용) b. 시설외처우비용 (수형자 처우비용)	1. 형사사법기관 공식비용 이외 비용 경찰병원비용 경찰의 개별비용 2. 제보자, 목격자의 비용 3. 형사사법절차상의 손해배상비용 4. 가해자 및 피해자의 가족비용	2차 피해

출처: 박철현 외. 2007: 336에서 재작성

이런 다양한 비용들을 측정하기 위해서는 주로 매출액이나, 기관예산을 통해 그 비용을 측정한다. 예를 들어 민간경비업체의 매출액이나, 가스총제조업체의 매출액, 각종 형사사법기관의 1년 예산 등을 통해 그 비용을 측정한다. 이 과정에서 가장 어려운 것은 추상적인 피해자의 신체적, 정신적 피해를 측정하는 것인데, 이를 위해서는 보통 설문조사를 이용하여 지불의사(Willing to pay) 또는 회피의사를 질문하는 방식을 사용한다. 예를 들어 "귀하는 강도를 면하기 위해 얼마를 지불할 수 있습니까?"나 "강도를 10% 줄이기 위해 얼마를 지불할 수 있습니까?"와 같은 질문을 사용한다. 이 경우 만약 강도 1건을 면하기 위해 50만 원을 지불할 수 있다면, 강도의 신체적, 정신적 피해규모는 50만 원으로 간주된다. 다음의 <표 6-5>는 영국과 한국에서 이런 식으로 측정된 범죄유형별 신체적, 정신적 평균 비용을 측정한 결과이다. 거의 모든 유형에 있어서 전반적으로 영국에 비해 한국에서 측정된 비용이 훨씬 많음을 알 수 있다.

표 6-5 한국과 영국에서 측정된 범죄유형별 신체적, 정신적 평균 비용

영국 (Dubourg, Hamed & Thorns, 2005)		한국 (한국형사정책연구원, 2010)	
죄명	범죄건당 평균비용(원)	죄명	범죄건당 평균비용(원)
살인 (Homicide)	1,893,867,905	살인	17,023,408,929
중폭력 (More serious offence)	10,024,262	협박 등 (공갈, 약취유인, 체포감금 포함)	53,750,830
차위 중폭력 (Less serious offence)	10,024,262	상해 등 (단체구성, 폭처법, 과실범 포함)	15,612,562
일반폭행 (Common assault)	1,734,545	폭행	3,396,453
성범죄 (Sexual offences)	50,086,090	강간	573,904,468
강도 (Robbery)	6,709,256	강도	56,833,905

침입절도 (Burglary)	1,421,975	절도	540,917
절도와 장물 (Theft and handling)	2,773,511	장물	
사기와 위조 (Fraud and forgery)	-	사기 등 (배임, 횡령 포함)	5,030,780
		위조	
형사피해 (Criminal damage)	1,038,966	손괴 (방화 포함)	9,115,173

출처: 박경래 외, 2010: 294

다음의 <표 6-6>은 국내에서 범죄의 사회적 비용에 대한 연구결과들을 요약한 것이다. 각 연구의 추계대상 범죄는 최소 5대 청소년범죄부터 시작하여 모든 형사범죄까지 매우 다양하다. 또한 추계방법도 다양하기 때문에 매우 다양한 연구결과들이 산출되었다. 총 비용을 살펴보면, 살인, 강도, 강간, 절도, 폭행의 5대 청소년범죄만을 대상으로 추계한 박철현 외(2007)의 5,800억 원이 가장 적고, 대부분의 범죄를 대상으로 추계한 연구 중에는 조흥식 외(2009)의 23조가 가장 적고, 강력범죄 10개와 재산범죄 7개를 대상으로 추계한 박경래 외(2010)의 159조가 가장 많다.

표 6-6 범죄의 사회적 비용에 대한 국내의 연구결과들

연구	예방비용	결과비용	대응비용	총비용	추계 대상
이상안 외 (2004)	1조 4,911억 원 (5.2%)	20조 7,951억 원 (72.4%)	6조 4,676억 원 (22.4%)	28조 8,000억 원 (100%)	주요 형법범죄 교통, 집회시위
박철현 외 (2007)	174억 원 (3.0%)	4,080억 원 (70.5%)	1,530억 원 (26.5%)	5,800억 원 (100%)	5대 청소년범죄
조흥식 외 (2009)	7조 5,688억 원 (36.6%)	7조 205억 원 (30.3%)	8조 6,068억 원 (37.1%)	23조 2,000억 원 (100%)	모든 형사범죄
박경래 외 (2010)	19조 6,250억 원 (12.4%)	133조 2,644억 원 (84.0%)	5조 8,129억 원 (3.6%)	158조 7,293억 원 (100%)	강력범죄 10개 및 재산범죄 7개

이러한 일련의 범죄의 사회적 비용에 대한 추계에서 알 수 있는 것은, 범죄가 단순히 피해자에게만 비용을 발생시키는 것이 아니라 사회전반에 걸쳐 매우 광범위하게 비용을 발생시킨다는 것이다. 예를 들어 강도상해피해자는 강도사건으로부터의 상해를 치료하는데 드는 비용과, 그 사건으로부터 빼앗긴 재산손실부터 시작하여, 오랫동안 무력감, 불안감, 두려움과 같은 범죄피해의 후유증에 시달린다. 나아가 그 피해자는 차후의 강도피해에 대응하기 위해 호신용 가스총을 구매하고 상해보험에 가입할 수 있다. 또한 피해자의 주변 지인들은 자신들도 피해자가 되지 않기 위해 개를 키우거나 가스총, 민간경비 등을 구매할 수 있다. 또한 경찰은 이 강도를 잡기 위해 인력과 장비를 투입하여야 한다. 만약 범인이 잡힌다면 검찰, 법원의 인력과 재산을 이용하여 공판을 진행하여야 하며, 구금형을 받는 경우 교도소에 수용하고 처우해야 한다. 또한 출소 후에는 재범을 막기 위해 각종의 보호관찰이나 지역사회기반의 사회복귀처우가 필요하다. 이 모든 것들은 범죄가 발생시키는 비용이며, 사회가 감당해야 할 비용이라고 할 수 있다. 한 마디로 말해서, 사회전체가 범죄피해자가 되는 것이다.

제 5 절

소결

지금까지 범죄가 가져오는 피해가 사회 전반에 걸쳐 매우 광범위하고도, 다양한 형태로 나타나는 것을 보았다. 살인이나 생계유지가 어려울 정도의 중상해를 당하거나, 전 재산을 날릴 정도의 사기를 당하거나, 반복적인 강간피해를 당하는 등의 심각한 피해는 피해자의 삶의 질을 심각하게 저하시킨다. 이것은 범죄피해가 단순히 피해자에게 신체적, 재산적 피해에 국한되지 않고, 다양한 심리적인 외상후스트레스장애를 만들어 내기 때문이다. 이러한 심리적인 불안, 우울, 자아존중감 하락 등은 비교적 장기간 지속되기 때문에, 어떻게 보면 직접적으로 나타나는 피해보다 더 심각한 피해일 수 있다. 그런데 이러한 피해는 해당 범죄로부터 보통 나타나지만, 어떤 경우에는 형사사법기관에 의해 만들어지기도 한다. 형사사법기관 종사자들의 부적절한 태도와 고정관념은 추가적인 2차 피해의 원인이 된다.

더 나아가 이러한 피해는 피해자에게만 국한되지 않고 전 사회가 함께 부담해야 할 비용으로 남는다. 이러한 비용은 사회전반에 걸쳐 분산되기 때문에 눈에 크게 띄지는 않지만, 실제로 한 해 한국의 국내총생산액(GDP)의 16% 정도에 이를 정도로 크다는 연구결과(박경래 외, 2010)도 있다. 이처럼 범죄피해의 결과는 우리가 상상하지 못할 정도로 크다.

토론 주제

1. 범죄로 인한 피해가 가장 큰 범죄유형은 무엇이고, 그 이유는 무엇인지 토론해봅시다.
2. 2차 피해의 원인은 무엇인가?
3. 그룹별로 지불의사에 의한 회피비용을 범죄유형별로 측정하고, 그 유형별 차이가 나타나는 이유에 대해 토론해봅시다.

주요 개념

직접피해
간접피해
2차 피해
범죄의 사회적 비용
기회비용
정신적 피해
회피행동
예방행동
정의사회의 세계관
강간통념
피해자유발
진정한 피해자
기회비용
회피비용
지불의사

PART 03

피해자와 사회적 반응

CHAPTER

07

피해자의 욕구와 권리

사회가 피해자들의 피해 회복을 위해 도움을 주기 위해서는 그들의 욕구와 기대가 무엇인지에 대한 정확한 이해가 선행되어야 한다. 피해자의 주요한 욕구는 무엇이며, 사회는 피해자의 욕구들에 적절히 반응하고 있다는 점을 어떻게 보증할 수 있는지, 어떤 방식으로 피해자의 욕구에 반응하고 서비스를 제공할 것이냐 하는 문제는 피해자학의 중요한 논제가 되어 왔다. 각국은 비록 그 형식은 조금씩 다를지라도 피해자의 욕구와 기대를 피해자가 누릴 수 있는 '권리'로 인정해왔으며 이를 구현할 수 있는 갖가지 제도적 장치들을 마련해왔다. 하지만 그것들은 아직도 많이 부족하며 다수의 장애물이 피해자의 보편적 권리 실현을 가로막고 있다.

제 1 절

범죄피해자의 주요 욕구

일반적으로 피해자가 원하는 것, 즉 피해자의 주요한 욕구들로는 가해자에 대한 적절한 조치, 범죄 피해로부터의 회복(물질적 손실의 회복, 신체적 부상으로부터의 회복, 감정의 회복, 가해자의 사과와 관계의 회복 등)과 이를 위한 국가 및 지역 사회로부터의 지원(상담, 정서적 지원, 의료 지원, 국가 보상, 법률적 지원 등), 가해자 측의 협박과 재피해의 위험으로부터의 보호, 형사 절차에서의 참여(사건의 진행 상황에 대한 정보, 형사 절차 및 법정 등에서 피해자가 기대할 수 있는 것에 대한 안내, 범죄가 피해자들에게 어떤 영향을 미쳤는지 표현할 수 있는 기회의 제공 등)

등이 거론된다.

제1항 가해자에 대한 적절한 조치의 기대

아마 범죄피해자들이 피해 이후 경험하는 가장 일차적인 감정은 가해자를 향한 것일 것이다. 피해자가 가해자에게 분노와 복수의 감정을 품는 것은 너무도 자연스러운 일이다. 하지만 그 감정은 항구적이지 않으며 이마저도 시간이 지남에 따라 변할 수 있다. 범죄 피해 직후 피해자들은 감정적인 반응에 의해 이끌려지겠지만, 감정이 누그러지면서 차츰 자신이 처한 상황을 이성적·합리적으로 판단할 수 있게 되기도 한다.

범죄피해자들은 자신에게 해를 끼친 가해자에 대해 다음과 같은 세 가지 반응 중 하나 혹은 그 조합을 추구할 수 있다(Karmen, 2004: 151-153). 첫째는 약탈자들이 처벌받는 것이고, 둘째는 법 위반자들이 재활되는 것이며, 셋째는 가해자로부터 피해를 배상받는 것이다.

이 세 가지 잠재적 목표 중, 대부분의 피해자 마음속에 첫 번째로 와 닿는 것은 가해자에 대한 처벌이다. 자신을 학대한 사람들을 향한 격분과 분노의 감정을 느끼는 피해자들은 전적으로 인간적이다. 범죄가 발생한 다음 몇 시간 혹은 며칠 동안 가해자들에게 고통을 부과하는 꿈을 꾸는 것은 피해자들에게 심리학적으로 유용할 뿐만 아니라 심지어 카타르시스적이다(Karmen, 2004: 152). 하지만 보복의 욕망이 강박이 된다면, 그것은 회복을 약화시킨다. 반격을 가하는 것에 대한 만성적인 집착은 불필요하게 피해의 기억들을 연장시킨다. '응징'에 대한 열망에 사로잡혀 있는 개인들은 치명적인 가해자들의 영향으로부터 결코 자유로워질 수 없다.

두 번째 선택의 경우, 몇몇 피해자는 형사 사법 시스템을 가해자에 대한 복수의 수단으로 바라보지 않는다. 대신 그들은 범죄자들이 예의 바르고 생산적이며 법 준수적인 시민들이 될 수 있도록 전문가들이 돕기를 원한다. 가해자가 완전히 낯선 사람이 아니고, 애인, 가족 구성원, 친척, 친구, 이웃, 급우나 회사 동료일 경우, 피해자들은 대부분 가해자에 대한 처우를 선호한다. 재활은 상담, 행동 교정, 강도 높은 심리 치료, 약물 중독 치료, 의료적 치료, 부가적인 학습 활동, 직업 훈련의 형태를 취할 것이다. 가해자를 '돕는 것'은 그들이 행한 것을 용서하는 것으로서 형사 사법 시스템의 사명의 일부로 남아 있다.

세 번째 대안으로서 몇몇 피해자는 응보나 재활보다 배상을 추구한다. 그들은 법 시스템이 자신들이 입은 손실들을 회복시키고 그들의 청구에 대해 가해자가 비용을 지급하도록 도와주기를 원한다. 가해자들로부터의 배상은 피해자들이 범죄가 발생하기 이전의 재정적 상태로 회복하는 데 도움을 줄 것이다. 일단 가해자들이 금전적으로 보상을 하게 되면 화해가 가능하게 된다.

한편, 피해자의 이해관계는 국가에 의해 대표되는 광의의 공공 이익과 동일한 것으로 간주되는 경향이 있다(Johnstone, 2011: 55). 이는 명백히 잘못된 견해이다. 피해자들은 공동체 내에서 범죄로부터 간접적으로 영향을 받는 일반 공중의 이해관계와는 다른 특정한 욕구들을 가지고 있다. 더욱이 어떤 식으로든 피해자들의 욕구들은 인습적인 공공 이익과 갈등을 빚을 수 있다. 예를 들어 검사는 특정 범죄자가 공공 이익을 위해 교도소에 수감되어야 한다고 주장하겠지만, 피해자들은 그러한 조치가 가해자들이 사회에서 돈을 버는 것을 막음으로써 피해자들에게 보상하는 것을 차단한다고 생각할 것이다. 피해자에게 보상은 그들에게 고통을 야기한 사람이 받는 처벌로부터 얻게 될 어떠한 만족이나 안전 보장의 느낌보다 더 가치로울 수 있다(Johnstone, 2011: 55).

제2항 범죄 피해로부터의 회복

1 회복을 기대하는 피해의 유형

가. 신체적, 정서적, 물질적 피해의 회복과 사회관계의 원상 복구

범죄 피해는 직접적인 해(害)와 후유증을 남긴다. 피해의 명백한 결과 중 하나는 피해자가 겪는 신체적 상해들이다. 이 신체적 외상들은 아무런 흔적도 남기지 않고 치유되는 즉각적 상해, 가시적인 상처들을 남기는 상해, 알려지지 않은 장기간의 신체적 상해, 장기간의 재앙적 상해들을 포함한다. 통절한 슬픔은 중대한 손실에 대한 자연스럽고 필연적인 반응이다(Lindmann, 1944; Wallace, 2007: 82에서 인용). 몇몇 피해자는 먹거나 잠을 잘 수 없으며, 다른 피해자들은 범죄가 발생한 사실 자체를 믿으려 하지 않을 것이다. 많은 피해자는 취약함을 느끼거나 무력감을 표출한다. 피해자들은 공통적으로 죄의식, 두려움, 분노, 자기-연민, 슬픔, 스트레스, 우울, 좌절 등 다양한 감정들을 경험한다.

또한 범죄 사건은 피해자들에게 금전적인 결과를 유발한다. 피해자들은 의료비, 재산 손실과 같은 부대 비용, 치료와 요양, 재판 참석 등으로 인한 학업이나 직장에서의 생산성 감소, 고통과 괴로움 및 삶의 질의 하락과 같은 화폐로 환산하기 어려운 비용의 손실을 경험한다(Wallace, 2007: 90).

범죄피해자는 가해자에 대해 분노할 것이다. 만약 가해자가 피해자와 평소 친분 관계가 있다면, 피해자는 그에게 배신감을 느낄 것이다. 이런 감정은 일반적인 타인에게로 확산되어 남들을 믿지 못하고 정상적인 사회관계를 영위하지 못하게 될 수도 있다. 범죄피해자들은 감정적으로 매우 취약하고 다른 사람들의 영향에도 민감하다. 친구들의 순수한 위로의 말이 피해자에게는 자신을 비난하는 의미로 해석되기도 한다.

이처럼 범죄 피해는 피해자에게 여러 가지 부정적인 결과를 안겨 준다. 피해자들은 범죄 피해로 인한 이러한 부정적 결과들로부터 벗어나 피해 이전의 상태로 되돌아가기를 원한다. 따라서 피해의 회복은 다차원적이어야 한다. 그것은 범죄로 인해 야기된 물질적 손실과 신체적 손상으로부터의 회복일 수도 있으며, 충격적인 사건과 그 후유증에 대한 정서적·심리적 회복일 수도 있다. 또한 그것은 가해자를 비롯한 타인 및 사회에 대한 불신으로부터 범죄가 발생하기 이전의 대인 관계를 회복하는 것일 수도 있다. 피해자는 가해자로부터 사과와 피해에 대한 배상을 원하며, 다시는 자신에게 피해를 야기하지 않을 것이라는 약속을 받고 싶어한다.

나. 가해자와의 감정적 화해

몇몇 연구에 따르면, 피해자들은 물질적인 배상보다 감정적 화해를 더 중시하는 것으로 나타났다(Marshall and Merry, 1990; Umbreit, 1994; Strang, 2002b; Strang, 2010: 548-549에서 인용). 피해자가 경험하는 손실은 추상적인 권리에 대한 침해가 아니라 구체적 손실, 즉 물질적, 심리학적, 관계적 손실이다(Brown, 2001 참조; Johnstone, 2011: 53). 더 나아가 그 피해는 피해자의 자율성, 질서, 관계성의 느낌을 훼손한다(Zehr, 2005: ch. 2; Johnstone, 2011: 53). 뒤에 가서 자세히 살피겠지만, 회복적 사법 지지자들이 강조하는 것은 범죄로 인한 피해자의 심리학적·관계적 훼손의 원상 복구이다. 이는 범죄에 관해 무엇을 할지 결정할 때 쉽게 무시되어 왔던 부분이다.

피해자의 가해자와의 감정적 화해는 가해자가 자신의 행위에 대한 책임과 잘못을 인정하며 피해자에게 범죄의 결과에 대해 진심어린 후회와 반성을 보이고 사과할 때 이루어진다. 하지만 전통적인 형사 사법 체계에서는 피해자-가해자 간 감정적 화해의 문제가 소홀히 다루어져 왔다. 설령 피해자와 가해자 사이에 화해를 추진한다고 하더라도 그것은 물질적인 차원의 배상에 치우치는 경향이 있으며, 가해자의 진정한 사과와 피해자의 용서로 이어지는 경우는 그리 일반적이지 않다(이윤호, 2007: 229-230). 용서는 피해자를 복수로부터 해방시키고 갈등과 분쟁을 종결한다(Tavuchis, 1991: 6; 이윤호, 2007: 230에서 재인용). 피해자 자신들은 감정적 상처가 금전적으로 보상되는 것이 아니라 감정적 복구 행동에 의해 치유된다고 말한다. 사과는 몇몇 '마법적인 자질'을 보유하고 있는 것처럼 보인다. 왜냐하면 몇 마디 말의 교환이 종종 상황을 극적으로 바꿀 수 있기 때문이다. 사과는 종결과 감정적 복구에 의미 있게 공헌하며, 가해자뿐만 아니라 피해자에게도 혜택을 준다.

하지만 사과는 그 장점들에도 불구하고 사법 시스템의 필수적인 부분을 구성하지 못한다. 현대 사회의 법 시스템에서 나타나는 사과의 상대적인 결핍은 실제적인 인간의 곤경에서 비롯된다기보다는 무심함과 경쟁을 강조하는 문화와 사회적, 제도적 가치들로부터 유래하는 것처럼 보인다(Brook and Warshawski-Brook, 2010: 532).

다. 삶의 재건과 역량 강화에 대한 욕구

자신의 삶을 스스로 결정지을 수 있는 역량의 강화는 피해자들이 바라는 중요한 욕구의 하나이다(Zehr, 2005: 28; Johnstone, 2011: 55). 가해자는 피해자로부터 피해자가 스스로 자신의 삶을 영위할 수 있다는 자율성의 느낌을 빼앗아간다. 그들은 피해자들이 개인적으로 자신의 삶을 관장할 수 있는 힘이 있다는 느낌을 피해자들에게 되돌려 주어야 한다(Zehr, 2005: 27; Johnstone, 2011: 54). 대부분의 피해자에게는 감정, 자기-이미지, 세상의 이미지, 타인들과의 관계 변화에 기초하여 다음과 같은 세 가지 패턴이 공통적으로 나타난다(Zehr, 2005: 20; Johnstone, 2011: 53). 첫째는 초기 영향 국면이고 둘째는 반동 국면이다. 세 번째는 회복 국면으로 자신의 욕구들을 해결할 수 있었던 몇몇 피해자가 경험한다.

초기 영향 국면에서의 피해자 반응은 대개 감정적이다. 피해자들은 혼란, 무력감, 공포, 취약성의 감정들에 압도되는 경향이 있다(Zehr, 2005: 20; Johnstone, 2011: 53). 반동 국면으로 접어들면 위의 감정들의 강도는 약화된다. 하지만 대신 분노, 죄의식, 근심 걱정, 경계심, 수치심, 자기 의심과 같은 강력한 새로운 감정들이 나타난다(Zehr, 2005: 20-22; Johnstone, 2011: 53). 이 반동 국면이 진행되는 동안 피해자들은 자기-이미지에서의 외상적 조정을 겪는다. 자신의 환경에 대한 관점도 변한다. 안전하고 예측 가능한 환경이라고 느꼈던 곳은 잠재적으로 아주 위험한 장소가 된다. 이 국면에서는 관계들 또한 긴장을 유발한다. 피해자가 다른 사람들로부터 감정적·실제적 도움을 필요로 할 때, 다른 사람들은 피해자와 거리를 두는 경향이 있다. 이것은 단순히 피해자가 요구하는 지지 수준을 제공하는 데 부담을 느끼거나 그럴 능력이 없기 때문만은 아니다. 제어(Zehr, 2005: 22－23)는 피해자로부터 그들의 이야기를 듣는 사람들은 종종 스스로도 몇몇 고통스러운 피해 감정을 간접적으로 경험한다고 말한다. 이들은 피해자 스스로 그 경험을 훌훌 털어버리고 '넘어서야' 한다고 주장함으로써 자신이 그러한 감정에 휩싸이는 것을 피하려 한다. 이처럼 범죄피해자가 되는 경험은 삶의 모든 영역에 지장을 줄 수 있다. 그것은 피해자의 건강을 악화시키고 폐쇄적 관계를 유발하며 사회생활의 위축을 가져오는 등 삶의 전반에 해로운 영향을 미칠 수 있다(Zehr, 2005: 23－24; Johnstone, 2011: 53).

만약 피해자의 욕구들이 해결되면, 그들은 종종 회복 혹은 '재조직화' 단계로 넘어간다. 이 단계에서 피해자들은 감정적 외상을 극복하고 자율성과 능력의 감을 되찾으며 다른 사람들과의 정상적인 관계들을 회복한다. 그들이 겪은 경험이 여전히 그들에게 영향을 미칠 수는 있겠지만, 더 이상 그들을 압도적으로 지배하지는 못한다(Zehr, 2005: 25; Johnstone, 2011: 54). 반면, 피해자의 욕구들이 해결되지 못한 채 남아 있다면, 회복은 어렵고 제한될 수 있다. 대부분의 경우 이러한 욕구들은 해결되지 않으며 피해자들은 항구적으로 반동의 국면에 머무른다. 그렇다면 무엇이 필요한가?

피해자들에게는 그들이 안전 보장의 느낌을 회복할 수 있도록 주변으로부터의 많은 도움이 필요하다. 그들은 그 범죄가 다시 발생하는 것을 피할 수 있도록 조치들이 취해질 것이라는 안전 보장에 대한 확증을 필요로 한다. 가해자의 진정한 반성과 후회는 피해자가 안전 보장의 느낌을 되찾는 기초가 된다. 주변으로부터 제공되는 공식적·비공식적인 사회적 지지와 지원 또한 피해자의 재기를 돕고 안전감을 보증하며 피해자가 자신의 삶을 다시 통제할 수 있도록 역량을 강화하는 데 기여한다.

2 피해 회복을 위한 지원 유형과 피해자의 기대

가. 범죄피해자의 욕구 해결에 필요한 서비스 유형

몇몇 피해자는 자신이 받은 상처를 스스로 훌훌 털어버리고 다시 일어설 수 있지만, 전문가, 피해자 지원 기관, 지역 사회, 국가의 도움이 절실한 경우도 허다하다. 즈와이그와 동료들(Zweig et al., 2013: 326–332)은 피해자들의 욕구를 해결하는 데 필요한 서비스 유형을 안전과 위기 개입, 개별적 지지, 정서적 지원, 법률적 지원, 아동 보호, 재정적 보상 등으로 구분한다.

1) 안전의 보장과 위기 개입

피해자들은 가해자가 다시 자신을 공격할지도 모른다는 두려움을 갖기 쉽다. 또한 피해 사실을 경찰에 신고하거나 재판에서 가해자에게 불리한 증언을 하지 못하게 하는, 가해자와 그의 가족, 친척, 친구 등으로부터의 위협에 시달리기도 한다. 그러므로 피해자들에게는 가해자로부터의 위협과 재피해 위험성으로부터 벗어나 안전한 삶을 영위할 수 있도록 적절한 조취가 취해져야 한다. 이를 위해 재피해 방지를 위한 정보 제공과 교육, 포괄적인 안전 계획 수립 등과 같은 즉각적인 조치뿐만 아니라 장기적인 차원(예를 들면 가정 폭력과 스토킹 피해자들의 사례처럼)에서의 가해자들로부터의 보호, 안전하고 안심할 수 있는 임시 거처로의 이동, 피해자가 희망할 경우 보다 안전한 동네나 지역 사회로의 이주(Bohmer, Bronson, Hartnett, Brandt and Kania, 2003; Brickman et al., 2002; Davis, Lurigio, and Skogan, 1999; Zweig and Burt, 2003; Zweig et al., 2013: 327에서 인용)와 같은 서비스도 요구된다. 이밖에 살인 사건의 경우처럼 유가족을 대신해서 다른 사람들에게 피해자 사망에 대해 알리고 사건이 발생한 장소를 깨끗하게 청소하는 등의 즉각적인 지원과 유가족들의 부가적 욕구들에 응대하는 것도 필요하다(Horne, 2003; Zweig et al., 2013: 327에서 인용).

2) 개별적 지지 서비스

범죄피해자들은 개별화된 욕구들을 갖고 있다. 그러므로 이에 부합하도록 특별히 고안된 개별적인 지지 서비스들이 필요하다. 피해자 서비스 프로그램에는 사례 관리, 범죄 피해로 인한 상해나 다른 신체적 건강 문제들과 관련된 의료 지원, 다른 전문 기관으로의 피해자 위탁, 피해 회복을 위한 목표 설정, 장기적인 주거 및 생활 조정, 이사, 고용, 교육, 재정 등에 대한 도움 제공(피해자들이 공공 기금, 피해자 보상 기금, 임시 혹은 일회성 재정 지원 등에 접근할 수 있도록 도움을 주는 것을 포함해서), 교통 편의 제공, 통신 수단의 제공, 피해자가 형사 사법 기관에 출석하거나 치료 등을 위해 일시적으로 집을 비울 경우 집을 봐줄 사람이나 애완동물 돌보미를 찾아주는 일 등 다양한 형태를 포함할 수 있다(Bohmer et al., 2003; Brickman et al., 2002; Davis et al., 1999; Zweig and Burt, 2003; Zweig et al., 2013: 327에서 인용). 그밖에 피해자 서비스 프로그램은 살인 사건 유가족의 경우처럼, 장례나 추도식을 위한 계획 수립, 부동산 문제의 처리 및 미디어에 대한 대응의 지원과 같은 피해자들의 욕구에 부응하기도 한다(Horne, 2003; Zweig et al., 2013: 327에서 인용).

3) 정서적 지원

피해자들에게는 정서적 지원도 요구된다. 가족과 친구는 범죄의 후유증으로부터 피해자들을 지원할 수 있는 가장 중요한 지지 자원이다(Brickman et al., 2002; Davis et al., 1999; Friedman, Bischoff, Davis, and Person, 1982). 그렇지만 피해자 서비스 프로그램들도 다양한 활동을 통해 정서적 지원을 제공한다. 그것들은 피해자들이 처한 감정 상태와 관련하여 대화를 나눌 수 있는 사람들, 가정폭력, 성폭력, 살인 사건 유가족들을 포함하여 수많은 유형의 범죄피해자들을 위한 지지 집단, 전문적인 개인 혹은 집단 상담 등을 제공한다(Bohmer et al., 2003; Brickman et al., 2002; Davis et al., 1999; Zweig and Burt, 2003; Zweig et al., 2013: 328).

4) 법률적 지원

피해자들은 경찰을 비롯한 많은 형사 사법 기관 및 그 종사자들과 접하게 되지만, 대부분 이에 필요한 법률 지식이나 정보가 부족하다. 이에 피해자를 위한 법률적 지원이 필요하다. 그것은 여러 가지 형태를 취하는데, 각각은 피해자들이 법체계를 통해 스스로 피해를 극복해 나갈 수 있도록 필요한 자원들을 제공하는 데 초점이 맞춰져 있다. 구체적으로 법정 출두 및 청문회 참석을 위한 교통편의 지원, 피해자가 법원에서 대기할 수 있는 사적 공간의 마련, 피해자가 법정에 출두했을 때 자녀들을 돌보는 일, 경찰, 검찰, 법원 직원들과의 교섭 및 상호 작용의 지원, 사건 소송 절차에 대한 고지, 법원으로부터 피해자 보호 명령을 확보하기 위한 지원, 다양한 법적 조언의 제공, 가정폭력 피해자들을 위한 이혼 및 자녀 양육권 소송에서의 법정 대리와 법률적 문제들의 해결 등 다양한 활동이 이 유형에 포함된다(Bohmer et al., 2003; Brickman et al., 2002; Davis et al., 1999; Zweig and Burt, 2003; Zweig et al., 2013: 330).

5) 아동 보호·지원

어린 자녀가 있는 피해자의 경우, 아이들을 돌보는 돌봄 서비스를 받는 것도 그들이 원하는 중요한 욕구이다. 예를 들어 매 맞는 여성의 아이들에게는 전형적으로 건강 관리와 복지 지원을 위한 다양한 종류의 서비스가 필요하다. 아동 지원 서비스들의 목적은 아동들의 안전성을 보장하는 것이다(Bohmer et al., 2003). 여기에는 아이들의 신체적·정신적 건강(상담 및 아동 지향적으로 운영되는 지지 집단을 경유하여), 아동 보호, 다양한 활동 프로그램 지원, 학교 연계 및 학교 프로그램 수행에 도움을 주는 활동들이 포함된다(Bohmer et al., 2003; Davis et al., 1999; Zweig and Burt, 2003; Zweig et al., 2013: 331).

6) 피해에 대한 국가 보상과 재정적 지원

상당수의 피해자는 가해자로부터 범죄 피해에 따른 해를 배상받기 원한다. 하지만 가해자가 밝혀지지 않았거나 아직 검거되지 않은 경우 또는 가해자가 배상 능력이 없다면 가해자로부터의 피해 회복은 가능하지 않을 것이다. 이런 문제에 대응하기 위해 많은 나라에서는 국가 차원에서 피해자들의 피해 회복을 위해 얼마간의 금전적 보상을 제공하고 있다.[1)]

그런데 가해자의 배상이 피해자의 회복 과정에 특히 중요하다는 것이 그것만이 피해자를 지원할 수 있는 유일한 수단이라는 의미로 읽혀서는 안 된다. 상대적으로 소수의 피해자만 그러한 배상을 얻을 수 있다. 진정으로 피해자-지향적인 시스템은 다음과 같은 것을 염두에 두고 출발해야 한다(Johnstone, 2011: 66).

- 피해의 즉각적 여파로 인해 발생한 비용과 손실 임금을 위한 긴급 지급 시스템
- 피해자를 위한 실질적, 정보적, 정서적 지원 시스템
- 현재 범죄를 저지른 사람으로부터 적절한 배상을 얻을 수 없는 피해자들을 지원하기 위해 작동하는 국가 보상 제도[2)]와는 매우 다른 원리들에 의해 조직되는 공적 보상 시스템

나. 실태 조사에 나타난 범죄피해자의 지원 서비스에 대한 기대 욕구

우리나라에서도 범죄피해자의 욕구와 기대를 파악하고 이를 통해 피해자 지원의 방향을 모색하기 위한 몇몇 조사 연구가 이루어졌다. 최인섭 외(2006: 112)의 연구에서는 사건 직후 필요로 하는 서비스 유형과 관련하여 상담 및 대화(59.0%), 정신적 지원과 위로(53.1%) 등의 심리 지원 서비스에 대한 범죄피해자들의 욕구가 가장 높았으며, 그 다음으로는 경찰 신고의 지원(46.2%), 경찰에 대처하는 방법 등에 대한 지원(41.6%), 가족 보호(35.3%), 신변 보호

---

1) 이에 대해서는 본 교재 제10장 제1절에서 자세히 다루게 된다.
2) 대부분의 국가에서 시행하고 있는 범죄피해자 보상 제도는 통상 폭력 범죄에 한정되고, 보상이 피해자가 겪은 범죄적 손실에 대한 국가의 법적 책임으로 간주되기보다 필요에 처한 사람들에 대한 복지적 지급으로 간주되며(Barnett, 1977: 287), 범죄 기록들을 갖고 있는 사람들과 같은 많은 유형의 피해자가 배제되고, 제도들은 표출된 피해자들의 욕구를 고려하거나 심지어 이를 조사하지 않고 시행되는 경향이 있다(Shapland, 1984: 137; Johnstone, 2011: 60에서 인용).

(34.5%) 등의 순으로 나타났다.

공정식(2015: 136－137)은 강력 범죄피해자들을 대상으로 사건 이후 피해자가 요청하거나 긴급하게 요구되는 서비스 유형을 파악하였다. 그 결과 강력범죄피해자들은 방문 개인 상담(61%)을 가장 필요한 서비스 항목으로 파악하였으며, 그 다음으로는 긴급 생계비(44%), 법률 자문(44%), 의료비 및 장례비(43%), 심리 치료 기관 연계(24%), 법정 동행(24%) 등을 기대하는 것으로 조사되었다.

김지선 · 김성언(2016: 251－252)의 연구[3]에 의하면, 범죄피해자들은 가장 필요로 하는 지원 활동으로 생계비, 장례비, 학자금, 각종 생활필수품 지원 등의 경제적 지원(33.4%)을 꼽았고, 그 다음은 치료비, 간병비 등 치료 부대비용 지원, 의료 기관 연계 등의 의료 지원(15.1%), 신변 보호(9.6%), 상담 서비스 제공(9.2%), 법률 지원(8.5%), 주거 지원(8.0%), 사건 관련 정보와 피해자 지원 제도에 관한 정보 제공(3.6%) 등의 순으로 지원 활동을 기대하는 것으로 나타났다. 범죄 피해 유형(살인, 강도, 성폭력, 가정폭력, 폭행 · 상해, 기타)별로 가장 필요로 하는 지원 활동을 비교한 결과, 가정폭력을 제외할 경우 피해 유형에 관계없이 경제적 지원과 의료 지원에 대한 욕구가 가장 높았다. 반면 가정폭력 피해자들은 경제적 지원 다음으로 주거 지원을 더 원하고 있었다. 피해자 지원 활동별로 비교해보면, 경제적 지원에 대한 욕구는 기타 범죄(방화 등) 피해자와 살인 피해자 유가족이 가장 높았다. 의료 지원에 대한 욕구는 폭행·상해 피해자, 기타 범죄피해자, 강도 피해자가 강했고, 신변 보호는 강도 피해자, 성폭력 피해자, 가정폭력 피해자, 주거 지원과 취업 지원은 가정폭력 피해자, 상담 서비스 제공은 성폭력 피해자, 살인 피해자 유가족, 기타 범죄피해자에게서 각각 그 기대 욕구가 높은 것으로 나타났다. 시간의 흐름에 따라 피해자의 욕구에도 다소 변화가 있는 것으로 조사되었는데, 피해 직후에는 상담 및 대화, 정신적 지원과 위로 등이 가장 필요한 것으로 나타난 반면, 어

3) 이 연구는 2014년에 한국형사정책연구원에서 실시한 범죄피해자 실태 조사(최수형 외, 2014)와 범죄피해자지원센터 및 스마일센터 이용자를 대상으로 한 이용자 만족도 조사(홍영오 · 송주영, 2014)의 원 자료에서 강력 범죄피해자의 욕구를 파악할 수 있는 공통 항목들을 추출하여 자료를 재구성한 뒤 필요한 분석을 수행하였다(김지선 · 김성언, 2016: 24).

느 정도 시간이 흐른 뒤에는 경제적 지원과 의료 지원에 대한 기대가 높아지고 있었다.

이처럼 범죄피해자들이 기대하는 지원 서비스는 다양하고 복합적이며, 피해 유형이나 시간의 흐름에 따라 피해자의 욕구 수준에도 다소 변화가 있음을 알 수 있다. 우리나라에서 실시된 조사 결과들을 기초로 할 때, 범죄피해자들은 특히 경제적 지원, 의료 지원, 정서적 지원, 법률적 지원, 신변 보호 지원에 대한 욕구가 강한 것으로 나타난다. 비록 순위에서는 다소 차이를 보이지만, 우리나라 범죄피해자들이 지원받기를 기대하는 욕구의 유형들은 즈와이그와 동료들(Zweig et al., 2013)이 제시한 범주로부터 크게 벗어나지 않는다.

제3항 형사 절차에의 참여와 사건의 '당사자'로 인정받고자 하는 욕구

피해자들이 자신의 피해 사건을 경찰이나 검찰에 신고하고 난 후, 그 결과가 어떻게 될지 관심을 갖는 것은 자연스러운 일이다. 신고의 동기가 가해자에 대한 처벌을 원해서이든, 아니면 가해자로부터 자신이 입은 피해를 배상받기 위해서이든, 형사 사법 기관이 가해자에 대해 어떤 처분을 내리는지에 대해 피해자들은 관심을 갖게 된다. 이 과정에서 피해자들은 형사 사법 기관이 사건을 공정하게 처리하고 있는지 알고자 하며 자신의 의사가 잘 반영될 수 있기를 희망한다.

최근 형사 사법과 형사 절차에서 피해자가 재발견되고 있는 것은 분명하다. 그럼에도 불구하고 피해자에게는 여전히 형사 소송에서 당자자로서의 지위가 부여되지 않고 있다. 피해자는 범죄에 대한 목격자로서 법정에서 심문을 위해 호명될 수 있다. 그렇지만 피해자의 역할은 단지 사건의 증언자에 머무르는 경우가 보통이다. 사건의 처리나 가해자에 대한 처분을 결정하는 데 있어 피해자들은 형사 절차로부터 종종 배제된다. 형사 사법 절차의 서로 다른 단계에서 진행되는 피고인과의 반대 심문은 피해자를 힘들게 한다. 절차들로부터 배제된 피해자들은 종종 형사 사법 시스템에 대해 좌절감을 느끼며 정의가 구현되고 있다는 생각에 이르지 못한다. 피해자들은 이와 같은 형사 절차에서의 배제로부터 자신의 지위가 복원되고 존중되며 그의 목소리가 경청되기를 희망한다.

1 사건 관련 정보에 대한 욕구

피해자들에게 범죄 피해는 매우 당혹스러운 경험으로 다가온다. 더욱이 그 사건에 대해 경찰이나 검찰에서 피해자 진술을 하고 재판에서 증인으로 출석하여 증언하는 일 또한 피해자들에게는 쉽게 감당할 수 없는 경험들이다. 범죄피해자들은 그들의 피해 이후 상당히 많은 불확실성에 직면한다. 대개의 경우 피해자들은 형사 사법 과정이나 절차에 대해 잘 알지 못한다. 그들의 사례와 관련하여 무엇이 발생할지, 그리고 자신들은 그 과정에서 어떤 역할을 하게 될지에 대해 모르는 경우가 대부분이다. 즉 경찰에 피해 신고를 한 이후 자신은 무엇을 해야 하는지, 앞으로 자신에게 무슨 일이 다가올지, 형사 사법 기관에 대해 자신이 무엇을 요구할 수 있을지, 그런 요구를 하기 위해서는 어디에서 누구를 만나야 할지, 사건과 관련하여 자신의 의견을 제시할 수 있는 기회는 있는지, 있다면 어떻게 자신의 목소리를 낼 수 있는지 등에 대한 지식을 갖고 있지 않는 경우가 허다하다. 사람들은 결정 과정에서의 선택이나 참여와 관련한 자신들의 기대가 확증되지 않을 때 좌절을 경험하는 경향이 있다(Austin and Tobias, 1984; Wemmers, 2010: 30). 린드와 반 덴 보스(Lind and Van den Bos, 2002)에 의하면, 불확실성은 자신이 통제력을 행사하고 있다는 느낌을 갖지 못하는 상황에서 증가한다. 따라서 피해자들은 자신의 사건에 대한 불확실성을 극복하고 그것을 스스로 통제하고 있다는 느낌을 얻기 위해 형사 사법 기관으로부터 사건의 진행에 관한 정보, 가해자가 받게 될 처분, 석방 일자 등에 관한 정보를 제공받고 싶어 한다.

정보와 통지는 대부분 국가에서 전개하는 피해자 정책의 핵심 요소이다. '정보'는 피해자들에게 절차와 서비스들에 관한 지식을 제공하는 것을 지칭하며, '통지'는 피해자들에게 그들의 사건이 어떻게 전개되고 있는지에 대해 알게 하거나 이를 알리는 것을 나타낸다. 많은 연구는 피해자들이 자신들에게 제공되는 정보 부족에 대해 불평한다는 점을 보여주었다(Shapland et al., 1985; Shapland and Hall, 2007; Strang, 2002a; Wemmers and Cyr, 2006; Wemmers, 2010: 34에서 인용). 또한 정보의 제공은 형사 사법에 대한 피해자의 평가와 만족도에 영향을 미치는 중요한 요인인 것으로 밝혀지고 있다.

예를 들어, 웨머스(Wemmers, 1996)는 435명의 피해자들을 대상으로 네덜란드 형사 사법 체계에 대한 그들의 경험을 연구하였다. 이에 따르면, 대부분의 피해자는 자신들의 사건이 어떻게 전개되고 있는지에 대해 통지 받기를 원했지만, 대부분 당국으로부터 실질적으로 통지 받지 못한 것으로 나타났다. 또한 통지 받기를 원하고 실제로 그것이 이루어진 피해자들은 통지 받기를 원했으나 그렇지 못한 피해자들에 비해 자신이 당국으로부터 공평한 대우를 받고 있다는 느낌을 가질 가능성이 더 높은 것으로 밝혀졌다(Wemmers, 2010: 34). 유사하게 필라델피아 소년 사법 시스템에 대한 피해자 272명의 경험을 다룬 카, 로지오, 메이어(Carr, Logio, and Maier, 2003)는 정보가 피해자들이 형사 사법 체계와 관련한 자신들의 경험을 평가하는 핵심적인 결정 인자임을 발견하였다(Wemmers, 2010: 34에서 인용). 이 연구에 따르면 피해자들은 공정하게 대우받기를 원하고 자신의 사건에 대한 정보를 제공받고 싶어 하는 것으로 나타났다.

2 사건에 대한 관여의 욕구

전통적인 형사 사법 절차에서 피해자가 자신의 사건에 관여할 수 있는 방법은 재판 과정에서 사건의 목격자로서 증언하는 일에 한정되었다. 그나마 그것도 적극적으로 자신의 견해나 입장을 피력하고 가해자에게 내려질 처분에 어떤 영향력을 행사할 수 있는 형태의 관여가 아니라, 검사나 피고 측 변호인의 질문에 대한 답변의 형식을 띤 참여 방식에 불과했다.

그런데 한 연구에 의하면, 피해자들은 자신의 사건에 대해 더 많은 정보를 알고 싶어 하고 검사와 판사들에게 그 사건이 자신들에게 어떤 영향을 미쳤는지 말할 수 있는 기회를 원하는 것으로 나타났다(Hernon and Forst, 1984; Wallace, 2007: 359-360에서 인용). 미국과 영국 등에서는 이런 피해자들의 욕구가 피해자 진술(Victim Statement)의 형태로 수용되어 재판이나 가석방 청문회 등에서 자신들의 의견을 제시할 수 있는 정당한 권리로 인정받고 있다.

3 형사 사법 기관으로부터 공정한 처우를 받고자 하는 욕구

많은 학자는 상당수의 피해자가 형사 사법 기관과 직원들로부터 '이차 피해'를 경험하고 있음을 지적해왔다. 경찰이나 검찰은 범죄의 책임 소재를 밝힌다는 명목으로 사건과는 직접적으로 관련이 없는 피해자의 사생활에 대해 질문한다거나 고압적인 태도로 피해자들을 대함으로써 이들에게 상처를 주기도 한다. 피해자들은 형사 사법 기관이 피의자, 피고인을 적법 절차의 원리에 의거하여 대하는 것과 마찬가지로 자신들을 존중해 주길 기대한다(Tyler, 2003).

피해자들은 범죄를 신고한 이후에 많은 불확실성에 직면한다. 자신의 사건이 앞으로 어떻게 전개될지, 가해자에게는 어떠한 처분이 내려질지, 자신의 입은 피해가 신속하고 적절하게 회복될 수 있을지 등에 대해 거의 알지 못한다. 사람들은 그들의 환경 속에서 불확실성에 직면했을 때, 어떻게 반응할지를 결정하는 데 도움을 받기 위해 공정한 취급에 대한 그들의 인상에 의지한다고 한다(Lind and Van den Bos, 2002; Van den Bos and Lind, 2002; Wemmers, 2010: 30에서 재인용). 이런 견해에 따르면 공정성은 전적으로 불확실성의 관리에 관한 것이다. 다시 말해 공정성은 사람들이 불확실성에 직면하게 될 때 특히 중요하다.

학자들은 피해자들이 형사 사법 기관에 대해 느끼는 공정성의 문제를 파악하기 위해 절차적 정의 개념에 주목해왔다. 웨머스(Wemmers, 1996)도 인습적인 형사 사법 체계에 대한 범죄피해자들의 공정성 판단은 중립성과 존중에 기초한 절차적 정의에 의존한다고 봤다. 여기서 '중립성'은 당국들이 공평한지, 정직한지, 그 사건의 사실들에 기초하여 신중한 결정을 내리는지에 대한 피해자의 인식에 기초한다. '존중'은 형사 사법 당국들이 범죄피해자들에게 행하는 대인 관계적 처우의 질을 의미한다. 그것은 피해자들이 친절하게 대접받는지, 그들에게 자신을 표현할 수 있는 기회가 주어지는지, 당국들이 피해자들에게 관심을 보이는지, 그리고 피해자의 관심을 고려하는지 여부 등을 포함한다. 타일러(Tyler, 2003)는 절차적 정의가 형사 사법 당국의 의사 결정의 질과 처우의 질에 의해 결정된다고 주장한다. 의사 결정의 질은 의사 결정권자의 중립성(편견의 부재와 중립)을 반영하고, 처우의 질은 피해자들을 위엄과 존중으로써 대하는지 여부를 나타낸다.

요컨대 피해자와 형사 사법 당국 간 상호 작용의 질은 피해자의 절차적 정의와 공정성 판단을 위한 핵심적인 요인이다. 범죄피해자들은 자신의 사건을 둘러싼 불확실성으로부터 벗어나고자 형사 사법 기관의 공정한 처우와 절차적 정의를 기대한다.

제 2 절

욕구로부터 권리로의 이행

제1항 주변화된 피해자 지위에 대한 재고와 변화 모색

오랫동안 범죄피해자들의 욕구는 형사 사법 시스템 내에서 간과되어 왔다. 사회가 범죄피해자들의 역경을 인식하고 이들에게 절실한 도움이 필요하다는 사실을 깨달음으로써 국가가 이들을 구제하기 위한 프로그램들을 가동하는 데는 상당한 시간이 소요되었다. 심지어 거의 모든 유형의 권리를 박탈당한 집단을 보살피고 지원하는 데 있어 세계적 모델이 된 캐나다, 스칸디나비아와 같은 복지 국가에서조차 범죄피해자의 욕구에 대해서는 아무런 관심도 보이지 않았다. 범죄피해자들은 복지 국가의 넉넉한 지원과 국가가 제공한 지원 프로그램들의 과잉으로부터 수혜를 입는 마지막 집단이었다(Fattah, 2010: 67).

현재 각국은 이 문제를 해결하기 위한 노력들을 전개하고 있다. 그러나 중요한 수단들은 아직 충분하지 않다. 피해자들은 범죄의 영향을 경험하고 있을 뿐만 아니라 동시에 너무나 종종 형사 사법 시스템에 의한 '이차 피해'까지도 겪고 있다. 최근 조사에 의하면, 피해자들은 종종 자신들이 증거의 일부로 취급되고 있고 범죄자를 검거하거나 기소 사건을 입증하는 데 도움이 될 때에만 유용하게 대접받는다고 생각하는 것으로 나타났다(Herman, 1999). 그들은 종종 존중받지 못하고 무시당하며 형사 사법 과정과 결과들이 그들의 이해관계나 관심사들과 무관하다는 점을 느낀다.

칼멘(Karmen, 2004: 147-150)은 강간 피해자를 대하는 경찰, 검찰, 판사, 피고 측 변호인에 관한 최악의 시나리오에 대해 다음과 같이 언급하고 있다. "강간 피해자들은 그들의 이야기가 경청될 권리도, 치료받을 권리도 상담받을 권리도, 정보가 제공될 권리도, 참석하고 의견을 발표할 권리도 배제된다. 반복적인 심리와 증언, 심리일 결정에서 피해자의 의견은 전혀 고려되지 않고, 심리일에 출석하더라도 아무도 관심을 보이지 않는 반응이 되풀이된다. 가해자는 피해자를 공격하기에 여념이 없고 모든 처우와 인권은 가해자 중심으로 흘러간다. 양형에서도 피해자의 이해관계나 목소리가 반영될 여지는 거의 없다. 심지어 판사는 피해자가 양형 과정에 참석하는 것을 허가하지도 않는다. 피고인은 받은 형량을 다 마치지 않고 석방되는데, 이 가석방 청문회에서도 피해자의 참석과 의견 개진은 배제된다. 피해자는 검사 측의 증인으로서 단지 기소를 유지하기 위한 한 방편, 도구, 증거로서만 남는다."

닐스 크리스티(Nils Christie, 1977)가 서구 형사 사법에서의 피해자의 '주변화'에 대해 지적했듯이, 피해자의 역할은 일단 어떤 범죄가 형사 사법 기관들의 관심을 받아 형사 사법 과정 속으로 들어가게 된 이후의 증인의 역할로 강등되었다. 범죄의 '소유권'이 피해자에서 국가로 넘어감에 따라, 자신의 피해 경험과 그 후유증을 '소유'하는 피해자의 어떠한 '권리'도 점차 침식되어 왔다(Goodey, 2005: 126).

20세기 후반기 이래, 피해자의 욕구들은 점차 정부와 비-정부 조직들에 의해 표면화되기 시작했다. 이 과정은 범죄의 '소유권'을 둘러싼 국가와 피해자 간의 불균형을 바로 잡으려는 노력 속에서 진화하였다. 그것은 또한 범죄율이 증가하는 시기에 피해자들의 욕구가 적절하게 충족되지 못한다면 형사 사법 당국에 범죄를 신고하는 주요 자원인 피해자들로부터 자발적인 협조를 얻지 못할 것이라는, 비협조적인 공중에 대한 형사 사법 기관의 두려움을 바탕으로 전개되었다(Goodey, 2005: 126). 피해자를 형사 사법 시스템의 중심에 놓는 일은 국가와 가해자 간의 역할이 범죄 해결과 형사 사법 행정의 중심을 이루고 피해자는 증인의 역할로 축소되었던 관행을 재해석하는 것이다(Goodey, 2005: 127).

제2항 피해자 권리를 인정하려는 국제 사회의 노력

1 국제 연합(UN)

현재 서구 사회를 중심으로 전개되고 있는 피해자-중심적 사법으로의 진보는 집행 가능한 피해자 권리 및 서비스 조달에서의 표준 설정과 관련한 국제적인 발달 수준을 반영한다. 특히 1985년「범죄와 권력 남용 피해자를 위한 정의의 기본 원칙에 관한 유엔 선언」(the 1985 United Nations Declaration of Basic Principles of Justice for Victims of Crime and Abuse of Power)과 2001년「형사 절차에서의 피해자 지위에 관한 유럽 연합 이사회의 기본 결정」(the 2001 Council of the European Union Framework Decision on the Standing of Victims in Criminal Proceedings) 등이 각국의 피해자-중심적 사법의 발달에 중요한 영향을 미쳤다(Goodey, 2005: 129-130). '피해자-중심성'을 지향하는 다수의 국제 문서에 나타난 핵심적인 '권리들'의 공통된 목록은 연민과 존중, 절차와 권리에 대한 정보 제공, 피해자의 견해 제시, 법률 지원, 신속한 사건의 진행, 사생활과 신분의 보호, 보복과 위협으로부터의 보호, 특별한 욕구들을 지닌 피해자들에 대한 인식 등이다(Goodey, 2005: 130).

「유엔 선언」과 「기본 결정」이외에도 1948년 「유엔 인권 보편 선언」(the UN's 1948 Universal Declaration of Human Rights)으로부터 2000년 「인신매매에 대한 유엔 의정서」[4](2000 UN Protocol Against Trafficking in Human Beings)까지 다수의 구속적·비구속적인 국제 법률 문서도 피해자-중심적 사법의 발달에 영향을 미쳤다. 피해자들에게 가용한 다수의 법률 문서는 범죄피해자들을 위해 무엇인가 행해져야 한다는 정치적 의지를 반영하고 있다.

「유엔 선언」 발표 후, 십수 년 뒤인 1999년에는 「피해자 정의에 관한 유엔 소책자」(UN Handbook on Justice for Victims)(UNODCCP, 1999a)와 「정책 입안자를 위한 유엔 안내서」(UN Guide for Policymakers)(UNODCCP, 1999b)가 발간되었다. 두 책자는 피해자와 정책 입안자들에게 서비스 조달에 대한 적합한 표준 리스트를 제공하려는 것이었다. 이 목적을 위해 두 문서는 실제로 '우수 운영' 가이드라인들을 사용함으로써, 피해자 권리의 환기와 피해자 중심적인 정의의 실제적 시행 간 틈새를 해결하는 데 어느 정도 도움을 주었다(Goodey, 2005: 130). 유엔의 정책 실무자들을 위한 「소책자」와 「안내서」는 실질적이고 성취 가능한 목표들로써 피해자의 욕구와 권리를 도모하고 있다.

2 미국

미국에서는 1980년대 중반부터 범죄피해자 권리를 연방 헌법에 포함시키려는 헌법 수정 요청이 시작되었다. 그때부터 모든 주(州)는 「피해자 권리 장전」을 통하거나 주 헌법의 수정을 경유하여 범죄피해자를 위한 몇몇 법적 권리를 채택하였다. 범죄피해자들에게 부여되는 권리들은 주마다 다양하지만, 일반화할 수 있는 어떤 조항들이 존재한다. 다음은 범죄피해자들이 갖는 권리들의 몇 가지 사례를 제시한 것이다(National Center for Victims of Crime, 2004; Muscat, 2010: 424).

---

4) 「국제 조직범죄에 대항하는 유엔 협약」(UN Convention Against Transnational Organised Crime)의 일부로 구성되었다.

- 가해자의 위협에서 벗어나 사리에 맞는 안전과 보호를 제공받을 권리
- 가해자가 구금되거나 혹은 석방될 때 그의 신분 및 사건과 관련된 법정 절차들에 대해 정확하고 시기 적절하게 고지받을 수 있는 권리
- 사건이 폐기되거나 유죄 답변 협상에 이르기 전에 변호인으로부터 조력을 받을 수 있는 권리
- 신속하게 재판을 받을 수 있는 권리
- 모든 공적인 형사 사법 절차들에 참석할 수 있는 권리
- 유죄 답변 거래, 양형, 가석방 심리와 관련하여 진술을 함으로써 피해자 의견이 경청될 수 있는 권리
- 피해자 혹은 증인과 접촉한 정보에 대해 비밀이 준수될 권리
- 신청할 경우 완전하게 적기에 배상을 받을 수 있는 권리
- 공정성, 존중, 위엄으로써 대우받을 권리

3 잉글랜드와 웨일즈

잉글랜드와 웨일즈의 경우, 1996년 2차 「피해자 헌장」(Victim Charter)을 통해 범죄피해자들이 형사 사법 기관들로부터 기대할 수 있는 서비스 공급 표준들을 설정하였다(Goodey, 2005: 127). 구체적으로 「피해자 헌장」은 범죄피해자가 경찰로부터의 도움, 피해자 지원, 보상, 기소의 증인이 되는 것, 증인 서비스, 법정에서의 도움, 어떤 증인들을 위한 특별한 도움, 피해자 전화 상담 서비스, 용의자가 체포될 경우 향후 전개될 절차에 대한 정보, 법정에서 행해지는 것에 대한 정보, 재판 이후의 정보, 가해자 석방 관련 정보 등 여러 가지 지원 및 서비스와 다양한 정보를 제공받을 수 있음을 규정하고 있다. 그것은 또한 고소인이 경찰, 검찰, 법원 및 지방 순회 법원, 판사 및 지방 순회 판사, 보호관찰소, 피해자 지원 조직인 Victim Support와 증인 서비스, 형사상해보상청(the Criminal Injuries Compensation Authority)으로부터 기대할 수 있는 것을 포괄하고 있다.

영국 정부가 범죄피해자의 욕구와 관련하여 중점을 두었던 부분은 지원,

정보의 제공, 그리고 보호이다(Goodey, 2005: 131). '지원'은 피해자 지원, 국가 보상, 피해자 상담, 그밖에 경찰의 다양한 도움 제공 등을 말하고, '정보'는 기소, 공판, 가해자 석방 등 형사 절차의 진행과 가해자 처분 결정 및 변경에 관한 내용들을 피해자에게 전달하는 것이다. 마지막으로 '보호'는 가해자로부터의 위협이나 재범으로부터 피해자를 안전하게 지키는 것과 관련된다. 특히 피해자 '보호'는 피해자의 욕구에 부응할 뿐만 아니라 범죄자의 기소와 재판을 위한 효과적인 증인 및 증언들을 확보하고자 하는 형사 사법 당국의 욕구에도 부응한다.

4 우리나라에서의 범죄피해자의 권리 옹호 정책

1981년 3월 1일 「소송촉진 등에 관한 특례법」에 의해 도입된 배상명령제도는 우리나라에서 범죄피해자의 권리가 처음으로 정책에 반영된 사례라 할 수 있다(김지선 · 김성언, 2016: 13). 이를 통해 일부 형법 범죄의 피해자들은 범죄 피해로 인해 야기된 물적 피해와 치료비를 가해자에게서 배상받을 수 있는 법적 근거를 갖게 되었다. 그 후 1987년에는 헌법에 범죄피해구조청구권과 범죄피해자의 재판절차상 의견진술권이 규정되고 범죄피해자구조법이 제정되었으며 형사소송법 제294조의2가 신설됨으로써 범죄피해자의 보호와 지원에 대한 관심이 점차 확대되었다. 하지만 당시의 형사 사법 제도는 범죄피해자의 권리를 충분히 보장하기에 부족한 점이 너무도 많았다(김경석, 2007: 4; 김지선 · 김성언, 2016: 13에서 재인용).

범죄피해자의 욕구와 권리가 본격적으로 정책을 통해 구현되기 시작한 것은 2000년대 이후부터이다. 2000년대 초 · 중반 법무부, 대검찰청, 경찰청, 대법원은 각각 범죄피해자 보호 · 지원에 관한 대책을 발표하였다. 이중 법무부가 2004년 9월에 발표한 「범죄피해자 보호 · 지원 종합 대책」은 피해자 원상회복 제도의 개선 방안, 형사 사법 절차에서의 피해자 참여 확대, 2차 피해의 예방, 범죄피해자 지원을 위한 민간단체(범죄피해자지원센터) 지원 · 육성, 범죄피해자기본법 제정, 피해자구조금 신설 등 향후 전개될 범죄피해자 정책의 주요 내용들을 포괄적으로 담고 있었다(김지선 · 김성언, 2016: 14). 이러한 법무부의 「종합 대책」 등을 바탕으로 2005년 12월 23일 범죄피해자보호법이 제정되었다.

「범죄피해자보호법」은 국가 및 지방 자치 단체로 하여금 범죄피해자의 상담, 의료 제공, 구조금 지급, 법률 구조, 취업 관련 지원, 형사 절차 참여권 보장, 범죄피해자의 명예와 사생활 평온에 필요한 조치를 취하도록 하는 책무를 규정하고 있다. 또한 법무부 장관으로 하여금 5년마다 「범죄피해자 보호·지원 기본 계획」을 수립하도록 하였고 이 「기본 계획」에 따라 법무부 장관 및 중앙 행정 기관의 장(경찰청, 여성 가족부, 보건 복지부 등), 시 · 도지사들은 연도별 「시행 계획」을 수립 · 시행하도록 규정하였다. 이에 따라 1차 「기본 계획」이 2006년 12월에 수립되어 2007년부터 2011년까지 시행되었고 이어서 2차(2012~2016년), 3차(2017~2021년) 「기본 계획」이 추진되었으며 2022년부터 제4차 「기본 계획」이 추진되고 있다. 특히 제1 · 2차 「기본 계획」에서는 범죄피해자의 인간 존엄성을 보장받을 권리와 법적 절차에 참여할 권리가 제시되었고, 시혜적 차원에서 이루어져 왔던 범죄피해자의 원상회복을 위한 지원 사업들이 '범죄피해자 권리' 옹호라는 관점에서 재구조화하려는 노력들이 전개되었다.

현재 우리나라 범죄피해자의 보호 · 지원 정책은 손실 복구, 형사 절차 권리 보장, 사생활의 평온과 신변 보호 등 세 가지 영역에서 추진되고 있는 중이다(김지선 · 김성언, 2016: 19). 피해자의 손실 복구를 위해 ① 구조금 지급, 의료 지원, 법률 지원, 가해자로부터의 손해 회복 지원(배상명령 제도, 형사 소송 절차에서의 화해 제도, 형사 조정 제도 등) 등의 다각적인 손실 복구 지원과 ② 고용 지원, 취업 지원, 주거 지원, 사건 현장 정리 등의 자립 지원이 이루어지고 있고, ③ 보호 · 지원 연결망, 긴급 신고 및 상담 체계, 원스톱 통합 지원 시스템 등의 효율적인 범죄피해자 보호 · 지원 체계가 마련되고 있다.

또한 범죄피해자에게는 형사 절차상 권리로서 ① 형사 절차 참여권(수사, 공판, 형 집행 단계 등 형사 절차에서 증인으로 참석하여 진술하거나 의견을 개진할 수 있는 권리, 재정 신청 제도를 통한 수사에의 불복권), 참여권의 실효적 보장을 위한

② 정보 접근권(사건 진행 상황에 대한 통지 제도, 피해자 권리 고지 제도 등을 통해 정보를 제공받거나 소송 기록을 열람·등사할 수 있는 권리 등)과 ③ 조력을 받을 권리(국선 변호사로부터 법률적 조력을 받을 수 있는 권리, 수사 및 공판에서 진술조력인의 도움을 받을 수 있는 권리, 신뢰관계인과 동석할 수 있는 권리, 공판 절차에서 증인지원관으로부터 보호·지원을 받을 수 있는 권리 등) 등이 인정되고 있다. 사생활의 평온과 신변 보호 영역에서는 가해자의 위협이나 형사 절차상 2차 피해로부터 피해자의 신변을 보호하고, 피해자의 사생활과 신분이 노출되지 않도록 피해자의 정보를 보호하기 위한 여러 가지 정책을 시행하고 있는 중이다.

그런데 우리나라의 범죄피해자 보호·지원 제도들은 범죄로 피해를 입은 모든 사람에게 적용되지는 않는다. 그 제도적 관심은 주로 성폭력, 가정폭력, 아동 학대 피해자나 살인, 폭행·상해 등 심각한 폭력 피해자에게 한정되는 경우가 많고, 이 경우에도 13세 미만 아동 혹은 19세 미만의 아동·청소년 피해자, 장애인 피해자에게 혜택이 집중되고 있어, 정책 대상자의 외연을 확대해야 하는 과제를 안고 있다고 하겠다.

제 3 절

범죄피해자의 권리 인정과 그 행사 요건을 둘러싼 쟁점

범죄 피해로부터 고통받는 피해자들에게는 피해 경험을 하루빨리 극복하고 이전의 상태로 되돌아갈 수 있도록 그들의 욕구에 기초하여 처우와 서비스가 제공되어야 한다. 그것들은 범죄로부터 피해를 입은 모든 사람이 누릴 수 있는 일종의 권리가 되어야 한다. 하지만 현실을 보면 특정 피해 유형 및 피해자 유형으로 정책 대상이 한정되는 경우가 많다. 더욱이 피해자 권리 부여는 '순수한 피해자' 관념에 기초해 있다. 이 관념은 피해자 권리를 누릴 수 있는 '자격 있는' 피해자 개념과 피해자의 서열화로 이어져 피해자의 처우에 있어 선택성과 불평등의 문제를 낳는다. 이번 절에서는 피해자 자격 논쟁, 피해자 특성에 따른 보호·지원의 선택과 배제, 피해자 권리 행사의 장애 요인 등을 살펴볼 것이다.

제1항 범죄피해자의 자격에 대한 논란

1 '이상적인' 피해자

어떤 피해자들이 권리를 가져야 하는가? 아마도 여성주의자들은 성매매 종사 여성들을 사회의 피해자, 가족 환경의 피해자 혹은 포주의 피해자로 간주하려 할 것이다. 하지만 종종 법률은 그들을 범죄피해자로 규정하지 않는다. 어떤 개인이 '피해자'의 라벨을 획득하는 과정은 크리스티(Christie, 1986)가 '이상적 피해자'라고 부른 개념과 밀접하게 연결된다(Walklate, 2007: 28). 크리스티가 보기에 '이상적 피해자'는 샤를 페로(Charles Perrault)의 동화 혹은 그림 형제(Jacob & Wilhelm Grimm)의 동화 『빨간 모자』 속의 피해자이다. 두 동화 속의 피해자는 모두 낯선 이방인에 의해 공격당한, 선한 행동을 하는 젊고 순진무구한 여자 아이이다. 사실상 이 '이상적 피해자'는 강간 피해자의 상식적인 고정 관념에 부합한다. 그러한 '이상적' 이미지의 힘은 어떤 사람들을 매우 즉각적이고 용이하게 '피해자'의 라벨을 획득할 수 있는 '자격 있는' 피해자로 보이도록 하고 다른 사람들은 결코 피해자라는 라벨이 붙을 수 없는 '자격이 없는' 피해자로 보이게 한다.

이처럼 누가 피해자가 될 수 있는지 그렇지 않은지 여부는 전적으로 '무고한' 그리고 '자격 있는'이란 관념에 의거하여 결정된다(Goodey, 2005: 124). 취약한 피해자에 대한 관념은 피해자의 실질적인 욕구가 아니라 적합한 피해자에 대한 사회적 구성의 산물이다. 어떤 사람의 성격, 과거 행위 또는 행동들이 바람직스럽지 않은 것으로 여겨지거나 혹은 다소 그들의 피해에 기여하는 것으로 고려될 수 있다면, 형사 사법 시스템에 의해 특별한 욕구들이 채워지게 될 자격 있는 피해자로서 동정적으로 대우받을 가능성은 낮다. 이런 맥락에서, 매춘이나 지나친 음주(Cain, 1989; Smart and Smart, 1978)와 같이 존경받을 만한 여성의 행동 범위에서 벗어나 있는 여성, 범죄 경력이 있는 남성(O'Donnell and Edgar, 1996; Sim, 1994), '무법적' 공동체의 구성원(예를 들면 북아일랜드의 준군사적 집단 공동체와 같은)(Hamill, 2002; Knox, 2001) 등은 일반적으로 자격 있고 무고한 피해자로 여겨지지 않는다.

일반적으로 행형 시설에서 다른 재소자나 교도관들로부터 입은 재소자의 범죄 피해에 관해 신경을 쓰는 사회는 많지 않다. 그들은 현재 처벌받고 있는 그 범죄를 저질렀다는 사실로 인해 피해자로서의 권리가 종종 부정된다(Compensation Act of New South Wales, Australia 참조; Fattah, 2010: 74).[5] 경쟁하는 갱들에게 피해를 당하거나 암흑가에서 살해되는 갱 멤버들에게 사회는 거의 동정이나 연민을 느끼지 않는다.[6] 동성애자, 마약 남용자, 알코올 중독자, 범죄자, 성매매 종사자는 물론 심지어 이주 노동자조차 그들이 범죄 피해를 입었을 때 경찰과 다른 사회 서비스 기관들로부터 일반 피해자들과 동일한 방식으로 대우받지 못하는 경우가 적지 않다. 예를 들어 성매매 종사 여성들은 종종 소모적인 대상으로 묘사되는데, 그들의 죽음은 비-매춘 여성들의 죽음에 비해 주목할 가치가 덜한 것으로 고려된다(Hatty, 1989; Fattah, 2010: 74).

이처럼 피해를 스스로 야기했다거나 부분적으로 이에 기여했다는 이유로 특정 개인이나 집단의 폭력 피해자들은 우리가 알 바 아니라는 태도가 널리 퍼져 있다. 피해자의 과거 행동이 끔찍했다면, 그것은 그들에게서 인간으로서의 자질을 박탈하는 배경이 된다. 자업자득이라는 이유로 어떤 동료 시민들

---

5) 우리나라 범죄피해자보호법상 수감 중인 재소자가 다른 재소자의 일방적인 공격 등으로 생명·신체 피해를 입었을 경우 구조금 등의 국가 보상 혜택을 부여하지 않는다는 명시적인 제외 조항은 없다. 그렇지만 실제 범죄 피해를 입은 재소자에게 구조금이 지급될 수 있는지는 미지수이다.

6) 현행 우리나라 범죄피해자보호법 제19조 제3항 제5호는 집단적 또는 상습적으로 불법 행위를 행할 우려가 있는 조직에 속하는 행위를 한 경우에는 구조금을 지급하지 아니한다고 규정하면서도, 다만, "그 조직에 속하고 있는 것이 해당 범죄 피해를 당한 것과 관련이 없다고 인정되는 경우는 제외한다."라고 예외 규정을 두고 있다.

의 고통과 괴로움, 상해, 심지어 죽음에 대해 무신경하거나 무관심한 태도는 우리의 신념과 이데올로기에 따라 '무고한 피해자'로 규정한 사람들에게 느끼는 연민, 감정이입, 동정심과 같은 강한 감정과 극명한 대조를 이룬다(Fattah, 2010: 72).

2 범죄피해자의 위계

몇몇 피해자의 욕구가 다른 피해자의 욕구보다 중요한지, 아니면 모든 피해자가 유사한 수준의 서비스를 조달받아야만 하는지 여부는 '자격 있는 피해자'만큼이나 논란을 불러온다(Goodey, 2005: 125) 모든 피해자는 동일한 권리를 갖는가? 아니면 어떤 피해자는 다른 피해자보다 더 많은 권리를 갖는가? 어떤 피해자 범주들은 다른 범주에 비해 중요한가? 가해자가 고의로 행한 범죄의 무고한 피해자들은 부주의하거나 무모하거나 경솔한 피해자 혹은 과실사고의 피해자들보다 더 많은 권리를 행사해야 하는가? 강간 및 성폭행 피해자는 성적으로 동기화되지 않은 폭행·상해 피해자보다 권리가 많은가? 테러리즘, 고문 혹은 유괴 피해자들은 다른 피해자들에 비해 더 많은 권리가 인정되는가? 이러한 질문들에 대한 일반적인 답변은 '그렇지 않다'는 것이다. 그러나 현실적으로 봤을 때, 모든 피해자가 동등하게 취급되고 있는 것은 아니다.

다수의 독립적인 연구에 의하면, 전적으로 무고하고 '존경받을 만한' 배경과 특권 집단에 속한 피해자들은 경찰관, 검사, 배심원, 판사로부터 더 나은 서비스를 받을 가능성이 더 높았다. 반면, 배경이 안 좋거나 사회적으로 불이익을 받는 집단에 소속된 피해자들은 헌법 기관이나 사법 시스템 공무원으로부터 호의적인 반응을 받을 가능성이 적었다(Karmen, 2004: 189–190). 예를 들어 피해자가 높은 직업적 지위에 종사하거나, 나이가 어리고 무력하다고 인식되거나, 사회적으로 평판이 좋거나, 피고인과 이전에 아무런 불법적인 관계도 없거나, 가해자를 자극했다고 생각되지 않거나, 피해자는 백인이고 피고인은 흑인이거나, 피해자와 가해자 모두 흑인이 아니고 사건 자체가 이웃의 하위문화 규범에 동조하는 것으로 보이지 않을 경우, 판사나 배심원단은 피고

인에게 유죄를 확정하기 쉽다.7)

한 피해자학자는 사회, 형사 사법 체계 종사자, 그리고 어느 정도는 피해자 지원 및 피해자 서비스에 관여하는 사람들이 규범적인 피해자 위계를 만들어 왔다고 주장한다(Fattah, 2010: 75). 그의 설명에 의하면, 피해자 권리 옹호가들은 자신들의 노력을 전개하는 데 있어 매우 선별적이었으며 모든 유형의 범죄피해자 편에 서서 동등하게 캠페인을 전개해오지 않았다(Fattah, 2010: 71). 공식 통계를 구성하는 범죄 중 피해자 운동의 중심에 있는 유형은 주로 살인, 강간, 가정폭력, 아동 성학대, 아동 유괴, 음주 운전 등이었다(Weed, 1995: 45; Fattah, 2010: 72에서 인용). 비록 피해자 권리를 옹호하는 사람들의 부인에도 불구하고 이 목록은 피해자 사이에 서로 다른 계급이 존재하고 있고 어떤 피해자들은 다른 피해자들보다 더 가치 있게 고려되고 있음을 보여 준다.

8개의 유럽 연합 회원국을 대상으로 취약하고 위험에 처한 범죄피해자들에 대한 형사 사법 기관의 반응을 연구한 구디(Goodey, 2003)에 따르면, 일반적으로 어떤 특정한 피해자 범주들은 경찰과 다른 형사 사법 기관들에 의해 '취약한' 대상으로 간주되어 우선적으로 대우받는 것으로 나타났다. 취약한 피해자 범주들 중에서 가장 상위에 있는 집단은 아동 피해자, 특히 성적·신체적 학대를 당한 아동 피해자이다. 대조적으로 동성애 혐오 범죄의 피해자, 불법 이민자, 범죄자 등 다른 인간적 특성과 다른 유형의 범죄는 형사 사법 기관들로부터 동일한 정도의 관심을 보장받지 못한다(Goodey, 2003; Goodey, 2005: 124). 형사 사법 종사자들은 피해자의 가치에 관한 자신들의 도덕적 판단과 개인적 믿음에 기초하여 피해를 입은 사람들에게 우월성 또는 열등성을 귀속시킨다. 그들은 책임 있는 피해자와 무고한 피해자, 선한 피해자와 악한 피해자, 가치 있는 피해자와 무가치한 피해자, 자격 있는 피해자와 자격 없는 피해자와 같은 피해자의 도덕적 범주를 창조한다(Goodey, 2005: 125).

범죄피해자의 지위 획득과 관련하여 나타나는 차별성 논란은 캐러바인과 동료들(Carrabine et al., 2004: 117)의 '피해의 위계' 논의로 이어진다. 이 위계의 맨 밑바닥은 홈리스, 약물 중독자, 거리 매춘 여성이 될 것이다. 이 집단의 사

7) 구체적인 연구 사례는 Karmen(2004: 190) 참조.

람들은 피해가 그들의 생활 양식에 고유한 것이고, 따라서 피해자 지위에 대한 어떠한 주장을 제기하는 것은 매우 문제가 있다고 가정된다. 이 위계의 맨 위에는 어린 아동과 노인 여성이 위치할 것이다. 물론 현재 증오 범죄에 보다 큰 심각성이 부여되고 있듯이, 이 위계에서의 위치는 변한다. 하지만 위계 개념은 피해의 정치학에 대한 관심을 유발한다.

사회가 어떤 집단을 범죄 피해의 보호 대상에서 배제하는 방식은 그들이 과실이 있거나 유죄이거나 혹은 비난받을 만하게 보이도록 함으로써 비난받아 마땅한 것으로 만드는 것이다. 어떤 집단들을 악마화하고, 그들에게 다수의 부정적인 자질을 부여하며, 그들의 몇몇 특질이나 행위를 탄핵하고, 사회에 대한 그들의 충성심을 의문시하고, 그들의 가치를 폄하하고 떨어뜨림으로써 그들을 떠돌이가 되게 만든다(Fattah, 2010: 76). 사실 어떤 집단들의 폭력 피해에 취약한 성향은 종종 그들의 개인적 속성과 사회적 태도들 간의 복잡한 상호 작용의 산물이다. 어떤 개인들의 속성(비행적인 생활 양식 등)이 그들로 하여금 다양한 폭력 형태의 희생자가 되게 하는데, 그들에 대한 부정적 태도들이 그 피해를 유도하거나 촉진한다. 이러한 개인적 속성은 그들을 다른 개인이나 집단들에 의해 행해지는 폭력뿐만 아니라 제도적 폭력의 손쉬운 표적이 되도록 한다.

피해자 지원과 피해자 서비스들에 대해 이야기할 때 다소 역설적인 것은 대다수의 폭력 피해자가 사실상 악마화되고 주변화되며 추방당하는 집단들에 속한다는 점이다. 그들은 폭력 피해의 가장 큰 고통을 겪는 피해자들이지만 동시에 범죄피해자들에게 가용하도록 만들어진 서비스와 프로그램들의 수혜를 가장 적게 받는 피해자들이기도 하다. 왜냐하면 그들은 범죄피해자의 전형적인 이미지나 일반적인 프로파일에 맞지 않기 때문이다.

피해자 서비스들은 사회의 관점과 태도들을 반영하므로 이것들 또한 사회의 편견과 편향들을 공유한다. 하지만 그 편향은 피해자와 가해자를 가르는 허위적 이분법에 기초해 있다(Fattah, 2010: 76–77). 일반 시민들의 눈에는 피해자와 가해자의 대비가 선과 악, 남을 의심하지 못하는 속수무책인 사람들과 그들에게 피해를 입히는 교활하고 솜씨 있고 통제되지 않는 약탈자의 이

분법을 대변한다. 이 대중적인 인식들은 피해자와 가해자 간의 순환적이고 교환 가능한 역할들에 대한 경험적인 실재와 명백하게 대조를 이룬다(Fattah, 1994b). 연구 결과들은 피해자 인구 집단과 가해자 인구 집단 사이에 나타나는 실질적인 동질성, 친화성, 유사성, 중첩성을 보여준다(Reiss, 1981; Singer, 1981; Fattah, 1991; Fattah, 2010: 77).

제2항 범죄피해자의 권리 행사를 제약하는 요인

1 권리에 대한 지식과 정보의 불균등성

몇몇 피해자는 즉각적으로 분명하게 자신의 욕구들을 드러낼 수 있지만, 다른 피해자들은 그렇게 할 입장에 있지 않거나 자신들에게 범죄피해자들을 위한 국가 보상 프로그램 등의 서비스 수혜 자격이 있는지 알지 못할지도 모른다. 결과적으로 범죄피해자를 위한 서비스의 요구에서 몇몇 피해자 집단은 다른 집단보다 유리한 위치에 있다. 범죄피해자를 위한 서비스 공급이 특정 피해자 집단들을 향한다면, 이는 서비스에 대한 보편적 접근과 평등한 분배의 침해라는 문제를 야기한다.

범죄피해자는 형사 사법 기관이나 피해자 지원 조직들로부터 대개는 '무료' 서비스 혜택을 받을 수 있고, 폭력 피해의 경우에는 국가로부터 보상을 자유롭게 신청할 수 있다. 형사 사법의 서비스는 일종의 공공재 또는 집합재인 셈이다. 그런데 고소득자처럼 가장 적게 주변화된 피해자들은 그들에게 원칙적으로 제공되는 서비스들을 문의하고 요구하는 데 있어 보다 많은 자원을 갖고 있는 것처럼 보인다(Goodey, 2005: 138). 대조적으로 가장 주변화되고 가장 취약한 피해자들은 사적 서비스에 전혀 접근하지 못하며 종종 자격이 되는 공적 서비스를 알지 못할 가능성이 높다.

서비스 자격 요건에 관한 지식과 정보는 정의와 보호가 피해자들에게 어떻게 전달되는지를 들여다볼 수 있는 좋은 잣대이다(Goodey, 2005: 139). 일차적으로 정보는 범죄피해자가 누릴 수 있는 권리와 자격에 대해 알도록 한다. 경찰 등 형사 사법 기관들과 민간 피해자 지원 기관들은 누구라도 범죄피해자 서비스에 접근할 수 있도록 수혜 자격이나 이용 방법 등을 널리 알릴 책임이 있다. 접근성은 사실상 '누가' 피해자-중심적 서비스의 혜택을 받게 되는지를 결정하는 핵심 요인이다. 교육 받은 사람들과 소득이 높은 사람들은 가용한 서비스에 접근하고 문의할 수 있는 능력이 있다. 반면, 교육을 덜 받은 사람들과 사회적으로 주변화되어 있는 사람들은 그 시스템의 변방에 위치하고 있어 교육 수준이 높거나 소득이 많은 사람들과 같은 동일한 지위를 향유하지 못한다. 이런 틀에서 봤을 때, 보호와 정의에 접근하는 데 필수적인 지식을 담고 있는 정보를 제공함으로써 범죄피해자들이 권리를 행사할 수 있도록 돕는 것은 형사 사법 기관과 자원적인 피해자 지원 조직의 의무이다.

2 피해자로서의 의무 이행에 대한 기대

범죄피해자들에게는 형사 사법 서비스의 혜택을 누릴 권리와 병행하여 범죄 사건의 증인으로서 경찰, 검찰에 협조해야 할 의무가 부과된다. 피해자-중심적 정책의 이면에는 정의가 행해질 수 있도록 범죄피해자들이 형사 사법 당국과 협력해야 한다는 함의가 내포되어 있다(Goodey, 2005: 135).

앞서 설명한 것처럼 일반적인 사회와 형사 사법 기관은 어떤 사람을 '피해자'로 인정하고 그에 합당한 지원을 제공하기 위한 자격이나 자세에 관한 통념을 갖는 것이 보통이다(Strobl, 2010: 9－12). 피해자는 뭔가 바람직하지 않은 상태에 있는 것으로 여겨진다. 사회적으로 규정된 피해자의 상황은 무력함이나 특별한 무능으로 특징 지어진다. 그들은 곧바로 그 상태를 극복해야만 한다. 피해자들에게는 외상을 극복하고 피해 이전의 생활로 복귀해야 하는 사회적 의무가 부여된다. 그들은 사회적 기준에 입각하여 합리적으로 행동할 것이 기대된다. 그 기준에 증오 감정이나 복수에 대한 열망은 포함될 수 없다. 피해자나 그의 가족, 친척과 친구들에게는 어떤 종류의 사적인 법 집행 자격이 주어지지 않는다. 대신 피해자 등은 법을 결정적인 준거틀로 선택하도록 요구된다.

경찰 및 다른 제도들과의 협력은 피해자 역할의 핵심이다. 피해자는 자기 이익을 맨 나중에 추구해야 하고 경찰과 사법 시스템의 요구 사항에 부합하기 위해 비용(시간 등)과 번거로움(당혹스러운 질문, 사건의 회상 등)을 수용하도록 요구받는다(Strobl, 2010: 10). '이상적 피해자'는 주저 없이 경찰에 신고하고 그 사건의 증거가 소실되지 않도록 보증한다. 그리고 심리학적으로 어렵고 고통스럽더라도 경찰에 모든 것을 보고해야 한다(Strob, 2010: 11).

이와 같은 이상적 피해자의 구성은 미디어에 의해 광범위하게 확산되며 선악의 상시적 상연에서 중요한 역할을 한다(Elias, 1986: 233; McShane and Williams, 1992: 267; Strobl, 2010: 11에서 재인용). 이상적 피해자의 구성은 법에도 영향을 미친다. 대개 각국의 피해자 보상법들은 오직 경찰에 만족스럽게 협조하고 책임질 만한 어떠한 행동에도 관여하지 않은 폭력 피해자들에게만 보상을 허용한다는 점이 이를 뒷받침한다. 만약 피해자가 이러한 요구들을 충족할 수 없거나 그럴 마음이 없다면, 사회로부터의 감정적 지원은 사그라질 가능성이 높다.

3 권리 행사 자격으로서 시민권

범죄피해자로서 혹은 잠재적인 피해자로서 권리 행사는 '시민권'이라는 또 다른 요인에 의해 영향을 받는다. '시민 피해자'의 관념은 인습적으로 사회에서 가장 취약하고 주변화된 피해자들 중 상당수가 시민이 아니라는 사실을 무시한다. 불법적인 옷 가게에서 일하는 사람들로부터 성매매에 종사하는 여성들까지 불법 이민자들은 가장 취약하고 피해를 많이 보는 유형의 사람들을 대변한다. 하지만 '불법 외국인' 혹은 '바람직스럽지 못한 타자'로서의 그들의 지위는 그들이 사법에 접근하는 데 장애로 작용해 왔다. 불법 이민자들은 설령 신체적으로 혹은 성적으로 폭행을 당하거나 재산을 도난당하더라도 추방당할 두려움 때문에 경찰에 가지 못한다. 동시에 이 피해자들은 다수의 이유로 인해 피해자 지원 서비스들에 접근할 가능성이 낮다. 학대자들로부터의 반복 피해와 보복의 두려움, 서비스 기관들의 존재 및 접근성에 대한 정보의 결여, 언어 문제, 기관들에 대한 불신 등이 이에 영향을 미친다(Goodey, 2005: 139).

정부가 계속해서 피해자의 권리와 이에 상응하는 책임을 틀 지우는 수단으로서 시민권 - 시민적, 정치적, 사회적 권리들을 아우르는(Marshall, 1950) - 의 사상에 초점을 맞추는 것은 문제가 있다. 국민 국가에 기초한 시민권 사상은 합법 이민과 불법 이민 모두 일반화되어 있는 시대에 실질적으로 도움이 필요한 피해자들을 외면하는 결과를 낳을 수 있다.

제 4 절

소결

범죄피해자들은 다양한 욕구와 기대를 갖는다. 그 주요한 것으로는 가해자에 대한 적절한 조치, 범죄 피해로 인해 야기된 해의 복구 및 회복과 피해자가 다시 자신의 삶을 스스로 통제할 수 있도록 역량을 강화하는 일, 이를 위한 국가 및 지역 사회로부터의 도움받기, 가해자 측의 협박과 피해 위험으로부터의 보호, 형사 절차에서 공정한 대우를 받고자 하는 욕구 등이 거론되고 있다.

피해자의 욕구들은 오랫동안 형사 사법 시스템 내에서 간과되어 왔다. 피해자의 역할은 증인의 역할로 강등되었고 범죄의 소유권이 피해자에게서 국가로 이행됨에 따라 자신의 피해 경험과 후유증을 소유하는 피해자의 권리도 점차 침식되었다. 20세기 후반부터 피해자의 욕구들은 점차 정부와 비정부 조직들에 의해 표면화되기 시작했다. 1985년 「범죄와 권력 남용 피해자를 위한 정의의 기본 원칙에 관한 유엔 선언」을 필두로 해서 피해자 권리 촉구를 위한 국제 연합의 노력이 전개됨에 따라, 각국은 가해자의 위협으로부터 사리에 맞는 안전과 보호를 제공받을 권리, 가해자와 관련된 정확한 정보를 적절한 시기에 고지받을 수 있는 권리, 사건과 관련해서 변호인으로부터 조력을 받을 수 있는 권리, 신속하게 재판을 받을 수 있는 권리, 모든 공적인 형사 절차에 참여할 수 있는 권리, 유죄 답변 거래, 양형, 가석방 심리와 관련하여 진술함으로써 피해자의 의견이 경청될 수 있는 권리, 공정성과 존중, 위엄으로써 대우받을 권리, 가해자 배상, 국가 보상 및 기타 피해자 지원 서비스를 제공받을 수 있는 권리 등을 인정하고 있다.

하지만 피해자의 권리에 대한 법적 보장에도 불구하고 아직까지 피해자의 사건 당사자로서 지위는 법으로 인정되지 않고 있다. 또한 피해자 권리의 인정은 소위 '자격 있는' 이상적 피해자를 전제로 함으로써, 마약 남용자, 알코올 중독자, 범죄 경력이 있는 자, 위험한 생활 양식에 노출됨으로써 스스로 피해의 위험을 자초한 자, 구금 시설 등에서 동료 범죄자들이나 교도관에 의해 피해를 입은 재소자, 존경받을 만한 여성의 행동 범위 밖에 있는 성매매 여성 등에게는 '피해자'로서의 권리가 제대로 인정되지 않고 있다. 규범적인 피해자의 위계와 서열화는 비단 형사 사법 기관과 그 종사자에게서만 발견되는 것이 아니며, 피해자 지원 및 피해자 서비스에 관여하는 사람들도 어느 정도 이러한 규범적인 위계를 만들어 왔다.

사회가 어떤 집단을 범죄 피해의 보호 대상에 배제하는 방식은 그들이 과실이 있거나 유죄이거나 비난받을 만한 것으로 보이게 하고, 그들을 악마화하며, 그들에게 부정적인 자질을 부여하고 그들의 가치를 떨어뜨림으로써, 비난받아 마땅한 것으로 만드는 것이다. 그러나 다소 역설적인 것은 대다수의 폭력 피해자가 사실상 악마화되고 주변화되며 추방당하는 집단에 속한다는 점이다. 그들은 폭력 피해의 가장 큰 고통을 겪는 피해자들이지만 동시에 범죄피해자에게 가용하도록 만들어진 서비스와 프로그램들의 수혜를 가장 적게 받는 피해자들이기도 하다.

현재 피해자는 형사 사법 기관의 중요한 고객, 소비자로 그 위상이 바뀌고 있다. 형사 사법 당국은 범죄 신고가 피해자들의 손에 달려 있으며, 따라서 자신들의 고객들을 행복하게 만들어야 한다는 점을 인식하게 되었다. 또한 피해자의 욕구들을 제대로 충족하지 못할 때는 국가의 효과적인 통치에 대한 정당성에 의문이 제기될 수 있음을 알게 되었다. 보호, 지원, 정보 제공 등은 소비자로서의 피해자의 욕구에 부응할 뿐만 아니라 범죄자의 기소와 재판을 위한 중요하고 효과적인 증언들을 확보하고자 하는 형사 사법 당국의 욕구에도 부응한다.

그런데 피해자가 자신의 권리들을 행사하는 데 있어 나타나는 구매력은 그가 가진 교육 수준이나 소득 수준 등에 따라 달라질 수 있다. 또한 피해자에게는 형사 사법 기관의 소비자로서 갖는 권리뿐만 아니라 범죄 사건의 증인으로서 형사 사법 기관에 협조해야 할 시민적 의무가 부과된다. 더욱이 각국의 피해자 권리는 현실적으로 시민권 소지자에게 한정된다. 그러나 시민권을 준거로 범죄피해자의 권리를 제약하는 시각은 인습적으로 사회에서 가장 취약하고 주변화된 피해자들 중 많은 사람이 '시민'이 아니라는 사실을 간과한다. 불법 이민자 혹은 바람직스럽지 못한 타자로서의 그들의 지위는 그들이 형사 사법이나 피해자 보호·지원 서비스에 접근하는 것을 막는 장애 요인으로 작용하고 있다.

토론 주제

1. 범죄피해자의 일반적인 기대와 욕구 유형은 무엇이며 이를 지원하기 위해서는 어떠한 공적 혹은 사적 개입이 요구되는가?
2. 범죄 및 인권 침해 피해자의 권리 충족을 위한 국제 사회의 노력이 어떻게 전개되어 왔는지 설명해 보자.
3. 피해자의 자격 논쟁과 서열화 논쟁의 핵심을 정리해 보자. 피해자의 권리 행사와 관련하여 이 논쟁이 시사하는 바는 무엇이라 생각하는가?

주요 개념

가해자에 대한 처벌 욕구
가해자 처우 및 재활에 대한 욕구
가해자의 배상에 대한 욕구
신체적·정서적·물질적 피해의 회복
사회 관계의 원상 복구
피해자-가해자 간 감정적 화해
사과와 용서
삶의 재건과 역량 강화에 대한 욕구
초기 영향 국면
반동 국면
회복 혹은 재조직화 단계
안전의 보장과 위기 개입
개별적 지지
정서적 지원
법률적 지원
아동 보호·지원
피해에 대한 국가 보상
재정적 지원
형사 소송의 당사자로서의 지위
범죄에 대한 목격자로서의 지위
사건 관련 정보에 대한 욕구
정보와 통지
사건에 대한 관여의 욕구
피해자 진술(victim statement)
공정한 처우에 대한 욕구
이차 피해
공정성 판단
절차적 정의
주변화된 피해자 지위
범죄의 소유권
범죄와 권력 남용 피해자를 위한 정의의 기본 원칙에 관한 유엔 선언(1985)
형사 절차에서의 피해자 지위에 관한 유럽연합 이사회의 기본 결정(2001)
피해자 권리 장전
피해자 헌장(Victim Charter)
헌법상 범죄피해자구조청구권(1987)
헌법상 범죄피해자의 재판 절차상 의견진술권(1987)
범죄피해자보호법(2005)

우리나라 범죄피해자 보호·지원 정책
형사 절차 권리 보장
범죄피해자의 자격
범죄피해자의 위계
범죄피해자의 의무 이행에 대한 기대
범죄피해자 보호·지원 기본 계획
손실 복구
사생활의 평온과 신변 보호
이상적인 피해자, 순수한 피해자
범죄피해자 지원 서비스에의 접근성
권리 행사 자격으로서 시민권

CHAPTER

08

피해자와 형사사법기관

제 1 절

형사사법제도와 피해자

형사사법제도는 관련 전문가뿐만 아니라 일반 시민들까지 많은 사람들에게 관심과 공격을 받는 정부의 한 부분이다. 범죄통제를 지지하는 보수주의자, 치료 중심의 자유주의자, 시민운동가, 여성주의자까지 많은 사람들이 형사사법제도의 절차와 원칙에 오류를 찾고, 형사사법기관에 수십 년간 근무했던 공무원들조차도 변화를 요구하는 비평가의 주장에 합류하기도 한다. 피해자 문제에 초점을 둔 전문가들은 형사사법제도가 피해자의 요구사항에 부합하지 않거나 기대에 못 미친다는 점에서 심각한 문제와 폐단이 지속되고 있다고 지적한다(Karmen, 2013).

예를 들어 한 사람이 강도를 당해 부상당했다고 가정해보자. 이 경우에 형사사법제도가 정의 분배를 하기 위해 할 수 있는 일은 무엇이고 무엇을 해야 할까? 법 집행 기관은 법률 시스템의 처음과 마지막단계에 있으며, 피해자가 가장 먼저 마주하는 사람도 형사사법기관의 경찰이다. 경찰은 피해자를 즉시 도울 수 있고, 필요한 물리적 그리고 심리적 응급처치를 즉시 제공할 수 있다. 그들은 범인을 잡아 법정에 세울 증거를 적정하게 수집할 수 있으며, 도난물을 회수하고 이러한 품목들을 정당한 소유자에게 신속하게 반환할 수도 있다.

검사는 피고가 기소되어 있는지 확인하고 신속한 재판을 유도할 수 있으며, 판결 후에 이 사건의 공정한 해결방법에 대한 피해자의 의견은 공표될 수 있다. 판사는 피해자가 원하는 바와 지역사회 및 강도의 입장에 대하여 균형을 유지하여 판결을 선고할 수 있고, 교도 당국은 집행유예자, 죄수 또는 가석방된 자들이 형사 사법 제도를 진행시킨 사람을 괴롭히거나 해를 끼치지 않는지 확인할 수 있다. 또한 가해자가 자신의 손실과 비용에 대해 피해자에게 보상하도록 판결이 난 경우, 교도 당국은 약속된 대로 적시에 이러한 지불 또는 서비스가 전달되도록 보장 할 수 있다. 그러나 이와 같은 “최상의 시나리오”는 현실에서 종종 구체화 되지 않는다. 피해자는 형사사법기관의 만족스러운 지원 서비스 대신 실망감을 느끼거나 갈등에 빠질 수 있다(Karmen, 2013)

제 2 절

경찰과 피해자

제1항 경찰의 역할과 피해자

경찰은 범죄를 예방하고, 범죄가 발생했을 때 이를 진압하고 수사함으로써 국민의 생명과 신체, 재산을 보호하는 업무를 수행한다. 이런 업무의 특성상 경찰은 국민과 가장 가까운 현장에 있으면서, 다양한 형태로 국민과 관계를 맺는다. 경찰은 단순한 내사 혹은 수사 과정에서 국민을 피내사자나 피의자 관계로 만나기도 하고, 범죄피해자 관계로 국민과 접촉하기도 한다.

특히, 범죄피해자의 경우 경찰서는 형사사법절차의 제 1단계로서 범죄 직후 위기상황에서 접하게 되는 최초의 국가기관이다. 이러한 점에서 경찰은 범죄피해자의 보호와 지원을 위한 가장 실효적인 대책을 강구할 수 있는 기관이라고 할 수 있다(정지운, 2011: 78).

일본의 경우 피해 신고, 피의자 검거, 피해 회복 및 경감 등 일련의 과정에서 범죄피해자와 가장 밀접한 관계에 있는 기관이 경찰이라는 인식 하에 1996년 2월 피해자대책요강을 제정한 것을 시작으로 관련 법률을 경찰에서 주도적으로 마련하였고, 정신적·신체적 지원 등을 포함하여 정부기관 중에서 가장 많은 피해자 지원정책을 시행하고 있다(박병식, 2014). 미국 경찰 역시 범죄피해자들에게 최대한 신속하게, 합리적으로 그리고 효과적으로 대응하기 위하여 경찰과 정신상담 전문가가 공동으로 위기상황에 대응하는 이동형 위기대응팀 운영을 포함하여, 경찰기반 피해자지원 향상 프로젝트 등을 통하여 피해자를 가장 처음 상대하는 국가기관으로서의 특성에 맞는 여러 제도를 운영하고 있다(장현석, 2015: 40–42). 또한 미국 범죄피해자국에는 '현장으로부터의 새로운 방향: 21세기를 위한 피해자 권리와 서비스(New Directions from the Field: Victims' Rights and Service for the 21st Century)'라는 보고서를 발간해, 경찰과 피해자 사이의 상호작용 과정에서 경찰의 대응과 관련된 정책, 규칙 및 절차를 제시하고 있다.

그 내용을 살펴보면, 피해자가 법집행기관과 최초 접촉을 하면, 피해자를 상대하는 경찰관은 반드시 주법 또는 연방법에 따라 피해자의 권리에 대한 구두 및 서면 통보를 제공하여야 한다. 경찰은 피해자가 현장 위기 개입과 원조 및 지원, 지역사회기관으로의 즉각적인 위탁, 응급의료 서비스 기관으로 이송 및 동참 등 긴급 서비스, 재정적 원조, 정보 및 지역사회 프로그램에 대한 접근을 보장받을 수 있도록 지역사회 협력 관계를 활용할 수 있어야 한다. 경찰은 피해자를 협박 및 위해로부터 보호하기 위해 이용할 수 있는 절차와 지원의 통보하고, 반-스토킹 권리와 긴급보호명령 이용에 대한 설명을 해야 하며, 용의자 석방에 대한 피해자 통보 및 석방 조건으로 피해자 비접촉을 포함하여야 한다. 또한 경찰은 수사과정에 대한 구두 및 서면 오리엔테이션, 피해자가 조사에 대동할 사람을 선택할 수 있도록 하는 절차, 사건을 수사하는 경찰관 이름과 연락처, 사건 및 체포 보고서의 무료 복사본을 피해자에게 제공해야 하며, 체포가 이뤄지면, 피해자는 가해자의 체포, 최초 출두를 위해 예정된 일시 및 장소, 가해자의 재판 전 석방, 형사사법 및 소년사법 과정 속 그들의 권리, 범죄 협의가 있는 가해자의 석방에 관해 다음 법정 출두 관련 일시 및 장소 고지 등을 통보받아야 한다.

만약 체포가 7일 내 이루어지지 않을 경우, 피해자의 현재 거주 주소로 체포에 대한 통보를 받을 권리에 대한 안내를 제공받아야 하며, 만약 사건이 기소를 담당하는 검사 사무실로 제출된 경우에는 사건 담당 검사의 이름, 주소, 연락처의 통보, 즉각적으로 재물의 환수받아야 한다(Doerner and Lab, 2012).

이처럼 미국은 경찰이 피해자를 어떻게 대응해야 하는지에 관한 규칙과 절차를 제시함으로써 피해자에 대한 차별화된 역할의 중요성을 인식하며 피해자에게 가장 밀접한 기관으로서 자리잡기 위해 노력하고 있다.

우리 경찰도 피해자 신고를 바탕으로 증거수집, 범인 검거 및 사건 해결 등 기본적인 수사로써 그 역할을 다한 것으로 보지 않고 그 과정에서 범죄피해자들이 진정으로 원하는 도움을 충족시켜 주기 위해 노력하고 있다. 이를 위해 경찰은 피해자와의 상호작용과정에서의 대응 절차를 법이나 규칙으로 구성하여 운영하고 있다.[1)]

그러나 보복위험으로부터의 안전 확보, 수사진행과정과 각종 지원제도에 대한 안내 등 피해자가 필요로 하는 것은 경찰의 통상의 업무인 가해자 검거 및 사건 해결 외에도 그 범위가 훨씬 더 넓지만 당장 가시적으로 드러나는 피의자 인권 또는 범인 검거에만 초점이 집중되고 상대적으로 피해자를 이해하고 배려하는 지지적 측면에서의 경찰 활동은 소홀히 다뤄진 것도 현실이다(류경희, 2015: 137).

제2항 경찰과 피해자 사이의 갈등

경찰은 피해자가 범죄 직후에 마주 대하는 최초의 형사사법제도이며, 다양한 방법으로 피해자에게 도움이 될 수 있다. 신고를 통해 경찰이 신속하게 도착해서 즉시 현장에서 응급 처치를 제공할 수도 있으며, 철저한 조사를 시작하여 용의자를 수감시키고 빼앗긴 재산을 회복시켜주며 법정에서 유죄판결로 이어질 증거를 수집함으로써 범죄를 해결할 수 있다(Karmen, 2013).

또한 피해자는 경찰 서비스의 주요 고객이며, 그들의 직접 경험에 기초한

1) 형사소송법 제196조 제2항, 형사소송법 제198조 제2항, 형사소송법 제134조, 형사소송법 제218조의2, 형사소송법 제219조, 경찰청 훈령 제604호, 경찰청 훈령 제643조(경찰과 피해자의 관계를 보여 주는 법률규정)

의견은 경찰-지역사회 관계에 큰 영향을 끼칠 수 있다. 만약 범죄와 관련하여 경찰이 피해자의 신고에 느리게 응답하거나 응답을 꺼려한다든가 혹은 피해자의 고소장을 믿지 않고 피상적인 조사를 수행한다거나, 범죄자를 구속해서 그들 사건을 해결하지 않고 그들의 빼앗긴 재산을 회복하는데 실패하면, 피해자들은 몹시 경찰들에 대해 실망을 할 것이다(Karmen, 2013).

피해자들이 경찰에 대한 실망과 갈등은 범죄자 검거의 첫 번째 과정인 범죄 신고 단계에서부터 일어날 수 있다. 피해자의 신고는 수사 단서로써 범죄의 수사와 진압에 기여하는 바가 적지 않다. 특히 조직범죄, 마약범죄, 뇌물범죄, 경제범죄, 금융범죄, 탈세범죄 등과 같이 은밀하게 행해지는 중대범죄에 있어서, 신고는 검거에 매우 중요한 역할을 한다. 피해자는 대부분 범행의 대상으로 범죄 현장에 있던 사람이기 때문에 사건의 목격자로서 가장 유력한 증인이 될 수 있다. 그러나 피해자는 범죄로 인해 신체적·정신적·재산적 피해를 입은 상태이기 때문에, 경찰이 피해자에게 신고나 진술을 이끌어내기란 쉽지 않다. 더욱이 피해자 자신이나 가족 등에 대한 보복범죄의 우려가 있거나 피해자나 가족 등의 명예가 훼손될 우려가 있는 경우에는 신고나 진술을 강제하기가 더욱 어렵다. 그럼에도 불구하고 피해자의 침묵으로 인해 범죄자가 방면되거나 방면된 범죄자에 의해 제2, 제3의 피해자가 생겨날 수 있다는 점을 생각하면, 경찰은 피해자의 진술과 증언을 얻어내기 위해 노력해야 한다.

경찰은 이에 피해자뿐 아니라 신고자 및 목격자 보호를 위해 가명조서를 적극 활용하는 등 불필요한 개인정보 노출을 예방하고 있다. 또한, 보복이나 신상정보 유출 등을 우려하는 신고자를 위한 익명 신고 시스템을 도입하는 등 신고 창구도 다양화함으로써 피해자를 보호하려고 노력하고 있다. 하지만 피해자들은 여전히 신상 노출의 불안을 경험하고 경찰에 신고하지 않는다. 이러한 과소보고는 바로 다수 사람들이 표면적으로 그들에게 "봉사하고 보호하는데" 헌신적인 경찰에 대한 소외와 격리의 신호로 해석할 수 있으며, 더 나아가서는 갈등의 시작으로 볼 수 있다.

피해자가 범죄를 신고할 때는 경찰관이 즉각적으로 출동하여 필요한 조치를 취하기를 바랄 것이다. 이를 위해 경찰들은 통신관제시설과 체계를 갖추고 가급적 빠른 시간에 현장에 출동하려고 노력을 한다. 상식적으로 만일 경찰관이 범죄현장에 빨리 도착한다면 피해자를 구조하고 용의자를 검거하며, 분실물을 되찾고 중요한 증거를 확보하며, 목격자를 확보할 가능성도 그만큼 더 높아지기 마련이다. 위기에 처한 피해자는 경찰이 아무리 빨리 현장에 도착하더라도 경찰이 도착하는 시간에 대해 만족하기가 쉽지 않다. 더욱이 경찰 출동이 늦어진다면 피해자의 불만은 더욱 커질 것이다. 브랜들과 호바스(Brandl and Horvath, 1991) 연구에 의하면 중서부 도시에 400명 이상의 피해자에 대한 설문 조사한 결과 경찰관이 예상보다 빨리 도착하는 경우에 경찰 서비스에 대한 만족도가 큰 것으로 나타났다. 더불어 출동시간도 중요하지만 현장에 출동한 경찰관의 말과 행동에 따라 경찰에 대한 만족도가 달라지며, 출동시간이 지연되더라도 사전에 미리 양해를 구하고 가능한 출동시간을 사전에 이해시키면 출동시간의 지연에 대한 불만을 감소시킬 수 있다.

또한 신고자는 경찰이 자신의 이야기를 진심으로 받아들이기를 원하지만, 경찰에게 신고자들은 확실한 피해자라기 보다는 피해의 가능성이 있는 신고자이다. 이에 신고과정에서 경찰은 신고자의 주장을 과소평가하거나 거부할 수 있으며 신고자의 사건은 배제되거나 경미한 사건으로 처리됨에 따라 피해자는 경찰에 대해 실망과 갈등을 경험할 수 있다.

이처럼 범죄 신고 단계에서뿐만 아니라 수사 단계에서도 경찰과 피해자 사이에는 갈등이 생길 수 있다. 피해자에게 범죄 피해는 유쾌한 기억일 수 없다. 그러나 수사 단계에서 경찰은 피해자를 수차례 소환하고, 동일한 질문에 반복적인 대답을 요구하며 긴 시간 조사를 진행한다. 이 과정에서 피해자는 불만이 쌓일 수밖에 없고, 범죄 기억을 계속해서 떠올려야 하는 상황으로 인해 육체적·정신적 2차 피해를 입을 수 있다. 특히, 피해자가 아동·미성년자·장애인·여성인 경우와 살인·강간 등 강력범죄의 피해를 입은 경우, 수사과정에서의 심리적 불안정성은 더욱 증가할 수 있다. 이러한 상황에서 피해자는 수사에 적극적으로 협조하기 힘들다. 하지만 그럼에도 불구하고 경찰은 수사를 위해 피해자의 참여를 유도해 정보를 얻어내야만 한다. 그래서 피해자와 경찰 사이에서 갈등이 발생하는 것이다.

더불어 피해자들은 범죄피해를 당하게 되면, 무력감, 자괴감, 우울증, 복수심에 빠지게 되어 경찰관이 자신들을 위로하고 안정감을 되찾을 수 있도록 도움을 주리라고 기대한다. 그러나 만약 경찰관이 냉정하게 행동한다면 피해자는 경찰에 대해 실망과 거부감을 느끼게 된다(symonds, 1980). 사실 경찰관은 일상적으로 불행을 경험하는 피해자들과 매일 직면하고 그 과정에서 그들의 감정과 분리하는 보호막으로 냉철하게 범죄를 다루려는 경향이 있다. 이러한 거리두기가 피해자의 불행은 어떤 이유이건 그들의 책임이며 불행이 일어난 사람들은 불행을 당해 마땅한 사람이라는 의식까지 외연화될 수 있고, 이 과정에서 피해자의 주장이나 신고내용이 신빙성이 떨어질 경우 쉽게 수사나 조사를 하지 않을 수 있다.

용의자 체포 단계에서도 경찰과 피해자 사이에 갈등이 생긴다. 경찰의 수사 기간은 업무량과 사건의 심각성에 따라 조정될 수 있다. 경찰은 용의자를 파악하지 못하거나 검거할 만한 증거가 불충분하다면 사건을 종결할 수 있는 재량권을 행사한다. 만약 피해자가 경찰의 사건 종결을 납득하지 못하더라도, 특별한 사유 없이 사건에 개입하기는 어렵다. 또한, 용의자를 체포할 수 있는 증거가 있더라도 용의자 체포가 곧바로 이루어지는 것은 아니다. 경찰관은 누구를 체포할 것인가에 대한 개인적 재량과 기관의 재량을 행사할 수 있다. 경찰의 재량권에 영향을 미치는 요인은 동료나 상급자의 압력, 경찰관의 예측, 범행의 특성, 피해자와 용의자의 관계 등이다. 피해자는 자신이 용의자로 지목한 사람을 경찰이 검거하지 않으면 경찰을 불신하거나 분노하기도 한다.

한편, 피해자들은 수사 과정에 대한 정확한 정보를 얻지 못해 불만을 터뜨리기도 한다. 피해자들은 자신의 사건이 해결되었는지, 용의자는 체포되었는지, 사건이 어떻게 진전되고 있는지 구체적으로 통보받지 못하기도 한다.

마지막으로 경찰은 용의자 검거뿐 아니라, 범죄로 인한 분실물을 찾아서 피해자에게 되돌려줌으로써 피해자에게 신뢰와 만족감을 줄 수도 있다. 하지만 확보된 분실물을 여러 가지 절차와 문제로 인해 피해자에게 되돌려주지 못하는 경우가 발생할 수도 있는데, 이때 피해자들은 경찰에게 불만을 가지게 될 것이다.

제 3 절

검찰과 피해자

제1항 검찰의 역할과 피해자의 관계

검찰은 형벌권에 기초한 국가 법 집행기관으로서, 국민 모두가 안심하고 살 수 있는 깨끗하고 안전한 사회를 만들기 위해 범죄를 수사하고 법을 집행하는 역할을 담당하고 있다. 검찰은 범죄 수사를 총괄 지휘하고 기소를 담당하는 수사기관이기 때문에 수사를 직접 개시할 수 있으며, 피해자를 검찰청으로 소환하여 조사할 수 있다. 또한 검찰의 주요 업무는 기소 여부의 결정이기 때문에, 이를 위해 피해자를 증인으로 소환할 수도 있다. 그러나 피해자의 관점에서 보면 피해자와 검찰 사이의 의사소통은 미미할 수 있다. 피해자와 의사소통은 검찰보다는 경찰이 맡는 경우가 많고, 심지어 불기소결정이 내려지면 피해자와 검찰과의 관계는 더욱 멀어진다.

그렇지만 검찰도 다양한 방법으로 피해자와 상호작용을 할 수 있다. 미국의 경우 검찰이 피해자에게 해야 할 역할을 다음과 같이 제시하고 있다. 첫째로 검찰은 피고의 기소, 재판 전 심리, 유죄답변협상, 재판, 모든 재판 관련 일시의 변경 및 양형심리와 같은 사항에 대하여 일시 및 장소를 정중하게 피해자에게 고지하여야 한다. 둘째, 검찰은 범죄피해자에게 최소한 기본적 수준의 서비스를 제공할 수 있도록 피해자-증인 원조 부서를 설치하여야 한다. 서비스에는 정보, 고지 및 상담과 참여를 포함한다. 셋째, 검찰은 범죄피해자를 협박 및 가혹행위로부터 보호하기 위하여 이용 가능한 모든 수단을 활용하여야 한다. 이러한 수단에는 범죄피해자에게 안전 예방에 대하여 정보 제공을 보장하고, 범죄자의 보석 절차에 앞서 피해자의 두려움과 안전에 대한 염려에 대하여 법원에 조언을 제공하는 것을 포함한다. 넷째, 검찰은 보석 결정, 소송의 연기, 유죄답변협상, 기각, 양형 및 배상에 대하여 판사에게 피해자의 관점이 반영될 수 있도록 피해자의 권리를 옹호한다. 또한 모든 검찰기관에 피해자가 그들이 이해할 수 있는 형태로 이와 같이 중요한 권리에 대하여 고지 받을 수 있도록 정책 및 절차가 집행되어야 한다. 다섯째, 피해자가 현 주거지 및 전화번호를 제공하였다면, 검찰은 유죄 협상 또는 불항쟁의 답변(nolocon tendere)[2] 수용을 포함하는 어떠한 유죄답변협상에 대하여 피해자와 상의하도록 모든 노력을 기울여야 한다. 여섯째, 검찰은 성폭력, 가정폭력, 노인 및 아동학대 그리고 특히 민감한 사건의 기소와 관련하여 체포 및 처리에 걸리는 시간을 단축하기 위한 '조기 달성(fast track)'을 위한 정책을 마련하여야 한다. 일곱째, 검찰은 성폭력, 가정폭력, 아동학대 사건에 관한 수직적 기소(vertical prosecution)[3] 절차를 적용하여야 한다. 여덟째, 검찰은 법정에서 실제 증거로 쓰이는 경우를 제외하고 피해자의 재산을 즉시 환수할 수 있도록 하는 절차를 마련하여야 한다(Doerner and Lab, 2012).

이처럼 검찰은 사건의 진행과정에 대해서 피해자에게 자세히 알려줄 수 있고, 피해자들을 협박 및 가혹행위로부터 보호할 수 있으며, 법원에게 피해자들의 사건에 대해 관심과 주의를 촉구할 수 있다. 더불어 사건을 신속하게 처리하게 함으로써 피해자의 시간과 노력을 줄일 수 있고 피해자의 재산을 돌려받을 수 있도록 도울수도 있다.

이를 위해 대검찰청은 예규를 두어 범죄피해자 보호 및 지원에 관한 지침을 통해 검찰이 피해자를 어떻게 보호하고 지원해야 하는지 규정을 두고 있으며, 피해자와 보다 밀접하게 의사소통을 할 수 있도록 노력하고 있다.

---

2) 'No contest'의 라틴어 표현은 'nolo contendere'로, 이는 "나는 다투는 것을 원하지 않는다"는 의미이다. 피고인은 유죄 또는 무죄 답변 대신 'nolo contendere'를 선택할 수 있으며, 이는 검사의 기소사실에 대해 다투지 않겠다는 의사표시이다. 이 답변은 유죄를 인정하지 않지만, 법원에서는 유죄답변과 동일하게 취급되어 본안 심리 없이 유죄판결이 내려질 수 있다.
또한 '불항쟁답변(no contest)'은 유죄를 인정하지 않으면서도 처벌을 받아들이는 것으로, 이후 다른 형사사건이나 민사사건에서 해당 피고인에게 불리한 증거로 사용될 수 없다는 점에서 유죄답변과 구별된다(Garner, 1999). 즉, 민사소송 등에서 'no contest' 답변은 유죄의 자백으로 간주되지 않아 피고인의 법적 책임 확대를 방지하는 전략적 선택이 될 수 있다.

3) 한명의 검사가 동일한 사건과 피해자를 처음부터 끝까지 담당하는 제도이다.

검찰이 아무런 갈등 없이 피해자에게 최상의 서비스를 제공할 수 도 있지만, 현실에서는 최선을 다하지 못하는 경우가 종종 발생하며, 이러한 갈등의 양상에서는 어느 누구의 이익을 양보해야 한다면 피해자가 양보할 가능성이 높다.

제2항 검찰과 피해자와의 갈등

검찰은 국가의 공익을 대변하는 주요 법 집행기관으로서, 피해자에게 변호인을 제공하기도 한다. 그러므로 검찰은 증인으로 협조하고 증언하고자 하는 고소인에게 무료 법률 서비스를 제공하는 공공 법률 회사로 볼 수 있다. 크게 보면, 피해자는 정부와 “같은 편”에 있으며, 검찰과 피해자는 서로 협력해야 하는 “자연적 동맹”관계이다. 그러나 때로는 검찰이 정부와 그들 자신의 관료조직, 그리고 그들 피해자(고객)의 이익 사이에서 갈등이 일어날 수 있고 특히 정부의 목표와 피해자들이 원하는 결과 사이에서 갈등이 발생할 수 있다. 또한 검찰을 고용한 관료조직과 그들 서비스의 “소비자”인 피해 당사자 사이에 갈등이 발생할 수도 있다. 이러한 모든 잠재적 갈등에 있어서 만일 검찰이 어느 당사자의 이익을 희생해야 한다면, 정부, 그들 관료조직의 이익이나 또는 그들 자신의 경력이 아닌 피해자의 이익이 희생될 가능성이 가장 크다 (Karmen, 2013).

피해자와 검찰의 갈등은 주로 기소단계에서 일어날 가능성이 높다. 첫째로 증인으로서 피해자는 근무시간을 뺏기고 임금손실을 경험하면서 검찰에 봉사한다. 그러나 이 과정에서 검찰은 피해자가 겪는 시간적 물질적 불편함과 어려움을 간과할 수 있으며 이러한 잘못된 처우로 인해 갈등이 유발될 수 있다.

둘째로 검찰은 피해자를 범죄로 인해 물질적 손실과 심리적 상처를 입은 당사자가 아닌, 범죄의 구성요소 중 하나인 증거로 인식하기 쉽다. 검찰 입장에서 피해자의 이해(욕구)는 검사가 대면하면 충분하다고 생각해, 피해자들을 형사사법절차에서 당사자가 아닌 주변인으로 소외시키곤 한다. 하지만 피해자는 형사소송의 주변인이 아닌 당사자로서 대우받기를 원하며, 사건 처리의 전 과정을 자세히 알기를 원하기 때문에 검찰과 피해자 간의 간극이 생기고 이해가 충돌할 수 있다. 검찰은 피해자와 원활하게 의사소통을 하고 피해자가 형사사법절차에 참여할 수 있는 부분을 확대시켜 피해자의 적극적 권리를 존중해 주어야 한다.[4]

셋째, 형사사법절차에서 증인으로서 피해자의 신변을 보호하는 것은 피해자가 형사절차에 적극적으로 참여할 수 있도록 하는 핵심 과제 중 하나이다. 피해자나 그 가족이 보복 범죄의 위험에 노출되거나 명예가 훼손될 우려가 있는 경우에도, 피해자가 두려움 없이 진술하고 증언할 수 있는 환경을 조성할 필요가 있다. 만약 신변보호에 대한 불안으로 인해 가장 중요한 증인인 범죄피해자가 법정에서 진술을 거부한다면, 범죄자에 대한 처벌이 어려워지고, 그 결과로 범죄자의 방면이 제2, 제3의 범죄피해자를 초래할 가능성이 있다. 보복범죄의 우려가 있다면 영구히 범죄자와 범죄피해자를 격리할 수 있을 정도로 철저한 신변보호제도를 마련해야 할 것이고, 명예가 실추될 우려가 있다면 범죄피해자 및 가족 등의 신원과 사생활을 철저히 지켜줄 수 있는 사생활보호제도를 마련해야 한다(박광민 · 강석구, 2009). 그러나 현재 한국은 범죄피해자 · 증인에 대한 단순한 신변보호도 담보하지 못하는 안타까운 현실에 있다.[5] 결과적으로 범죄피해자의 보호 · 지원 및 인권 보장은 요원해질 수밖에 없으며, 피해자의 적극적 권리는 침해당하게 되는 것이다. 이러한 현실에서 증인으로서 피해자는 검찰을 신뢰하지 못하고, 더 이상 검찰에 협조하지 못하는 갈등상황에 빠지게 되는 것이다. 뿐만 아니라 잠재적 피해자들로 하여금 경찰에 신고하거나 검찰에 협조하지 못하게 하는 압력이 될 수 있으며 안전망이 튼튼하지 못함으로써 보이지 않는 가해자에 대한 막연한 두려움이 극대화될 수도 있다.

---

4) 한국의 검찰은 2007년 형사소송법 개정 작업을 통해 피해자의 지위 향상을 중요한 과제로 설정하고, 피해자의 자유로운 증언을 보장하기 위해 노력하고 있다(이승호, 2012).

5) 현재 신고자보호법에서 규정한 특정 범죄에 해당되지 않으면 범죄피해자는 신변을 보호받을 수 없기 때문에 범죄 신고자에 대한 보호 범위가 좁은 점이 문제가 되고 있다(김혜정, 2010).

마지막으로 검찰은 형사소송법에 근거하여 기소독점주의[6]를 유지하고 있다. 기소독점주의는 검찰이 자의로 소추를 하지 않을 때는 피해자를 구제할 방도가 없으며, 형사절차상 피해자의 적극적인 참여를 배제할 수 있다. 이 과정에서 검사는 피해자의 의사에 반하는 기소 결정을 내릴 수도 있다. 이러한 결정은 더 이상 사건을 진행시키지 않겠다는 결정이며, 더 이상의 공식적 조치가 취해지지 않을 것임을 의미하는 것이다. 이러한 결정은 피해자로 하여금 자신이 검찰로부터 소외되었다는 자괴감과 더불어 또 다른 좌절을 느낄 수 있다. 더 이상 사건을 진행하지 않겠다는 것은 피해자가 사건을 신고했을 때 추구했던 목표를 성취할 수 없음을 의미한다.

제 4 절

법원과 피해자

제1항 법원의 역할과 피해자 관계

사회의 변화에 따라 사법의 역할 및 확대는 법률을 해석하고 적용하는 법관의 역할 변화와 그 확대로 이어지고 있다. 사회변화와 함께 법관의 역할은

6) 프랑스와 영국 등의 국가에서는 사인소추주의를 두어 검사의 기소 권한의 예외를 인정하고 있다. 사인소추를 인정하는 방식은 기소독점주의에 대해 피해자 등의 권리를 적극적으로 해석함으로써 기소권의 주체를 넓혀 검사의 기소권을 통제하는 것이다. 한국은 입법 당시부터 국가소추주의를 천명하고 있으며, 사인소추는 원칙적으로 인정하고 있지 않다. 입법자들은 대륙법제의 검찰제도를 채택하면서 공중소추와 피해자소추로 나누어 사인소추의 채택을 부정하였다(신동운, 2005; 김동혁, 2012 재인용). 그러나 피해자소추의 필요성을 전면 부인했던 것은 아니며, 피해자의 고소와 고발을 통해서 범인 소추의 희망을 표명할 수 있다. 그러나 이러한 피해자의 고소와 고발 등이 검사의 기소 권한에 직접적으로 영향을 미치는 것은 아니다.

사법의 법형성력 내지 창의성을 높이는 방향으로 또 다른 한편으로는 사법의 정치적 독립을 높이는 방향으로 나아가고 있다(박은정 외, 2015). 또한 시민의 권리를 수호하기 위해 적극적으로 활동하고 있으며, 피해자의 욕구를 인정하고 그들의 권익 증진을 위해 노력하고 있다.

하지만 아직까지 국내의 경우 형사소송법이나 각종 특별법 규정들에는 공판단계에서 피해자 인권보호에 필요한 내용들이 산발적으로 존재하고 있으며, 법정에서의 피해자의 지위는 전통적으로 범죄혐의자 죄를 밝히는데 도움을 줄 증거의 한 유형이자 도구로 인식되고 있으며(김재민, 2012) 재판에서 주변인으로 머무르는 경우가 많았다.

최근 피해자에 대한 관심이 증가함에 따라 법관들은 피해자를 단순한 증거로서가 아닌 욕구와 권리를 지닌 주체로 인정하기 시작하였다. 이를 위해 미국에서는 피해자와 관련된 법원의 역할을 규정하고 권고하고 있다. 예를 들면 법관이 피고의 권리에 대한 조언을 고지하는 것과 같이 피해자에게도 피해자의 권리를 고지하여야 한다든지, 법관을 비롯한 법원에 근무하는 모든 직원은 피해자와 관련된 법률 및 범죄가 피해자와 그 가족에 미치는 영향, 그리고 법원이 피해자의 권리를 어떻게 제대로 실현시킬 수 있을 것인가에 대한 교육을 지속적으로 이수하여야 한다든지 하는 것이다. 이 뿐만 아니라 법관은 피고가 피해자와 그 가족의 재판 출석이 공정한 재판을 받을 권리를 침해한다고 주장하지 않는 한 피해자와 그 가족의 재판 출석권을 인정해야 하며, 법관은 석방 전/석방 후 결정을 내릴 시 피해자와 지역사회의 안전을 고려해야 하며, 양형을 선고하기 전, 반드시 피해자, 피해자 측 대리인, 또는 적절하다고 여겨질 때 지역사회 대표를 합석시켜 피해자 영향 진술을 하도록 허용해야 한다든지 하는 몇 가지 권고사항 등을 제시하고 있다(Doerner and Lab, 2012).

법관이 위와 같은 노력을 할 때 피해자의 욕구와 권리가 형사절차 내에서 반영될 수 있다. 서구의 경우 어떤 법전통을 지니고 있느냐에 따라 법관의 역할에 대한 생각은 서로 다를 것이다. 대륙법에서는 객관적이고 중립적인 법관을 원할 것이지만 영미법에서는 적극적인 입장을 취하며 논란이 되는 정치적 문제들에 대해 법적 해명을 이끌어낼 준비가 되어 있는 참여적 법관이라는 관념에 더 초점을 둘 것이다. 이러한 법관에 대한 이념형적 차이는 매우 멀리 떨어져 있는 것처럼 보이지만 결국 그 과정에서 소수자의 권리를 보장하고 권력을 절제해야 한다는 지점에서 동일성을 지닐 수 있고, 이러한 기반에서 피해자의 욕구를 인정하는 방향으로 형사절차가 이루어져야 한다는 것은 유사할 것이다. 하지만 우리 현실은 사회의 변화와 더불어 피해자에 대한 권리와 욕구가 커지고 있지만, 법관이나 재판상에서 아직까지 피해자의 권리와 욕구가 현실화되지 않는 측면이 있으며, 이는 피해자가 재판과정에서 논란이나 갈등을 일으킬 수 있는 가능성을 내포하게 한다.

제2항 법원과 피해자 갈등

판사는 재판과정에서 심판과 같은 역할을 한다. 그러나 피의자들은 종종 그들이 국가와 검찰을 편애하는 편파적인 사람으로 여기는 반면, 피해자는 판사를 피의자의 권리를 수호한다고 생각한다. 또한 가해자, 경찰, 검찰, 그리고 피고측 변호인으로부터 고통받아 온 피해자는 판사가 최종적으로 피해자가 합의하도록 하고 가해자에게 유리한 보석 결정과 판결이 날 거라고 예상하기도 하면서, 피해자는 판사의 보석결정이나 양형에 관하여 신뢰하지 못하여 갈등이 생기도 한다(Karmen, 2013).

사건의 당사자인 피해자가 법원 판결의 공정성에 대해 신뢰를 갖게 하는 것은 매우 중요한 일이다. 피해자가 판결의 공정성에 신뢰를 갖고, 판결에 대해 충분히 납득한다면 범죄에 대한 응보감정을 충족시킬 수 있다. 이에 피해자는 범죄 피해에 대해 보상받았다고 느껴, 치료적인 효과도 기대할 수 있다. 그러나 판사가 범죄자에게 피해자가 원하는 것보다 가벼운 형벌을 내리는 경우도 발생하는데, 이 때문에 피해자와 법원 혹은 판사 사이에 갈등이 생긴다.

법원과 피해자의 갈등은 재판과정에서도 발생한다. 피해자는 재판에 증인으로서 출석하는데, 이때 피해자는 재판 당사자가 아닌 증거품목으로 취급되는 경향이 있다. 또한 피해자는 재판이 진행되는 과정에서 형사사법과정의 관료제를 경험하기도 한다. 피해자의 요구나 피해자에 대한 지원이 법원의 요구와 형사사법과정의 관료제에 밀려 무시되거나 이루어지지 않는 상황이 발생하는 것이다. 심지어 어떤 경우에는 재판 과정에서 피해자가 완전히 배제되어 그 존재조차 찾을 수 없게 되는 경우도 발생한다.7) 이러한 일련의 과정에서 법원에 대한 피해자의 불만이 발생한다.

피해자가 느끼는 형사사법제도에 대한 만족도는 범죄자에게 부과하는 형량의 공정성에 대한 인식과 관계가 있다. 대법원은 2009년 7월부터 부당한 양형 편차를 줄이고 합리적인 양평 판단의 기준을 제시해 줄 수 있는 양형기준을 제정함으로서 새로운 양형 환경을 형성하였다.8) 하지만 양형기준제가 시행되고 있는 현시점에서도 작량감경이 여전히 존재함으로써 양형 기준의 효율성을 떨어뜨리고 있다. '작량감경'은 법률에 따른 가중, 감경을 하고 난 후 법관이 피고인에게 정상에 참작할 만한 사유가 있으면 작량하여 형을 감경하는 것을 말한다(배종대, 2011). 작량감경은 법정형이 지나치게 가혹한 경우 이를 시정하기 위한 취지에서 인정되는 것이다. 우리 형법에는 외국에 비해 법정형이 높게 규정되어 있는 범죄가 많으므로 작량감경을 인정할 여지가 있다(이상한, 2013). 그러나 이러한 작량감경은 양형의 불균형을 초래할 뿐만 아니라 피해자로 하여금 재판 결과에 대한 공정성이나 객관성에 불만을 가지게 하는 요인이 될 수 있다.

또한 확실하게 죄가 있고 재범 성향이 높은 피의자를 보석으로 석방하는 것도 피해자와 법원 사이의 갈등의 원인이 된다. 보석으로 석방된 피의자가 증인으로 증언을 해야 할 피해자에게 또 다시 직접적인 위협을 가하거나 전

7) 재판장은 피해자 등이 이미 해당사건에 관하여 충분히 진술하여 다시 진술할 필요가 없다고 인정되는 경우, 공판절차가 현저하게 지연될 우려가 있는 경우, 해당사건과 관계없는 사항에 관한 경우, 범죄사실의 인정에 관한 것이거나 그 밖의 사유로 의견진술로서 상당하지 아니한 경우에는 의견진술을 제한할 수 있어서 제도 운영 여하에 따라서 피해자의 진술권을 침해하는 결과를 초래할 수도 있다(김혁, 2023).

8) 형사재판에서 양형불균형 및 불합리성의 문제를 해결하기 위해 2007년 법원조직법의 개정을 통하여 양형위원회가 구성되고 국민적 관심이 높은 횡령, 배임범죄를 비롯한 7개 범죄군을 대상으로 2009년 양형기준제도를 시행하였다.

체 지역사회에 위험을 초래할 수 있기 때문이다. 이 경우 보석을 허용한 판사와 법원에 대해 피해자는 불신하게 되고, 피해자와 법원은 갈등 관계에 놓이게 된다.

마지막으로 재판 과정에서의 피해자 참여와 관련하여 법원과 피해자는 갈등 관계에 놓일 수 있다. 피해자의 권리 영역에서 가장 중요한 입법상의 개혁은 피해자가 범죄로 인해 입은 영향을 진술함으로써, 양형단계에 피해자의 지위를 회복하게 한 것이다(McLeod, 1986).

공판단계에서 피해자의 실질적 참여를 보장하기 위하여 미국에서는 의견진술권을, 독일에서는 부대공소제도를, 일본은 피해자참가제도를 각각 도입하여, 형사절차에서 피해자를 당사자에 준하는 주체로 인정하고 있다(도중진 · 박광섭, 2013). 일본은 형사절차에서 피해자를 조력하기 위하여 피해자변호인제도를 폭넓게 인정하고 있다.

우리나라도 공판단계에서 범죄피해자에게는 법률이 정하는 바에 의하여 본인이 당사자가 되는 사건의 재판절차에서 진술할 수 있는 피해자의 진술권(형사소송법 제294조의2)[9]이 보장된다. 피해자의 진술은 공판절차에서 범죄의 실체적 진실을 밝히는 수단이 되기도 하지만, 적극적으로 공판 절차에 참여할 수 있는 피해자의 권리인 것이다. 그리고 이는 헌법상 보장된 기본권이기도 하다. 헌법은 '형사 피해자는 법률에 정하는 바에 의하여 당해 사건의 재판절차에서 진술할 수 있다'라고 규정하여(제27조 제5항) 범죄피해자의 재판정 진술권을 기본적으로 보장하고 있다. 이에 따라 형사소송법 제294조의2에서도 '법원은 범죄로 인한 피해자의 신청이 있는 경우에는 그 피해자를 증인으로 신문하여야 한다'라고 하여, 피해자가 증인으로서 공판절차에 참여할 수 있는 지위를 보장하고 있다.

단순히 진술권만 보장한 것이 아니라 피해자를 보호하기 위한 장치도 마련

---

9) 조미선 외(2024) 연구에 의하면 재판절차 진술권을 보장하기 위해서는 의견진술의 범위에 대한 검토, 증인으로 소환된 피해자의 의견진술권 실효성 확보, 증인으로 소환되지 않은 피해자의 의견진술절차 마련, 피해자가 서면으로 현출한 의견진술의 법적 취방안 개선, 증인신문절차에 마련된 피해자 보호규정의 준용, 준영 재판절차 진술권 홍보 등이 필요하다고 주장하였다.

되어 있다. 피해자의 사생활 보호와 신변보호 차원에서 피해자 진술의 비공개와 피해자의 소송기록 열람·등사청구권이 보장되고 있다. 또한 피해자가 증언을 할 때에 피고인의 퇴정 조치, 신뢰관계에 있는 자의 동석, 비디오 중계 방식에 의한 신문 등이 형사소송법에 의해 보장되고 있다.

그러나 우리나라는 2015년 증인신문방식이 아닌 의견진술 형식의 피해자 진술제도가 도입된 이래, 당해 사건의 재판과정에 관심을 가지고 자신의 목소리를 반영하고자하는 피해자의 요구를 실현하기에는 한계가 있었다. 이에 미국의 피해결과에 대한 진술이나 양형에 대한 의견 진술, 일본의 의견진술권 보장이나 독일의 사인소추나 소송참가 등은 피해자와 법원의 관계에 대한 한국의 현실에 시사하는 바가 크다.

제3항 피고 측 변호사와 피해자와의 갈등

변호사는 기본적 인권을 옹호하고 사회 정의를 실현함을 사명으로 하고, 업무상 공공성을 가지며, 직무 수행에 있어서 독립성을 가진 준사법기관의 성격을 띤다(변호사법 제1조 제1항, 제2조). 한편, 변호사는 법률 전문가로서 의뢰인에게 법률 서비스를 제공하고 그에 상응하는 대가를 받는 비즈니스적 성격도 가지고 있다.

이에 피고 측 변호사는 피해자와 서로 반대편에서 재판과정에서 대척점을 이룬다. 유상으로 고용되든 빈곤자에게 무상으로 제공되든, 이러한 변호인은 법적 절차와 그들이 행사할 수 있는 옵션에 대하여 용의자와 피고인과 죄수에게 조언할 의무가 있으며, 피고 측이 최대 처벌보다는 적게 선고 받을 수 있도록 조력할 의무가 있다(Karmen, 2013). 이에 피고 측 변호사는 가해자에게 법률 서비스를 제공하며 가해자를 대리해야 하기 때문에 피해자 및 피해자 대리인과 다양한 형태의 갈등을 초래할 수 있다. 특히, 재판 기간이나 출석 회수, 피해자 심문 등의 문제로 가해자 측 변호사와 피해자 사이에 긴장이 발생할 수 있다.

예를 들면, 피의자가 보석으로 풀려나게 된 경우 변호사는 피의자에게 자유 시간을 제공하기 위해서 재판절차를 지연시킬 수 있다. 또한 불필요하게 피해자를 자주 법정에 출두시켜 피해자를 지치게 만들거나, 대질심문 등을 통해 피해자를 비방하거나 피해자에 대한 부정적 정보를 제공해 피해자의 신뢰성을 약화시키는 활동을 할 수 있다. 또한 피의자의 변호인은 피해자의 범행 유발 내지 범행 기여를 주장하거나 가해자와 피해자의 역할 교체라는 시각으로 사건을 해석하고자 하기도 한다(원혜욱, 2012). 이런 가해자 측 변호인의 활동은 피해자에게 큰 부담과 고통으로 작용할 수 있다.

대한민국에서는 변호사윤리장전을 통해 변호사와 상대방 대리인 간의 윤리를 변호사법보다 상세하게 규정하고 있지만, 외국에 비해서는 아직 그 내용이 충분하지 못하다. 최근 단기간에 변호사가 폭발적으로 증가함으로 인하여, 변호사의 법조윤리에 대한 문제가 화두로 떠오르긴 했지만, 이 또한 주로 변호사와 의뢰인 간의 윤리에 초점을 맞추고 있을 뿐이다. 즉, 변호사와 피해자 혹은 상대방 대리인 사이에서의 윤리에 대한 논의는 다소 미흡한 편이다.

미국변호사협회에서는 법률가직무규범규칙을 제정하여 상대방 대리인과의 법조윤리를 규정하고 있다. 이에 따르면, 상대방 대리인에 대한 공정의무 항목을 두어 변호사가 증거나 증인에게 불법적으로 접근하거나 재판기관 규칙을 고의로 위반하고, 무익한 정보를 공개하도록 요구하는 등의 행위를 상세히 금지하고 있다. 또한 변호사가 다른 변호사가 대리하는 상대방 당사자와 직접 접촉하는 것도 금지하고 있다(배기석, 2014).

제 5 절

교정기관과 피해자

제1항 교정기관의 역할과 피해자와의 관계

교정이란 법원의 판결을 집행하는 것으로, 다양한 범죄자를 분류하여 적합한 시설에 보내거나 각 범죄자에게 필요한 프로그램을 적용하는 것이다. 교정기관에는 우리가 흔히 알고 있는 교도소, 구치소 등과 같은 기관이 있으며, 법무부 산하 범죄예방정책국과 교정본부 소속 기관들도 교정기관에 포함된다.

교정기관의 역할에는 범죄인의 처벌이나 재사회화뿐만 아니라 피해자에 대한 권리 보장 및 서비스도 있는데, 이 또한 교정기관의 매우 중요한 역할이라고 할 수 있다. 피해자는 더 이상 범죄자로부터 심리적 차원이건 물리적 차원이건 사소한 피해도 당하지 않기를 원하고, 이를 위해 교정기관이 적극적으로 역할을 수행하기를 원한다.

미국의 경우, 교정기관에서 피해자를 고려한 활동을 하고 있으며, 교정기관이 효과적으로 피해자를 지원하기 위해 필요한 권고사항 등을 제시하고 있다. 미국의 교정기관을 위한 권고사항 가운데 한국사회에 의미있게 반영되어야 할 권고사항을 살펴보면, 첫째로 교정기관은 범죄피해자에게 정보, 원조, 위탁을 제공하는 직원을 지정해야 한다. 둘째로 교정기관은 피해자가 요청할 경우, 가해자의 지위에 변화가 생기면 통보하여야 한다. 가해자의 지위 변화는 지역사회나 피해자에게 접근이 가능한 사면을 포함한다. 셋째로 교정기관은 감독 하에 있는 재소자의 협박, 위협 또는 어떠한 위해로부터 피해자의 보호를 보장하는데 우선순위를 두어야 한다. 넷째로 피해자는 성인 및 소년범죄자의 석방에 영향을 미치는 모든 결정에 의견을 제시하여야 한다. 다섯째로 범죄자가 자신이 저지른 행동이 피해자의 삶에 미치는 영향을 일깨우기 위하여, 성인 및 소년범죄자 대상 교정기관에서는 피해자 영향 패널을 반드시 이용하고, 범죄자가 인간의 생활에 미치는 영향에 대한 과정을 수강토록 한다. 여섯째로 범죄피해자는 범죄자의 보호관찰 및 가석방 조건의 어떠한 위반사항이라도 통보받아야 하며, 보호관찰 및 가석방 위반 심리 전 및 심리 기간 동안 의견을 제공할 수 있어야 한다. 일곱째로 성범죄자가 출소한 경우, 통일된 형식의 지역사회 통보 관례가 개발되어야 한다(Doerner and Lab, 2012).

제2항 교정기관과 피해자 갈등

피해자는 가해자로부터 더 이상 그 어떤 피해도 입지 않기를 원한다. 때문에 가해자가 자신에게 피해를 끼치지 못하는 상황에 있는지 확인할 필요를 느끼고, 가해자의 지위 변화에 대한 정보를 얻기를 원한다. 교정기관은 피해자에게 가해자의 지위 변화에 대해 통지하고, 가해자의 출소와 가석방 등에 대한 정보를 제공하는 역할을 담당한다.

교정기관에서는 피해자 통지제도를 시행하고 있다. 피해자 통지제도란 피의자 또는 유죄 판결을 받은 범죄자의 석방에 대해 피해자에게 통지하는 제도를 말한다. 수형자의 신병에 대한 정보를 얻으면 피해자는 자신의 안전을 꾀하기 위한 예방대책을 강구할 수 있기 때문에, 이 제도는 피해자를 위한 핵심적인 서비스로 인식되고 있다. 특히, 교정기관은 범죄인이 출소한 이후 자신을 신고한 피해자를 상대로 보복행위를 일으킬 것을 방지하기 위해, 피해자의 안전을 위해 범죄자의 출소 정보 등을 피해자에게 적극적으로 제공해야 한다.

수형자가 가석방이나 보호관찰 등 시설 외 처우를 받고 있는 경우에 그 감독을 담당하는 공무원은 수형자가 피해자에게 해를 끼치지 않도록 범죄자의 집, 직장, 이웃과의 접촉 등을 감시해야 한다. 특히, 성범죄나 가족폭력범죄와 관련된 범죄자에 대해서는 특별한 교육을 받은 공무원이 집중적으로 감시활동을 해야 한다(오영근, 2006).

그러나 이런 제도적 장치가 있음에도 불구하고 피해자 및 목격자들은 형기를 마친 범죄자로부터 협박이나 괴롭힘을 당하기도 한다. 피해자의 안전을 확보하기 위해 전자감시장치의 사용, 외출 금지, 불시의 알코올 및 약물 검사, 피해자의 거주지역을 피한 지역에서의 가석방 등의 조치도 있지만, 아직까지는 피해자의 요구를 반영하기에는 한계가 있다.

범죄자의 출소나 가석방 이후뿐 아니라 교정단계에서도 피해자의 의견을 들을 필요가 있다. 교정기관은 피고인에 대한 분류 심사나 가석방10) 심사를 할 때, 피해자의 의견을 확인하고 심사 결정에 반영할 수 있다. 가석방의 적격 여부는 가석방심사위원회에서 심사하고 있는데, 가석방 심사 시 피해자에게 가석방 적격 여부에 대한 의견을 진술할 권리를 부여할 필요가 있다. 이를 통해 피해자에 대한 제2차 피해를 예방하는 부수적인 효과도 꾀할 수 있는데, 가해자가 석방되는 경우 피해자가 신변에 영향을 받을 수 있기 때문이다. 의견 진술은 피해자의 편의에 따라 구두 또는 서면으로 할 수 있을 것이다. 또한 가석방 심사 시 피해자에 대한 피해변상, 배상명령의 이행 상황 등을 종합하여 가석방 여부를 결정하고 수형자가 가석방으로 석방되는 경우 사건의 피해자에게 가석방 사실을 통지하도록 하는 방안도 함께 강구하여야할 것이다(도중진 · 박광섭. 2013).

미국과 호주와 같은 영미법계 국가에서는 가해자에 대한 보석이나 가석방 시 피해자에게 의견을 개진할 기회를 주고 있다.

마지막으로 교정기관은 피해자의 피해 회복을 위해 노력해야 한다. 교정기관은 피해자를 고려한 교화 프로그램을 운영하고 있다. 2007년부터 서울 지방교정청에서는 '피해자에게 사죄 편지 보내기 프로그램'을 실시하고 수형자

10) 형법은 징역 또는 금고의 집행 중에 있는 자가 행상이 양호하여 개전의 정이 현저한 때에는 무기의 경우 20년, 유기의 경우에는 형기의 3분의 1을 경과하면 행정처분으로 가석방을 할 수 있도록 하였다(제72조 제1항). 형법규정에 따라 가석방은 교도소, 소년교도소, 구치소 및 구치지소에 수용된 성인수형자에 대하여 실시한다. 가석방심사위원회가 심의, 의결하여 대상자를 결정하면 법무부장관이 최종 허가권자로서 결정한다(조준현, 2012). '형의 집행 및 수용자의 처우에 관한 법률시행규칙' 제246조와 제247조는 소장이 가석방적격심사신청을 위하여 사전조사를 하는 경우 피해 회복 여부 등을 조사하고, 이 경우 피해자의 감정 및 합의 여부, 출소 시 피해자에 대한 보복성 범죄 가능성 등을 유의하도록 규정하고 있다(도중진 · 박광섭, 2013). 다만, 소장에게 부여된 권한이자 의무로 피해자의 절차참여와는 거리가 있다.

에게 다양한 인센티브 제공을 약속하는 등 자발적인 참여를 유도했다. 하지만 참여자가 많지 않아 그 실효성에 의문이 있다(정훈진, 2014). 또한 피해자에게 이 프로그램이 과연 도움이 되는지 다시 한번 고려해볼 일이다. 피해자 입장에서 가해자로부터의 연락은 그리 반가운 일이 아닐뿐더러 아직 범죄로 인한 상처가 아물지 않은 상태에서 사죄 편지 등을 받는다면 오히려 2차 피해를 입게 될 지도 모르기 때문이다. 교정기관에서는 피해자의 입장을 고려해, 더욱 신중하게 활동을 계획해야 할 것이다.

교정기관에서는 보호관찰이나 사회봉사 및 수강 명령을 집행함에 있어서도 피해자를 고려하여 프로그램을 운영하고 있다. 2005년 서울보호관찰소에서는 학교폭력 예방을 위한 피해자 만남 프로그램을 개발하여 학교폭력 피해자에게 편지 쓰기, 가해자와 피해자 가족의 만남, 학교폭력 피해자 가족협의회 회장의 초청 강연 등을 실시한 바 있다. 또한 2009년 12월부터는 사회봉사명령 집행대상 중 하나로 피해자 가정을 추가하여 도배 등 일손 돕기를 하고 있다(이성칠, 2009; 정훈진, 2014 재인용).

교정 단계에서 회복적 교정프로그램은 가해자와 피해자의 관계를 범죄 이전의 상태로 되돌려서 화해시키는 것을 목표로 하지만, 현실적으로는 매우 어려운 일이라는 것을 감안하여 피해자 입장에서 단계적으로 시행하는 방안을 마련해야 한다(신용해, 2009).

제 6 절

소결

피해자들은 가해자가 구속되어 처벌받든 어떤 재활 프로그램에 효과적인 치료를 받든, 배상을 하라고 명령 받든지 관계없이, 경찰, 검찰, 판사, 그리고 교정기관과의 관계가 협조적이라기 보다 갈등적일 수밖에 없다.

피해자는 그들이 범죄를 신고하면 경찰이 신속하게 대응하고 심리적, 물리적 응급처치를 효과적으로 관리하고, 그들의 설명을 믿고, 용의자를 파악하고, 법정에서 인정할 증거를 수집하고 그들로부터 빼앗긴 모든 재산을 되찾기를 바란다. 그러나 경찰관과 형사가 늦게 도착하고 피해자를 무신경하게 다루고 사건이 믿을 수 없거나 과장되었다고 생각하고, 사건 해결에 실패하며, 잃은 물건을 돌려받지 못할 수도 있다.

검찰은 먼저, 사건에 대한 상황을 지속적으로 알리는 일부터 시작해서 불필요한 지연 없이 가능한 한 신속하게 사건을 해결하려고 노력해야 하며 보복으로부터 피해자들을 보호해야 하는 등 여러 가지 다양한 방법으로 이들을 대응할 수 있고 대응해야 한다. 그러나 검찰이 피해자들에게 적절한 조치를 취하지 않을 때 피해자들은 검찰에게 실망감을 느낄 수 있다.

피고측 변호인이 지연 작전으로 피해자를 지치게 하고 재판에서 반대 심문하는 동안 적대적 질문을 함으로써 그들 증언에 의문을 제기하려 한다 해도 피해자는 별로 놀라지 않는다. 피해자는 판사가 공평하기를 바라지만, 피고가 석방을 얻기 위해 충분히 낮은 보석을 허가하고 그들을 위협하고 그들에게 해를 끼치는 범죄의 중함을 반영하지 않고 판결을 내릴 경우 속상함을 느낄 수 있도 있다.

피해자는 교도관이 재소자의 행방에 관련된 정보를 계속 알려주고, 석방 후에 보복으로부터 그들을 보호하고, 집행유예 또는 가석방의 조건들로 부과되었을지도 모를 배상조치를 효과적으로 감독하기를 요구하지만 피해자를 보호하고 의무를 다하지 못할 수도 있다.

수십 년 전부터 피해자 인권 운동이 대두되기 시작하면서, 형사 사법 절차 내에서 기관과 당국이 피해자를 함부로 대하는 일은 거의 없어져 가고 있다. 그러나 아직까지도 피해자 문제에 초점을 둔 전문가들은 형사사법제도가 피해자의 기대에 못 미친다는 데에 동의하고 있으며, 그 과정에서 피해자는 형사사법기관에 실망감을 느끼거나 갈등을 경험한다.

그럼에도 불구하고 피해자는 자신의 범죄피해에 대해 형사사법기관이 주목하기를 원한다. 피해자는 형사 사법 제도를 운영하는 전문가들(경찰, 검찰, 판사, 감시인, 보호 관찰관 담당관, 가석방 공무원)이 법률 위반에 대응하여 효과적인 조치를 취하기를 바란다. 동시에 피해자운동에서는 피해자에게도 권한이 주어져야 한다고 요구하고 있으며, 모든 형사사법에 있어서 중요한 결정에 개입할 수 있도록 요구하고 있다. 즉, 경찰에 대한 불만을 수집하는 것부터 구금, 집행 유예 또는 가석방에서 가해자의 석방까지 형사사법절차상의 모든 단계에서 중요한 결정에 의견 표시를 할 수 있게끔 하는 것을 의미한다. 이러한 권한이양은 피해받은 당사자들이 "국가기관"에 의한 조치들을 실현하여 사건 종결에 대한 공정성, 자신의 이익, 원하는 결과가 되도록 만들 것이다. 피해자들은 형사사법과정에 개입하기를 원하고 핵심단계에서 참여할 기회를 가져야 한다고 주장한다(Karmen, 2013).

토론 주제

1. 현재 형사사법제도가 피해자의 요구를 충족하지 못하는 구체적인 사례를 제시하고, 이러한 간극이 발생하는 이유에 대해 설명해 봅시다.
2. 경찰이 피해자와의 신뢰를 구축하기 위해 어떤 노력을 해야 하는지에 대해 경찰이 범죄피해자에게 제공해야 하는 지원의 종류와 그 중요성을 중심으로 토론해 봅시다.
3. 검찰과 피해자 간의 소통 부족이 사건의 기소 및 재판 과정에 어떤 영향을 미치는지에 대해 설명해 보고, 검찰이 피해자와의 소통을 개선하기 위해 어떤 구체적인 조치를 취할 수 있을지에 대해 토론해 봅시다.
4. 법원에서 피해자의 권리가 어떻게 보장될 수 있는지에 대해 토론해 봅시다.

주요 개념

형사사법제도
경찰의 역할
법원과 피해자 갈등
피해자 권리
형사사법기관
피해자 소통 부족
피해자 안전
형사사법 절차
피해자 지원 프로그램
피해자 보호
검찰과 피해자 관계
교정기관의 역할
피해자 지원
피해자와 경찰 갈등
피해자 증인 지위
피해자 의견 반영
피해자 인권
피해자와 가해자 관계

PART 04

피해자 보호와 지원

CHAPTER

09

형사절차상 피해자 보호

범죄피해자를 위한 대책은 크게 피해자 보호대책과 피해자 지원대책으로 구분할 수 있다. 피해자 보호대책은 피해자의 권리를 확립하고 강화하려는 국가나 공공기관의 노력을 의미한다. 피해자의 권리는 특히 형사사법절차에서 주요하게 대두되므로 피해자 보호대책은 흔히 형사사법제도와 관련해 다루어진다.[1] 반면에 피해자 지원대책은 실제로 피해자가 경제적, 정신적, 사회적 곤경을 극복하고 범죄피해 이전의 상태로 환원할 수 있도록 도와주는 일체의 활동을 의미하며, 국가나 공공기관의 노력과 함께 개인이나 민간자원 조직의 활동까지도 포함한다. 이번 장에서는 국가나 공공기관의 피해자대책, 즉 형사사법제도와 관련한 피해자 보호대책을 검토하고, 다음 장에서는 피해자가 곤경과 어려움을 극복하도록 도와주는 일체의 피해자 지원대책을 살펴본다.

전통적 형사사법제도는 범죄를 저지른 가해자의 권리를 보호하고[2] 이들의 재사회화를 실현하는데[3] 많은 노력과 관심을 집중했으며 상대적으로 피해자

---

1) 피해자 보호와 지원의 개념을 다르게 정의할 수 있다. 김용세·류병관(2002)은 범죄피해자대책을 피해자 보호와 피해자화 방지로 구분하고, 피해자 보호를 다시 피해자 지원과 사법절차상 보호로 그리고 피해자화 방지는 국가나 지방자치단체의 공적 활동과 시민사회단체 등의 사적 활동으로 분류했다(p.167). 또한 피해자 지원은 경제적 지원, 정신심리적 지원, 기타 법률구조 등을 의미하며 사법절차상 보호는 형사사법기관의 보호조치, 형사절차상 지위강화, 회복적 사법 등을 의미하는 것으로 정의했다. 김용세·류병관의 구분은 피해자 보호와 피해자 지원의 개념적 차이를 규명하려고 노력했다는 점에서 의의가 있다. 그러나 보호라는 용어를 대분류와 소분류에 중복사용했다는 한계가 있다. 개념적 명확성을 위해 이 책에서는 피해자 보호를 형사사법제도와 관계된 피해자 권리강화 방안을 지칭하는데 이는 김용세·류병관이 구분한 사법절차상 보호와 유사한 의미이다.

2) 미란다 원칙(Miranda rule)은 가해자의 권리를 보호하는 대표적 사례이다. 1960년대 이후로 미란다 원칙에 의해 경찰이나 검찰은 가해자를 연행할 때에 그 이유를 고지해야 하고, 변호인의 도움을 받을 수 있으며, 진술을 거부할 수 있는 등의 권리를 알려주게 함으로써 가해자는 자신의 기본적 권리를 보호받을 수 있게 되었다.

3) 교정시설에서 실시하는 취업훈련, 심리상담, 정신교육, 귀휴제도 등과 보호관찰, 수강명령, 사회봉사명령, 전자감시 등과 같은 사회내처우는 20세기 중반 이후로 범죄자의 재사회화를 위해 적극적으로 활용되고 있다.

의 권리는 간과되었다. 그러나 피해자는 범죄로 인한 경제적 손실과 신체적 상해와 같은 1차적 피해뿐만 아니라 언론보도에 의한 사생활 침해와 가해자의 보복을 비롯해 경찰과 검찰의 수사과정, 법원의 재판과정, 가해자의 교정단계에서 2차적으로도 온갖 유형의 고통과 어려움을 겪을 수 있다. 20세기 중반까지 피해자의 이런 고통과 어려움은 간과되었고 피해자는 형사사법제도에서 잊혀진 존재로 취급되었다. 피해자 권리에 관심을 갖기 시작한 때는 1960년대이다. 당시 영국의 치안판사이며 교정활동가였던 마저리 프라이(Margery Fly) 여사는 교통사고로 다치거나 산업재해를 겪은 경우는 적절한 보상으로 일상적 생활을 할 수 있는데, 자기 잘못이 없는 범죄사건의 피해자들이 아무런 보상을 받지 못하고 힘들게 사는 모습에 분개하고 정책입안가들에게 대책마련을 지속적으로 요구했다(Waller, 2011: 3). 프라이 여사의 노력이 계기가 되어 영국에서는 피해자를 위한 국가적 지원대책들이 마련되기 시작했고 이후 서구사회를 중심으로 피해자의 권리보호에 관한 대책들이 점진적으로 확대되었다.

또 다른 중요한 이정표로는 1985년 UN선언을 들 수 있다. 1985년 11월 29일 UN총회에서는 전 세계 회원국 모두가 동의한 가운데 '범죄와 권력남용의 피해자에 관한 사법정책의 기본원칙선언'을 채택했다. 회원국들은 '범죄가 피해자를 침해하는 행위(crime does harm to victims)'라는 사실을 인정하고 피해자에 대한 침해에 대처하기 위해 교육, 보건과 사회서비스, 경찰, 사법제도에서 온갖 노력을 다할 것을 선언했다(Waller, 2010: 5). 또한 피해자 보호와 지원을 형사사법제도의 주요 정책과제로 선정하고 피해자가 필요로 하는 정보, 사회서비스와 의료서비스, 가해자로부터의 배상, 국가로부터의 보상, 사법절차의 실질적 참여방안 등을 마련할 것을 결의했다. 이런 점에서 1985년 UN선언을 범죄피해자의 권리장전(magna carta)이라고 부르고 있다(Waller, 2010: 5). UN산하의 범죄방지 및 형사사법위원회(Commission on Crime Prevention and Criminal Justice)는 1996년에 UN선언의 구체적 적용방안을 마련하기 위해 '범죄 및 권력남용 피해자를 위한 기본원칙 선언의 활용과 적용'이라는 결의안을 채택했고, 1997년에는 이를 전파하고 실무상 편의를 제공하기 위해 '피해자를 위한 사법핸드북'과 '정책입안자를 위한 지침'을 작성하고 배포했다(김용세 · 류병관, 2002: 147-148). 이후 미국, 유럽국가들, 호주, 캐나다 등 다수의 국가들이 1985년 UN선언을 구현하기 위해 국가별로 다양한 보호대책을 개발하였다.

UN선언과 주요 국가들이 실현하고자 하는 피해자의 권리는 어떤 것일까? UN총회에서 회원국 모두가 동의했고 주요 국가들이 구현하려는 피해자 권리의 보편적 성격을 파악하는 것은 매우 중요한 일이다(Rock, 2004; Bottoms & Roberts, 2010; Tobolowsky et al., 2010). 이를 기준으로 할 때에 우리나라를 비롯해 각국은 피해자 정책의 실태와 문제점을 정확히 진단할 수 있고 앞으로 어떤 부분에 대해 개선의 노력이 필요한지를 알 수 있기 때문이다.

제 1 절

피해자의 보편적 권리

월러(Waller)는 미국의 1982년 대통령대책회의 건의안, 1985년 UN선언, 2001년 유럽연합 기준안, 2004년 일본의 인권법, 2006년 영국의 피해자법 등을 검토한 후에 피해자의 보편적 권리로 8가지 종류를 구분했다(Waller, 2011: 25-41). 월러가 구분한 피해자 권리들은 1) 승인의 권리, 2) 정보의 권리, 3) 부조의 권리, 4) 피해보전의 권리, 5) 안전의 권리, 6) 참여의 권리, 7) 효과적 정책에의 권리, 8) 성실한 정책집행에의 권리이다. 그중에서 효과적 정책에의 권리(Right to effective policies to reduce victimization)와 성실한 정책집행에의 권리(Right to implementation)는 국가가 피해자화의 예방을 위해 효과적 정책을 집행해야 하고, 정치적 구호가 아니라 성실히 피해자 정책을 수행해야 한다는 것으로 피해자 권리의 실질적 내용과는 다소의 거리가 있다. 다음에서는 피해자가 보호받아야 할 실질적 내용을 중심으로 6가지 종류의 피해자 권리들을 살펴본다.

1 승인의 권리(Right to recognition)

승인의 권리는 피해자가 범죄피해의 당사자로 승인을 받을 권리이다. "범죄피해의 당사자가 누구인가?"라고 물으면 누구든지 범죄를 당한 사람, 즉 피해자라고 할 것이다. 매우 자명한 사실이다. 하지만 전통적 형사사법제도의 이론적 배경을 살펴보면 그렇지 않다. 형법의 고유한 기능은 일반국민의 법익과 사회윤리적 행위가치의 보호를 통해 공동체의 질서를 유지하는 것이다(손동권, 2004: 10). 그리고 형사제재가 부과되는 범죄는 사회적 유해성이 있으며 법적 의무를 위반하거나 보호해야 할 법익이나 가치를 침해하는 행위로 이해된다. 즉 형사사법제도의 주요 기능은 공동체의 질서를 유지하는 것이고 범죄로 침해를 당한 대상은 인격체로서의 피해자가 아니라 국가공동체 혹은 추상적이며 관념적인 보호법익이다. 따라서 개인이 겪은 피해는 범죄행위가 사회와 국가의 질서를 얼마나 침해했는가를 나타내는 징표이고, 사법기관이 정의를 실현하고 공동체의 질서회복에 어떤 형사제재가 필요한가를 판단하는데 기초자료일 뿐이다.

최근에 일부 국가에서 도입한 회복적 사법(restorative justice)은[4] 승인의 권리를 가장 적극적으로 보호하는 사례이다. 회복적 사법에서는 피해자가 당사자로서의 지위를 갖는다. 피해자는 가족이나 중재자가 개입한 자리에서 가해자와 대면하는 기회를 가진다. 이 자리에서 피해자는 자유롭게 범죄로 인한 고통과 심정을 얘기하고 적절한 보상을 요구할 수 있다. 또한 가해자에게는 피해자한테 사과를 하고 보상을 약속하는 기회가 주어진다. 피해자가 가해자를 용서하고 보상을 받아들이면 화해가 성립되며 회복적 사법이 마무리된다. 만일 피해자가 회복적 사법을 원하지 않으면 이를 거부할 수 있고, 가해자의 참회와 보상이 만족스럽지 않으면 피해자는 화해를 거부하고 가해자의 형사

4) 회복적 사법에 대한 상세한 내용은 제11장에서 서술한다.

처벌을 요구할 수 있다. 회복적 사법에서 피해자는 사건처리의 절차를 선택하고 가해자의 처벌을 결정하는데 당사자로서의 권리를 승인받고 행사한다.

승인의 권리는 이처럼 피해자가 범죄사건의 당사자로서 사건처리의 과정과 가해자의 처벌에 개입할 수 있는 권리이다. 월러가 승인의 권리를 피해자의 첫 번째 권리로 강조했지만 회복적 사법에서와 같이 당사자의 지위를 전적으로 부여하기는 쉽지 않다. 사회구성원 중에는 자신의 욕구충족을 위해 수단과 방법을 가리지 않는 사람들이 있으며, 이들로부터 공동체의 안전과 질서를 방어하려면 전통적 형사사법제도에서와 같이 사회적 유해성과 보호법익을 중심으로 범죄사건을 처리해야 할 필요가 있기 때문이다. 피해자가 범죄사건의 당사자이지만 사건의 처리과정과 가해자에 대한 처벌 등에서 무한정 승인의 권리를 보호할 수는 없는 일이다. 승인의 권리를 보호하면서 동시에 공동체의 질서와 안전을 유지할 수 있는 방안을 모색하는 일은 앞으로 피해자학 연구자들이 집중적으로 검토해야 할 사안이다. 그렇더라도 사회와 공동체의 질서유지만을 강조하던 과거의 관행으로부터 벗어나 일정 부분 승인의 권리를 인정하고 피해자를 인격체로서 존중하고 적절한 대우를 하는데 피해자학 연구자뿐 아니라 형사사법종사자 모두가 더 많은 관심을 가져야 할 것이다(조균석, 2006: 26).

2 정보의 권리(Right to information)

정보의 권리는 피해자가 형사사법절차나 피해자지원제도에 관한 정보를 제공받을 수 있는 권리이다. 오래전부터 가해자는 미란다 원칙으로 형사사법절차에 대한 정보를 제공받을 수 있었다. 체포나 구속이 될 때에 그 사유를 통지받았고, 변호사의 조력을 받을 수 있었으며, 진술을 거부할 수 있었고, 진술거부를 하더라도 불이익을 받지 않았으며, 자신의 진술이 이후 유죄의 증거가 될 수 있다는 등의 정보를 알 수 있었다. 피해자의 경우는 그렇지 않았다. 피해자는 형사사법절차나 지원제도에 관한 정보를 제공받지 못했다. 피해자가 될 것을 예견하고 미리 계획을 세우고 준비하는 사람은 없다. 갑작스례 범죄사건을 겪은 피해자들은 수사기관의 업무가 무엇인지, 재판정이 어디 있는지, 사건이 어떻게 처리되는지, 누구에게 무엇을 부탁할 수 있는지, 어떤 도움과 지원이 있는지 등을 제대로 알 수가 없다. 형사사법제도에 관한 정보가 없는 상태에서 피해자는 올바른 의사결정을 할 수가 없으며 피해회복을 위한 적절한 극복방안을 활용할 수가 없을 것이다.

월러는 피해자에게 제공되어야 할 정보들을 구체적으로 지적했다. 첫째, 피해자를 위한 어떤 지원들이 있는지에 대한 정보를 제공해야 한다. 둘째, 형사사법기관과 절차가 어떻게 진행되며 진행과정에 참여할 수 있는 방법에 관한 정보를 제공해야 한다. 셋째, 사건진행과정에 관한 정보를 제공해야 한다. 넷째, 범죄피해를 겪은 이후에 나타나는 일반적 반응과 발전과정 그리고 피해극복능력의 발전단계 등에 관한 정보를 제공해야 한다. 다섯째, 의료치료, 국가보상, 기타 피해자 서비스기관 등에 대한 정보를 제공해야 한다. 따라서 정보의 권리를 보호하기 위해서는 경찰의 역할이 중요하다는 것을 알 수 있다. 경찰은 다른 형사사법기관에 비해 피해자와 가장 먼저 접촉한다. 경찰단계에서 충분한 정보를 제공하여 피해자가 주도적 의사결정을 하고 적절한 극복방안을 찾을 수 있도록 해야 할 것이다(박봉진, 2011: 293; 김순석, 2015: 532).

3 부조의 권리(Right to assistance)

부조의 권리는 피해자가 피해회복에 필요한 상담, 의료적 치료, 사회적 지원 등의 도움을 받을 수 있는 권리이다. 범죄로부터 시민을 보호하는 일은 국가의 의무이다. 범죄가 발생하고 피해자가 생겼다면 이는 국가가 시민에 대한 의무를 다하지 못한 결과라고 할 수 있다. 더불어 국가는 시민들의 총기소지, 보복, 자력구제와 같이 스스로를 보호하는 방법의 사용을 금지하고 있다. 국가가 의무를 다하지 못하고 자력구제 등을 금지한 상태에서 시민들이 범죄를 당했다면 국가는 마땅한 책임을 지고 피해회복에 필요한 각종의 부조활동을 해야 할 것이다(윤지영, 2013: 113−114). 물론 국가가 아무리 책임을 다하려 하더라도 모든 범죄를 사전에 방지할 수는 없다. 현실적 여건을 고려해 국가의 책임을 엄격히 묻지 않더라도 오늘날에 국가가 지향하는 사회는 시민들의 최저생활과 인간다운 생활을 보장하는 복지사회이다. 국가의 책임과 관계없이 피해자는 범죄로 인해 온갖의 신체적·정신적 고통과 경제적 어려움을 겪고 있으므로 복지사회의 측면에서라도 국가는 피해자에 대한 부조방안을 마련할 필요가 있다.

월러는 피해자에 대한 부조는 세 가지 유형이 필요하다고 지적했다. 첫 번째는 범죄발생 직후에 피해자가 이용할 수 있는 유형이다. 상해범죄로 출혈이 있는 피해자에게 응급치료를 한다거나, 감정적으로 격앙되고 격분상태의 피해자에게 심리상담을 한다든가, 방화사건으로 주거지를 잃은 피해자에게 임시거처를 제공하는 등의 도움을 주는 경우이다. 두 번째는 범죄가 발생한 이후 다소의 시간이 경과한 때에 피해자가 이용할 수 있는 유형이다. 시간이 지나면서 피해자의 요구는 변화될 수 있고 새로운 요구가 생겨날 수 있다. 신체적 장애로 인해 취업을 하지 못하거나, 범죄피해의 충격으로 우울증을 앓고 사람들과의 만남을 기피하거나, 재판정에 출두하려는데 교통편이 없거나 자녀를 돌봐줄 사람이 없을 때에 도움을 주는 경우이다. 세 번째는 특정한 범죄유형의 피해자가 이용할 수 있는 유형이다. 이런 유형의 예로는 쉼터나 가정폭력상담소와 같이 가정폭력을 당한 여성피해자가 이용할 수 있는 시설이나, 아동피해자와 노인피해자와 같이 특수한 요구가 있는 피해자들이 도움을 요청할 수 있는 인력이나 시설을 들 수 있다.

4 피해보전의 권리(Right to reparation)

피해보전[5]의 권리는 범죄로 인해 초래된 경제적 손해를 보전받을 수 있는 권리이다. 피해자가 손해를 보전받을 수 있는 방법은 여러 가지가 있다. 우선 배상은 형사재판 과정에서 가해자로부터 손해를 보전받는 방법이다. 가해자에 의한 배상은 일반 상식에 맞는 가장 적절한 방법일 수 있다. 그러나 배상

5) 일반적으로 reparation은 배상이나 보상으로 번역한다. 배상과 보상은 법률적으로 구별되는 개념이므로 이 책에서는 보전이라는 용어로 번역한다.

을 위해서는 피해자의 손해를 정확히 산정하고 가해자의 은닉재산 등을 철저히 파악해야 하므로 재판절차가 지체되어 형사법원의 판사가 소극적일 수 있다. 또한 가해자들 스스로가 경제적 빈곤한 경우가 많고 가해자가 누구인지가 밝혀지지 않은 경우가 있으므로 배상만으로는 피해보전의 권리를 충분히 보호할 수가 없다. 다음으로 제3자(Third-party)에 소송을 제기하는 방법이 있다.[6] 여기서 제3자는 회사, 여관주인, 건물주와 같이 민간기업이나 교도소 소장, 보호관찰관, 정신병원장과 같이 공공기관일 수 있다. 피해자가 이런 기업이나 공공기관을 대상으로 가해자에 대한 관리의 태만을 사유로 소송을 제기하는 것이다. 이외에도 피해자는 보험회사로부터 보험금을 수령하거나 국가의 보상제도를 통해 경제적 손해를 보전받을 수 있다.

그러나 형사법원을 통한 배상은 판사의 적극적 노력이 있어야 하고, 가해자가 경제적으로 능력이 없거나 가해자가 밝혀지지 않는 경우는 피해보전이 어렵다는 문제가 있다. 제3자 소송은 피해자가 별도의 소송을 제기해야 하는 부담이 있고, 또한 소송에 경험이 많고 우수한 법률전문가를 보유한 기업이나 공공기관과 다투어야 하므로 피해보전을 받기가 현실적으로 용이하지 않다. 보험금 지급은 경제적으로 윤택한 피해자한테는 도움이 되겠지만 가난한 피해자는 사전에 보험에 가입할 수 있는 경제적 여유가 없으므로 이들에게는 도움이 되지 못한다. 국가보상제도는 보상금의 재원을 세금이나 공공기금으로 충당해야 하므로 피해자에게 충분한 피해보전을 하는데 한계가 있을 수 있다. 특히 피해자가 기존의 방법들을 모르면 피해보전을 받을 수 없다. 효과적인 피해보전을 위한 방안들을 새롭게 모색하고 기존의 방법들을 피해자에게 널리 홍보하는데 많은 노력이 필요하다는 것을 알 수 있다.

---

6) 피해자가 소송비용을 부담하고 가해자를 대상으로 민사소송을 제기하는 방법도 있다.

5 안전의 권리(Right to be protected from the accused)

안전의 권리는 가해자의 위협이나 보복으로부터 보호를 받을 수 있는 권리이다. 범죄를 신고하거나 고소한 피해자에게 가해자는 다양한 위해를 가할 수 있다(Karmen, 1996: 184－187). 먼저 신체적 위해이다. 예를 들어, 가정폭력사건에서 경찰신고를 했다고 폭력남편이 아내를 구타하고 상처를 입히는 경우이다. 두 번째는 언어적 위협이다. 가해자가 공갈과 협박으로 피해자를 두려움에 떨게 하는 경우 등이다. 세 번째는 피해자 재물의 손괴이다. 직접적으로 보복하는 대신에 피해자가 소유한 가옥이나 자동차 등에 손해를 입히는 경우 등이다. 네 번째는 문화적 위협이다. 가해자 본인이 위해를 가하는 것이 아니라 주위 사람들이 피해자를 위협하는 경우이다. 예를 들어, 성폭력사건에서 주위 사람들이 피해여성의 사생활을 거론하며 해당 여성을 비난하는 경우이다. 다섯 번째는 인지적 위협이다. 가해자의 앞으로 행위를 예견함으로써 피해자가 겪게 되는 위협이다. 학교폭력의 가해학생이 폭력집단에 가입하면 피해학생은 앞으로 더 폭력적이 되리라고 예견하고 두려움이나 공포심이 증가하는 경우 등이다. 여섯 번째는 간접적 위협이다. 가해자가 피해자의 가족, 친구, 주위사람들을 위협함으로써 피해자에게 간접적으로 위협을 가하는 경우이다.

피해자의 안전을 보호하기 위해서는 형사사법기관들의 많은 노력이 필요하다. 우선, 경찰은 가해자의 위협이 다양한 형태이므로 충분한 인력과 자원을 할당해 각각의 위협으로부터 피해자의 안전을 보호할 수 있어야 할 것이다. 검찰은 소송관련서류를 엄격히 관리해 피해자의 신분이 가해자에 노출되는 것을 방지하고, 피해자증인 보호프로그램(victim witness protection program)과 같이 피해자의 신분세탁을 지원하고 해외이민을 알선하거나 성형수술을 지원하는 등의 방법을 활용해야 할 것이다. 법원은 가해자의 위협으로 피해자가 법원에 불출석하는 문제에 관심을 가지고, 가해자와 피해자의 법정대기실을 분리하는 등 재판과정에서 가해자의 직·간접적 위협으로부터 피해자를 보호하는 방법을 강구해야 할 것이다(Karmen, 2007).

6 참여의 권리(Right to participation and representation)

참여의 권리는 범죄사건의 처리에 피해자가 자신의 의견을 대변할 수 있는 권리이다. 피해자는 경찰의 수사단계에서부터 법원의 판결단계 나아가 교정단계에 이르기까지 가해자의 조치, 안전에 대한 우려, 배상의 수준, 처벌형태, 가석방의 타당성 등에 관해 의견을 가질 수 있다. 전통적 형사사법제도에서는 피해자가 참여할 수 있는 기회가 거의 없었다. 피해자는 범죄를 신고하고, 사건에 대해 진술하고, 재판과정에서는 소송관계자들이 사건의 진상규명에 필요하다고 판단하면 호출되어 증언을 해야 하는 역할에 불과했다. 또한 가해자가 약속했던 배상을 하지 않거나 교도소에서 지속적으로 위협해도 가석방 심사에서 자기의 견해를 피력할 수 없었다.

1985년 UN선언 이후로 현재 대부분의 국가에서 피해자가 형사절차에 참여하고 있다. 그러나 참여의 구체적 의미는 국가별로 다르고 학자들 간에도 합의가 이루어지지 못하고 있다. 토보로우스키 등(Tobolowsky et al., 2009)은 지금까지 있었던 피해자 참여의 의미를 네 가지로 구분했다. 첫 번째는 표출적 참여(expressive participation)이다. 표출적 참여는 피해자가 자신의 의견과 요구를 단지 표현만 하는 형태이다. 예를 들어 재판의 종료시점에서 피해자에게 의견진술의 기회를 주는 경우이다. 피해자는 재판정에서 자유롭게 얘기할 수 있지만 재판결과에는 아무런 영향을 미치지 못한다. 두 번째는 정보제공형 참여(information provisional participation)이다. 피해자는 범죄를 직접 체험했기 때문에 사건에 관해 가장 많고 정확한 정보를 갖고 있다. 정보제공형은 피해자가 정보를 제공하는 방식으로 형사절차에 참여하는 형태이다. 재판정에 출두해 피해자가 사건에 대해 증언을 하는 경우가 이에 해당한다. 표출적 참여는 판사, 검사, 변호사 등 법률전문가들의 의사결정에 영향을 미치지 못하지만 정보제공형은 영향을 미칠 수 있는 정보를 제공한다는 점에서 표출적 참여에 비해 참여의 수준이 높다고 할 수 있다. 세 번째는 자문형 참여(consultative participation)이다. 이는 피해자가 법률전문가들과 함께 의사결정을 하는 형태이다. 예를 들어 피해자가 재판절차에 부심판사로 참여해 전문판사와 함께 사건을 검토하고 가해자에 대한 처벌을 판단하는 경우이다. 네 번째는 의사결정형 참여(decision making participation)이다. 이는 피해자의 참여수준이 가장 높은 형태로 피해자가 사건의 처리결과를 직접 결정하는 경우이다.

전통적 형사사법제도에서는 참여의 권리를 표출형과 정보제공형으로 제한하는 경향이었다. 이에 대해 피해자 권익을 옹호하는 학자들과 일부 피해자들은 이런 형태로는 부족하다고 지적하며 자문형 참여나 의사결정형 참여를 요구하고 있다(김성돈, 2008: 32). 최근에 들어 피해자를 보호하려는 국가적 노력이 강화되고 사회적 관심도 증가하고 있다. 이런 점에서 피해자가 형사사법 전문가들과 함께 사건처리를 판단하는 자문형 참여와 피해자의 의견을 적극적으로 반영하는 의사결정형 참여를 도입하는 방안에 대한 검토가 있어야 할 것이다.

지금까지 피해자의 보편적 권리들을 UN의 피해자권리 선언과 영국을 비롯한 주요국가들의 피해자정책을 중심으로 살펴보았다. 다음에서는 우리나라에서 피해자의 권리를 보호하기 위한 법제도적 대책들을 헌법, 피해자보호법, 형사소송법을 중심으로 살펴본다.

제 2 절

헌법과 피해자

1 피해자보호 관련법률

UN의 피해자권리 선언 이후로 우리나라는 피해자 보호를 위해 다양한 법제도적 대책들을 마련했다. 1987년에 헌법개정을 통해 피해자의 구조청구권과 재판절차상 의견진술권을 신설했으며 같은 해에 '범죄피해자구조법'을 제정했다. 1990년대에 들어서 피해자 보호입법은 더욱 활발히 이루어졌다. 1990년에 피해자 및 증인보호규정을 포함한 '특정강력범죄의 처벌에 관한 특례법'을 제정했고, 1994년에는 '성폭력범죄의 처벌 및 피해자보호 등에 관한 법률'을 제정하여 수사와 재판절차에서 피해자를 보호하는 규정을 두었고, 1997년 '가정폭력범죄의 처벌 등에 관한 특례법'과 '가정폭력방지 및 피해자보호 등에 관한 법률', 1999년 '특정범죄신고자등 보호법'을 제정했다. 2000년대에 들어서도 '성폭력범죄의 처벌 및 피해자보호 등에 관한 법률'을 2003년에 개정해 수사기관이 13세 미만의 피해자나 장애인의 진술내용과 조사과정을 비디오녹화기 등 영상물 녹화장치에 촬영할 수 있게 하였고, 법원이나 수사기관이 이들을 조사할 때에는 의무적으로 피해자와 신뢰관계에 있는 사람을 동석해야 하도록 규정했다. 2004년에는 '성매매방지 및 피해자보호 등에 관한 법률'을 제정해 성매매피해자를 지원할 수 있도록 했고, 2005년에는 우리나라에서 피해자의 보호·지원에 관한 기본법이라고 할 수 있는 '범죄피해자 보호법'을 제정했다. 또한 2007년에는 '형사소송법'을 개정해 재정신청의 확대, 신뢰관계자 동석, 비디오 중계방식에 의한 신문, 공판진행 상황의 통지, 피해자 법정진술권의 강화, 피해자 진술의 비공개, 피해자 등의 공판기록 열람·등사 등 피해자의 권리를 보호하고자 했다. 2010년대에는 '범죄피해자 보호법'과 '성폭력범죄의 처벌 등에 관한 특례법'을 개정하여 피해자의 권리를 강화하도록 노력했다. 2010년에 '범죄피해자 보호법'를 개정하며 형사조정제도를 새로이 도입했고, 이전의 '범죄피해자구조법'을 통합하며 피해자 구조금의 지급대상을 확대하고 지급방식을 개선했다. 또한 '범죄피해자보호기금법'을 제정하여 매년 재산형 집행으로 얻어진 벌금 등의 100분의 4 이상을 범죄피해자보호기금에 전입하도록 규정해 피해자를 보호하고 지원하는데 필요한 재원을 마련하도록 하였다(송귀채, 2022: 2).[7] 이와 함께 '성폭력범죄의 처벌 등에 관한 특례법'을 개정하여 성범죄에 대한 친고죄 조항을 삭제하고, 피해자변호사와 진술조력인 등 피해자 보호를 위한 방안들[8]을 도입했다(이진국,

7) 벌금액 전입비율은 2010년에는 100분의 4이었으나 이후 두 차례 '범죄피해자보호기금법'이 개정되어 2024년에는 100분의 8로 상향되었다.

8) 피해자의 권리보호를 위해 그간 많은 학자들이 피해자 변호사의 도입을 촉구했다. 그러

2014: 190－193). 피해자변호사는 이후 2012년에 '아동·청소년의 성보호에 관한 법률', 2014년에 '아동학대범죄의 처벌 등에 관한 특례법', 2021년에 '장애인복지법', 2023년에 '인신매매등방지 및 피해자보호 등에 관한 법률', 2024년에 '스토킹범죄의 처벌 등에 관한 법률'에까지 확대 도입되었다.[9] 또한 해당 법률의 피해자들 중에서 변호사가 없는 경우는 검사가 피해자 국선변호사를 선정하여 형사절차에서 피해자의 권익을 보호할 수 있도록 하였다(성현정, 2023: 268; 조미선, 2024: 232).

2 피해자의 구조청구권

헌법은 모든 법령의 제정근거이며 법령의 정당성을 평가하는 기준이다. 피해자의 권리를 헌법상의 기본권으로 선언한 국가는 많지 않다. 우리나라는 1987년에 헌법개정을 하면서 세계에서 유일하게 피해자의 구조청구권을 헌법상의 권리로(제30조)로 명문화하고 피해자의 재판정진술권(제27조 제5항)을 신설했다(김혜정, 2015: 117).

피해자의 구조청구권은 헌법 제30조, 즉 "타인의 범죄행위로 인하여 생명·신체에 대한 피해를 받은 국민은 법률이 정하는 바에 의하여 국가로부터 구조를 받을 수 있다"는 조항에 근거한다. 헌법재판소는 국민의 생명·신체의 안전에 대한 기본권과 그 생명·신체를 사인에 의한 침해로부터 적절히 보호할 국가의 의무가 도출된다고 봄으로써 그 기반으로 국가의 안전의무와 보호

나 도입이 지연되다가 2012년에 피해자변호사가 도입되어 성폭력 피해자는 형사절차상 입을 수 있는 피해를 방어하고 법률적 조력을 얻을 수 있게 되었다. 또한 진술조력인 제도는 아동이나 장애인이 성폭력피해를 겪은 경우에 진술능력과 표현능력이 취약해 불이익을 받게 되는 문제를 해결하기 위해 전문적 자격을 갖는 진술조력인이 수사나 재판과정에서 아동이나 장애인의 의사소통을 중개하거나 보조하도록 하는 방안이다.

9) 피해자변호사는 '성폭력범죄의 처벌 등에 관한 특례법', '아동·청소년의 성보호에 관한 법률', '아동학대범죄의 처벌 등에 관한 특례법', '장애인복지법', '인신매매등방지 및 피해자보호 등에 관한 법률', '스토킹범죄의 처벌 등에 관한 법률'에 근거해 선임된 변호사를 지칭하며, 명시적 법적 근거없이 선임된 변호사는 실무에서 고소대리인 혹은 대리인으로 지칭된다(조미선, 2024: 232).

의무를 지적했다(김혜경, 2015: 121-122).

3 피해자의 재판정진술권

피해자의 재판정진술권은 헌법 제27조 제5항 “형사피해자는 법률이 정하는 바에 의하여 당해 사건의 재판절차에서 진술할 수 있다”는 조항에 근거한다. 헌법은 추상적 규범통제원리로서 선언적 의미를 가지며, 헌법의 원리와 가치개념은 그 자체로 명확한 의미를 가지기보다는 사회현실을 반영하면서 해석과 구체화 그리고 헌법의 가치를 실현하려는 국가권력 및 국민의 의지를 통해 실현된다(김혜경, 2015: 119 재인용; 전광석, 2006: 60). 그럼에도 불구하고 헌법에서 피해자의 구조청구권과 재판정 진술권을 선언함으로써 피해자의 권리가 법률상의 권리가 아니라 헌법상의 권리로 인정되었다는 점에서 중요한 의의가 있다. 헌법개정 이후에 곧이어 1987년 12월에는 범죄피해자 구조법[10]이 제정되고 형사소송법에 ‘피해자 등의 진술권’을 규정한 제294조의 2가 신설됨으로써 우리나라 피해자 보호정책은 새로운 전기를 맞게 되었다(김용세, 2012: 43).

제 3 절

범죄피해자 보호법과 피해자

범죄피해자 보호법(이하 보호법)은 우리나라에서 범죄피해자 보호정책에 관한 기본법이라고 할 수 있다(김용세, 2012: 44). 2005년에 처음 제정되고 이후 수차례 개정된 보호법은 범죄피해자의 개념, 국가와 지방자치단체의 책무, 피

10) 1987년에 제정된 범죄피해자 구조법은 2010년에 폐지되고 범죄피해자 보호법에 통합되었다.

해자 정책의 원칙과 피해자 보호의 기본계획, 범죄피해자에 대한 구조금 지급, 민간의 범죄피해자 지원단체의 운영, 형사조정제도 등 피해자 정책 전반에 대해 규정하고 있다(박종렬 · 노상욱, 2009; 김잔디, 2010; 우도 · 채희정 · 박강우, 2015).

1 범죄피해자의 개념

보호법은 "범죄피해자란 타인의 범죄행위로 피해를 당한 사람과 그 배우자(사실상의 혼인관계를 포함한다), 직계친족 및 형제자매를 말한다"(제3조 제1항 제1호). 그리고 "범죄피해 방지 및 범죄피해자 구조 활동으로 피해를 당한 사람도 범죄피해자로 본다"(제3조 제2항)라고 정의한다. 이와 같이 보호법은 범죄피해자를 넓은 범위의 사람들을 포함하는 폭넓은 개념으로 규정한다. 우선 피해의 유발원인으로 "타인의 범죄행위"를 지적함으로써 법원에 의해 구성요건 해당성, 위법성, 책임성이 입증된 형식적 범죄(crime)와 수사기관이 범죄라고 가정하는 범죄혐의(alleged offense) 모두를 포함한다. 다음으로 피해자의 경우도 피해를 직접 겪은 당사자와 함께 가족구성원들을 포함하며, 범죄피해를 방지하거나 피해자를 도와줄 때에 피해를 겪은 제3자까지도 포함하는 광범위한 의미로 정의하고 있다.

광범위한 개념정의는 다수의 사람을 피해자로 포함하여 많은 사람들을 보호하고 지원할 수 있다는 장점이 있다. 그러나 형사사법기관이 활용할 수 있는 자원과 인력은 무한하지 않고 한계가 있다. 이런 상황에서 광범위한 개념정의는 형사사법기관의 보호가 절실한 순수피해자를 제대로 보호하지 못하는 문제를 초래할 수 있다. 예를 들어 범죄혐의가 있는 사건에서 수사기관은 아직 누가 가해자이고 누가 피해자인지를 단정하지 못하고, 피해자라고 주장하는 사람이 실체적 진실을 진술하는 것인지 아니면 상대방을 무고하거나 개인적 이익을 위해 허위진술과 과장진술을 하는지에 대해서도 확신할 수가 없다. 이런 점에서 수사단계의 피해자는 잠정적 피해자라고 할 수 있다. 잠정적 피해자를 보호법의 규정대로 피해자로 정의하면 수사기관은 범죄사건의 정확한 실태파악에 어려움을 겪을 수 있고 또한 인력과 자원의 한계로 인해 순수

피해자에 대해 충분한 보호와 지원을 할 수 없는 문제가 있을 수 있다. 다음으로 피해자의 범위와 관련해 보호법은 당사자뿐 아니라 가족구성원과 제3자까지도 포함하는데 이는 경우에 따라 피해자에게 또 다른 고통과 어려움의 원인이 될 수 있다. 성추행이나 성폭력과 같이 개인의 사생활이 침해된 피해자들 중에는 배우자나 가족구성원이 피해사실을 아는 것을 원하지 않을 수 있다. 그러나 보호법은 가족구성원을 피해자로 포함하기 때문에 피해사실이 노출될 수 있고 이에 따라 피해를 겪은 당사자는 수치심과 곤경으로 피해회복에 부정적 영향을 받을 수 있다. 특히 성폭력범죄에서 피해자가 아동이나 청소년인 경우는 수사경찰이 법정대리인인 부모에게 반드시 수사진행 상황을 통지하는데 이런 경찰수사 실무는 아동의 자기결정권 등의 권리를 침해하고 UN 아동권리협약상 아동의 최선의 이익에 부합하지 않을 수 있다(김민지, 2023: 117).

또한 보호법은 범죄피해를 세분화하여 일부의 범죄피해를 구조대상 범죄피해로 규정한다. 구조대상 범죄피해는 국가에서 구조금을 지급하는 대상으로, “대한민국의 영역 안에서 또는 대한민국의 영역 밖에 있는 대한민국의 선박이나 항공기 안에서 행하여진 사람의 생명 또는 신체를 해치는 죄에 해당하는 행위로 인하여 사망하거나 장해 또는 중상해를 입은”(제3조 제4항) 경우이다. 여기서 책임무능력자 혹은 심신장애자에 의한 범죄피해는 구조대상으로 포함하지만 정당방위 혹은 정당행위에 의한 피해와 과실범죄에 의한 피해는 포함하지 않는다.

2 국가와 지방자치단체의 책무

보호법은 피해자에 대한 보호·지원을 실현하는데 있어 국가와 지방자치단체의 책무를 구분해 규정하고 있다. 국가가 해야 할 책무는 1) 피해자를 위한 보호·지원 체제를 구축하고 운영해야 하며, 2) 이에 필요한 실태조사, 연구, 교육, 홍보를 해야 하며, 3) 관계 법령들을 정비하고 각종 정책의 수립과 시행(제4조) 등이다. 이와 관련해 지방자치단체는 1) 피해자를 위한 적극적 노력과 함께 국가정책이 원활하게 시행되도록 협력해야 하고, 2) 피해자 보호·지원체계를 구축하고 운영하는데 필요한 재원을 조달해야 한다(제5조).

또한 피해자의 보호·지원을 관한 기본계획의 수립과 기본계획의 시행에 관한 사항을 규정했다. 제12조(기본계획 수립)에 의하면 법무부장관은 5년마다 피해자 정책에 관한 기본계획[11]을 수립해야 하고, 기본계획에는 1) 보호·지원 정책의 기본방향과 추진목표 2) 보호·지원을 위한 실태조사, 연구, 교육과 홍보 3) 보호·지원 단체에 대한 지원과 감독 4) 보호·지원과 관련된 재원의 조달과 운용 등이 포함되어야 한다. 그리고 기본계획과 주요사항을 심의하기 위해 법무부장관 소속으로 20명 이내의 전문가들로 구성된 범죄피해자보호위원회를 두도록 했다(제15조). 기본계획에 따라 지방자치단체의 장과 중앙행정기관의 장은 연도별 시행계획을 수립하고 시행해야 하며 전년도 추진실적과 다음 연도의 시행계획을 매년 법무부장관에게 제출해야 한다(제13조).

3 범죄피해 구조제도

피해자에 대한 국가의 금전적 지원은 1987년에 제정된 '범죄피해자구조법'에 의해 집행되었다. '범죄피해자구조법'은 2010년에 들어 보호법이 개정되면서 통합되었다(김용세, 2010: 3). 보호법에 의하면 구조금을 받을 수 있는 피해자는 사람의 생명 또는 신체를 해치는 범죄로 인해 사망하거나 장해 또는 중상해를 입은 사람들이다. 보호법은 이런 피해자를 구조피해자로 정의하고 피해자 혹은 그 유족에게 구조금을 지급하도록 규정한다.

구조금의 종류로는 유족구조금, 장해구조금, 중상해구조금이 있다(제17조). 그중에서 유족구조금은 피해자가 사망했을 때에 유족에게 지급되는 구조금이

11) 피해자보호법 제12조에 따라 제1차 기본계획(2007년–2011년), 제2차 기본계획(2012년–2016년), 제3차 기본계획(2017년–2021년), 제4차 기본계획(2022년–2026년)을 수립하고 시행하고 있다. 현재 시행되는 제4차 기본계획의 주요 목표는 1) 피해회복 지원의 내실화 및 대상 확대 2) 가해자의 책임인식 및 피해배상 촉진 3) 형사절차 참여 기반 강화 및 참여기회 확대 4) 피해자의 정보 및 신변보호와 2차 피해 예방 5) 협력적 정책추진체계 구축 및 정책기반 강화 등이다(김혜경, 2021; 안성훈, 2022).

고, 장해구조금은 범죄로 인한 부상이나 질병을 치료한 이후에도 신체적 장애가 있는 피해자에게 지급되는 구조금이며, 중상해구조금은 범죄행위로 인해 신체나 그 생리적 기능에 손상을 입은 피해자에게 지급되는 구조금이다. 구조금을 지급받고자 하는 유족이나 피해자는 주소지, 거주지 또는 범죄발생지를 관할하는 지방검찰청에 설치된 범죄피해구조심의회에 신청해야 하며 범죄피해구조심의회는 구조금 지급에 관한 사항을 심의결정한다(제24조). 신청기간은 구조대상 범죄피해를 안 날부터 3년 이내 혹은 범죄피해가 발생한 날부터 10년 이내이다(제25조 제2항).

구조금을 신청하더라도 지급하지 않는 경우가 있다. 가해자와 피해자가 부부, 직계혈족, 4촌 이내의 친척, 동거친족과 같은 친족관계에 있거나, 범죄를 교사나 방조했거나, 해당범죄를 유발했거나, 해당범죄와 관련해 현저하게 부정한 행위를 했거나, 용인했거나, 범죄조직에 속하는 행위이거나, 보복으로 가해자나 밀접한 관계에 있는 사람을 침해한 경우에는 구조금을 지급하지 않는다(제19조 제1항, 제3항). 구조금이 지급되면 피해자의 손해배상청구권은 국가로 이전되며 국가는 지급된 구조금의 범위에서 가해자를 대상으로 구상권을 행사할 수 있다(제21조 제2항).[12)]

범죄피해 구조제도를 통해 범죄행위로 인한 사망, 장해, 중상해 등을 겪는 피해자나 그 가족은 금전적 지원을 받을 수 있다. 그러나 현행 구조제도에는 몇 가지 문제들이 있다. 첫째, 구조금의 지급수준이 충분하지 않아 피해자나 그 가족에 대한 실질적 지원에는 이르지 못한다는 것이다(강동욱 · 손귀채, 2015: 66). 둘째, 구조대상 피해자가 제한적이고 구조금 산정과정에서 구조피해자의 연령을 고려하지 않는 문제이다. 사망, 장해, 중상해 이외의 생명 · 신체의 손상을 입는 피해자들은 구조금 지급대상에서 제외되고 있으며, 구조금 액수를 산정할 때에 구조피해자의 연령을 고려하지 않아 70세 이상과 30세-60세의 구조피해자는 경제적 여건과 상황이 현저히 다름에도 불구하고 같은 금액을 지급되어 이들의 경제적 회복에 효과적이지 못하다는 것이다(송귀채, 2022: 2).

12) 가해자가 교도소 등에 수용되면 국가는 수형자나 보호감호대상자의 작업장려금 또는 근로보상금에서 피해자에게 지급된 구조금을 받을 수 있다(제21조 제3항).

셋째, 해외에서 범죄행위로 인한 피해를 입었을 때에 구조금 지급대상에서 제외되는 문제이다. 앞서 살펴보았듯이, 보호법은 구조대상 범죄피해의 장소적 적용범위를 속지주의와 기국주의의 원칙에 기반하기 때문에 해외 체류 국민들이 현지에서 범죄피해를 당했을 경우는 국가구조의 사각지대에 놓여 있다(안성훈, 2022: 16). 넷째, 구조금에 구상권이 행사되었을 경우이다. 피해자에게 지급된 구조금에 국가가 구상권을 행사하고 가해자가 채무를 변제하면 법원은 흔히 이를 가해자의 피해회복 노력으로 해석해 유리한 양형 참작 사유로 인정한다. 피해자는 헌법상 권리에 의해, 즉 당연히 지급되어야 하는 구조금을 받았을 뿐인데 가해자의 구상금 변제를 피해가 회복된 것으로 보고 가해자를 감형해 주는 관행은 피해자에게 또 다른 좌절감과 불만을 초래하는 문제가 있다[13](안성훈, 2024: 45).

4 형사조정제도

형사조정제도는 2010년 보호법에서 새롭게 도입한 피해자 보호대책이다. 형사조정제도는 조정전문가가 개입해 피해자와 가해자 사이의 공정하고 원만한 화해를 도모하고 피해자가 입은 손해를 회복할 수 있도록 지원하는 방안이다. 과거에는 가해자가 형사처벌을 받더라도 피해자가 적절한 피해변제를 받지 못하는 경우가 많았다. 피해자가 변제를 받으려면 형사고소와는 별도로 많은 시간과 비용을 들여 민사소송을 제기해야 했다. 이에 대해 검찰청에서는 자체지침(대검찰청, 2015)으로 2006년부터 시범적으로 형사조정제도를 운영했으며 2007년 8월부터는 전국의 모든 검찰청으로 확대하였다. 법률적 근거를 마련하지 못한 채 운영되다가 2010년에 보호법이 개정되면서 형사조정제도에 대한 규정이 신설되어 법률적 근거가 마련되었다(김재희, 2011: 267).

13) 다음은 구상권 행사와 관련한 피해자 불만의 사례이다. "가해자 측의 합의 요청도 없었고, 공탁도 없었다. 그런데도 국가가 지급한 구조금이 어떻게 피고인의 죗값이 되느냐? 나라에서 유족구조금을 준다고 해서 받았는데, 그 덕에 피고인이 감형됐다. 양형에 영향을 미칠 줄 알았다면 엄마로서 받았겠느냐? 국가가 저를 배신하고 저희에게 사기를 친 것이다"(안성훈, 2024: 34 재인용).

형사조정제도의 대상은 범죄의 심각성이 높지 않는 사건들이다. 보호법 시행령(대통령령 제26901호)은 형사조정의 대상이 될 수 있는 사건으로 1) 차용금, 공사대금, 투자금 등 개인 간 금전거래로 인하여 발생한 분쟁으로서 사기, 횡령, 배임 등으로 고소된 재산범죄 사건 2) 개인 간의 명예훼손·모욕, 경계 침범, 지식재산권 침해, 임금체불 등 사적 분쟁에 대한 고소사건 3) 형사조정에 회부하는 것이 분쟁 해결에 적합하다고 판단되는 고소사건 4) 고소사건 외에 일반 형사사건 중에서 유사한 사건 등을 열거했다.

형사조정제도의 절차는 피해자나 가해자가 신청하거나 혹은 검사가 직권으로 형사조정에 의한 해결이 적합하다고 판단하는 사건을 당사자들의 동의를 얻어 형사조정위원회에 회부함으로써 개시된다. 형사조정위원회는 지방검찰청이나 지청별로 지역사회에서 법적 지식 등 전문성과 덕망을 갖춘 사람들로 구성된 협의체이다. 조정이 회부되면 형사조정위원회는 가해자와 피해자의 동의여부를 확인하고 조정위원들은 기록을 검토하고 당사자들의 의견을 듣고 합의점을 제안한다. 형사조정위원회가 제안하는 합의점을 가해자와 피해자 모두가 동의하면 조정이 성립된다. 만일 동의가 되지 않아 조정이 불성립하면 형사조정위원회는 사건을 검사에게 송치한다. 송치를 받은 검사는 일반적 절차에 따라 조사를 하고 이후 사건에 대한 기소 등의 처분을 한다. 조정이 성립되면 검사는 정상참작사유로 고려해 불기소 처분을 하지만 사인이 중대한 경우는 피해자와 가해자의 합의가 있어도 법원에 기소할 수 있다.

피해자는 조정제도를 통해 형사사법절차에 참여해 자신의 의견을 적극적으로 대변할 수 있고 또한 합의를 통해 신속하게 피해변제를 받을 수 있다(김재희, 2011: 267). 그러나 형사조정제도는 가해자의 유죄를 가정하기 때문에 무죄추정의 원칙에 반할 수 있고, 또한 검사가 직권으로 형사조정에 회부할 경우에 가해자가 이를 거부했을 때의 불이익을 우려해 비자발적으로 참여를 강요당하는 등의 부작용이 있을 수 있다(김성돈, 2008: 27). 또한 피해자의 경우에 형사조정이 성립하더라도 가해자가 합의를 이행하지 않으면 또다시 피해변제를 위한 민사소송을 제기해야 하는 문제가 있다.[14]

---

14) 형사조정제도의 운영현황을 분석한 연구는 형사조정제도가 발전하려면 1) 형사조정 대

제 4 절

형사소송법과 피해자

형사소송법은 범죄를 수사하고 형벌을 부과하고 선고된 형벌을 집행하기 위한 절차를 규정한 법률이다(이재상 · 조균석, 2016: 3). 2000년대에 들어 피해자학회를 포함해 다수의 학자들이 우리나라 형사절차에서 피해자의 권리가 제대로 보호받지 못하고 있다고 지적했다(이은모, 2000; 박종렬 · 최환석, 2006; 이영근, 2007). 이런 지적들을 반영해 형사소송법은 수차례에 걸친 일부개정으로 피해자의 권리를 보호하기 위한 다양한 조항들이 신설되거나 보완되었다. 다음에서는 형사소송법을 중심으로 피해자의 권리를 형사처벌 요구권, 정보의 권리, 불기소처분과 불송치결정에 대한 통제권, 피해자 진술권 등으로 구분해 살펴본다(백형구, 2008; 곽영길, 2008; 박상식, 2008; 박정성, 2009; 김재희, 2012; 이진국, 2014; 김재희, 2022; 신진희, 2024).

1 형사처벌 요구권

형사소송법에 의하면 피해자는 가해자의 형사처벌을 요구할 수 있는 권리를 가진다. "범죄로 인한 피해자는 고소할 수 있다"(제223조)고 규정하여 피해자는 가해자에 대한 형벌권 발동을 수사기관에 요구할 수 있다. 특히 친고죄의 경우는 피해자의 고소는 수사개시의 단서일 뿐 아니라 소송조건이다. 검사는 피해자의 고소가 있어야만 공소를 제기할 수 있다. 피해자가 사망한 경우에는 배우자, 직계친족 또는 형제자매들이 고소할 수 있으며(제225조) 사망한

상사건들의 범위를 확대하고, 2) 경찰 및 법원단계에서 형사조정이 활용될 수 있도록 하고, 3) 현행 검찰 내부의 비상설기구에서 형사조정제도의 전문화 및 실효성을 위해 상설기구로의 변화를 모색하고, 4) 금전적 배상 위주에서 조정당사자 상호간의 관계회복을 도모하는 방안을 강구하는 등의 노력이 필요하다고 지적했다(홍승희, 2019: 215).

사람의 명예를 훼손한 사건은 친족이나 자손이 가해자에 대한 처벌을 요구할 수 있다(제227조). 피해자는 나중에 생각이 바뀌어 가해자의 형사처벌을 원하지 않으면 고소를 취소할 수 있다. 고소취소는 제1심 판결선고 전까지 할 수 있으며 고소를 한번 취소하면 다시 고소할 수 없다(제232조).

2 정보의 권리

형사소송법은 고소인등에의 처분고지(제258조), 고소인등에의 공소불제기이유고지(제259조), 피해자등에 대한 통지(제259조의 2), 피해자 등의 공판기록 열람·등사(제294조의 4), 검사와 사법경찰관과의 관계 등(제195조), 고소인 등에 대한 송부통지(제245조의 6)를 통해 피해자의 정보 권리를 보호한다. 고소인등에의 처분고지는 검사로 하여금 처분결과를 피해자에게 통지하도록 규정한 조항이다. "검사는 고소 또는 고발있는 사건에 관하여 공소를 제기하거나 제기하지 아니하는 처분, 공소의 취소 또는 제256조[15]의 송치를 한 때에는 그 처분한 날로부터 7일 이내에 서면으로 고소인 또는 고발인에게 그 취지를 통지하여야 한다(제258조 제1항)"고 규정하여, 피해자는 검사로부터 처분결과를 통지받을 수 있다. 고소인등에의 공소불제기이유고지는 불기소처분의 경우에 그 이유를 피해자에게 설명하도록 규정한 조항이다. 공소를 제기하지 않는 처분을 흔히 불기소처분이라고 한다. 불기소처분에는 기소유예, 혐의없음(증거불충분), 혐의없음(범죄인정 안됨), 죄가 안됨, 공소권없음, 각하처분 등이[16]

15) 제256조는 타관송치에 대한 것으로, 사건이 다른 법원의 관할일 때에 담당검사가 서류와 증거물을 관할검찰청으로 이관하도록 하는 조치에 관한 조항이다.

16) 기소유예는 가해자의 범죄가 인정되어도 ① 연령, 성행, 지능과 환경, ② 피해자와의 관계, ③ 범행의 동기, 수단과 결과, ④ 범행후의 정황을 고려하여 공소를 제기하지 않는 검사의 처분이다. 혐의없음(증거불충분)은 범죄사실을 인정할 만한 충분한 증거가 없는 경우이며, 혐의없음(범죄인정 안됨)은 해당사건이 법률에 명시된 요건에 따른 범죄를 구성하지 않거나 범죄로 인정되지 않는 경우이며, 죄가 안됨은 해당사건이 법률에 명시된 범죄구성요건에는 해당되지만 위법성이나 책임성이 없는 경우이며, 공소권없음은 공소시효가 만료된 경우와 같이 소송조건을 충족하지 못하는 경우이며, 각하는 고소권이 없는 사람이 고소를 한 사건과 불기소 사유가 명백한 경우에 결정하는 검사의 처분이다.

있다(형사사건처리절차, 검찰청, 2024). 이러한 불기소처분에 대해 "검사는 고소 또는 고발있는 사건에 관하여 공소를 제기하지 아니하는 처분을 한 경우에 고소인 또는 고발인의 청구가 있는 때에는 7일 이내에 고소인 또는 고발인에게 그 이유를 서면으로 설명하여야 한다"(제259조)고 규정하여, 피해자는 원하는 경우에 검사로부터 공소를 제기하지 않은 이유에 대한 설명을 서면으로 제공받을 수 있다. 피해자등에 대한 통지는 가해자의 처리과정에 관한 정보를 피해자에게 알려줄 것을 규정한 조항이다. "검사는 범죄로 인한 피해자 또는 그 법정대리인의 신청이 있는 때에는 당해 사건의 공소제기여부, 공판의 일시·장소, 재판결과, 피의자·피고인의 구속·석방 등 구금에 관한 사실 등을 신속하게 통지하여야 한다"(제259조의 2)고 규정하여, 피해자는 원하는 경우에 검사로부터 사건의 처리현황에 관한 정보를 제공받을 수 있다.

이외에도 피해자는 소송계속 중인 사건의 재판기록에 대한 정보를 제공받을 수 있다. "소송계속 중인 사건의 피해자(피해자가 사망하거나 그 심신에 중대한 장애가 있는 경우에는 그 배우자·직계친족 및 형제자매를 포함한다), 피해자 본인의 법정대리인 또는 이들로부터 위임을 받은 피해자 본인의 배우자·직계친족·형제자매·변호사는 소송기록의 열람 또는 등사를 재판장에게 신청할 수 있다"(제294조의 4)고 규정하여, 피해자는 신청을 통해 소송기록을 열람하거나 등사할 수 있다. 피해자가 열람이나 등사를 신청한 경우에 재판장은 신청이유가 상당하다고 판단하면 열람이나 등사를 허가한다. 이때에 판사는 소송기록의 사용목적을 제한하거나 조건을 부가할 수 있으며(제294조의 4 제4항), 소송기록을 열람이나 등사한 피해자는 이런 기록을 이용해 부당하게 다른 사람의 명예와 생활의 평온을 해쳐서는 안 되며 수사와 재판에 지장을 주지 말아야 한다(제294조의 4 제5항).

검경 수사권 조정에 따른 수사절차를 반영한 2020년 개정 형사소송법은 피해자의 정보권 보호와 관련해 새로운 사항들을 규정한다. 제195조(검사와 사법경찰관의 관계 등)는 형사소송법에 새롭게 신설된 조항으로 "① 검사와 사법경찰관은 수사, 공소제기 및 공소유지에 관하여 서로 협력하여야 한다. ② 제1항에 따른 수사를 위하여 준수하여야 하는 일반적 수사준칙에 관한 사항은 대통령령으로 정한다."라고 검사와 사법경찰관을 협력관계로 규정하고 수사할 때의 준수사항들을 대통령령에 위임한다. '검사와 사법경찰관의 상호협력과 일반적 수사준칙에 관한 규정'(대통령령 제33808호, 이하 수사준칙)은 형사소송법에서 위임한 사항을 규정한 법령이다.

수사준칙 제12조는 "① 검사 또는 사법경찰관은 수사에 대한 진행상황을 사건관계인에게 적절히 통지하도록 노력해야 한다. ② 제1항에 따른 통지의 구체적인 방법·절차 등은 법무부장관, 경찰청장 또는 해양청장이 정한다"라고 검사나 사법경찰관의 수사 진행상황 통지를 규정한다. '경찰수사규칙'(행정안전부령 제483호)은 수사준칙에서 위임된 사항들에 대한 행정규칙으로, 경찰수사규칙 제11조는 통지의 구체적인 시기와 방법 등을 규정한다. 경찰수사규칙 제11조에 의하면 사법경찰관은 수사를 개시한 날, 수사를 개시한 날부터 3개월이 지난 날, 3개월이 지난 이후에는 매 1개월이 지난 시점을 기준으로 7일 이내에 피해자등에게 수사 진행상황을 통지해야 한다(경찰수사규칙 제11조 제1항). 통지는 서면, 전화, 팩스, 전자우편, 문자메시지 중에서 피해자등이 원하는 방법으로 할 수 있으며 특별한 요청이 없으면 서면 또는 문자메시지를 통지하는 것을 원칙으로 한다(경찰수사규칙 제11조 제3항). <그림 9-1>은 사법경찰관이 피해자등에게 수사 진행상황을 통지할 때의 양식이다. 수사 진행상황 통지서는 접수일시, 사건번호, 주요 진행상황, 담당팀장의 소속, 직위, 성명, 연락처를 기재하는 부분과 범죄피해자 권리 보호와 관련된 각종 제도를 소개하는 부분으로 구성되어 있다.

사법경찰관은 범죄를 수사한 후에 범죄혐의를 인정하면 해당사건을 검사에 송치하고 그 밖의 경우는 불송치하고 그 이유를 명시한 서면과 관련 서류들을 검사에게 송부해야 한다(제245조의5). 제245조의6(고소인 등에 대한 송부통지)는 사법경찰관이 불송치한 경우에 그 이유를 피해자등에게 통지하도록 규정한 조항이다. 사법경찰관은 피해자등에게 불송치 결정을 하면 7일 이내에 서면으로 송치하지 않은 취지와 이유를 통지해야 한다(제245조의6).[17]

---

17) 형사소송법은 사법경찰관의 통지의무를 불송치결정에 한정했지만(제245조의6), 수사준칙 제53조(수사 결과의 통지)는 사법경찰관이 사건을 수사한 후에 법원송치, 검찰송치, 불송치, 수사중지, 이송 등의 결정을 했을 때에 그 결과 모두를 피해자 등에게 통지해

■ 경찰수사규칙 [별지 제9호서식]

소속관서

제 0000-00000 호 　　　　　　　　　　　　　　　　　　　　　　0000.00.00.

수 신 : 　　　　　귀하

제 목 : 수사 진행상황 통지서

귀하와 관련된 사건의 수사진행상황을 다음과 같이 알려드립니다.

접수일시		사건번호	
주 요 진행상황			
담당팀장	○○과 ○○팀 경○ ○○○		☎ 02-0000-0000

※ 범죄피해자 권리 보호를 위한 각종 제도

○ 범죄피해자 구조 신청제도(범죄피해자 보호법)
- 관할지방검찰청 범죄피해자지원센터에 신청

○ 의사상자예우 등에 관한 제도(의사상자 등 예우 및 지원에 관한 법률)
- 보건복지부 및 관할 지방자치단체 사회복지과에 신청

○ 범죄행위의 피해에 대한 손해배상명령(소송촉진 등에 관한 특례법)
- 각급법원에 신청, 형사재판과정에서 민사손해배상까지 청구 가능

○ 가정폭력·성폭력 피해자 보호 및 구조
- 여성 긴급전화(국번없이 1366), 아동보호 전문기관(1577-1391) 등

○ 무보험 차량 교통사고 뺑소니 피해자 구조제도(자동차손해배상 보장법)
- 동부화재, 삼성화재 등 자동차 보험회사에 청구

○ 국민건강보험제도를 이용한 피해자 구조제도
- 국민건강보험공단 급여관리실, 지역별 공단지부에 문의

○ 법률구조공단의 법률구조제도(국번없이 132 또는 공단 지부·출장소)
- 범죄피해자에 대한 무료법률구조(손해배상청구, 배상명령신청 소송대리 등)

○ 국민권익위원회의 고충민원 접수제도
- 국민신문고 www.epeople.go.kr, 정부민원안내콜센터 국번없이 110

○ 국가인권위원회의 진정 접수제도
- www.humanrights.go.kr, 국번없이 1331

○ 범죄피해자지원센터(국번없이 1577-1295)
- 피해자나 가족, 유족등에 대한 전화상담 및 면접상담 등

○ 수사 심의신청 제도(경찰민원콜센터 국번없이 182)
- 수사과정 및 결과에 이의가 있는 경우, 관할 지방경찰청 「수사심의계」에 심의신청

※ 고소인·고발인은 형사사법포털(www.kics.go.kr)을 통해 온라인으로 사건진행상황을 조회하실 수 있습니다.

소속관서장

210㎜ × 297㎜(백상지 80g/㎡)

그림 9-1 사법경찰관의 수사 진행상황 통지서

야 한다고 규정한다.

3 불기소처분과 불송치결정에 대한 통제권

우리나라에서 공소는 검사만 할 수 있고 검사는 범죄사실을 수사한 후 재량적 판단에 의해 불기소처분을 할 수 있다. 검사가 불기소처분을 결정하면 가해자는 형사처벌을 받지 않는다. 가해자로부터 손상을 당한 피해자는 가해자의 이런 면책이 불만스럽고 사법제도의 기능에 의문을 가질 수 있다. 이에 형사소송법은 피해자에게 검사의 불기소처분을 통제할 수 있는 권리를 인정한다. "검사로부터 공소를 제기하지 아니한다는 통지를 받은 때에는 그 검사 소속의 지방검찰청 소재지를 관할하는 고등법원에 그 당부에 관한 재정을 신청할 수 있다"(제260조 제1항)고 규정하여, 피해자는 검사의 불기소처분이 부당하다고 판단하면 법원에 재정신청을[18] 할 수 있다. 재정신청은 불기소처분을 한 검사가 소속된 지방검찰청을 관할하는 고등법원에 제기하며, 관할 고등법원에서 재정신청이유가 타당하다고 인정하면 지방검찰청에서는 해당사건과 관련해 공소를 해야 한다.

사법경찰관의 불송치결정에 대한 피해자의 통제권은 제245조의 7(고소인 등의 이의신청)에 규정되어 있다. 제245조의 7에 의하면 불송치결정의 통지를 받은 피해자 등은 해당 사법경찰관의 소속 관서의 장에게 이의를 신청할 수가 있다. 이의신청이 있으면 사법경찰관은 지체 없이 검사에게 사건을 송치하고 관계 서류와 증거물을 송부해야 한다. 그리고 이의신청 처리결과와 그 이유를 신청인에게 통지해야 한다. 검사의 불기소처분은 항고, 재항고, 재정신청 등의 절차를 거쳐야 하지만 사법경찰관의 불송치결정은 이의신청이 있으면 지체 없이 사건이 송치되어 피해자 등은 불송치결정에 강력한 통제권을 갖는다는 것을 알 수 있다.

---

18) 피해자가 재정신청을 하려면 우선 전단계로 고등검찰청 검사장과 검찰총장을 상대로 항고와 재항고를 해야 한다. 재정신청은 항고와 재항고가 기각되었을 때에 고등법원에 할 수 있다.

4 피해자의 진술권

피해자가 공판과정에서 피해사실이나 사건에 대한 의견을 진술하면 자신의 권익을 보호하고 피해를 회복하는데 도움이 될 수 있다. 형사소송법은 피해자등의 진술권(제294조의 2), 피해자 진술의 비공개(제294조의 3), 금전 공탁과 피해자 등의 의견 청취(제295조의 5), 신뢰관계에 있는 자의 동석(제163조의 2), 비디오 등 중계장치 등에 의한 증인신문(제163조의 2) 등의 조항을 통해 피해자의 진술권을 보호하고 있다.

먼저 피해자등의 진술권(제294조의 2)은 피해자가 공판과정에서 진술권을 행사하는 방법에 관한 조항이다. "법원은 범죄로 인한 피해자 또는 그 법정대리인의 신청이 있는 때에는 그 피해자등을 증인으로 신문하여야 한다"(제294조의 2 제1항)라고 규정하여, 피해자가 진술권을 행사하려면 법원에 신청을 해야 하고 증인신문 방식으로 진술할 수 있다. 피해자가 신청을 했다고 모든 피해자가 진술할 수 있는 것은 아니다. "피해자등이 이미 당해 사건에 관하여 공판절차에서 충분히 진술하여 다시 진술할 필요가 없다고 인정되는 경우"(제1항 제2호)와 "피해자등의 진술로 공판절차가 현저하게 지연될 우려가 되는 경우"(제1항 제3호)를 제한사유로 규정하여 법관의 판단에 의해 피해자 진술권이 제한될 수 있다. 제294조의 2 제2항은 피해자가 진술할 수 있는 내용의 범위를 규정한 조항이다. "법원은 제1항에 따라 피해자등을 신문하는 경우 피해의 정도 및 결과, 피고인의 처벌에 관한 의견, 그 밖에 당해사건에 관한 의견을 진술할 기회를 주어야 한다"(제2항)고 규정하여 피해자가 진술할 수 있는 내용을 폭넓게 인정하고 있다. 그러나 증인은 출석, 선서 및 증언의 의무가 있으며 의무를 위반하게 되면 제재를 받는다. 이런 점에서 증인신문 방식은 피해자에게 증인의 의무를 부가하는 것이며 피해자는 의무에 대한 부담감으로 자유롭게 자신의 의견을 피력하는데 심리적 부담을 느낄 수 있다(박정성, 2009: 92). 또한 증인이 허위로 진술하면 위증죄로 처벌받을 수 있다[19](박

19) 2015년 6월 29일 개정된 '형사소송규칙'(대법원규칙 제3016호)은 증인신문이 아닌 방식으로 피해자등이 의견진술을 할 수 있도록 허용한다. 형사소송규칙 제134조의 10(피해자등의 의견진술)에 의하면 피해자등은 범죄사실의 인증에 해당하지 않는 사항에 대하

상식, 2008: 130).

피해자 진술의 비공개(제294조의 3)는 피해자가 공개된 법정에서 진술할 경우에 나타날 수 있는 제2차적 피해를 예방하기 위한 조항이다. 피해자가 언론기자들이나 다수의 방청객 앞에서 신분을 노출하고 내밀한 사생활을 진술해야 한다면 피해자는 수치심과 보복에 대한 두려움을 겪을 수 있으며 이로 인해 정확한 진술을 하지 못할 수 있다. 이에 대해 "법원은 범죄로 인한 피해자를 증인으로 신문하는 경우 당해 피해자·법정대리인 또는 검사의 신청에 따라 피해자의 사생활의 비밀이나 신변보호를 위하여 필요하다고 인정하는 때에는 결정으로 심리를 공개하지 아니할 수 있다"(제294조의 3)고 규정하여 피해자가 비공개로 진술할 수 있도록 허용한다.

금전 공탁과 피해자등의 의견 청취(제294조의 5)은 공탁법(법률 제17567호)이 개정되어 피고인이 피해자의 인적사항을 모르더라도 공탁을 할 수 있게 하고 공탁금에 관한 권리를 신속히 행사할 수 있도록 공탁규칙(대법원규칙 제3119호) 개정되었는데 이를 악용해 선고 직전에 감형을 위해 기습적으로 공탁하고 판결선고 후에는 공탁금을 찾아가는 먹튀공탁으로부터 피해자를 보호하려는 목적에서 2024년에 신설된 조항이다. 제294조의 5(금전 공탁과 피해자 등의 의견 청취)는 피고인이 피해자의 권리 회복에 필요한 금전을 공탁한 경우에 법원은 판결을 선고하기 전에 피해자등의 의견을 들어야 한다고 규정하여 피해자의 의견청취를 의무화하고 있다.

신뢰관계에 있는 자의 동석(제163조의 2)은 피해자가 심리적으로 안정된 상태에서 진술할 수 있도록 보호하는 조항이다. 수사기관이나 법원시설, 공판정은 대부분의 피해자가 이제껏 경험해보지 못한 낯선 환경이다. 익숙하지 못하고, 이해관계가 첨예하게 대립되는 사법시설에서 불안과 긴장으로 제대로 진술하지 못하고 경우에 따라 심리적 상처를 입을 수 있다(곽영길, 2008: 24). 이런 문제에 대해 "법원은 범죄로 인한 피해자를 증인으로 신문하는 경우 증

여 증인신문에 의하지 아니하고 의견을 진술할 수 있다. 그러나 피해자등이 증인신문에 의하지 않고 진술하는 경우는 증인이 아니므로 비공개재판이나 비디오 등 중계장치와 같이 증인신문의 경우에 적용되는 진술권 보호제도를 이용할 수 없는 문제점이 있다(신진희, 2024: 180).

인의 연령, 심신의 상태, 그 밖의 사정을 고려하여 증인이 현저하게 불안 또는 긴장을 느낄 우려가 있다고 인정하는 때에는 직권 또는 피해자·법정대리인·검사의 신청에 따라 피해자와 신뢰관계에 있는 자를 동석하게 할 수 있다"(제1항)고 규정하여, 피해자가 심리적으로 안정된 상태에서 진술할 수 있도록 하고 있다. 신뢰관계에 있는 사람에 대해 형사소송법은 대법원규칙으로 정하도록 하고(제4항), 대법원규칙은 "배우자, 직계친족, 형제자매, 동거인, 고용주, 변호사, 그밖에 심리적 안정과 원활한 의사소통에 도움을 줄 수 있는 사람을 말한다"(형사소송규칙 제84조의 3)라고 구체적으로 열거한다. 제163조의 2 제2항은 아동이나 정신적 능력에 장애가 있는 피해자에 대한 조항이다. "13세 미만이거나 신체적 또는 정신적 장애로 사물을 변별하거나 의사를 결정한 능력이 미약한 경우에 재판에 지장을 초래할 우려가 있는 등 부득이한 경우가 아닌 한 피해자와 신뢰관계에 있는 자를 동석하게 하여야 한다"(제2항)고 규정하여, 아동이나 정신적 능력에 장애가 있는 피해자에 대해서는 신뢰관계에 있는 사람을 원칙적으로 동석하도록 하고 있다. 제163조의 2 제3항은 동석한 사람의 역할에 관한 조항이다. "동석한 자는 법원·소송관계인의 신문 또는 증인의 진술을 방해하거나 그 진술의 내용에 부당한 영향을 미칠 수 있는 행위를 하여서는 아니 된다"(제3항)고 규정하여, 동석한 사람의 역할은 피해자에게 심리적 안정감과 진술을 보조하는 것으로 한정한다.

신뢰관계에 있는 자와의 동석은 공판절차 이외에도 허용된다. "검사 또는 사법경찰관이 범죄로 인한 피해자를 조사하는 경우에 준용한다"(제221조)고 규정하여, 피해자는 검사 또는 경찰에서 조사를 받을 때에도 신뢰관계에 있는 사람과 동석할 수 있다.

형사소송법에서 피해자의 진술권을 보호하는 또 다른 조항은 비디오등 중계장치등에 의한 증인신문(제165조의 2)이다. 피해자가 공판정에서 가해자와 대면하는 일은 심리적으로나 정신적으로 큰 부담이 될 수 있다. 이에 대해 "법원은 다음 각 호의 어느 하나에 해당하는 자를 증인으로 신문하는 경우 상당하다고 인정하는 때에는 검사와 피고인 또는 변호인의 의견을 들어 비디오 등 중계장치에 의한 중계시설을 통하여 신문하거나 차폐(遮蔽)시설 등을 설치하고 신문할 수 있다"고 규정하여, 피해자가 가해자와 직접 대면하지 않고 진술할 수 있도록 허용한다. 가해자와 대면하지 않고 피해자가 진술하는 방법은 두 가지가 있다. 하나는 비디오등 중계장치를 활용하는 방법이다. 이는 공판정 외의 별실에 피해자를 머물게 하고 소송관계자들이 비디오 모니터를 보면서 피해자를 신문하는 경우이다. 또 다른 방법은 차폐시설을 활용하는 것이다. 이는 법정 안에 가해자 또는 방청객이 피해자를 볼 수 없도록 차단장치를 설치하고 피해자의 진술을 듣는 방법이다. 그리고 비디오 등 중계장치 등에 의한 신문대상은 1) '아동복지법' 위반과 관련된 범죄의 피해자(제1항), 2) '아동 · 청소년의 성보호에 관한 법률' 위반과 관련된 범죄의 대상이 되는 아동 · 청소년 또는 피해자(제2항), 3) 범죄의 성질, 증인의 연령, 심신의 상태, 피고인과의 관계, 그 밖의 사정으로 인하여 피고인 등과 대면하여 진술하는 경우 심리적인 부담으로 정신의 평온을 현저하게 잃을 우려가 있다고 인정되는 자 등이다(제3항).

제 5 절

소결

이 장에서는 피해자의 보편적 권리들과 우리나라에서 피해자의 권리를 보호하기 위한 법제도적 대책들을 헌법, 피해자보호법, 형사소송법을 중심으로 서술했다.

우선 월러(Waller)의 연구를 통해 형사사법제도가 보호해야 할 피해자의 보편적 권리들을 살펴보았다. 월러는 미국의 1982년 대통령대책회의 건의안, 1985년 UN선언, 2001년 유럽연합 기준안, 2004년 일본의 인권법, 2006년 영국의 피해자법 등을 검토하고 피해자의 보편적 권리들로 승인의 권리, 정보의 권리, 부조의 권리, 피해보전의 권리, 안전의 권리, 참여의 권리, 효과적 정책에의 권리, 성실한 정책집행에의 권리를 구분했다. 승인의 권리는 피해자가 범죄피해의 당사자로 승인을 받고 사건처리의 과정과 가해자의 처벌에 개입할 수 있는 권리이다. 정보의 권리는 형사사법절차나 피해자지원제도에 관한 정보를 제공받을 수 있는 권리이며, 부조의 권리는 피해회복에 필요한 상담, 의료적 치료, 사회적 지원 등의 도움을 받을 수 있는 권리이다. 피해보전의 권리는 범죄로 인해 초래된 경제적 손해를 보전받을 수 있은 권리이고, 안전의 권리는 가해자의 위협이나 보복으로부터 보호를 받을 수 있는 권리이며, 참여의 권리는 범죄사건을 처리하는 과정에서 피해자가 자신의 의견을 대변할 수 있는 권리이다. 그리고 효과적 정책에의 권리와 성실한 정책집행에의 권리는 국가의 피해자화 예방을 위한 효과적이며 성실한 정책집행으로 더 이상 범죄피해로부터 고통을 겪지 않을 수 있는 권리이다.

다음으로 우리나라 형사절차에서 피해자의 권리가 보호되는 정도를 판단하기 위해 헌법, 범죄피해자 보호법, 형사소송법의 관련규정들을 살펴보았다. 1987년의 헌법개정을 시작으로 그간 우리나라는 피해자의 권리를 강화하기 위한 많은 노력이 있었다. 1987년에 있었던 헌법개정에서는 세계에서 유일하게 피해자의 구조청구권을 헌법상의 권리로 명문화하고 피해자의 재판정진술권을 신설하였다. 1990년대 이후로 최근까지 '성폭력범죄의 처벌 및 피해자보호 등에 관한 법률'을 비롯해 다양한 특별법을 제정하거나 개정하며 피해자의 권리를 강화하는 규정들을 입법화했다. 그중에서 범죄피해자 보호정책의 기본법이라고 할 수 있는 범죄피해자 보호법을 2005년에 제정하고 이후 2010년에 대폭 개정해 범죄피해자의 개념, 국가와 지방자치단체의 책무, 피해자 정책의 원칙과 피해자 보호의 기본계획, 범죄피해자에 대한 구조금 지급, 민간의 범죄피해자 지원단체의 운영, 형사조정제도의 도입 등 피해자 정책 전반에 관한 체계적 관리규정을 마련했다. 2007년에는 형사소송법을 개정하여 피해자의 권리를 강화할 수 있는 다양한 조항들을 신설하거나 보완했고 2020년에는 검경 수사권 조정을 반영해 경찰 수사단계에서도 피해자의 권리를 보호하기 위한 새로운 규정들을 마련했다.

그간의 노력으로 우리나라 법제도에서 피해자의 권리가 과거에 비해 현저히 향상되었다고 할 수 있다. 그럼에도 불구하고 1) 사회공동체의 질서와 안전을 유지하면서 동시에 피해자의 당사자적 지위를 강화할 수 있는 방안, 2) 피해발생 이후로 변화하는 피해자 요구에 적합한 상담, 의료적 치료, 사회적 지원에 대한 단계별 구축, 3) 가해자의 다양한 위협과 보복으로부터 피해자를 보호할 수 있는 안전망의 구현, 4) 피해자가 적극적으로 형사사법절차에 개입할 수 있는 참여방안의 모색, 5) 형식적 범죄(crime)의 피해자와 범죄혐의(alleged offense)의 피해자를 구분할 수 있는 범죄피해자 개념의 정립, 6) 증인신문의 방식에 의한 피해자 진술을 개선하기 위한 새로운 진술방법의 모색 등은 앞으로 지속적으로 개선과 보완이 필요한 사항일 것이다.

토론 주제

1. 피해보전의 권리는 피해자가 범죄로 인해 입은 경제적 손해를 보전받을 수 있는 권리이다. 우리나라에서 피해보전의 권리를 구현하는 방법들을 검토하고, 피해보전의 권리를 보다 효과적으로 실현하는 방법을 모색한다.
2. 토보로우스키 등(Tobolowsky et al.)은 피해자가 형사절차에 참여하는 형태를 표출적 참여, 정보제공형 참여, 자문형 참여, 의사결정형 참여로 분류한다. 우리나라의 피해자 참여를 토보로우스키 등의 기준에 따라 구분하고 바람직한 형태의 피해자 참여는 어떤 것인지를 논의한다.
3. 범죄피해자 보호법은 우리나라에서 범죄피해자 보호정책에 관한 기본법이라고 할 수 있다. 범죄피해자 보호법에서 범죄피해자를 어떻게 정의하는지를 검토하고 이런 개념 정의의 장점과 단점을 비교분석한다.

주요 개념

범죄피해자의 권리장전
부조의 권리
참여의 권리
구조대상 범죄피해
수사준칙
불송치결정
정보의 권리
안전의 권리
재판정진술권
승인의 권리
피해보전의 권리
구조청구권
범죄피해 구조제도
피해자진술의 비공개
신뢰관계에 있는 자의 동석
형사조정제도
불기소처분

CHAPTER

10

피해자 회복과 지원제도

제 1 절

피해자의 손실 회복

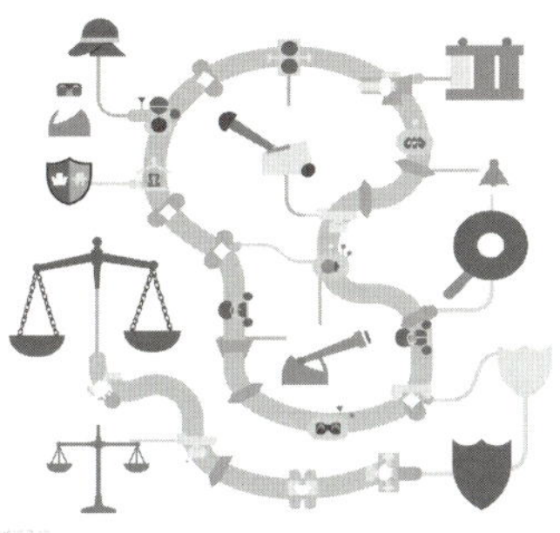

피해자들은 범죄 유형에 따라 요구에 차이가 있으며, 동일한 유형의 범죄피해자일지라도 요구가 동일하지는 않다. 일반적으로 피해자의 주요 요구는 가해자에 대한 적절한 조치, 범죄 피해로부터의 회복, 국가 및 지역 사회로부터의 지원, 가해자 측의 협박과 재 피해의 위험으로부터의 보호, 형사절차에서의 공정한 처우 등 다양하다. 더불어 피해자의 요구는 일시적일 수도 있고, 장기적으로 지속될 수도 있다(Goodey, 2005).

이처럼 피해자들은 동일하지 않은 요구를 지니고 있으며 일부 피해자는 가해자에 대한 처벌, 재사회화를 요구하기도 하고 또 다른 일부 피해자는 가해자에 대한 처벌, 재사회화(치료)보다 보상을 추구하기도 한다. 피해자들은 법률 시스템의 도움으로 그들의 손실을 만회하고 그들이 완전히 회복하기 위해 필요한 전제조건으로써의 비용을 보상받기를 바란다.

범죄자에게 모은 배상금은 범죄가 발생하기 이전의 피해자의 재정 수준으로 복구하는 데 도움을 줄 수 있으며, 가해자가 금전적으로 보상하게 되면 화해의 가능성이 생긴다(Karmen, 2013). 국가 이전에 피해자가 범법자로부터 금전적, 물질적 배상이나 보상을 받을 권리는 역사적으로 행해져온 것이다.[1] 피해자의 손실을 회복하게 하는 보상에는 국가가 책임을 지는 보상(compensation)과 가해자에 의한 피해자 배상(restitution)[2]이 있다.

---

1) 피해자에 대한 보상과 관련하여 인류의 역사에서 찾아볼 수 있는 가장 오래된 문헌은 함무라비 법전(The Code of Hammurabi)이다. 그 외 모세율법(The Law of Moses), 로마 12표법(Law of 12 Tables), 마그나카르타(Magna Carta) 등에서 피해자 보상과 관련된 역사를 찾을 수 있다.

이 절에서는 피해자 회복의 제도적 수단으로서 국가에 의한 보상과 가해자에 의한 배상 그리고 가해자와 피해자가 형사절차에 영향을 미치는 손해의 전보 등을 주된 내용으로 이루어지는 화해로서 형사합의를 살펴보고자 한다.

제1항 국가에 의한 보상(Victim Compensation)

1 국가보상의 이론적 기초

피해자에게는 범죄 피해를 보상받기 위해 국가에 적극적으로 피해 구제를 요청할 수 있는 권리가 보장된다. 범죄의 원인이 많은 부분 사회적 문제에 기인하고 있고, 사회문제는 국가의 책임이기 때문에 그로 인한 범죄와 범죄피해에 대해서도 국가가 책임져야 한다는 것이다(이윤호, 2007).

해외 각국의 정책 및 EU 보상위원회지침 등을 살펴보면, 피해자에 대한 공공보상을 국가의 시혜와 배려로부터 점차 '사회적 연대성(social solidarity)' 이념에 기초하여, 공동체가 그 책임을 부담해야 할 피해는 일정한 보상을 통해 상쇄·회복되어야 한다는 보상원칙으로 변화되고 있다(Buck, 2005). 각국이 기금을 통한 보상법(Compensation Act)이라는 용어를 채택하고 있는 것만 보더라도 공공보상적 성격이 강조되고 있다는 것을 알 수 있다(김은경, 2012). 범죄피해자에 대한 공공보상이란 고의적인 범죄행위로 신체적 또는 정신적 피해를 입은 피해자 또는 유족에게 국가가 공공의 책임으로 제공하는 금전적 지원이라고 할 수 있다. 이는 1951년 Margery Fry의 In the Arms of the Law라는 책에서 범죄피해자에 대한 공공의 도움을 주창한 것을 시작으로 시행된 제도

---

2) restitution의 경우 학자들마다 상이하게 번역하여 사용하고 있다. 일부학자는 배상으로 또 다른 일부는 원상회복이라는 단어로 번역하여 사용하고 있다. 이에 본고에서는 피해로 인하여 원래 상태로의 복귀가 되지 않을 경우에 보상해줄 것을 명하다는 제도적 의미로 사용될 경우에는 배상으로 번역하여 사용할 것이다. 다만, 내용적으로 범죄로부터 야기된 손해를 피해자에게 가해자가 금전적으로 지불하는 것으로 정의할때는 원상회복으로 사용할 것이다(Galaway & Hudson, 1990: 34).

이며, 처음에는 범죄피해자에 대한 보상이 산업재해보상을 본떠서 범죄로 인하여 손실된 능력에 따라 주급으로 보상되는 것이었다.

범죄피해자보상제도는 1963년 뉴질랜드에서 범죄피해자보상법(criminal injuries compensation)이 최초로 입법화되었고, 1965년 미국 캘리포니아에서도 피해자보상제도가 시작되면서 피해자의 권리가 주목받기 시작하였다. 이러한 발전과정을 거치다가 1983년 폭력범죄피해자 보상에 대한 유럽협약(European Convention on the Compensation of Victims of Violent Crimes)이 채택이 되었고 그러한 과정을 통해 유럽각국이 활발한 피해자보상시스템을 구축하게 되었다. 1985년에는 유엔차원에서 범죄피해자의 인권선언이라고 불려지는 "범죄와 권력남용 피해자에 관한 사법의 기본원칙선언(Declaration of Basic Principle of Justice for Victims of Crime and Abuse of Power)"이 UN에서 채택되었다. 이러한 과정을 통해 피해자들은 유럽과 미국뿐만 아니라 국내에서도 형사사법체계내에서 위치를 가지게 되었다(김현철, 2015).

이러한 범죄피해자에 대한 국가의 구조는 가해자의 피해 배상 책임에 대한 보충적인 제도로서 가해자의 피해배상 자체가 피해자의 피해회복에 기여한다는 점에서 의미가 있다. 피해보상은 법률적인 논리로만 생각한다면 그것이 민사소송에 의한 것이든 또는 형사소송절차상의 배상명령에 의한 것이든 범죄자를 통해서 이루어지는 것이 원칙이다. 원상회복이 이루어지기 위해서는 범죄자에게 배상을 할 만한 자력이 있는가를 전제로 하는데, 대체적으로 범죄자들은 범죄피해에 대한 배상을 할 수 있을 만한 경제적인 자력을 갖추지 못한 것이 일반적이며, 이 경우 범죄피해자는 피해에 대해서 아무런 배상을 받지 못한 채 곤경에 처하게 된다. 범죄로 인한 상해와 장애는 치료비용을 발생시키며, 결국 범죄를 당한 피해자는 범죄의 영향으로 말미암아 피해를 회복하기 위한 기본적인 자원이 상실된 상태가 되는 것이 일반적이다(김은경, 2012).

이와 같이 경제적으로 뿐만 아니라 사회적으로 곤란에 처해 있는 범죄피해자에 대해서 국가가 일정한 형태의 보상을 해주는 것은 당연하다. 타인의 행위로 인한 개인의 피해에 대해서는 원칙적으로 책임을 지지 않으나, 국가가 죄없는 피해자에 대해서 동정심과 책임감을 느껴 지역사회를 대신하여 보상을 제공하는 것은 국가의 또 다른 책무인 것이다.

피해자보상의 지지자들은 다양한 이유로 국가가 피해자 보상을 해야 할 의무가 있다고 생각한다. 첫 번째 사회계약의 관점이다. 국가 보상과 관련하여 사회계약론적 관점에 있는 지지자들은 정부는 과세시스템과 서비스의 제공을 통해서 시민의 안전과 행복을 돌보아 주어야 하는 계약을 맺었다고 생각한다. 이 관점에 따르면 시민들은 정부가 자신들을 보호하는 대신 정부의 법집행의 권한을 양도해 왔다고 본다. 범죄 피해는 시민의 잘못이 아니며 정부가 시민과의 약속을 지키는데 실패했기 때문에 발생한 것이기 때문에 피해를 입은 시민들을 정부가 이전상태로 복구시키는 것은 당연한 것이다. 두 번째로 사회복지의 관점을 지지하는 사람들은 정부는 장애를 입고 가난하고 불운한 시민들을 위한 최소한의 삶을 제공하기 위해 노력해야 하며, 정부는 그들의 복지를 확대하고 피해자를 구조해야 한다는 것이다. 마지막으로 국가가 피해자를 보상해 줌으로써 형사사법 시스템에 피해자를 유인하는 수단이 될 수 있다는 것이다. 보상은 형사사법시스템과 피해자 사이의 호의를 촉진시킬 수 있으며, 이는 더 많은 범죄자를 체포하도록 하여 범죄해결률을 높이고 범죄를 감소하게 할 수 있다(Doerner and Lab, 2012).

2 범죄피해자 구조제도

가. 범죄피해자 구조의 당위성과 문제점

범죄피해자 보상(compensation for victims crime)은 범죄피해를 입은 사람 또는 그 가족에게 피해의 전부 또는 일부를 국가가 금전으로 보상하여 구제하는 것을 의미한다. 원칙적으로 범죄피해자는 가해자에 대하여 민사소송을 통하여 범죄로 인한 손해배상을 청구할 수 있고 형사법원의 배상명령을 통해서 범죄행위로 인해 발생한 직접적인 피해 및 치료비 손해배상을 받을 수 있다. 그러나 이러한 제도 등을 통해서 얻는 보상은 가해자가 누구인지가 명확하고 가해자가 배상을 할 수 있는 재산상의 능력이 있는 경우에만 가능할 뿐 아니라 가해자의 소재가 불분명할 경우에는 가능하지 않다.

국가는 기본권으로 보호되는 법익을 제3자의 위법적 제약이나 그 위험으로부터 보호하여야 할 의무가 있다. 국가는 공권력을 독점하고 치안질서를 유지할 책임을 지고 있기 때문에, 범죄피해자는 국가에 대해 범죄자로부터 보호를 요청할 수 있고, 그 피해를 구제받을 청구권이 있다(안황권·김상돈, 2003: 233-234; 김은경, 2012 재인용). 국가는 고의의 폭력적 범죄행위에 의하여 피해를 입은 국민에 대하여 그의 안전과 자유를 위법한 가해행위로부터 지키지 못한데 대해 적절하고 충분한 구제수단을 통하여 피해자 자신이나 그 유족들이 사회적으로 몰락하는 것을 방지해야 할 헌법적 의무를 지게 되며, 여기에서 제3자의 개인에 대한 보호법익의 침해로부터의 국가적 보상을 요구할 수 있는 권리의 하나로 범죄피해에 대한 국가구조를 청구할 수 있다(송인권, 2000: 322; 김은경, 2012 재인용).

공정성, 평등, 정의라는 형사사법의 원리에 근거할 때 전통적 사법체계내의 권리와 서비스 측면에서 범죄자와 피해자간의 제도적 불균형이 존재해 왔다. 오랜 시간 범죄피해자는 형사절차에서 실체적 진실을 발견하기 위한 증거로서 인식되거나 고소권자나 증인으로서의 역할로만 인식되어 왔다. 피해자의 인간다운 생활의 보장 측면에서 이해한다면, 타인의 범죄행위로 인하여 뜻하지 않게 생명을 잃게 되는 경우, 그 부양가족의 생계유지에 심각한 곤란을 가져오게 된다. 또한 상해를 당하여 노동력의 전부 또는 일부를 상실하는 경우에도 더 이상 직업에 종사하지 못하게 되거나 상당기간 취업에 제한을 받아 자신과 가족의 생활에 막대한 타격을 초래하고 사회적 활동에도 많은 지장을 받게 된다. 오늘날 사회적 약자에 대한 국가의 배려는 이미 도덕적 의무의 차원을 넘어서고 있다. 이것은 기본권의 보장과 실현이라는 새로운 시대적 의미로 표현되고 있다. 인간의 존엄성을 실현시키기 위한 기본조건으로서 범죄피해를 당한 피해자에 대한 정신적, 물질적 도움을 줌으로써 범죄피해로 인한 고통에서 해방시키는 것도 또한 현대 복지국가의 주요 책무이다(김은경, 2012).

이에 국가가 법익의 실질적 침해 당사자인 범죄피해자의 권리보호와 지원을 하는 것은 이제 당위적 차원에서 바라보아야 할 것이다. 오늘날 법 앞의 평등을 실현하기 위해서는 범죄자의 인신보호에 대응하는 피해자의 기본권보호도 중요하다는 점에서 범죄피해자 보상(구조)의 당위성도 인정될 수 있다(김혜정 · 강승기, 2014).

그러나 현재 시행되고 있는 범죄피해자 공공보상제도는 모든 시민들을 모든 범죄로부터 완전하게 보호할 수 없다는 현실적 배경을 기초로 해서 범죄피해자가 보상받을 권리가 있다는 주장을 수용하지 않는다. 또한, 피해자간의 형평성을 맞출 책임과 복지적인 측면에서 복지수혜자와 범죄피해자 사이의 형평성을 고려하고 있다. 더불어 보상받을 자격이 있는 피해자와 그렇지 않은 피해자를 구분하고 있다(Mawby and Gill, 1989).

이러한 범죄피해자 공공보상제도의 문제점을 몇 가지로 구분하여 살펴보면, 첫 번째로 국가에 의한 피해자의 보상은 전적으로 피해자의 요청에 의해서만 개시될 수 있다. 그런데 범죄피해자들 대부분은 이러한 보상제도를 잘 알지 못한다는 점에서 문제가 있다. 두 번째는 재정적인 문제로써 국가가 처음부터 보상의 대상을 폭력범죄의 피해자로 제한한 것이나 소득의 소실분으로 제한한 것 등은 최소한의 보상을 제공하려는 국가의 긴축의지로 해석할 수 있다. 세 번째로 보상대상자를 전혀 책임 없는 피해자, 즉 선의의 피해자에게만 국한시키고 있다는 점이다. 마지막으로 공공보상의 대상으로 적합한 범죄가 과연 어떠한 것인가 하는 문제이다(Mawby and Gill, 1989).

나. 국가보상의 대상과 보상범위, 효과

피해자보상의 대상은 범죄로 인한 손상을 입은 피해자와 살해된 피해자의 가족, 착한 사마리안, 경찰이나 검찰 등 형사사법기관 종사자를 도우려다 다친 사람을 포함한다. 하지만 구금된 재소자나 조직범죄에 관련된 사람들은 제외되며, 피해자가 관련 사건에 기여하거나 형사책임을 공유하고 있을 때 보상의 자격에 영향을 미칠 수 있다. 그리고 보상은 범죄자 배상, 사회보장, 민사소송 등 다른 수단의 활용가능성과 연동될 수 있으며, 경찰이나 소방관 등은 직장인 보상과 같이 다른 보상프로그램이 더 적절하다고 평가하기도 한다.

그럼 국가에서 지급해야 할 구조금의 범위는 어디까지일까? 구체적으로는 손해전부를 지급해야 하는가 혹은 그 손해를 넘어서는 범위까지 지급할 수 있는가에 대한 문제가 있다. 현실적으로 국가 보상을 어떤 시각에서 보느냐에 따라 차이가 있을 수 있다. 예를 들어 국가책임론차원에서 본다면 논리적으로 그 구조금의 범위는 범죄피해자가 그 범죄로 입은 손해의 전체금액을 한도로 한다고 볼 수 있다. 그러나 사회 복지적 차원에서 본다면 손해금액에 국한될 이유가 없다. 이론상 얼마든지 국가재정여건을 고려하여 손해금액을 초과하는 금액까지 보상할 수 있으며 구체적인 한도는 그러한 상황을 종합한 형사정책적 결정이라고 볼 수 있다.

마지막으로 국가가 피해자에게 적절하게 보상을 한다면, 어떤 효과가 있을까? 보상프로그램 지지자들은 국가가 피해자에게 보상을 적절하게 실시한다면, 피해자들이 형사사법기관에 적극적으로 협력할 것이라고 한다. 그러나 Doerner(1978) 등의 연구에 의하면, 보상프로그램이 실시된 지역이나 그렇지 않은 지역 모두 폭력범죄의 신고율이 유사하게 나타났다. 이러한 연구결과는 피해자 보상프로그램이 범죄신고를 증가시키는데 도움이 되지는 않는 것으로 나타났다. 그 밖에 Doerner와 Lab(1980)은 보상이 개인적인 변화를 가져오는지 연구한 결과, 피해자 보상프로그램이 형사사법시스템으로의 파급효과(spillover)나 후광효과(halo effect)를 발생시키지 않는다는 결과를 얻었다(Doerner and Lab, 2012).

다. 범죄피해구조금제도

형사절차에서 피해자보호의 필요성 또는 정당성에 관한 논의는 이미 오래전부터 제기되었고, 오늘날 피해자보호 또는 형사절차에서의 피해자 지위강화라는 문제는 형사사법분야에서 핵심적인 쟁점으로 부각되고 있다(장규원, 2005). 범죄피해자들은 범죄행위로 인해 신체적·정신적 상해, 직접적인 경제적 손실과 치료비 등 이중고, 삼중고를 겪게 된다. 과거 이와 같은 범죄피해의 구제는 민사법상의 불법행위책임 등 간접적으로 해결되어 왔다. 그것이 제2차 세계대전 이후 사회보장제도가 정착되면서 범죄피해자보상이 사회보장제도의 하나로 도입되어야 한다는 주장과 함께 범죄피해자 보상제도에 관한 입법화가 시작되었다(박영숙, 2012).

우리나라는 1987년 제9차 헌법(헌법 제10호, 1988.2.25.시행)개정으로 범죄피해자에 대한 구조청구권(제30조)이 도입되면서 「범죄피해자구조법」(법률 제3969호, 1988.7.1.시행)이 제정되었고 이에 따라 시행되었다. 우리나라는 세계에서 유일하게 범죄피해자구조청구권을 헌법상의 권리로 명문화하고 있다. 헌법이 추상적 규범통제원리로써 선언적인 의미를 가지지만, 특정한 청구권이 헌법상의 권리인지 법률상의 권리인지는 권리보장에 대한 국가의 책무와 범위를 결정짓는 중요한 단초가 아닐 수 없다(김혜경, 2015). 국가는 범죄예방의무와 더불어 예방의무를 이행하지 못하여 발생된 범죄피해에 대한 회복의무까지 이행해야 함을 헌법을 통해 이야기하고 있다.

이후 「범죄피해자구조법」은 2010년 5월 전면 개정된 「범죄피해자보호법」에 통합되면서 폐지되었다. 「범죄피해자구조법」은 「범죄피해자 보호법」(법률 제10283호, 2010.8.15. 시행)으로 통합되기까지 22년 동안 과연 피해자 구조기능을 제대로 담당했는가에 대한 비판을 받았다(오영근 · 이천현, 2004; 강동욱 · 송귀채, 2014).

2010년 새롭게 제정된 「범죄피해자보호기금법」이 2011년 시행됨에 따라서 범죄피해자구조제도는 새로운 지평을 열게 되었고, 2014년 12월 30일 「범죄피해자보호법」의 개정으로 범죄피해자에 대한 구조금의 상 · 하한액이 약 30% 가량 향상되었다. 2015년 3월 17일 동법 시행령이 개정되면서 모법 개정의 취지에 따라 구조금 액수 상한의 조정과 함께 구체적 액수의 산정을 위해 평균임금에 곱할 '대통령령으로 정하는 개월 수'역시 일정부분 상향조정되었다. 이로서 1987년 제도 도입 이후 지속적으로 제기되어 오던 범죄피해구조금의 현실화문제는 다소나마 진전을 보게 되었다(황태정, 2015).

범죄피해구조금의 종류는 유족구조금[3]과 장해구조금 및 중상해구조금[4]으

3) 유족구조금이란 범죄피해자가 사망하였을 경우, 범죄피해자보호법에 따라 우선순위를 갖는 유족에게 지급하는 구조금이다.

4) 장해구조금 및 중상해구조금이란 범죄피해로 인하여 범죄피해자보호법 시행령에서 규정하는 장해가 발생하였을 때 피해자 본인에게 지급하는 구조금이다. 다만, 장해구조금 또

로 구분할 수 있으며, 구조금은 일시금으로 지급한다. 다만, 구조피해자 또는 그 유족이 연령, 장애, 질병이나 그 밖에 대통령령으로 정하는 사유로 구조금을 관리할 능력이 부족하다고 인정되는 경우는 구조금을 분할하여 지급할 수 있다.

다만, 범죄행위 당시 구조피해자와 가해자 사이에 부부, 직계혈족, 4촌 이내의 친족, 동거친족 등 친족관계가 있는 경우에는 구조금을 지급하지 않으며, 구조피해자가 해당범죄행위를 교사 또는 방조하는 행위, 과도한 폭행·협박 또는 중대한 모욕 등 해당 범죄행위를 유발하는 행위, 해당 범죄행위와 관련하여 현저하게 부정한 행위, 해당 범죄행위를 용인하는 행위, 집단적 또는 상습적으로 불법행위를 행할 우려가 있는 조직에 속하는 행위, 범죄행위에 대한 보복으로 가해자 또는 그 친족이나 그 밖에 가해자와 밀접한 관계가 있는 사람의 생명을 해치거나 신체를 중대하게 침해하는 행위를 한 경우에는 구조금을 지급하지 않는다.

구조피해자 유족이 해당 구조대상 범죄피해를 원인으로 하여 '국가배상법' 이나 그 밖에 법령에 따른 급여 등을 받을 수 있는 경우에는 대통령령으로 정하는 바에 따라 구조금을 지급하지 않으며, 국가는 구조피해자나 유족이 해당 구조대상 범죄피해를 원인으로 하여 손해배상을 받았으면 그 범위에서 구조금을 지급하지 않는다.

는 중상해구조금의 지급을 신청한 구조피해자가 장해구조금 또는 중상해구조금을 지급받기 전에 사망(해당 구조대상 범죄피해의 원인이 된 범죄행위로 사망한 경우는 제외한다)한 경우에는 제18조에 따라 맨 앞의 순위인 유족에게 지급하되, 순위가 같은 유족이 2명 이상이면 똑같이 나누어 지급한다.

제2항 가해자에 의한 배상(Offender Restitution)

1 배상의 필요성 및 한계

가해자에 의한 피해자 배상은 공식적인 형사사법 시스템보다 먼저 등장한 것으로 공식적인 형사사법 시스템이 등장하기 이전에는 피해자들이 가해자를 체포하고 보복할 책임이 있었다. 이러한 과거의 배상은 함무라비 법전 등 초기의 법에 명시되어 있었지만, 범죄자의 체포와 기소가 국가의 책임이 되는 새로운 사법시스템이 생겨나면서 점차 배상에 대해 관심이 적어지기 시작했다가 1960년대부터 배상에 대한 관심이 새롭게 대두되었다(Doerner and Lab, 2012).

최근에는 많은 국가에서 피해자의 배상의 권리를 주도록 새로운 법률을 제정하기도 하고 개정하기도 하고 있다.

배상의 필요성은 피해자의 욕구와 관련이 있다. 배상은 피해자의 욕구와 피해자가 입은 손실을 기반하고 있으며, 첫 번째로 배상의 가장 중요한 이유는 피해자에 대한 보상이다(Ruback and Shaffer, 2005). 피해자에 대한 보상을 통해 피해자를 피해자화 이전(pre-victimization)상태로 복구하는 것이다.

두 번째로는 범죄자의 교화(rehabilitation)이다. 범죄자가 피해자에게 금전을 지불하고 서비스를 제공하게 됨으로써 범죄자가 피해자의 고통을 깨닫게 되고 이는 개인의 처벌이라기 보다는 범죄행위에 대한 교화를 제공할 수 있다. 이러한 교화적 측면의 배상은 취업이나 직업훈련프로그램과 연결될 때 의미가 있다(Hillenbrand, 1990).

세 번째로 배상은 구금의 형태보다는 덜 제한적이며, 형사사법시스템에 의한 낙인 효과 등을 감소시킬 수 있다. 마지막으로 배상은 처벌된 범죄자에게는 특별억제효과를, 일반인에게는 일반억제효과를 얻을 수 있다(Doerner and Lab, 2012). 즉, 범죄자가 자기의 범죄 결과 얻어진 과실을 즐길 수 없도록 함으로써 범죄를 예방할 수 있다는 것이다.

다시 말해서 배상은 두 가지 강력한 범죄억제력을 가지고 있다고 가정할 수 있는데, 그것은 범죄가 발각되어 처벌받을 확실성과 범죄자나 그 가족으로부터 범죄 활동의 과실을 보상할 확실성에 의하여 범죄가 억제될 수 있다고 하는 것이다.

그러나 가해자에 의한 배상은 다음과 같은 한계를 가지고 있다. 첫째, 많은 범죄자가 체포되지 않는다는 사실이며, 체포되더라도 상당수의 범죄자는 자신의 형기로 인한 제약이나 경제적 무능력으로 인하여 범죄피해자에게 완전히 보상할 능력이 없다는 사실이다.

둘째, 손실과 배상의 정확한 수준을 입증하고 계산하기가 쉽지 않다는 것이다. 도난당하거나 손상된 재산은 쉽게 계산될 수 있겠지만 사용된 재산의 가치하락과 금전적인 보상을 결정하기 어려운 정서적 물품의 가치와 관련되어서는 문제가 생긴다. 더욱이 어떤 범죄는 피해자가 돈으로 환산하기 어려운 심리적인 손해를 끼칠 수도 있다(Harland and Rosen, 1990).

셋째, 배상의 문제와 관련하여 배상의 가능성에 대해서 피해자들이 거의 알지 못할 수 있다는 사실이다.

넷째, 법원의 자세이다. 법원은 배상할 능력이 없는 가해자가 많다는 점에서 배상명령을 꺼리며, 더불어 법원에서 자유형을 선고하여 범죄자를 구금할 때, 이에 더하여 배상명령을 부가적으로 부과하기가 쉽지 않다. 범죄유형에 따라 법원의 태도가 달라질 수 있는데, 법원은 특히 재산범죄보다는 폭력범죄에 대해서 더욱 배상명령을 내리는 것을 꺼리고 있다(R. Tarling and P. Softley, 1976; J. Vennard, 1979).

마지막으로 배상으로 인해 형사사법시스템의 중점이 사회에서 피해자로 이동하고 이러한 이동으로 인해 형사사법절차와 양형의 중요성을 감소시킨다는 것이다(Thorvaldson, 1990).

이러한 이슈들 중 몇 가지는 형벌체계에 있어서 배상이 차지하는 목적에 관한 뚜렷한 지침을 제공해주지 못한다는 점에서 발생할 수 있다.

때문에 미국의 Office for Victims of Crime에서는 배상프로그램과 관련하여, 배상을 전국적으로 의무화하고 피해자들이 배상에 대한 그들의 권리를 인식하고 실천할 수 있도록 만드는 권고사항을 구성하여 제시하고 있다. 그 내용으로는 배상명령을 감독하고 시행하기 위한 수단, 기술 절차의 구성 및 피해자들이 법원신청과 민사적 조치를 통하여 배상지급을 강요할 수 있는 방법을 포함하고 있다.[5)]

물론 이러한 시도가 배상의 모든 문제를 해결할 수 있는 것은 아니다. 피해자는 아직도 배상의 가능성에 대해서 불명확한 정보를 가질 수밖에 없고 더욱이 범죄자가 기소되지 않는다면 배상의 기회마저 없다. 더군다나 재정적 배상의 강조는 가난한 범죄자들로 인하여 그 적용이 제한받을 수 밖에 없는데 실제로 대부분의 범죄자는 가난하기 때문에 이 문제는 더욱 심각한 것이다.

한편 피해자의 관점에서 보면 가해자에 의한 배상은 크게 중요한 것이 되지 못한다. 피해보상은 극히 일부 피해자에게만 적용될 수 있을 뿐만 아니라 전반적인 운영체계가 법원에 초점이 맞춰 있어서 피해자가 어떠한 보상이 적절한 가에 대해서 자신의 의견이 개진할 기회조차 가질 수 없기 때문이다 (Mawby and Gill, 1987).

2 배상의 유형과 평가

가해자에 의한 배상은 금전적으로 보상하는 경우가 주가 되지만, 때로는 피해자가 가해자의 노동을 통해 보상을 받는 방법도 있다. 이 경우는 주로 가해자에게 피해자에게 유익한 부분을 노동으로 보상하도록 하는 경우 등이 있다. 그 밖에 위에서 지적한 것처럼 범죄피해의 보상에 있어서 피해자가 자신의 의견을 개진할 기회가 주어지지 않았다는 점을 고려하여 이를 해소할 수 있는 방안의 하나로서 제3자에 의한 가해자와 피해자 간의 화해(reconciliation)와 중재(mediation)가 있다.

이러한 시도들은 피해자에 대한 고려와 피해의 회복 내지는 보상을 위한 것 외에 비공식적 형사사법이라는 관점에서도 시행되고 있으며 형사소송절차상 관행으로서 형사합의라는 것도 있다.

---

5) http://www.ovc.gov/

위 제도들은 가해자와 피해자로 하여금 갈등을 합의로서 협상토록 하는 것이다. 이는 형사사법제도에 의한 좌절감, 비인간화, 갈등 등을 야기시키는 공시적인 형사사법절차의 대안으로서 개인적 입장에서 문제를 해결하려는 데 의의를 두고 있다. 또한 가해자와 피해자 양자가 수용할 수 있는 합의의 책임은 어디까지나 가해자와 피해자 당사자에게 달려 있는 것이기 때문에 이러한 제도는 그 과정과 해결이 매우 중요한 의미를 가지는데, 이는 이 제도의 일차적인 목표로서 우선 서로간의 입장을 이해하고 처지를 파악한 뒤, 쌍방의 합의를 통해 배상의무를 결정할 수 있도록 보다 실질적인 토의와 합의를 하게 함으로써 가해자와 피해자의 갈등해소를 용이하게 하는 것이다(M.S. Umbreit, 1986).

배상은 피해자뿐만 아니라 그들의 가족, 보험회사, 피해자 지원기관과 피해자를 돕는 정부기관까지를 대상으로 할 수 있다. 다루어지는 손실 또한 폭넓으며, 배상의 내용은 재산적인 손실이나 손해를 넘어서 의료비용, 임금손실, 장래비용, 정신건강 상담비용[6] 및 범죄와 그 영향과 관련된 기타 비용을 포함한다.

이러한 배상에는 금전적-피해자 배상(monetary－victim restitution), 금전적-지역사회 배상(monetary－community restitution), 서비스-피해자 배상(service－victim restitution), 서비스 지역사회 배상(service－community restitution) 등 4가지로 유형화할 수 있다(Galaway, 1981), 배상의 평가는 과정평가와 결과평가로 구분할 수 있으며, 보상의 효과가 피해자와 형사사법시스템과의 협력을 측정한다면, 배상의 효과는 가해자 재범률 등과 관련이 깊다.

최초의 배상평가는 과정평가에서 시작했으며, 배상의 평가는 재범률, 비용절감, 다이버전과 같은 성과를 연구하기 위한 조사로부터 발전해왔다. 과정평가에서는 범죄자의 수, 참여자들이 배상을 하는데 걸리는 시간, 배상명령의 완수율, 다른 유사한 프로그램의 성과이며, 결과평가는 피해자와 범죄자에게 미치는 배상의 영향과 관련된 연구들이다(Doerner and Lab, 2012).

---

6) 피해자의 심리적 고통 및 충격, 트라우마에 대한 보상은 정신건강 상담비용 등을 통한 간접적 보상으로 대체되고 있다.

배상평가와 관련된 연구를 살펴보면, 구금형을 선고받은 유사한 범죄자들의 재범률이 27%인 반면, 배상명령을 받은 사람의 재범률은 2.7%로 나타났으며(Challeen and Heinlen, 1978). 배상명령으로 전환된 범죄자들을 6년간 추적조사한 결과 상당히 낮은 재범률을 나타냈다(Rowley, 1990). 또한 배상전후의 영향 조사를 통해 배상으로 더 많은 부분을 지불했던 범죄자들이 그렇지 않은 사람들보다 재범률이 더 낮은 것을 발견했다(Ruback, 2004).

3 배상명령제도

완벽한 형사절차의 진행 또는 범죄자에 대한 가혹한 처벌도 범죄피해자가 피해회복을 받지 못한다면 그 의미가 희석될 수밖에 없다. 형사절차상 범죄피해자가 입은 손해를 어떻게 보전하여 범죄피해 발생이전의 상태로 되돌릴 것인가의 문제는 형사사법기관의 커다란 숙제일 것이다.

배상명령은 범죄피해자에 대한 신속한 피해회복을 위한 경제적 지원이라는 점에서 가장 실질적인 피해회복의 대표적인 방법이라고 할 수 있으며, 우리나라의 배상명령제도는 법원이 형사사건 또는 가정보호사건 재판에서 유죄판결을 선고할 경우, 직권 또는 피해자 및 상속인의 신청에 따라 범행으로 인해 발생한 직접적인 물적 피해, 치료비, 위자료의 배상을 명령할 수 있도록 하는 제도이다.[7)]

배상명령제도는 민사소송의 활용으로 볼 수 있는데, 다른 민사소송과의 차이는 민사소송을 형사소송에 결합시켜 활용한다는 점에서 독일 형사소송법의 부대사소제도를 선례로 한다고 설명되고 있다(장응혁, 2022). 이 제도의 장점은 형사절차에서 손해배상까지 판단하여 피해자가 민사소송에 의한 번잡과 위험을 부담하지 않고 손해를 배상받게 하여 소송경제를 도모하고 판결의 모습을 피할 수 있게 한다는 장점이 있고, 특히 피해자의 관점에서는 소송비용부담이 없고, 배상신청서에 적을 사항이나 제출할 증거가 간단하고, 구체적인 주장이

7) 법무부 홈페이지(www.moj.go.kr).

나 입증이 없어도 유무죄·양형심리과정에서 피해액에 관한 심리가 함께 이뤄진다는 점에서 민사소송에 비하여 편리하다(장응혁, 2022).

이러한 배상명령제도[8]는 1981년 1월 29일 독일 형사소송법의 부대소송제도를 입법례로 하여 「소송촉진 등에 관한 특례법(이하 '소송촉진법'이라고 함)」 제25조 이하에 형사소송에 대한 특례로서 국내에 도입되었고, 1998년에는 「가정폭력범죄의 처벌등에 관한 특례법」에도 배상명령에 대한 별도의 규정이 신설되었다. 배상명령 사건의 처리절차 등에 대해서는 「소송촉진 등에 관한 특례규칙」과 「배상신청에 관한 예규」에서 더 상세하게 규정하고 있다(박성은, 2023).

소송촉진법은 민사소송절차와는 달리 법원의 직권에 의해서도 배상을 명할 수 있고(소송촉진법 제25조 제1항), 배상신청서에 인지를 붙이지 않아도 되며(동법 제26조 제1항), 특별히 그 비용을 부담할 자를 정한 경우를 제외하고는 절차 진행에 소요되는 비용을 국고로 부담한다는 점에서 특징적이다(동법 제35조). 때문에 이 제도는 형사절차에서 손해배상까지 판단함으로써 피해자가 신속하게 구제받을 수 있고, 소송경제를 도모할 뿐만 아니라 별도의 민사소송절차를 통해 손해배상을 청구하였을 때 발생할 수 있는 판결의 모순을 회피할 수 있다는 점에서 의미가 있다(배종대 외, 2012; 이재상, 2012; 김계환 외, 2012 재인용).

배상명령을 신청할 수 있는 형사사건으로는 강도, 절도, 폭력행위(폭행, 상해, 과실치상 등), 공갈, 사기, 횡령, 배임, 강간·포행 등 성폭력, 손괴사건(소송촉진법 제25조), 가정폭력범죄(가정폭력범죄의 처벌등에 관한 특례법 제56조), 이를 가중처벌하는 범죄가 있으며, 피고인과 피해자 사이에 손해배상액에 대하여 합의가 이루어질 때는 그 외의 범죄에 대하여도 배상명령을 할 수 있다(소송촉진법 제25조).

배상명령은 상기의 범죄로 인해 유죄판결을 선고한 경우에 한해 이루어지고, 무죄·면소 또는 공소기각의 재판을 할 때에는 배상명령을 할 수 없다.

---

8) 우리의 배상명령제도와 유사한 외국의 선행 입법례로는 독일의 부대소송제도, 미국의 손해배상명령제도, 영국의 배상명령제도, 프랑스의 사소제도, 일본의 손해배상명령제도가 있다.

또한 ① 피해자의 성명·주소가 분명하지 아니한 경우 ② 피해 금액이 특정되지 아니한 경우 ③ 피고인의 배상책임의 유무 또는 그 범위가 명백하지 아니한 경우 ④ 배상명령으로 인하여 공판절차가 현저히 지연될 우려가 있거나 형사소송절차에서 배상명령을 하는 것이 타당하지 아니하다고 인정되는 경우 중 하나에 해당하는 경우에는 배상명령을 하여서는 아니 된다(소송촉진법 제25조).

배상명령의 범위는 피고사건의 범죄행위로 인하여 발생한 직접적인 물적 피해와 치료비 손해 및 위자료의 배상에 제한하고 있으므로(소송촉진법 제25조), 간접적인 손해에 대해서는 동 절차를 통한 배상명령이 내려지지 않는다. 배상명령의 효과로는 확정된 배상명령, 가집행선고 있는 배상명령이 기재된 유죄판결문, 보호처분결정서는 민사판결문과 동일한 효력이 있어 강제집행도 할 수 있다.

제3항 형사합의

형사합의는 가해자와 피해자가 형사절차에 영향을 미치는 손해의 전보 등을 주된 내용으로 이루어지는 화해로서 아직 공식화된 제도라고 볼 수는 없지만 실무상 인정되고 있다(조미선, 2022). 일반적으로 수사단계에서 경찰은 피의자에게 신문조서 작성 시 피해 합의 여부 등을 질문하며, 피해자에게도 진술조서를 작성 시 피의자 처벌 여부에 대해 확인한다. 이러한 과정에서 법제도가 아닌 실무적 차원에서 형사합의라는 것이 이루어진다.

형사합의란 형사처벌을 가볍게 받고자 하는 가해자가 피해자 내지 피해자 측과 별도로 합의하는 것을 의미한다. 이때에 합의 내용이나 절차, 법적 효과에 대한 정해진 규정은 없으나 형사소송절차에서 형사합의를 한 가해자는 하지 않은 자에 비해 정상을 참작받아 형사처벌이 경감되는 효과가 있다. 엄밀한 의미에서 형사합의는 법률적 용어는 아니지만 형사소송절차에서 비공식적인 법 실무 차원에서 그리고 일상생활의 차원에서 개념어로 사용되고 있다[9)]

---

9) 형사합의에 관한 법규정은 없으나 법실무상 형사합의는 범죄피해자의 처벌희망의사의

(장다혜, 2012).

법제도가 아닌 비공식적인 형사관행인 형사합의에 관한 법적 정의는 정해진 바는 없으나, 대한 형사법 실무연구회(2010)에 의하면 형사합의는 통상적으로 범죄를 저지른 가해자가 형사처벌을 면피하거나 가볍게 받기 위해 피해자에게 범죄피해에 대한 일정한 금전적 보상 내지 개인적 요구사항을 이행하기로 피해자 또는 피해자 사망시 피해자의 친족과 합의하는 것을 지칭한다. 이러한 형사합의는 민사상계약의 일종이지만 민법상 민사합의와 일치한다고 볼 수 없으며, 고소취소와 형식상으로 다른 개념이다. 이러한 형사합의는 한편에서는 피고인의 방어권으로 고려될 수 있지만 또 다른 한편에서는 개인간의 화해와 피해회복이라는 측면에서 해석될 수 있다.

형사합의는 형사조정제도[10], 소년법상 화해권고제도[11], 친고죄, 반의사불법죄 소송조건 등 다양한 형사절차에 영향을 미치고 있다. 형사합의는 피해자가 신속하게 그리고 피해를 보전받을 수 있으며, 공법과 사법을 엄격히 구별하는 우리나라 법체계상, 피해자는 자신이 입은 피해를 보전받기 위해서는 가해자의 형사처벌 여부와 별개로, 가해자를 상대로 하여 민사소송(손해배상청구소송)을 제기하여야 한다. 그러나 소제기부터 판결을 받기까지 상당한 시간이 소요되고, 객관적으로 산정할 수 없는 손해(예를 들어 정신적 손해)를 입은 경우에는 금전적으로 완전한 배상을 받기 어려우며, 민사소송에서 승소하더라도 가해자가 임의로 판결금을 지급하지 않거나 책임재산을 빼돌리는 등의 이유로 손해를 배상받지 못할 수도 있다. 만약 피해자가 형사합의에 임하게 되면, 형사처벌 가능성이라는 심리적 압박을 받고 있는 가해자로서도 적극적

철회 내지 처벌불원의사로서 형사절차에서 표출되므로, 범죄피해자의 처벌희망의사표시인 告訴와 관련된 형사소송법상 규정이 사실상 형사합의의 법적근거가 된다. 이러한 점에서 형사합의의 법적 근거는 범죄피해자의 처벌불원의사와 관련된 고소 및 양형시 법행후 정황에 관한 형사소송법 규정에서 찾을 수 있다(장다혜, 2012).

10) 형사조정제도는 2006.4. 대전지방검찰청과 인천지방검찰청 부천지청에서 시범적으로 시행되어 점차 확대되어 오다가 2010.5.14. 「범죄피해자 보호법」의 개정과 함께 법률적으로 근거를 갖추게 되었다.

11) 화해권고제도는 2007.12.21. 「소년법」개정과 함께 도입되어, 가해소년의 교정 및 피해소년의 피해회복을 위해 소년부 판사로 하여금 가해소년에게 피해소년과의 화해를 권고하도록 하는 제도이다.

으로 합의절차에 임하게 되므로 피해자의 신속한 권리구제가 가능하게 되고 합리적인 금전배상을 요구하거나 금전배상이외의 피해회복방안을 논의할 수 있으며, 가해자의 임의지급을 통해 실제적인 피해회복도 기대할 수 있게 된다(조미선, 2022).

그러나 가해자가 형사합의가 형사절차상 영향을 미친다는 사실을 인지하게 되면, 형사절차의 진행경과에 따라 피해자에게 무리하게 접근한다거나 합의를 종용하기에 이른다면 '2차 피해'를 야기할 수 있다. 형사 합의는 합의금 조정 및 지급이 이루어지는 것이 일반적이기 때문에, 가해자로부터 제대로 된 사과를 받지 못한 상태에서 금전적 보상만 받을 가능성이 있으며, 합의금이라는 손해전보의 방법으로 인하여 금전적 여유가 있는 가해자에게 유리하며, 합의 사항의 이행 문제가 여전히 남게 되어 궁극적으로는 분쟁 해결을 기대할 수 없다는 비판도 있다(조미선, 2022).

제 2 절

형사사법기관과 피해자 지원제도

한국의 형사법은 범죄자의 인권을 강화하고 보호하는 방향으로 발달해 왔으며, 그 과정에서 피해자 인권 문제에 대한 논의는 활발하게 이루어지지 않았다. 범죄자의 인권 보호를 위한 다양한 법적 근거와 제도는 마련해 놓은반면, 피해자의 권리에 대한 내용은 제대로 갖춰져 있지 않은 것이 사실이다. 이에 따라 그동안 형사사법절차에서 소외되어 왔던 범죄피해자의 지위를 확보하고 피해자의 권리를 보장하기 위해 1987년 헌법에 범죄피해자의 재판절차에 진술권(제27조), 국가로부터 구조 받을 권리(제30조)를 최초로 명시함과 동시에 「범죄피해자 구조법」을 제정하면서 피해자에 대한 보상제도가 실시되었다. 2006년에는 범죄피해자 보호·지원에 관한 일반법인 「범죄피해자 보호법」을 제정하여 범죄피해자의 권리를 천명함과 아울러, 국가와 지방자치단체에 범죄피해자보호·지원을 위한 책무가 있음을 규정하였다(법무부, 2024).

「범죄피해자 보호법」에 의하면, 범죄피해자 보호·지원의 기본정책은 ① 범죄피해자가 입은 신체·정신적 및 물질적 손실을 복구하여 최대한 범죄 피해 이전의 삶으로 회복하는 것을 목표로 하는 정책인 '손실 복구 지원' ② 범죄피해자가 수사 및 재판절차에서 당사자의 지위와 권한을 가지고 참여할 수 있도록 하는 정책인 '형사절차 참여 보장' ③ 범죄피해자의 권리와 지원 등 범죄피해자에게 필요한 정보제공 ④ 범죄피해자의 사생활 보호를 위해 언론이나 여론에 노출되지 않도록 배려하는 '사생활의 평온과 신변의 보호' ⑤ 범죄피해자 보호·지원 전문가 양성을 위한 '교육·훈련' ⑥ 범죄피해자 보호·지원에 대한 국민적 관심을 촉발시키기 위한 '홍보 및 조사 연구'의 여섯 가지로 크게 구분된다.

이 기본 정책의 틀에서 정부의 범죄피해자 보호·지원정책은 수립·시행되고 있다. 한편, 범죄피해자 정책을 담당하는 주무부처는 법무부, 여성가족부, 보건복지부, 교육부 등으로 나뉘어져 있으며, 범죄피해자 지원의 실질적 활동은 형사사법기관인 경찰과 검찰, 그리고 여성가족부, 정부로부터 위수탁 받아 피해자를 지원하는 민간기관 등에서 이루어지고 있다.[12)]

형사사법기관에서 실시하고 있는 범죄피해자 보호·지원 활동은 경찰청, 검찰청, 법무부 등에서 진행하고 있다. 법무부장관은 범죄피해자보호법 제12조에 근거하여 5년마다 범죄피해자 보호·지원에 관한 기본 계획을 수립하고 있으며, '범죄피해자보호위원회'의 심의와 의결을 거쳐 확정된다. 범죄피해자 보호·지원에 관한 기본계획은 2007년 제1차('07~'11) 계획을 시작으로 5년마다 수립되어 실행되고 있다.

12) 범죄피해자 보호법이관한 개별법으로는 「성폭력 방지 및 피해자 보호 등에 관한 법률」, 「가정폭력 방지 및 피해자 보호 등에 관한 법률」, 「성매매 방지 및 피해자 보호 등에 관한 법률」, 「스토킹방지 및 피해자보호 등에 관한 법률」, 「학교폭력 예방 및 대책에 관한 법률」, 「자동차 손해 배상 보장법」, 「긴급복지지원법」, 「노인복지법」, 「아동복지법」, 「장애인 차별 금지 및 권리 구제 등에 관한 법률」, 「국민기초생활보장법」, 「국민건강보호법」, 「의사상자 등 예우 및 지원에 관한 법률」 등이 있다.

1 형사소송절차단계별 피해자지원제도

피해자는 다양한 동기와 욕구를 가지고 형사소송절차에 참여하기를 희망하며(김혁, 2023), 우리나라는 피해회복을 위한 형사소송절차단계별로 피해자 권리와 욕구를 실현하기 위한 제도를 두고 있다.

범죄발생직후에는 범죄피해자에게 권리 및 지원제도 정보를 의무적으로 제공하고 수사기관은 범죄피해자 권리 및 지원제도 안내서를 교부하고 경찰청(112), 검찰청 피해자지원실(1577-2584), 범죄피해자지원센터(1577-1295)에 피해지원상담을 요청할 수 있다.

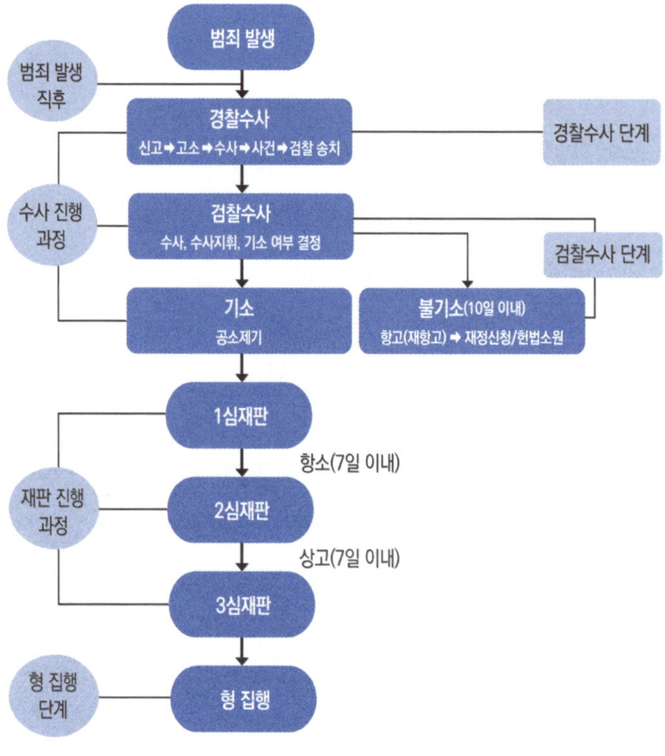

그림 10-1 형사소송절차

수사진행과정(경찰수사/검찰수사)단계에서 피해자는 수사기관에 고소할 수 있으며, 피해자는 형사절차관련 정보를 제공받을 수 있다.

수사진행과정에서 피해자가 신청하면 해당사건의 진행처리결과 및 피의자 구속여부 등 형사절차진행과 관련된 정보를 제공해 주어야 한다.[13] 피

13) 경찰수사단계를 살펴보면, 경찰수사규칙(행정안부령 제305호)은 사법경찰관의 수사진행 상황 통지를 규정하고 있다. 동규칙에 의하면, 사법경찰관은 신고·고소·고발·진정·탄원에 따라 수사를 개시한 날, 그리고 그로부터 매 1개월이 지난 날 피해자에게 수사진

해자의 정보권과 관련된 제도로는 피해자에 대한 통지제도, 기록열람·등사제도 등이 있다. 수사진행과정단계에서 피해자는 수사기관에 진술하거나 법정에 증언을 할 때 불안감, 긴장감 등을 완화하여 심리적 안정을 취하고 원활한 의사소통을 할 수 있도록 피해자와 신뢰관계 있는 사람을 동석할 수 있는 제도(신뢰관계인 동석제도)가 있으며, 피해자가 13세 미만이거나 신체적 또는 정신적 장애로 사물을 변별하거나 의사를 결정할 능력이 미약한 경우에는 신뢰관계인을 동석하게 하여야 한다. 그 외 성폭력범죄의 처벌 등에 관한 특례법 등 법률은 수사기관이 각 법률에서 정한 피해자를 조사하는 경우와 관련하여 신뢰관계인 동석제도를 규정하고 있다.

성폭력범죄의 형사사법절차에서의 조력과 원활한 조사를 위하여 직권 또는 피해자, 그 법정대리인 또는 변호사의 신청에 따라 진술조력인으로 하여금 조사과정을 참여하여 의사소통을 중개하거나 보조하게 할 수 있으며(진술조력인 제도), 성폭력·아동학대·장애인학대범죄피해자 및 성매매피해아동·청소년들은 국선변호사로부터 전문적인 법률 조력을 받을 수 있다(피해자변호사 선임 및 조력 제도). 성폭력범죄의 처벌 등에 관한 특례법은 피해자변호사 선임의 목적을 '형사절차상 입을 수 있는 피해를 방어하고 법률적 조력을 보장하기 위하여'로 규정하고, 피해자가 참고인, 증인의 지위에서 형사절차에 임하면서 추가적인 피해를 받지 않도록 법률상 조력을 제공하고 있다. 또한 19세 미만·장애인 피해아동은 의사에 반하지 않은 한 중복 출석·반복진술을 방지하기 위해 조사시 진술장면을 영상물녹화(속기록 작성)을 할 수 있다(진술영상녹화). 또한 가정폭력재발이 우려되는 경우에는 임시조치를 신청할 수 있으며, 스토킹범죄가 우려되는 경우에도 긴급응급조치를 할 수 있다.

가해자로부터 보복을 당할 우려가 있는 경우 신변보호조치와 가명으로 서류를 작성해줄것을 요청할 수 있으며(신변보호조치, 가명조서), 참고인자격으로

행상황을 통지하여야 한다(동 규칙 제11조). 또한 검찰수사단계서도 고소·고발사건 중간통지에 관한 지침(대검찰청예규 제909호)를 살펴보면 검사의 수사진행 중 고소·고발사건에 대하여 수사지휘통지, 보완수사지휘통지, 수사중간통지를 하도록 규정하고 있다. 서면발송 또는 문자발송의 방법으로 통지한다. 수사진행상황의 통지는 대상 사건을 구변하지 않고 모든 사건에 대해하여 이루어지도록 규정하고 있다(조미선 외, 2024).

증거자료를 제출하거나 진술할 수 있다. 범죄피해구조금, 치료비, 긴급생계비 등 경제적 지원이나 스마일센터를 통해 심리치료를 신청할 수 있으며, 가해자와 원만한 합의를 원할 경우 검찰청에 형사조정을 신청할 수 있다.

형사소송법은 피해자에게 검사의 불기소처분에 대하여 불복할 수 있는 권리를 인정함으로써 검사의 기소독점주의와 기소편의주의 아래 부당하게 이루어질 수 있는 불기소 처분을 견재하고 이로 인하여 제한될 수 있는 피해자의 절차참여권을 보장하고 있다.

고소인 또는 고발인은 검사의 불기소처분에 불복하여 고등검찰청에 항고할 수 있으며, 고소인 또는 고발인은 위 항고가 기각된 경우 이에 불복하여 검찰총장에 재항고하거나 고등법원에 재정신청을 할 수 있다. 또한 현행법상 항고, 재항고, 재정신청은 '고소인'이 검사의 불기소처분에 불복할 수 있는 권리이므로, 피해자가 고소를 제기한 사실이 없다면 검사의 불기소처분에 항고, 제항고, 재정신청을 할 수 없다. 이와 같이 고소를 제기하지 않은 피해자는 불기소처분에 대하여 곧바로 헌법소원 심판을 청구할 수 있다(항고, 재항고, 재정신청, 헌법소원)(조미선 외, 2024). 범죄피해구조금 및 형사조정을 신청할 수 있고, 배상명령제도를 통지받을 수 있다. 특히, 형사조정은 검찰에 송치된 때로부터 2개월 이내 당사자(피의자 및 피해자)의 신청 또는 직권으로 수상중인 형사사건을 형사조정에 회부할 수 있다. 여기서 형사조정제도란 재산범죄 고소사건(사기, 횡령, 배임 등)과 소년, 의료, 명예훼손 등 민사분쟁성격의 형사사건에 대하여 고소인과 피고소인이 화해에 이를 수 있도록 지역사회 각 분야의 전문가들로 구성되서 검찰청에 설치된 '형사조정위원회'에서 조정하는 제도를 일컫는다.[14] 마지막으로 경찰불송치결정에 대해서도 이의제기를 할 수 있을 뿐만 아니라 검사의 불기소 처분에 대해서도 불복할 수 있다.

재판진행과정에서는 공판일시·장소, 재판결과, 피고인의 구속·석방여부

14) 형사조정위원회가 조정을 회부받으면 당사자 모두의 동의가 있음을 확인한 후, 조정위원이 기록을 검토하여 당사자들의 의견을 듣고 그 합의점을 제안, 설득하여 당사자들이 모두 찬성하면 이것으로 바로 조정이 성립됨. 조정이 성립되면 담당검사는 형사조정성립을 정상참작사유로 고려하여 사건에 대한 처분을 함. 그러나 당사자들 사이에 합의가 되지 않고 형사조정위원에서 불성립될 경우에는 검사가 다시 사건을 송치받아 통상의 절차대로 조사를 한 후 사건에 대한 기소 등 처분을 하게 된다.

등의 정보를 통지받을 수 있으며 신뢰관계있는 사람과 법정에 동석할 수 있으며, 아동, 청소년 또는 성폭력범죄피해자 등은 범죄자와 대면하지 않고 증인신문을 받을 수 있다. 피해자 등은 재판절차에 증인으로 참가하여 피해의 정도 및 결과, 피고인의 처벌에 관한 의견 등을 진술할 수 있으므로 희망하는 경우 검사 또는 검찰청 피해자지원실에 신청하면 된다. 또한 가해자가 보석을 신청한 경우 보복범죄가 두려울때에는 검사를 통하여 법원에 의견을 진술할 수 있다.

피해자가 재판과정에서 증인으로 진술할때 현저하게 불안 또는 긴장을 느낄 우려가 있는 등 일정한 요건을 갖춘 경우 부모, 배우자 등 일정관계 있는 사람이 법정에 동석할 수 있으며, 아동, 청소년 또는 성폭력범죄피해자 등의 경우 비디오 중계방식이나 차페시설을 이용하여 범죄자와 직접 대면하지 않고 증인신무을 받을 수 있으며, 비공개재판을 신청할 수도 있다. 또한 일정한 범죄의 피해자는 형사공판절차 또는 가정보호사건 심리절차가 진행중인 법원에 배상명령을 신청할 수 있다.

마지막으로 형 집행단계에서의 피해자 지원을 살펴보면 신청에 따라 가해자의 형 집행상황, 보호관찰 집행상황, 석방날짜 등을 통지받을수 있으며, 피해자는 가해자의 가석방 심사 시 교정당국에 의견을 제시할 수 있다.

2 형사사법기관별 피해자지원제도

경찰[15]은 일반적으로 피해자가 범죄 피해를 경험한 후 가장 먼저 접촉하는 형사사법기관으로, 피해자의 조기 피해 회복과 신변보호의 골든타임을 쥐고 있다고 볼 수 있다. 따라서 범죄피해자 보호와 지원을 위한 경찰의 신속한 초기 대응은 다른 어느 기관의 활동보다 매우 중요하고, 이에 따라 경찰청에서는 피해자 지원 활동의 즉시성·현장성을 강화하고 있다(법무부, 2024).

경찰이 피해자 지원을 본격적으로 시작한 것은 2004년 6월 7일, 경찰청수

15) 경찰청(2024) 범죄피해자 보호·지원 안내서와 경찰청 홈페이지(https://www.police.go.kr/)의 내용을 발췌하여 정리했다.

사국에 범죄피해자대책실을 설치하면서부터이다. 2004년 8월 17일, 경찰청훈령으로 「범죄피해자보호규칙」을 제정하고 그해 9월부터 전국 경찰서에서 피해자서포터를 지정하여 수사 초기의 직접지원활동을 전개하였다. 2005년 2월에는 범죄피해자 보호 강화와 인권경찰상을 정립하기 위하여 범죄피해자대책실을 인권보호센터로 확대 개편하고, 각 경찰서의 수사과장과 청문감사관을 인권보호관으로 지정하여 「인권 보호를 위한 경찰관 직무규칙」을 제정하였다. 2005년 10월 '인권보호를 위한 경찰관직무규칙(경찰청 훈령 제461호)'을 제정, 피해자 인권 보호를 위한 부서와 법규를 정비하였고 2010년 10월에는 감사관실 인권보호담당관실로 직제를 변경하였다. 경찰청 인권보호담당관실은 인권보호계와 인권조사계로 구성되어 업무를 수행하였다.[16] 또한 '피해자전담경찰관' 및 '위기개입상담관(피해자심리전문요원)'을 배치하여 피해자에 대한 초기 지원 및 조력자의 역할을 강화하고 있다.

2015년 2월에는 종합적이고 체계적인 피해자 보호 활동을 위하여 경찰청은 피해자 보호 담당관제를 신설하였다. 상담심리, 사회복지 전공자 및 관련 자격증 소지자, 수사부서 근무 경력자 등 관련 분야 경력자를 중심으로 피해자전담경찰관을 선발하여 배치하였다. 전국 각 경찰서 수사과 수사지원팀에 배치되어 주요 강력범죄발생 초기 위기개입으로 피해자의 신속한 회복과 지원활동을 전개하는 경찰관으로서 피해자의 조력자 역할을 하고 있다.[17] 특히, 이들은 경찰의 차별화된 피해자 보호 정책을 개발하고, 이를 시행하는 역할을 담당한다. 또한 일선 현장에서 살인·강도·방화 등 강력사건과 체포·감금 등 주요 폭력 사건, 교통 사망 사건 등의 피해자를 대상으로 사건 접수시부터 사후 회복까지 전 과정에 걸쳐 보호 및 지원 업무를 전담하며 피해자의 신속한 피해 회복과 일상 복귀를 돕는다.

2018년 실시된 피해자심리전문요원(CARE: Crisis-intervention, Assistance & Response) 제도는 심리학전공자 및 관련분야 경력자를 경찰관으로 특채하여 전국 시도청 수사과에 배치하여 강력범죄 사건 등 발생 초기 현장출동 및 위기개

16) http://police.go.kr/HR/ (2015.2.16. 검색)
17) https://www.police.go.kr (2024.11.10. 검색)

입을 통해 피해자의 심리안정 유도, 심리평가·상담 등을 통한 사후관리로 피해자의 심적외상, 외상후스트레스장애 등 피해예방, 피해자에게 적절한 지원방안을 모색하여 각종 정보제공 및 유형별 피해자 지원기관 연계 등의 피해자를 지원하는 역할을 하고 있다.

경찰은 생명 또는 신체에 대한 위해를 입을 위험성이 있는 사람들에 대하여 일정한 심사와 절차를 거쳐 범죄피해자 안전조치를 실시하고 있다.[18] 경찰의 범죄피해자 안전조치 유형은 대상자의 주거지 순찰강화, 임시숙소 제공, 신변경호, 전문보호시설 연계, 위치추적장치 대여 등이 있다. 이 중 대상자의 위험성 및 여건 등을 고려하여 가장 적합한 보호조치 유형이 선택되며, 필요시 다수의 보호조치를 동시에 활용하기도 한다. 범죄피해자 안전조치 대상자는 범죄신고 등과 관련하여 보복을 당할 우려가 있는 범죄피해자, 신고자, 목격자, 참고인 및 그 친족 등이며 그 외에 반복적으로 생명 또는 신체에 대한 위해를 입었거나 입을 구체적인 우려가 있는 사람도 해당된다.

경찰서에 이미 사건을 접수하여 수사가 진행 중인 상황이라면 사건담당자와 상담 후 '범죄피해자 안전조치 신청서'를 작성하여 사건담당자에게 신청하면 되고, 진행 중인 사건없이 바로 범죄피해자 안전조치를 신청하는 경우에는 가까운 경찰서 민원실 또는 지구대, 파출소를 방문하여 안내 및 상담을 받은 후 '범죄피해자 안전조치 신청서'를 작성하여 접수하면 된다. 범죄피해자 안전조치 신청서가 접수되면 사건 담당부서 또는 '범죄피해자 안전조치 심사위원회'에서 범죄피해자 안전조치 필요성에 대한 심사를 거쳐 범죄피해자 안전조치 여부를 결정한다.

4차 산업혁명시대를 맞아 정부 각 부처뿐만 아니라 경찰청에서도 인공지능을 비롯한 첨단기술의 정책적 활용을 검토하고 있으며, 피해자 지원제도에도 적극적으로 활용을 모색하고 있다. 2021.3. 서울경찰청에서는 '인공지능기반 보이스피싱 범죄예방 시스템' 도입추진방침을 제시하였고, 2018년부터는 경찰청과 과학기술정보통신부의 '성범죄피해자 진술지원용 인공지능기반 상

18) 경찰실무에서는 피해자가 보복범죄 등의 우려를 호소하면 해당부서에서 즉시 '범죄피해자 안전조치심사위원회'를 열어 피해자의 위험성을 평가한 후, 피해자보호를 실시하는 것을 원칙으로 한다.

담형 챗봇'이 실행 중이다. 이러한 인공지능과 빅데이터 기술기반 피해자 보호 프로그램 개발은 장기적인 관점에서 '피해자의 회복과 지원'에 맞춰 주요한 국가적 정책의제로 선도되어 구현되어야 할 것이다.

2023년 경찰은 경찰수사규칙(행정안전부령) 제82조와 피해자 보호 및 지원에 관한 규칙 제39조에 근거하여 회복적 경찰활동[19]을 시행하고 있다. 회복적 경찰활동이란 지역사회에서 갈등·분쟁 또는 범죄가 발생했을 때, 경찰이 범인을 검거하고 처벌하는데에 그치지 않고 가·피해자 등이 함께하는 회복적 대화모임을 통해 피해회복·재발방지 등 근본적인 해결방안을 모색토록 지원함으로써 지역사회를 안전하고 평온하게 지켜나가는 경찰활동이다. 이러한 회복적 대화모임 결과는 보고서 형태로 수사서류에 첨부되어 경찰단계 종결 또는 검찰·법원단계에서 양형 참고자료 등으로 활용될 수 있으며, 경미한 사안은 피해자의 의사를 반영하여 즉결심판 청구·훈방 등 조치될 수도 있다.

그 밖에 경찰은 강력범죄 현장정리, 피해자 여비 등 경제적 지원부터 심리적 지원, 법률적 지원까지 다양한 피해자 지원을 하고 있으며 한국어가 익숙하지 않아 적절한 심리 상담을 받지 못하는 외국인 범죄피해자에게는 통역지원까지 하고 있다.

법무부는 국가의 범죄피해자 보호지원업무를 총괄하며 범죄피해자 보호지원의 기본시책 등을 정하고 있다. 법부무는 피해자의 시각과 입장에서 변화를 실감할 수 있는 피해자 중심의 정책을 실시하기 위해 2024년에는 기습공탁 방지, 가해자 주소 제공, 가해자 상대 국가 구상권 행사 강화, 기록열람·등사 보장, 국선변호 확대, 신청서류 간소화, 원스톱 지원 등의 새로운 사업을 진행하였다.

기습공탁 방지를 위해서는 피고인이 공탁을 하면 법원이 피해자의 의견을 필요적으로 청취하도록 하는 내용의 「형사소송법」개정안과 피고인 등의 형사공탁금 회수를 원칙적으로 제한하는 내용의 「공탁법」 개정안을 마련하였다

19) 회복적 경찰활동이 적합한 사건은 단순처벌만으로는 피해회복·재발방지 등 근본적인 문제가 해결되지 않아 당사자간 대화로 관계회복 등이 필요한 모든 사건에 대해 회복적 경찰활동을 진행할 수 있으며, 학교폭력·가정폭력·층간소음·이웃간 분쟁 등 공동체 내에서 갈등·범죄가 발생한 경우 회복적 경찰활동이 특히 효과적일 수 있다.

(2024.5 입법예고). 이를 통해 실무상 피고인이 공탁제도를 악용하여 피해자의 의사에 반해 감형을 받거나(기습공탁), 감형을 받은 후 공탁금을 몰래 회수해 가는 사례(먹튀공탁)를 방지할 수 있을 것이다.

기존에는 합의와 권리구제를 위해서만 가해자의 주소, 연락처 등 신상정보를 피해자에게 제공할 수 있었고, 신변보호를 위해 신상정보를 제공할 수 있는 근거가 없어 피해자 보호에 미흡한 부분이 있었다. 이에 보복 우려 등으로 피해자의 신변보호가 필요한 경우에도 피해자가 가해자의 주소 등 신상정보를 제공할 수 있도록 대검찰청예규가 개정되어 시행되고 있다. 또한 가해자 상대 국가 구상권 행사를 강화하기 위해 가해자가 보유하는 재산을 폭넓게 확인할 수 있도록 하였으며, 정부는 「형사소송법」 등 8개 법률 개정안을 마련하여 재판기록 열람·등사권을 강화하였다. 법무부는 헌법이 명시한 범죄피해자의 재판절차 진술권이 실효적으로 보장될 수 있도록 노력하고 있으며, 범죄피해자 보호 및 지원을 위한 신청서류를 간소화함으로써 범죄피해자가 보다 쉽고 편리하게 지원받을 수 있도록 하였다. 법무부는 부처·기관간 벽을 허물어, 여러 곳에 분산되어 있는 범죄피해자 지원제도를 유기적으로 편리하게 제공받을 수 있도록 2022년 10월부터 관계부처 간 협의체를 운영하여 「원스톱 지원체계 구축방안」을 마련하였다.

법무부는 2024년 7월부터 피해자에게 법률·경제·심리·고용·복지·금융 등 지원서비스를 한 곳에서 제공하는 「범죄피해자 원스톱 솔루션 센터」를 개소하여 운영하고 있다. 범죄피해자 원스톱 솔루션 센터는 범죄피해자가 회복을 보다 편리하게 할 수 있도록 다양한 피해자 지원제도들을 유기적으로 연계하고 필요한 지원 등을 한 공간에서 종합적으로 받을 수 있도록 운영하고 있다.

검찰청에서는 피해자를 위해 피해자 전담검사제를 시행하는 한편, 수사 및 행정무 경험이 풍부한 직원을 피해자지원담당관으로 지정하여 피해자 지원업무를 전담하게 하고 있으며 「피해자지원실」 1577-2584를 설치하여 운영하고 있다. 피해자지원실에서는 실질적인 피해자 지원 업무를 담당하고 각 검찰청별로 범죄피해자보호 담당검사와 담당관을 배치하여 피해자 지원이 효율적으로 이루어질 수 있도록 한다. 그 밖에 '형사절차상 피해자 보호', '사생활 평온과 신변보호', '가해자로부터의 손해 보상' 등과 같은 범죄피해자 지원 활동도 하고 있다.

제 3 절

민간기관과 피해자 지원제도

제1항 민간기관에서의 피해자 지원 시작과 필요성

1950년대 이후 피해자에 대한 연구가 본격화되기 시작하면서, 형사사법 실무가들은 사회제도나 형사사법체제가 피해자를 어떻게 지원해야 할 것인가에 대한 관심을 갖게 되었다(김재민, 2012). 즉, 피해자를 사회 및 형사사법체계에서 지원을 받아야 할 주체로서 조명하기 시작한 것이다. 이러한 피해자권리에 대한 관심은 여성운동, 아동인권 운동, 피해자보상운동, 입법개혁 등의 사회운동으로 표출되기 시작하였으며 몇 가지 다른 피해자 운동들이 동시에 일어나면서 피해자 권리에 대한 관심을 새롭게 부상시키는데 기여하였다.

특히 피해자지원(victim support)은 일반적으로 1950년대 이후 북미와 유럽에서 피해자운동을 주도 했던 민간단체의 자원봉사활동에 의해 시작되었던 피난처 제공, 정신적·심리적 부조, 재활지원, 기타 법률적 조언과 구조 등에서 그 시작을 엿볼 수 있다(장규원, 2005).

최근 사법제도에서 피해자에 대한 관심이 커지면 피해자는 형사사법절차에서 더 많은 권리를 취득하게 되었다. 범죄피해자들은 범죄 예방에 관한 정보에서부터 사건 처리 과정에 대한 상황을 알고자 하는 것까지 다양한 요구를 가지고 있다.

그런데 많은 범죄피해자들의 다양한 요구 속에서 각 피해자가 필요로 하는 것이 무엇인지 형사사법기관에서 구체적으로 파악하기는 쉽지 않다. 뿐만 아니라 피해자들의 요구를 형사사법체계 내에서 모두 지원할 수도 없다.

형사사법기관은 사건의 실체 발견과 형벌권의 적정한 행사를 목표로 함으로, 피해자의 입장을 전적으로 반영하기에는 한계가 있기 때문이다. 또한 범인이 검거되지 않거나 사건의 실체가 밝혀지지 않으면, 형사사법기관의 피해자 보호시책은 거의 의미를 상실한다. 범인이 검거되거나 기소된 경우에도 피해자는 참고인 또는 증인 이상의 지위를 얻을 수 없고, 형사사법기관이 피해자의 입장을 배려하여 아무리 노력한다고 해도 형사절차의 특성상 제2차 피해자화를 완전히 방지할 수는 없다.

또한 피해자와 형사사법기관 사이에는 해소할 수 없는 정서적 간극이 존재한다. 피해자들의 경우 국가작용에 대한 불신이나 불안 때문에 형사사법기관 또는 기타의 국가기관에 접촉하는 것을 꺼리거나 지나치게 높은 기대로 인해 오히려 실망을 느낄 수도 있다. 이에 형사사법기관을 포함한 국가기관의 피해자 보호 시책과 함께 범죄피해자 지원을 위한 민간기관 활동도 피해자권리 및 지원을 위해 중요한 의미를 지닌다.

제2항 국내 민간기관과 피해자 지원

국내 범죄피해자 보호를 위한 민간단체의 시작은 1991년 4월, 성폭력 피해 여성에 대한 심리·법적·의료적 상담을 통한 재활 지원 및 성폭력의 원인과 예방 대책 연구, 여성권리 신장을 위한 활동 등을 목적으로 설립된 '한국성폭력상담소'에서 찾을 수 있다. 이후 1990년대에 성폭력·가정폭력 피해자 보호 관련법 제정 이후 피해자 지원을 위한 정부 예산이 투입되면서 지원 서비스 및 제도 환경은 지난 20여 년간 꾸준히 개선되어 왔다(이미정 외, 2012). 그러나 이때까지의 지원은 여성 폭력 피해자를 상대로 주로 이루어졌고, 일반범죄피해자에 대한 지원이 시작된 것은 2004년 9월 1일 법무부의 범죄피해자

보호 및 지원 강화를 위한 종합대책이 나온 후 전국의 검찰청 단위로 범죄피해자센터가 설치되면서부터이다.

이처럼 한국에서는 정부부처가 민간기관에 피해자의 신체·정신·재산상의 피해 회복을 위한 지원을 위탁하고 있다. 최근 피해자에 대한 이해와 관심이 커지면서 범죄피해자 지원에 있어서 민간기관의 역할에 대한 기대가 더욱 높아졌으며, 피해자의 신체·정신·재산상의 피해 회복을 위한 지원하는 업무는 주로 법무부와 여성가족부에서 주로 위·수탁하고 있다.[20]

1 법무부 위탁기관

그림 10-2 범죄피해자 원스톱 솔루션 센터

법무부 위탁기관으로는 범죄피해자 원스톱 솔루션 센터(통합지원기관), 범죄피해자지원센터, 스마일센터가 있으며, 이들은 범죄피해자의 신체·정신·재산상의 피해 회복을 위한 지원을 담당하고 있다.

1) 범죄피해자 원스톱 솔루션 센터

피해자의 회복을 위해서는 사건 초기부터 다양한 지원이 필요하나 기존에는 이러한 지원제도가 여러 주체에 분산되어 유기적 안내·연계 부족 등 불편함이 있었다. 이에 법무부는 피해자가 회복을 보다 편리하게 할 수 있도록 다양한 피해자 지원제도들을 유기적으로 연계하고 필요한 지원 등을 한 공간에서 종합적으로 받을 수 있는 '범죄피해자 원스톱 솔루션 센터'를 2024년 7월에 개소하였다.[21]

20) 법무부와 여성가족부가 위탁하고 있는 민간기관 이외에도 복건복지부가 위탁하고 있는 아동보호전문기관, 노인보호전문기관에서도 피해자 지원 업무 등을 수행하고 있다.

범죄피해자 원스톱 솔루션 센터는 피해자에 대한 법률 · 경제 · 심리 · 고용 · 복지 · 금융 등의 다양한 지원을 한곳에서 종합적으로 제공하는 기관으로 피해자 편의 증진및 시간 · 비용 소모 최소화에 기여하고 있다. 범죄피해자의 경우 저소득 · 취약계층에 해당하는 경우가 많아 피해자지원제도 이외에도 복지 · 금융 · 일자리 등의 다양한 제도적 지원도 복합적으로 고려할 필요가 있다.

센터의 업무절차는 최초방문시 '초기상담창구'의 상담을 통해 피해자에게 필요한 서비스를 확인 후, 적합한 기관으로 안내하고 연계하고 있으며, 주요 지원내용으로는 법률적 지원, 경제적 지원, 신변보호, 심리치유, 주거지원, 불법영상물 삭제지원, 고용 · 복지지원, 금융지원을 실시하고 있다.

표 10-1 범죄피해자 원스톱 솔루션 센터 주요 지원 내용

서비스 분류	참여기관	지원 내용
법률적 지원	법무부	대한법률구조공단, 법률홈닥터, 피해자 국선변호사, 진술조력인 등을 통한 법률상 및 소송지원, 국선변호, 의사소통 지원 등
경제적 지원	검찰, 범죄피해자지원센터	범죄피해구조금(유족구조금, 장해구조금, 중상해구조금) 지급, 치료비, 생계비, 학자금, 장례비 지원 등
안전조치	검찰, 경찰, 서울 스토킹지원센터	위치확인장치 지급, 안전조치, 임시숙소 제공, 민간경호 지원, 보호시설 연계, 이전비 지원 등
심리치료, 주거지원	검찰, 범죄피해자지원센터, 스마일센터	범죄피해로 인하여 정신적 충격을 받은 범죄피해자에 대한 심리치료 및 임시숙소 · 보호시설 지원 · 연계 등
불법영상물 삭제지원	서울 디지털성범죄 안심지원센터	불법촬영 영상물 삭제 지원, 모니터링 등
고용 · 복지지원	고용노동부, 서울시일자리센터, 서울시 복지지원팀	지방자치단체 긴급복지지원, 생계비, 의료비, 복지시설 이용, 교육, 직업상담, 일자리 지원 등
금융지원	서민금융진흥원, 신용회복위원회, 하나미소금융재단	경제적 어려움을 겪는 피해자에게 서민층 저리자금, 신용회복 지원, 불법 사금용피해상담서비스 제공 등

법무부. (2025. 3. 10). 범죄피해자 원스톱 솔루션 센터 소개 및 제공서비스 안내. https://viewer.moj.go.kr

21) 법무부 보도자료, "원스톱 솔루션 센터로 걱정 스톱!", 2024.7.22.

2) 범죄피해자지원센터

범죄피해자지원센터는 2004년 9월 1일 법무부의 보호 및 지원 강화를 위한 종합대책이 나온 후 전국의 검찰청 단위로 설치되었다. 2008년 9월 3일에는 사단법인 전국범죄피해자지원연합회가 범죄피해자지원센터에 대한 통합업무 등을 수행하기 위해 출범하였다.

범죄피해자지원센터는 범죄피해자가 조속히 고통에서 벗어나 정상적인 생활을 할 수 있도록 보호, 지원하는 것을 목적으로 설립된 비영리민간체로 2024년 한국범죄피해자지원중앙센터를 포함하여 60개 범죄피해자지원센터가 운영 중이다.

지원 대상은 살인, 강도, 폭행·상해, 성범죄, 방화 등 강력범죄로 인하여 신체적, 정신적 피해를 입은 피해자와 가족을 대상으로 상담뿐만 아니라 경제적, 의료적 지원과 피해자 신변보호, 현장 지원 등의 다양한 차원의 지원을 제공하고 있다.

지원절차는 경찰·검찰 등 수사기관, 성폭력 등 유관기관을 통해 지원을 의뢰하거나 피해자가 범죄피해자지원센터에 전화나 직접방문을 통해 상담을 진행하고 신청절차 이후 지원 요건검토 및 지원이 필요한 경우 심의를 거쳐 지원한다. 단, 수사기관에 신고가 접수되어야만 지원을 받을 수 있다.

주요 지원내용으로는 범죄피해자지원센터 상근직원 또는 자원봉사자가 범죄현장에서 상담, 피해자 보호, 병원 후송, 가족 등 보호자 연락, 범죄현장정리(청소) 등 피해초기에 신속하게 필요한 긴급구호부터 보복범죄 대비 위치확인장치 지급, 법정동행 및 수사기관 동행, 임시주거시설 연계 등 신변보호, 주거지원, 범죄로 인해 지출한 신체적, 정신적 치료 관련 의료비지원, 심리치료비, 간병비, 기타부대비용, 돌봄비용, 생계비, 학자금, 장례비, 현장정리비, 취업훈련비 및 부대비용을 지원하는 취업 지원, 스마일센터, 여성폭력피해자지원기관 등과 같은 유관기관을 연계해 주는 역할까지 담당한다.

표 10-2 범죄피해자지원센터 주요 지원 내용

서비스 분류	지원 내용
법률지원, 법정동행지원	피해자 및 그 가족에 대한 형사절차 정보제공, 무료법률자문, 법정에 증인으로 출석할 때 심리적 불안으로 동행이 필요한 경우 법정동행지원
치료비, 간병비 지원	피해자 본인부담금에 대한 치료비 지원, 피해자에게 간병이 필요하나 간병할 사람이 없는 경우 간병비 및 부대비용 지원
생계비, 학자금 지원	범죄피해로 인하여 경제적으로 어려운 경우 생계비 및 학자금 지원
장례비지원	범죄피해로 유족들이 지출한 장례비지원
심리치료비지원	범죄피해로 심리치료가 필요한 경우 심리치료비지원
상담지원	피해자에게 심리상담이 필요한 경우 전화, 방문, 문자, 내방 등 상담지원을 하고 심리전문가의 지속적인 상담치료가 필요한 경우 심리치료전문기관의 연계
주거지원, 주거환경개선사업, 이사비지원	범죄피해로 인해 주거상실(무주택), 주거지 내 살인, 5주 이상 상해 등으로 주거지원이 필요한 경우 주거지원 신청 및 접수 지원, 범죄피해로 인해 주거환경개선이 필요한 경우 주거환경개선지원, 가해자로부터 보복의 우려가 있는 경우 이사비 실비지원
기타지원	생필품지원, 예술치유 등
연계업무	범죄피해로 인해 범죄피해자지원센터 이외의 지속적인 지원이 필요한 경우 혹은 전문기관과 연계가 필요한 경우(신변보호를 위한 위치추적장치, 스마트워치 지급, 임시주거시설연계, 법률구조, 지속적인 상담치료, 현장정리 등)

한국범죄피해자지원중앙센터. (2025). 한국범죄피해자지원센터 홈페이지. http://kcvc.or.kr

2) 스마일센터

스마일센터는 강력범죄로 인한 정신적 충격으로 심리적 안정을 요하는 범죄피해자와 그 가족 등을 대상으로 상담, 심리치유프로그램, 임시거처를 제공하여 일상생활의 회복과 복귀를 지원하는 범죄피해 트라우마 통합지원기관이다. 강력범죄 피해로 인한 심리적 후유증이 결코 가볍지 않다는 것에 대한 공감대가 일찌감치 형성되었음에도 불구하고, 이들의 회복을 돕기 위한 적극적인 대책은 충분히 논의되지 못했다. 이에 법무부는 2010년 7월, 전국범죄피해자지원연합회에 위탁하여 범죄피해자복지센터인 스마일센터를 운영하기 시작하였다.

스마일센터는 범죄피해자를 위한 전문심리지원기관이며 임시주거시설이다. 스마일센터에서는 살인·강도·강간·상해·방화 등의 범죄 피해로 정신적·심리적 충격을 입은 범죄피해자 및 그 가족을 위한 심리 치료를 지원한다. 또한, 범죄 현장에서 벗어나 안정적인 공간에서 지낼 필요가 있거나 범죄 흔적 청소 등 범죄 현장 정리를 위해 일시적으로 별도의 주거공간이 필요한 사람들을 대상으로 임시주거 서비스를 제공함으로써 조속히 일상생활로 복귀할 수 있도록 지원하고 있다. 지원절차는 범죄피해자지원센터, 경찰·검찰 등 수사기관이 의뢰하거나 피해자나 그 가족이 전화나 홈페이지에 접수 후 상담을 진행하고 신청절차 이후 대면상담을 통해 필요한 내용에 따라 지원한다. 단 수사기관에 신고가 접수되어야 지원을 받을 수 있다.

스마일센터는 범죄피해자를 위해 특성화된 전문인력들이 상주하면서 피해자별로 맞춤 서비스를 제공하고 있다. 이를 위해 정신과 전문의, 임상심리전문가, 간호사, 사회복지사, 행정요원, 그리고 다양한 영역의 전문가로 구성된 자문단이 긴밀하게 협력하고 있으며. 전액 국고지원사업이므로 모든 심리지원 서비스는 무료로 제공된다.

표 10-3 스마일센터 주요 지원 내용

서비스 분류	지원 내용
심리지원	범죄피해로 인한 후유증정도와 개입을 위해 심리검사 및 평가, 임상심리전문가 및 임상심리사로 구성된 전문 심리지원팀이 개인별 맞춤형 심리·치유 서비스 제공, 외상환자의 불안해소, 안정화 및 회복을 위한 심리안정지원
법률지원	수사 및 재판과정에서 필요한 서류제출 및 법률상담, 재판 모니터링
임시거주지원	범죄피해로 인해 주거지에서 생활하기 곤란한 경우 임시주거지 제공(4주 이내 생활가능), 아동·청소년 자녀가 있는 경우 함께 거주 가능, 입소자 프로그램 진행
기타지원	장례식지원, 치유프로그램, 문화체험 등
연계업무	스마일센터 이외의 지속적인 지원이 필요한 경우(미신고상태에서 찾아온 경우(성폭력상담소 등 여성폭력피해자지원시설 연계),

	추가적인 법률지원이 필요한 경우(법률홈닥터, 법률구조공단 연계), 약물치료나 정신과적 치료가 필요한 경우(정신건강복지센터, 협력병원 연계), 아동·청소년 자녀의 지원이 필요한 경우(아동보호전문기관연계), 가정폭력 등 피해자의 경우(보호시설(쉼터) 연계), 추가적인 지원이 필요한 경우(범죄피해자지원센터 연계)

스마일센터. (2025). 스마일센터 홈페이지. https://resmile.or.kr

2 여성가족부 위탁기관[22)]

피해자의 피해 회복과 자립을 목적으로 여성가족부가 위탁 운영하고 있는 시설들은 주로 여성폭력피해자 지원시설이 있다. 여성폭력 피해자 지원 시설은 「사회복지사업법」 제2조에 따라 사회복지사업을 행할 목적으로 설립된 시설로 여성가족부의 「여성·아동권익증진사업 운영지침」에서 제시하고 있는 사회복지시설 중 여성폭력 피해자 보호 및 지원을 제공하는 시설들이다. 「여성·아동권익증진사업 운영지침」에 제시되어 있는 시설 유형은 여성가족부를 중심으로 여성긴급전화 1366센터, 해바라기센터, 상담소(가정폭력상담소, 성폭력 피해 상담소, 성매매 피해 상담소), 보호시설(가정폭력 피해자 보호시설, 성폭력 피해자 보호시설, 성매매 피해자 지원시설), 자활지원센터(성매매 피해자), 폭력피해 이주여성 지원기관 등 14개 유형이 있으며(여성가족부, 2025), 디지털 기기와 정보통신기술의 발달과 소셜미디어의 일상화로 인한 여성폭력 피해를 지원하기 위해 디지털성범죄피해자지원센터[23)]를 운영하고 있다.

여성가족부는 피해자 지원을 위한 시설 운영 이외에도 위탁사업으로 무료법률지원사업과 폭력피해자 주거지원 사업, 찾아가는 폭력예방교육, 스토킹 피해자 지원사업, 성착취피해아동청소년 지원센터(사업), 디지털성범죄 방지 및 피해자 지원사업 등을 운영하고 있다.

---

22) 여성폭력피해자 지원시설과 관련된 본문 내용은 여성가족부에서 매년 발행하는 「여성·아동권익증진사업 운영지침」과 「해바라기센터 사업안내」를 근거로 정리하였다.

23) 디지털성범죄피해자지원센터는 한국여성인권진흥원에서 운영하고 있으며 디지털성범죄 피해에 대한 접수 등 상담, 삭제지원 및 유포현황 모니터링, 수사·법률·의료 연계지원을 제공하고 있다. https://d4u.stop.or.kr/ (2025.3.20. 검색)

표 10-4 여성폭력피해자 지원시설 현황 및 주요 기능

(2024년 12월 기준)

구분	시설	법적 근거	주요 업무 및 기능	비고
1	여성긴급전화 1366센터	「가정폭력방지 및 피해자보호 등에 관한 법률」	- 여성폭력 피해자 신고접수 및 긴급상담 - 관련 기관 · 시설에 대한 정보제공 및 연계 - 찾아가는 현장상담 서비스 지원 - 긴급피난처 운영을 통해 여성폭력 피해자 및 동반가족 등 임시보호 및 관련 정보 등 서비스 제공	이용시설
2	가정폭력 상담소(통합 상담소)	「가정폭력방지 및 피해자보호 등에 관한 법률」	- 가정폭력, 데이트폭력, 스토킹 피해 신고접수 및 상담 - 피해자 및 가족의 임시 보호 - 의료기관 또는 보호시설 인도 - 법률적 자문을 위한 관계 기관 협조 및 지원 요청 - 가정폭력 예방 및 방지에 관한 홍보 - 가정폭력과 그 피해에 관한 조사 · 연구 - 그 밖에 피해자 등을 보호하기 위해 필요한 업무 ※ 통합상담소는 가정폭력상담소 및 성폭력상담소 업무 병행	이용시설
3	가정폭력 피해자 보호시설	「가정폭력방지 및 피해자보호 등에 관한 법률」	- 숙식 제공, 상담 및 치료 - 의료기관에 인도 등 의료지원 - 수사 · 재판과정에 필요한 지원 및 서비스 연계 - 법률구조기관 등에 필요한 협조 및 지원 요청 - 퇴소 후 직업/취업 훈련 프로그램 지원 - 입소사실에 대한 비밀보장과 특별보호 - 가정폭력에 따른 아동의 취학지원 - 다른 법률에 의하여 위탁된 사항 - 그 밖에 피해자 보호를 위하여 필요한 업무	생활시설
4	폭력피해 이주여성 상담소	「가정폭력방지 및 피해자보호 등에 관한 법률」	- 가정폭력 등 폭력 및 피해에 관한 상담 - 폭력피해 이주여성의 상담 등을 위한 통, 번역 지원 - 폭력피해 이주여성의 고용, 체류에 관한 상담 및 지원 - 폭력피해 이주여성을 찾아가는 현장상담 및 이주여성을 폭력피해 이주여성 보호시설로 인도 및 안내 등 - 그 밖에 피해자 등을 보호하기 위해 필요한 업무	이용시설

<table>
<tr><td>5</td><td>폭력피해
이주여성
보호시설</td><td></td><td>- 숙식 제공
- 상담 및 치료
- 질병치료와 건강관리 위한 의료기관 인도 등 의료지원
- 수사기관 조사와 법원의 증인신문에의 동행
- 법률구조기관 등에 필요한 협조와 지원 요청
- 자립자활교육 실시와 취업정보 제공
- 본국으로의 출국 관련 지원
- 다른 법률에 따라 위탁된 사항 및 그 밖에 필요한 업무</td><td>생활
시설</td></tr>
<tr><td>6</td><td>성폭력피해
상담소</td><td rowspan="3">「성폭력방지 및 피해자 보호 등에 관한 법률」</td><td>- 성폭력, 교제폭력, 스토킹 피해 신고접수 및 상담
- 피해자를 성폭력피해자보호시설 등으로 연계
- 피해자 등 의료지원
- 피해자의 수사기관 조사와 법원 증인신문 등에 동행
- 대한법률구조공단 등 관계 기관에 협조 및 지원 요청
- 성폭력 예방을 위한 홍보 및 교육
- 그 밖에 성폭력 및 성폭력피해에 관한 조사 · 연구</td><td>이용
시설</td></tr>
<tr><td>7</td><td>성폭력
피해자
보호시설
(일반,
장애인,
특별지원,
자립지원
공동생활)</td><td>- 피해자나 피해자 가족의 보호 및 숙식 제공
- 피해자 등 상담 및 치료
- 자립 · 자활 교육 실시와 취업정보 제공
- 피해자 등 의료지원
- 피해자의 수사기관 조사와 법원 증인신문 등에 동행
- 대한법률구조공단 등 관계 기관에 협조 및 지원 요청
- 다른 법률에 따라 보호시설에 위탁된 업무
- 그 밖에 피해자 등을 보호하기 위하여 필요한 업무</td><td>생활
시설</td></tr>
<tr><td>8</td><td>해바라기센터</td><td>- 사건조사, 수사 및 법률지원 서비스 제공 및 연계
- 정신건강의학과, 신체외상 및 산부인과 등 의료 지원
- 심리평가, 심리치료 등 상담지원
- 피해자 보호지원을 위한 관계기관 또는 전문가와의 연계망 구축</td><td>이용
시설</td></tr>
<tr><td>9</td><td>성매매피해자
지원시설
(일반 · 청소년)</td><td>「성매매방지 및 피해자 보호 등에</td><td>- 숙식제공
- 전문상담 및 치료
- 의료 및 법률지원
- 사회보장 급부수령 지원
- 자립 · 자활 교육 및 직업교육 실시와 취업정보 제공</td><td>생활
시설</td></tr>
</table>

		관한 법률」	- 진학을 위한 교육기회 제공, 교육기관 취학 연계 등(청소년)	
10	자립지원 공동생활시설		- 숙박, 지역사회의 연계 및 적응, 자립 · 자활 지원 - 취 · 창업을 위한 정보 제공 - 사회보장급부(생계 · 의료급여) 수령 지원	생활 시설
11	대안교육 위탁기관		- 의무교육 및 자활교육 지원 - 심신의 건강회복 및 사회적응력 강화교육 지원 등 - 일반교과목 및 대안교육프로그램 개발 및 적용	이용 시설
12	외국인 여성 지원시설		- 숙식제공, 귀국지원 등 - 전문상담, 의료 · 법률 지원 - 출입국관리국, 대사관 등 관계기관 연계 - 자활지원센터의 일자리제공 프로그램 연계 지원 - 인권, 언어, 컴퓨터 등 교육 - 다양한 홍보활동 등	생활 시설
13	자활지원센터		- 탈성매매 여성 자활역량 강화 - 전업 및 사회통합지원(취 · 창업, 직업상담 · 교육, 취 · 창업자 사후지원 등) - 공동작업장 등 일자리 지원 - 직업훈련 및 진학 · 기술교육 실시 - 자활과정에서 필요한 심리적 안정 및 회복과정 지원	이용 시설
14	성매매피해 상담소		- 긴급구조, 현장방문 상담 - 의료 및 법률지원 - 지원시설 이용에 관한 고지 및 관련기관 인도/연계 - 성매매 예방을 위한 홍보와 교육(성매매 예상상담, 집결지 현장지원 등)	이용 시설

여성가족부(2025) 2025 여성아동권익증진사업 운영지침, 여성가족부

우선 여성긴급전화 1366센터[24)]는 「가정폭력 방지 및 피해자 보호 등에 관한 법률」 제4조의6에 근거하여 가정폭력 · 성폭력 · 성매매 등으로 긴급한 구조 · 보호 또는 상담을 필요로 하는 여성의 인권을 보호하기 위한 초기상담 및 긴급피난처를 제공하는 기관이다.

여성긴급전화 1366센터는 1998년 1월 첫 활동을 시작하였고, 여성부가 출

24) 1366이라는 숫자는 위기에 처한 여성에게 1년 365일에 하루를 더하여 충분하고 즉각적인 서비스를 제공한다는 의미를 담고 있다.

범하면서 2001년 7월 전국의 통화권을 통합 조정함에 따라 16개소로 정비, 상담요원이 3교대로 배치되어 연중 24시간 보호망을 완비할 수 있는 예산이 확보되었다(강희영, 2014). 이후 전국 어디서든 언제라도 전화를 통해 피해 상담을 받을 수 있도록, 여성긴급전화 1366센터가 365일 24시간 운영되고 있다.

그러나 여성긴급전화 1366센터가 법적인 근거를 가지고 운영되기 시작한 것은 2009년 5월 8일「가정폭력 방지 및 피해자 보호 등에 관한 법률」제4조에 신설되면서 부터이다. 여성긴급전화 1366센터는 광역자치단체(시·도)단위로 1개소씩 전국 17개 시·도에 설치되어 있고, 단 경기도의 경우 인구 및 지역적 특성을 고려하여 1개소를 추가 설치하여 전국 시·도에 18개소를 운영하고 있다. 지역센터와 별개로 중앙센터(서울센터와 별개) 1개소가 운영 중이며 주로 사각지대 상담 및 연계, 지역센터 운영을 지원하고 있다.

여성긴급전화 1366센터의 주요 업무는 여성폭력 피해자에 대하여 신고접수 및 긴급상담, 관련기관·시설과의 연계, 피해자에 대한 긴급한 구조의 지원 등 위기 개입 서비스를 제공하는 것이다(여성가족부, 2024).

해바라기센터는「성폭력방지법 제18조(피해자를 위한 통합지원센터의 설치·운영)」에 근거하여 성폭력피해상담, 치료, 법률상담 등 연계, 수사지원, 그 밖에 피해구제를 위한 지원업무를 종합적으로 수행하기 위한 기관이다. 해라기센터는 2차 피해에 대한 심각성에 대한 사회적 인식의 변화와 성폭력 피해자에 대한 의료, 심리상담, 수사 지원을 아우르는 통합적 지원에 대한 요구가 증가함에 따라 2004년 개소된 해바라기아동센터, 2005년에 개소된 여성·학교폭력피해자원스톱지원센터, 2010년에는 두 센터의 기능을 보강한 해바라기여성·아동센터가 개소되어 3가지 유형으로 운영되었다.

2015년부터는 전국 34개 여성폭력피해자통합지원센터(여성·학교폭력피해자원스톱지원센터, 해바라기아동센터, 해바라기여성·아동센터)의 명칭을 '해바라기센터[25]'로 통일하였다. 해바라기센라는 여성가족부와 지방자치단체, 경찰청, 운

25) 법률상 명칭인 '성폭력 피해자 통합지원센터'는 성폭력이라는 부정적 의미보다 피해자가 시설이용으로 해바라기꽃처럼 활짝 웃을 수 있는 희망을 함께 가지길 바라는 의미에서 '해바라기'라는 표현을 처음 사용하게 되었다. 이후 전국 센터와 관련부처 협의를 거쳐 2015년 1월부터 지금의 '해바라기센터'로 명칭을 일원화하였다(여성가족부, 2024b).

영기관(의료기관)이 협업하여 추진하는 사업으로 성폭력방지법 제18조 '피해자를 위한 통합지원센터의 설치·운영'조항에 근거하여 운영주체는 모두 의료기관으로 구성되어 있다. 명칭 일원화와 더불어 센터의 기능도 일부 조정되었으며, 해바라기센터는 위기지원형 해바라기센터, 통합형 해바라기센터, 아동형 해바라기센터로 운영되고 있다. 현재 해바라기센터는 피해자 친화적인 진료와 진술 조사 환경에서 상담, 의료, 수사·법률지원, 심리치료 등을 통합적으로 제공하고 있다.

여성폭력 피해자 지원의 뿌리가 되는 기관은 성폭력상담소와 성폭력 피해자 보호시설으로 1994년 성폭력범죄의 처벌 및 피해자 보호 등에 관한 법률을 제정하여 가장 먼저 법적 근거를 가지고 피해자를 지원하였다. 성폭력상담소는「성폭력 방지 및 피해자 보호 등에 관한 법률」제11조에 근거하여 성폭력피해의 신고접수와 이에 관한 상담, 성폭력으로 인하여, 정상적인 가정생활 또는 사회생활이 곤란하거나 그 밖의 사정으로 긴급히 보호할 필요가 있는 사람과 성폭력피해자보호시설 등의 연계, 피해자의 질병치료와 건강관리를 위하여 의료기관에 인도하는 등의 의료지원, 피해자에 대한 수사기관의 조사와 법원의 증인 신문 등에의 동행, 성폭력행위자에 대한 고소와 피해배상청구 등 사법처리 절차에 관하여 대한법률구조공단 등 관계 기관에 필요한 협조와 지원 요청, 성폭력 예방을 위한 홍보 및 교육, 그 밖에 성폭력 및 성폭력피해에 관한 조사·연구 등의 업무를 담당하고 있다.

성폭력 피해자 보호시설은 성폭력 피해자를 임시보호할 수 있는 기관으로, 피해자등의 보호 및 숙식제공, 피해자의 심리적 안정과 사회적응을 위한 상담 및 치료, 자립·자활 교육의 실시와 취업정도의 제공, 피해자의 질병치료와 건강관리를 위하여 의료기관에 인도하는 등 의료지원, 피해자에 대한 수사기관이 조사와 법원의 증인신문 등에의 동행, 사법처리 절차에 관하여 대한법률구조공단 등 관계기관에 협조 및 지원 요청, 다른 법률에 의하여 보호시설에 위탁된 업무, 그 밖에 피해자 등의 보호를 위한 필요한 업무를 지원하고 있다. 성폭력 피해자 보호시설은 일반보호시설, 장애인보호시설, 특별지원보호시설, 자립지원 공동생활시설, 장애인 자립지원 공동생활시설 등으로 구분하여 운영 중이다.

가정폭력 상담소는 「가정폭력 방지 및 피해자 보호 등에 관한 법률」 제6조에 의거하여, 가정폭력을 예방하고 가정폭력 피해자를 보호하는 기관으로 가정폭력 신고를 받거나 상담을 하고 경찰이나 의료기관, 피해자 보호시설 등의 관련 기관으로의 연계, 유관기관으로부터 인도 받은 피해자를 임시보호하는 등의 지원을 한다. 가정폭력 피해자 보호시설은 가정폭력 피해자를 임시보호하고, 수사기관 조사와 법정에 동행 지원, 법률구조공단과의 협조 지원활동 등의 역할을 담당하고 있다. 또한 보호시설 입소자의 일상적 질병에 대한 의료비나 생계비, 교육비 지원 등, 피해자 보호와 회복을 위한 다양한 지원 사업을 하고 있다.

성매매피해상담소, 성매매피해자지원시설, 자활지원센터 등 성매매 피해자 관련 시설은 군산 성매매업소 화재 참사 이후 2004년에 제정된 「성매매 방지 및 피해자 보호에 관한 법률」에 근거하여 운영되고 있다. 성매매피해상담소는 상담(현장방문상담 포함)·지원업무 및 실태조사, 성매매피해 청소년의 사이버또래상담, 청소년 밀집지역 아웃리치(현장상담) 등을 통한 긴급지원, 관련기관·시설 및 자활지원·의료·법률 서비스 연계망 구축, 외국피해여성 상담 및 지원연계, 북한이탈여성에 대한 성매매 예방상담 추진, 홍보사업 등을 주업무로 하고 있다. 성매매피해자 지원시설은 생활시설로서 일반지원시설, 청소년지원시설, 그룹홈, 외국인여성지원시설이 있으며 성매매피해자의 자립지원을 위한 이용시설인 자활지원센터도 운영하고 있다.

2000년대 국제결혼이 증가함에 따라 여성가족부는 이주여성 피해자에 대한 지원 대책으로 폭력피해 이주여성 상담소, 폭력피해 이주여성 보호시설 등을 운영하고 있으며, 디지털 기기와 정보통신기술을 매개로 온·오프라인 상에서 발생하는 여성폭력 및 새롭게 등장하거나 증가하고 있는 여성폭력 등을 반영하여 디지털성범죄 특화상담소(사업), 성착취피해아동청소년 지원센터(사업), 스토킹 피해자 지원사업 등을 추진하고 있다.

한국여성인권진흥원이 운영하고 있는 중앙디지털성범죄피해자지원센터는 디지털성범죄피해자의 보호와 지원을 위해 피해 촬영물의 삭제지원, 유포현황 모니터링, 아동·청소년 성착취물의 선제적 삭제지원, 수사·의료·법률 연계 지원 등의 서비스를 365일 제공하고 있다.

제 4 절

소결

각종 범죄들은 피해자와 그 가족들 그리고 사회 전반에 심각한 파괴적인 영향을 지닌다. 범죄행위를 당한 피해자들은 정서적·정신적 충격뿐만 아니라 범죄비용을 짊어지게 됨으로써 심각한 경제적 어려움을 경험하기도 한다.

범죄로 인해 심각한 상처를 입은 범죄피해자를 위해 우리나라는 2005년에는 범죄피해자 보호·지원에 관한 일반법인 「범죄피해자 보호법」을 제정하여 범죄피해자의 권리를 천명함과 아울러, 국가에서는 범죄피해자의 신변보호는 물론 경제적, 정신적, 법률적 지원뿐만 아니라 형사절차상 정보제공 등을 포함하여 다양하게 지원하고 있다.

그럼에도 불구하고 가장 실질적인 피해회복의 방법은 국가에 의한 피해자 보상과 가해자 배상이다. 그러나 범죄의 가해자가 불명이거나 금전적으로 배상할 능력이 없는 경우에는 가해자의 배상이 가능하지 않다.

범죄로 인한 피해에 대응하는 것은 정부의 최우선적 과제이며, 이것은 공공보건과 안전을 향상시키고 아동과 사회적 약자를 보호하여 궁극적으로 사법정의를 실현하는 것이다. 그러므로 피해자가 가해자의 불명이나 금전적 능력이 없을 경우 피해자는 아무런 금전적 구제를 받을 수 없고 이에 따라 국가가 이러한 범죄피해자 또는 그 유족에게 일정한 한도의 범죄피해구조금을 지급함으로써 법률복지를 증진시켜야 한다.

이를 위한 현실적인 문제는 재원의 마련이다. 많은 국가에서 점점 국가보상의 범위와 한도를 확대하고 있으며, 재원조달을 어떻게 할 것인가에 대해 많은 고민을 하고 있다. 국가 보상의 기금을 정부의 수입에 전적으로 의존하다면 국가의 부담이 되며, 이론상으로는 가해자로부터 마련된 재원으로 피해자의 보상이 이루어지도록 하는 것이 바람직하지만 이 또한 어려움이 있다.

물론 국가의 보상이 피해자의 회복 이외 어떠한 효과가 있는가에 대한 의문들은 있지만, 그럼에도 불구하고 사회복지나 사회계약에서 주장하듯이 정부는 불운한 시민들을 위한 최소한의 삶을 제공해야 하며 피해를 입은 시민들을 이전의 상태로 복귀시키는 것은 정부의 의무이며 앞으로도 보상의 범위와 한도는 확대 방향으로 전개될 가능성이 높다. 이에 국가 보상의 재원 마련 등 현실적인 문제에서부터 실마리를 풀어야 할 것이다.

더불어 가해자가 특정되거나 범죄피해자에 상응하는 자력이 있는 경우에는 범죄피해자 또는 그 상속인이 피고인에게 손해배상명령을 재판부에 신청하거나 재판부에서 직권으로 배상을 명령할 수 있다. 이러한 배상은 전체 공판 사건수에 비하여 배상명령 신청건수가 미미하기는 하지만 매년 지속적인 증가추세를 보이고 있으며, 이로 미루어 볼 때 향후 배상명령사건의 비중이 점점 커질 것으로 예상된다. 그러므로 향후 피해자의 신속한 구제와 범죄피해회복이라는 관점에서 배상명령을 활성화할 수 있도록 제도적 정비 등이 필요하다.

또한 최근에는 피해자의 욕구가 다양해지고 있으며, 피해자의 욕구에 대한 사회적 관심도 증가하고 있다. 그 과정에서 국가의 지원은 한계를 가질 수밖에 없기 때문에 국가 차원의 피해자 지원에 대한 한계를 인정하고, 국가와의 연계 속에서 민간기관과의 협력을 구축하여 피해자를 지원해야 한다. 물론 정부 위탁 민간기관에 의한 지원 또한 법적·재정적 한계뿐만 아니라 기관 구성원의 전문적 역량 부족 및 네트워크 체계의 미흡 등 다양한 문제점을 안고 있지만 그럼에도 불구하고 피해자 보호를 위한 정부 위탁 민간기관의 활동의 중요성은 계속 커지고 있으며 '다기관 협력'을 통한 피해자 중심의 지원 활동은 지속적으로 중요성을 인정받고 있다.

토론 주제

1. 가해자에 의한 배상이 피해자 회복에 미치는 영향이 무엇인지 생각해 보고, 가해자가 배상할 능력이 없는 경우, 피해자는 어떤 대안을 찾을 수 있는지 논의해 봅시다.
2. 민간기관(피해자 지원 위탁기관)이 범죄피해자 지원에서 차지하는 역할과 중요성에 대해 설명해 보고, 민간기관의 지원이 국가 지원과 어떻게 보완될 수 있는지도 추가해서 설명해 봅시다.
3. 범죄피해자의 요구는 범죄 유형에 따라 다르며, 개인마다 상이합니다. 이러한 다양한 요구를 충족시키기 위해 어떤 제도적 변화가 필요할지 형사절차절차 단계별로 구분하여 논의해 봅시다.

주요 개념

국가 보상
가해자 배상
형사합의
법적 지원
경제적 지원
심리적 지원
진술조력인
재판절차진술권
피해자 구조금
범죄피해자지원센터
스마일센터
여성긴급전화 1366센터
해바라기센터
중앙디지털성범죄피해자지원센터

PART 05

피해자학의 전망

CHAPTER

11

회복적 사법

제 1 절

회복적 사법이란 무엇인가?

제1항 회복적 사법의 등장

1 전통적인 형사 사법의 한계와 새로운 접근의 필요성

최근 몇 년 사이에 범죄 문제를 바라보는 새로운 사고방식이 형사 사법의 영역 속으로 들어오기 시작했다. 전통적인 형사 제재에 대한 대안들이 모색되고 있고 가해자와 피해자 모두를 다룰 수 있는 새로운 비전들이 탐색되고 있다(Umbreti, 1994b; Wallace, 2007: 72). 회복적 사법이라 부르는 이 사고방식은 다음과 같은 관념과 목표들을 추구한다.

“범죄는 본질적으로 (법 규칙의 위반이 아니라) 어떤 사람의 다른 사람에 대한 위반이다. 범죄에 대응하는 데 있어 일차적인 관심은 범죄자로 하여금 그가 야기한 해를 알게 하고, 그러한 해를 복구할 책임이 자신에게 있다는 점을 이해시켜 이를 해결하도록 하며, 차후의 범죄 행동이 예방된다는 것을 보증하는 것이어야 한다. 피해자에 대한 가해자의 배상의 형식과 양, 재범을 예방하기 위해 취해져야 할 수단들은 비공식적인 합의 과정 속에서 건설적인 대화를 통해 가해자, 피해자 및 그들이 속한 공동체 구성원들에 의해 집합적으로 결정되어야 한다. 가해자와 피해자의 관계를 개선하고 가해자를 준법적인 공동체 속으로 재통합하려는 노력이 취해져야 한다.”(Johnstone, 2011: xi).

전통적인 형사 사법 시스템에서는 당사자들 중 어느 한 편의 손을 들어주는 것으로써 갈등이 종결된다. 즉 한 쪽은 승자 다른 쪽은 패자가 된다(Roberts, 1979: 17-23; Johnstone, 2011: 13). 회복적 사법의 시선에서 봤을 때, 형사 사법 시스템은 피해자-가해자 사이의 화해, 갈등 해결, 가해자의 공동체로의 재통합을 방해한다. 더욱이 전통적인 형사 사법은 가해자에 대한 처벌적 격리 전략을 취하는 경향이 강하다. 격리는 그들을 범죄 하위문화 속으로 밀어놓음으로써 보다 더 공동체의 적이 되게 한다(Johnstone, 2011: 11). 또한 격리는 가해자들로 하여금 자신의 행위를 더 나은 쪽으로 변화시키도록 유도할 수 있는 기회를 놓치게 한다.

하워드 제어(Howard Zehr, 2002: 3; Strickland, 2004: 3)는 최근 회복적 사법에 대한 관심이 높아진 이유를 전통적인 서구 법 시스템의 관행들과 결합된 몇 가지 한계에서 찾는다. 그 한계는 혹독한 양형 관행에 의존해서는 재범률을 줄일 수 없으며 처벌적 형벌은 가해자들이 사회와 피해자들에게 끼친 해를 적절하게 바로 잡을 수 없다는 인식에서 비롯된 것이다. 혹독한 양형과 처벌적 형벌 어느 것도 피해자와 공동체 혹은 가해자의 평화와 치유를 증진하지 못한다. 제어(Zehr, 2002: 4)에 의하면, 이러한 인지된 한계가 회복적 사법 실천을 고려하도록 촉구하였다. 1970년대 이래로 다수의 회복적 사법 프로그램이 미국, 영국, 호주, 캐나다, 남아프리카 공화국, 뉴질랜드 등 여러 나라에 등장하였다. 전 세계적으로 수천의 지역 사회가 응보적인 형사 사법 시스템과 더불어 새로운 회복적 사법 프로그램들을 실천하고 있다.

2 회복적 사법의 등장에 영향을 준 요인

회복적 사법은 기존의 형사 사법 관행에 도전하기 위한 새로운 움직임이다. 그렇지만 회복적 사법은 역사를 통해 사법 시스템들에서 존재해 왔던 것으로 결코 '새로운' 사상이 아니다. 오히려 혹독한 양형과 처벌적인 사법이 인류 역사에서 최근 몇 세기 전에 개발된 것이다. 회복적 사법의 기원은 역사적으로 훨씬 더 거슬러 올라간다.

회복적 사법의 유명한 옹호가인 존 브레이스웨이트(John Braithwaite)는 회복적 사법이 인간의 역사를 통해 서구 및 비-서구 전통 모두에서 선도적인 정의 모델로 작동해 왔다고 믿는다. 과거에 공동체는 사회 통제의 가장 중요한 자원으로 기능하였다. 공동체에 끼치는 범죄의 해와 그에 따른 갈등은 공동체의 분쟁 해결 과정에 의해 가장 잘 해결될 수 있다고 여겨졌다(Llewellyn and Howse, 1999; Strickland, 2004: 2–3). 반 네스와 스트랭(Van Ness and Strang, 1997: 9)은 상당수의 식민지 이전 아프리카 사회가 처벌적 제재보다는 보상적 제재를 사용하였다고 지적한다(Strickland, 2004: 4). 아프리카 원주민과 아메리카 인디언 부족 사회와 같은 고대 문화들은 인간 관계를 개선하고 공동체에 대한 해를 복구하며 갈등의 근본 원인들을 다루는 데 회복적 사법의 관행들을 활용하였다. 회복적 사법의 전통은 동양 사회에서도 찾아볼 수 있는데, 예를 들어 고백, 회개, 용서의 추구는 역사적으로 일본 사법 시스템의 중요한 부분이다.

회복적 사법의 부활은 전통적인 형사 사법 시스템에서의 불평등과 실패를 해소하려 했던 여러 운동에 빚지고 있다. 가해자에 대한 강제적 낙인의 사용을 줄이려는 대안적인 분쟁 해결(Alterative Disputes Resolution, ADR)과 법 시스템에 대한 공동체·기층민의 접촉 증가의 필요성을 강조하는 비공식적 사법 운동, 범죄에 대한 대응으로서 배상을 사용하는 운동, 피해자 권리 운동, 화해 및 회합 운동, 사회 정의 운동 등이 여기에 속하는 유형들이다(Van Ness and Strang, 1997: 16–20; Strickland, 2004: 3–4).

제2항 회복적 사법의 원리와 목표

1 회복적 사법의 작동 원리

회복적 사법이라는 용어는 1970년대 말에 처음으로 사용되었는데, 형사 사건이 피해자, 가해자, 지역 사회에 끼친 해를 전통적인 형사 사법과는 다른 방식으로 복구하기 위해 고안된 일련의 과정들을 묘사하기 위한 것이었다(Braithwaite, 1999a: 1743; Strickland, 2004: 1).

하지만 회복적 사법의 정의는 결코 명쾌하지 않고 회복적 사법 옹호가들 사이에서도 상당한 불일치가 존재한다(Goodey, 2005: 184). 그 불일치는 회복적 사법이 작동하는 방식과 그것을 통해 '회복'하려는 목표들이 무엇인지에 대한 다양한 견해를 반영한다. 그럼에도 불구하고 그 다양한 정의로부터 회복적 사법의 중요한 요소들을 추출해볼 수는 있다. 자발적으로 참석한 당사자들의 대화를 통한 문제의 인식과 합의적 해결의 모색(당사자 주도와 대화의 원리), 가해자의 사과와 책임 수용의 유도(책임 수용의 원리), 공동체의 참여 등은 회복적 사법의 접근이라고 부를 만한 발의들에서 공통적으로 관찰할 수 있는 특징들이다(Dignan, 2000; Goodey, 2005; Karmen, 2004; Marshall, 1998; Wallace, 2007).[1)]

가. 이해 당사자들이 분쟁 해결 주도

회복적 사법의 근본 요소는 범죄에 연관된 당사자들이 범죄로 인해 야기된 해를 복구하기 위해 무엇이 이루어져야만 하는지를 스스로 결정하는 것이다. 회복적 사법은 발생한 범죄에 대응하고 그 피해를 회복하는 데 있어 국가 형사 사법 기관이나 전문가들의 손에 의하지 않고 피해자와 가해자가 자발적으로 해결하는 것을 가장 이상적인 문제 해결 방식이라고 생각한다. 전문적인 법률가들은 보통 그 과정에 참여하지 않으며, 만약 그들이 참여하더라도 이해 당사자들이 스스로 문제를 풀어나갈 수 있도록 조력하거나 안내하는 역할에 머무른다.

1) 영국의 내무부는 1998년 「범죄 및 무질서법」(1998 Crime and Disorder Act), 1999년 「소년 사법과 형사 증거법」(1999 Youth Justice and Criminal Evidence Act) 등을 통해 '회복(restoration), 재통합(reintegration), 책임(responsibility)'을 회복적 사법의 주요 원리로 제시하였다(Goodey, 2005: 185-186).

나. 대화

전통적인 형사 사법에서는 분쟁 당사자들의 대리인이 갖가지 증거와 증인들을 동원하여 상대방의 논리를 무력화시킴으로써 자기편의 승리를 쟁취하려 애쓴다. 하지만 회복적 사법에서는 대리인을 통해서가 아니라 이해 당사자들이 스스로 문제의 본질을 인식하고 상대방을 이해하며 같이 문제 해결의 실마리를 찾으려 한다. 전통적인 형사 사법이 증거를 통해 대결하는 것이라면 회복적 사법은 대화를 통해 서로 소통하려 한다. 회복적 사법에서는 분쟁 당사자들 간의 대면적 상호 작용을 문제 해결의 기초라고 가정한다.

그런데 대개의 경우 범죄피해자들은 가해자와의 대면적 만남을 쉽게 수용하지 못한다. 그들은 가해자에 대한 분노와 복수의 감정에서 벗어나지 못하거나 가해자에 대한 두려움 때문에 쉽게 대화에 응하지 못한다. 그러므로 이들의 만남을 주선하고 안전한 환경에서 대화가 가능하도록 조치를 취하는 중재자 혹은 촉진자들이 필요하게 된다. 이들의 역할은 당사자들이 안전감을 느끼도록 보장하고 건설적인 대화를 유도하며 상호 합의 가능한 해결책을 안내하는 것이다(Johnstone, 2011: 1). 회복적 프로그램의 유형에 따라서는 피해자-가해자 두 당사자 간의 온전한 대화가 진행될 수 있도록 각자를 지지하는 피해자 및 가해자의 가족과 공동체 구성원들도 그 과정에 참석할 것이다.

대면적 상호 작용의 목적은 크게 두 가지이다. 가해자는 자신의 행동에 대해 수치심과 후회를 표현한다. 이것은 피해자로 하여금 더 이상 두려움을 느끼지 않도록 한다. 왜냐하면 피해자는 가해자가 그 해로운 행동에 대해 책임을 받아들인다는 점을 알기 때문이다(Brook and Warshawski-Brook, 2010: 528). 가해자의 사과를 이끌어 내는 데는 피해자에 대한 감정 이입과 슬픔의 소통이 핵심적인데, 이는 오직 피해를 당한 사람과의 대면적인 상호 작용 속에서 극대화될 수 있다.

다. 책임의 수용

회복적 사법 과정이 진행될 수 있으려면, 가해자는 반드시 자신의 범죄 행동에 대해 유죄를 인정해야 한다. 대륙법 체계의 규문주의 시스템에서든 영미권의 대결주의적 시스템에서든 관계없이 범죄자로 하여금 잘못한 것처럼 보이도록 강요하는 것은 적법 절차의 원리에 의해 금지된다. 대신 국가는 합리적인 의심을 넘어서서 피고인의 유죄를 입증해야 한다. 더욱이 피고 측 변호인들은 피고인에게 아무 것도 말하지 말라고 조언한다. 피고인이 말하는 어떤 것도 법정에서 불리하게 이용될 수 있으며, 어떠한 후회의 신호도 유죄를 인정하는 단서가 될 수 있다고 충고한다. 따라서 응보적 사법은 자신의 행위에 대한 책임을 인식하고 이에 부합하는 행동을 이끌어내지 못한다(Johnstone, 2011: 73).

회복적 사법은 가해자가 피해자에게 자신의 잘못을 진심으로 뉘우치고 다시는 해를 끼치지 않겠다고 약속하는 것이 피해자와 가해자 사이의 갈등과 분쟁을 해결할 수 있는 일차적인 조건이라고 본다. 회복적 사법에서의 책임 수용의 원리는 가해자들로 하여금 자기 행동의 해로운 결과들을 알게 하고 피해자와 공동체에 손실을 배상하기 위한 모든 노력을 다하도록 요구하는 것이다(Bazemore and Umbreit, 1994b; Wallace, 2007: 74에서 인용).

라. 공동체의 참여

회복적 사법은 피해자가 범죄 해결의 중심에 있게 하고 그 과정에서 당사자들의 직접적인 참여를 보장한다(Wallace, 2007: 73). 뿐만 아니라 피해자 혹은 가해자가 관련을 맺고 있는 공동체나 지역 사회 역시 이 과정에 개입하도록 요구받는다.

회복적 사법 시스템에서 공동체는 보다 많은 능동적 역할을 수행한다. 전통적 사법 시스템에서는 국가가 사람들을 대표하는 반면, 회복적 사법 시스템에서는 사람들이 자기 고유의 이해관계를 대표한다. 회복적 사법하에서는 상당히 많은 기층민이 사법의 집행에 전향적인 역할을 맡을 준비가 되어 있고 자발적으로 이를 수행할 수 있어야 한다.

회복적 사법의 근본적인 가정은 가해자의 공동체는 가해자에게 가장 큰 영향을 미치며 그가 야기한 해를 복구하도록 영향을 미치거나 차후의 범죄 행위를 억제하도록 할 것이라는 점이다. 공동체는 중재자로서 봉사하거나 혹은 목격자로 참여하고 피해자와 가해자 사이에 도출된 합의와 행동 계획의 시행을 도와야 할 것으로 이해된다(Zehr, 2005: 101; Johnstone, 2011: 12). 공동체는 가해자들이 준법적인 시민으로서 사회에 재진입하고자 노력할 때 그들이 의존하는 지지의 기반이다.

2 목표

가. 피해의 회복

회복적 사법은 가해자의 처벌보다 피해자의 피해 회복을 중시한다. 기존의 형사 사법은 적법 절차를 통한 가해자의 권리 보호나 재활에 일차적인 관심을 둠으로써 피해자의 욕구를 등한시했다는 평가를 받는다. 반면 회복적 사법은 일차적으로 범죄 피해로부터 회복되고자 하는 피해자의 욕구에 응답하려 한다.

가해자는 돈이나 육체적 서비스들을 통해 피해자의 손실을 보상함으로써 사실상 심리학적·관계적 손상을 복구하는 쪽으로 나아갈 수 있다(Baker, 1994: 73). 배상의 요지는 범죄에 의해 행해진 해의 복구를 보장하는 것이다. 이는 피해자에게 이득이 된다. 뿐만 아니라 배상 과정은 교정적이고 재통합적인 효과를 산출할 수 있다(Johnstone, 2011: 85). 첫째, 가해자는 해를 복구하고자 하는 노력들을 통해 해의 진정한 범위를 깨닫게 된다. 둘째, 가해자는 해를 복구함으로써 피해자와 일반 공중이 그들에 대해 느끼는 분노를 누그러뜨리는 데 도움을 줄 수 있다. 셋째, 해의 복구는 '후속적인 범죄 행동을 금지할 수 있는 일종의 구원적인 제거 과정'(Geis, 1977: 147)이 될 수 있다.

그런데 배상은 그 상징적 가치에도 불구하고 범죄의 상처를 치유하는 데 충분하지 않다. 회복적 사법 지지자들은 가해자가 자신의 행동에 대한 후회와 수치심을 보여주고 진정으로 사과하는 것이 중요하다고 강조한다(Braithwaite, 2000b; Johnstone, 1999; Retzinger and Scheff, 1996; Johnstone, 2011: 63). 배상이나 복구를 위한 가해자와 피해자의 면대면 만남은 피해자의 개인적 능력에 대한 인식을 회복할 수 있도록 해준다. 피해자들은 보상 혹은 배상계획을 수립하는 데 관여함으로써 갈등의 산물에 대해 통제력을 행사할 수 있다. 이런 만남은 피해자와 가해자 간의 화해를 낳을 수 있다. 그럴 경우 피해자는 가해자나 그 사건이 더 이상 자신을 지배하지 않는 지점에 이르렀다는 종결의 느낌을 갖게 된다(Estrada－Hollenbeck, 1996; Gehm, 1992; Johnstone, 1999; Johnstone, 2011: 64).

이처럼 피해의 회복은 비단 피해자가 입은 신체적, 물리적, 정서적 해에 대한 복구뿐만 아니라, 당사자 간의 관계의 회복과 평화의 회복까지 염두에 둔 포괄적인 개념이다. 회복적 사법은 피해자의 물질적인 욕구 충족에만 머무르려 하지 않는다. 그것은 피해자와 가해자 사이에 범죄로 인해 훼손된 관계를 피해 발생 이전의 상태로 되돌리고, 가해자의 자발적인 범죄 행위의 단념과 재발 방지에 대한 약속을 보증하도록 유도함으로써, 피해자는 물론 잠재적 피해자로서의 공동체의 안전 보장이라는 욕구까지도 아우르려고 한다.

나. 가해자의 재통합

회복적 사법은 가해자의 치유에도 관심을 갖는다. 하지만 이 목표는 오직 그것이 범죄피해자를 위한 정의의 달성이라는 목표와 양립할 수 있을 때에만 추구될 수 있다. 범죄자는 피해자에게 야기한 해에 책임이 있으며, 치유라는 욕구가 채워지도록 기대하기 전에 먼저 그 해를 복구하려는 진지한 노력들을 해야 한다.

범죄자들이 잘못을 뉘우치게 하려면, 그들을 공동체의 일반적인 구성원들의 불승인에 노출시킬 필요가 있다(Braithwaite, 1989; Johnstone, 2011: 83). 공식적인 형사 재판도 이런 기능을 수행한다. 그러나 회복적 사법은 그 메시지의 전달 양식에 있어 인습적인 형벌 관행과 상당히 다르다. 탄핵과 불승인의 메시지는 위로부터(판사) 오지 않고 옆으로부터 온다(가해자의 가족 구성원과 같은 일상적인 사람들 및 그들과 동등하게 관계할 미시 공동체로부터). 여기에 내재되어 있는 관념은 불승인은 그것이 '멀리 있는' 사법 당국들로부터 올 때보다 가해자가 보살피거나 가해자를 보살피는 사람들로부터 올 때 더 효과적일 것이라는 점이다. 즉 불승인의 표현은 견책뿐만 아니라 보호하고 안내하며 애정의 유대를 통해 가해자와 통합하는 사람들로부터 올 때 더 효과적일 가능성이 높다는 것이다(Moberly, 1968: 138; Johnstone, 2011: 84).

가해자들의 재범을 방지하기 위해서는 그들로 하여금 자신의 행동 책임을 수용하고 배상하도록 하며 그들을 법 준수적인 시민 공동체 속으로 재통합하는 과정이 요구된다. 가해자들은 그들이 야기한 해를 복구하겠다는 자발성과 자신의 행동을 후회하고 있다는 점을 보여주어야 한다. 그들은 더는 공동체 구성원들을 위험하게 하지 않는다는 점을 보증하기 위해 공동체가 합리적이라 여기는 수단들에 대해 동의해야 한다. 피해자와 개인적으로 대면하는 바로 그 과정에서, 가해자는 자신의 행위가 야기한 실제적인 해를 피해자에게 직접 들음으로써 자기가 행한 행위의 진짜 영향을 포착하기 시작할 것이다. 이런 과정들이 가해자의 양심을 자극하여 가해자는 자신의 범죄 행동에 대해 수치심을 느끼게 될 것이고, 결과적으로 그가 범죄 행동을 반복할 가능성은 낮아질 것이다.

물론 재활 혹은 교정의 틀 속에서도 가해자들이 범죄 행위에 대해 부정적인 인식을 갖도록 하고 더 이상의 범죄 행위를 피하려 한다는 데 대한 진지하고 진정한 헌신을 입증하도록 할 수 있다.[2] 하지만 회복적 사법이 이와 다

---

2) 회복적 사법 지지자들은 치료적 개입이 가해자들의 행위에 의미 있는 긍정적 영향을 거의 미치지 못한다고 생각한다(Johnstone, 2011: 78). 이들에 따르면, 치료적 개입은 범죄를 행위자의 의식적인 통제를 넘어서서 작동하는 심리학적 요인들의 산물이다(Braithwaite, 1989: 9; Johnstone, 2011: 78). 이 '수동적'인 가해자 개념은 그들로 하여금 자신의 범죄 행위가 산출한 해에 책임이 없도록 여기게 한다. 처우 프로그램에서 범죄자들은 그들의 행위에 대한 사회적 비난으로부터 보호되는 경향이 있다. 따라서 치료 프로그램에서는 만약 가해자들이 자신이 야기한 해와 그것을 복구할 책임을 인식한다면 대면하게 될 일상의 도덕적 판단들과 맞닥뜨리지 않는다. 회복적 사법 지지자들은 가해자들에게 그러한 이해가 없다면 그들은 자신의 방식들을 바꾸려하지 않을 것이라고 주장한다.

른 점은 회복적 프로그램들은 가해자를 향한 이웃 혹은 공동체의 태도 변화의 필요성에도 주목한다는 사실이다(Johnstone, 2011: 79). 가해자가 공동체에 재통합되기 위해서는 가해자의 반성과 후회가 필요하지만, 공동체도 이들을 포용할 수 있는 준비가 되어 있어야 한다. 공동체 구성원들은 가해자들에게 자신들이 그들을 돌보고 있고 그들이 공동체 속으로 재통합되기를 원한다는 점을 보여줄 수 있어야 한다는 것이다. '회복'의 의미 속에서는 이처럼 가해자들을 향한 사회적 태도의 중요한 변화가 포함되어 있다.

다. 공동체의 강화

회복적 사법 프로그램은 시민들에게 갈등 해결과 사회 문제들의 해결을 위한 협력적 노력들에 참여할 수 있는 기회들을 제공함으로써 그들 스스로 공동체 의식을 강화하도록 돕는다(Christie, 1977; Johnstone, 2011: 12-13). 형사적 갈등을 다루는 데 공동체 구성원들을 참여하게 하는 것은 공동체의 역량을 강화하는 방법이다(Kurki, 2000: 267; Johnstone, 2011: 125).

회복적 사법의 많은 옹호가에게 공동체는 종종 이차적인 범죄피해자로 묘사된다. 공동체가 범죄에 의해 역으로 영향을 받으면, 그것은 그 범죄 및 그로 인해 공동체에 제기된 쟁점들을 다룰 권리를 가져야 한다. 이해 당사자로서의 공동체는 범죄 문제의 해결에 영향을 끼쳐야 한다(Crawford, 2002: 118; Strickland, 2004: 91). 갈등 과정에서의 공동체의 참여는 시민 책임과 정치적으로 참여적인 시민들을 촉진한다. 공동체 참여는 시민들이 범죄의 결과들과 그것을 다룰 방법들을 토론하는 보다 숙의적인 사법 유형을 위한 도구가 된다(Crawford, 2002: 119-120; Strickland, 2004: 91).

요컨대 회복적 사법 지지자들은 회복적 사법 과정들이 일반적으로 서로 맞물리는 관계, 즉 강화된 공동체의 기본 구조를 형성하고, 그리고 범죄에 대한 반응에서 공동체 참여를 강화하여 이 기본 구조에 대한 마모를 예방함으로써, 공동체를 구축하고 공동체 지지를 유지한다고 믿는다(Strickland, 2004: 106).

제 2 절

회복적 사법 프로그램의 주요 형태

제1항 피해자-가해자 중재

1 기원

피해자-가해자 중재(Victim-Offender Mediation, VOM)는 1974년 캐나다 온타리오 주 엘마이라의 피해자-가해자 화해 프로그램(Victim-Offender Reconciliation Program, VORP)에 뿌리를 두고 있다(Umbreit, 1994b; Wallace, 2007: 73). 통상적인 과정으로 가해자들을 다루는 데 좌절을 느낀 메노파 개신교도인 보호관찰관 마크 얀지(Mark Yanzi)는 전형적인 소년 사법을 비행 청소년에게 효과가 없는 '그림의 떡'이라고 생각했다(Zehr, 2005: ch. 9). 그는 두 명의 청소년이 22개의 자산들을 훼손한 사건에서 판사에게 가해자들로 하여금 동료 메노파 개신교도인 데이브 워스(Dave Worth)의 회사에서 피해자들과 만나도록 명령을 내려줄 것을 요청하였다. 이에 판사는 가해자들에게 얀지 및 워스와 함께 피해자들을 만나고 피해자들이 겪었던 손실에 대한 보고서를 작성하여 자신에게 제출하도록 명령을 내렸다(Cayley, 1998: 216; Johnstone, 2011: 2).

이 개인적 발의는 온타리오 교정국 및 지역 보호관찰관의 감독하에 1975년 온타리오 피해자/가해자 화해 프로젝트의 발달로 이어졌다. 본래의 VORP 프로젝트는 범죄를 다루는 대안적인 방법을 제공하려는 것으로서, 피해자와 가해자에게 배상에 관한 상호 합의를 허용하며 화해를 촉진하기 위해 제3자를 이용하고 범죄로 인해 야기된 갈등을 해결하는 것을 목표로 하였다(Hughes and Schneider, 1990; Wallace, 2007: 73). 이와 같은 자발적이고 이상적인 실험으로부터 피해자-가해자 화해 프로그램의 형식으로 현대적인 회복적 사법이 탄생하였다.

이어 VORP의 사상은 미국의 인디애나 주 메노파 공동체에 의해 계승되었다. 인디애나 보호관찰소는 지역 공동체와 협력하여 중재 프로그램들을 발전시켰다. 인디애나 주 메노파 조직의 관리자인 하워드 제어(Howard Zehr)는 인디애나의 공동체에 기초한 VORP 제도에 참여하게 되었고, 결과적으로 VORP에 대해 서술함으로써 피해자-가해자의 화해 증진과 관련한 담론에서 중요 인물이 되었다(Goodey, 2005: 189).

2 운영 방식

피해자-가해자 중재(VOM)는 중재자의 도움을 받아 피해자와 가해자가 서로 만나 문제를 해결하는 방식이다. 피해자-가해자 중재에서 회복적 사법은 훈련받은 중재자에 의해 촉진되는 피해자와 가해자 간의 면대면 조우의 형식을 취한다. 중재자는 대개 해당 공동체의 자원자이다(Zehr, 2005: 161). 중재자의 역할은 자신의 해석이나 해법을 갈등 당사자들에게 부과하지 않고 당사자들이 자기의 이야기들을 말하고 자신의 감정들을 표출하며 각자에게 질문을 하고 범죄의 영향과 함의들에 대해 이야기함으로써 점차적으로 가해자가 배상을 위해 무엇을 할 것인지에 관한 합의에 도달하도록 격려하는 것이다. 중재자는 범죄에 관한 논의를 촉진하고 피해자와 가해자가 함께 그 해를 완화하는 계획을 세울 수 있는 기회를 제공한다(Kurki, 2000: 269－270; Umbreit and Greenwood, 2000: 7; Strickland, 2004: 10).

전형적 피해자-가해자 중재 프로그램은 네 개의 국면을 지니는데, 사례의 위탁과 개시, 중재의 준비, 중재 세션의 수행 및 중재의 사후 검증 등의 표준 과정을 따른다. 먼저 프로그램은 사례 관리자가 적합한 것으로 보이는 사건들을 분류하면서 시작된다. 중재에의 위탁들은 종종 소년 법원, 보호관찰소, 경찰서, 때로는 지역의 사회봉사 조직, 심지어는 교회로부터도 이루어진다. VOM 프로그램 집행가들은 가해자가 유죄를 인정하지 않고 후회를 보이지 않는 한, 위탁을 수용하지 않는다. 위탁이 이루어지면, 그 사례는 중재자에게 보내진다(Shenk, 2001: 195－196; Strickland, 2004: 46).

다음으로 훈련받은 중재자(스태프 구성원이거나 자원봉사자)가 가해자 및 피해자와 접촉하고 그들과 개별적으로 만나, 처음에는 해당 사건에 대한 당사자들의 감정에 대해 논의한다. 사전 접촉은 중재자에게 양 당사자들이 그 분쟁 해결에 관여할지 여부와 그 세션의 수행 방식을 정하는 데 도움을 주는 단서들을 제공한다. 만약 그들 모두 동의하면, 중재자는 두 분쟁 당사자들을 한자리에 모이게 한다. 그 과정의 핵심은 안전한 무대에서 피해자와 가해자가 조우하는 것이다. 보통 프로그램 본부나 지역 사회 센터, 도서관, 예배당에서 열리지만 가끔 법원이나 피해자 집에서 열리기도 한다.

중재 세션은 다섯 부분으로 구성된다. (1) 중재자는 모두(冒頭) 진술을 한다. (2) 가해자와 피해자는 각자 자기 이야기를 말하고 그 사건에 관한 사실과 자신의 감정들을 분명히 한다. (3) 피해자의 손실과 보상을 위한 옵션들이 검토된다. (4) 서면으로 작성된 배상 합의서가 만들어진다. (5) 중재자가 폐회 진술을 한다. 일단 배상 합의문이 작성되고 동의가 이루어지면, 그 모임은 종결된다. 전형적으로 VOM은 1~2시간 동안 진행된다.

마지막으로 서면 동의된 조건들이 충족되도록 감독하고 보증하기 위해 사후 검증 세션이 수행된다(Strickland, 2004: 46). 중재자는 서면 계약이 충분히 충족되고 있는 것을 감독하고 확인하면서 두 당사자들과의 접촉을 유지한다. 합의가 지체되는 사례들에서는 지속적인 접촉과 재협상이 필수적이다. 배상 의무가 충족되면, 화해가 실제로 가능하게 된다(Umbreit and Greenwood, 1998; Karmen, 2004: 347).

몇몇 사람은 VOM을 인습적인 형사 사법 과정과의 중요한 단절로 환영하지만, 다른 몇몇은 만족스럽지 못한 것으로 평가한다. 왜냐하면 그것들은 '너무도 개별화되고 있고 사적이기' 때문이다(Zehr, 2005: 256; Johnstone, 2011: 2). 이 비판적 관점에 의하면, 회복적 사법이 실제 발생하기 위해서는 공동체가 반드시 개입되어야 한다. 이 관점에서 봤을 때, 보다 중요한 실험들은 양형 서클과 가족 집단 회합이다.

제2항 양형 서클

1 기원으로서의 치유 서클

아메리칸 인디언들과 캐나다 원주민들에 의해 사용되었던 치유 서클(healing circles)은 피해자와 가해자 각자에 대한 존중과 지지 시스템들을 보증함으로써 피해자와 가해자를 공동체 내로 재통합하고자 한다. 치유 서클은 피해자 혹은 가해자에 의해 형성된다. 치유 대상이 될 피해자나 가해자는 누가 참석할지를 결정한다. 치유 서클은 전형적으로 비밀이 유지되고, 치유 과정에 참석하는 사람(피해자 혹은 가해자)이 경험한 고통의 치유와 이해를 위한 공개 포럼을 제공하려 한다(Pranis, 1997; Strickland, 2004: 51).

피해자를 위한 치유 서클은 피해자들이 그들에게 발생한 것을 받을 만큼 잘못하지 않았다는 점을 지지하고 피해자가 경험하는 고통을 공동체가 보살핀다는 것을 보여줌으로써 피해자의 옹호에 초점을 맞춘다. 피해자 치유 서클에 참여하는 사람들은 가해자의 배상 방식에 대해 피해자가 희망 사항을 표현하도록 돕고 가해자가 양형 서클에 출석하도록 계획들을 마련함으로써 피해자들을 지원한다. 가해자를 위한 치유 서클은 가해자가 야기한 범죄의 해에 대해 논의하고 가해자의 배상 방식과 가해자가 공헌적인 구성원으로서 지역 사회에 재통합될 수 있는 길을 탐구하는 데 지역 공동체를 끌어들인다. 가해자 치유 서클은 또한 양형 계획 속에 무엇이 들어 있어야 하는지에 초점을 맞춘다(Pranis, 1997).

아메리카 원주민의 치유 서클을 원용한 양형 서클은 공식적으로 1992년 캐나다의 유콘 준주(準州) 법원(Yukon Territorial Court)에서 사용되었다(Cayley, 1998: 182; Johnstone, 2011: 2). 경찰관을 폭행하여 유죄 판결을 받은 어느 만성적인 캐나다 원주민 범죄자를 그의 의사에 따라 교도소로 보내는 대신, 배리 스튜어트(Barry Stuart) 판사는 가해자의 실제적인 공동체의 구성원들을 양형 서클에 초대하였는데, 이를 계기로 문제가 있는 개인과 상황을 다루기 위한 원주민 방식이 부활하였다. 양형 서클에서 공동체 주민들은 무엇이 발생했고,

왜 그것이 발생했으며, 그것에 대해 무엇이 행해져야 하는지, 그리고 그러한 사건들을 차후에 예방하기 위해서는 무엇이 필요한지에 관한 토론에 참가한다. 그리하여 판사는 양형을 건너뛰고 서클에 의해 제안된 것에 기초하여 다른 명령과 권고를 내린다. 비록 양형 서클이라고 불렸지만, 토론과 결정들은 양형 과정에서 인습적으로 포괄되는 것을 훨씬 넘어선다. 특히 서클들은 공동체가 해당 범죄에 대해 책임을 공유하고 그것에 대해 해야 하는 것과 같은 쟁점들을 다룬다.

캐나다 원주민의 사례에서 가해자의 실제적 공동체는 가해자가 교도소에 보내어지는 것을 원치 않았으며 기꺼이 그가 재활할 수 있도록 도왔던 것으로 나타났다. 공동체의 희망 사항들에 영향을 준 스튜어트 판사는 2년간의 보호관찰을 명령했고 가해자는 그의 삶을 바꾸는 것으로 응답했다(Cayley, 1998: 198–203; Stuart, 1996; Johnstone, 2011: 3). 이 사례의 명성이 퍼져나감에 따라 양형 서클의 실천은 캐나다 및 그 밖에 다른 곳의 원주민 공동체들로 확산되었다(Cayley, 1998: 197–198; Johnnstone, 2011: 3).

2 운영 방식

전통적인 아메리카 원주민의 관행들에 기초하여 양형 서클은 가해자에게 적합한 양형 계획에 관해 모든 이해 당사자의 합의를 구축하려 한다. 양형 서클에서는 피해자와 그 지지자들, 가해자와 그 지지자들, 판사들, 검사들, 피고측 변호인들, 경찰, 법원 활동가, 그리고 이해관계가 있는 모든 지역 사회 구성원이 한데 모여 토론하고 그 사건에 대한 공유된 이해에 도달한다. 모든 당사자는 범죄에 의해 야기된 해를 다루고 미래의 범죄 발생을 예방할 수 있는 방법들을 강구한다(Pranis, 1997; Strickland, 2004: 51).

일반적으로 양형 서클은 다섯 단계를 거친다. (1) 가해자가 서클 참여를 신청한다. (2) 피해자를 위한 치유 서클이 개최된다. (3) 가해자를 위한 치유 서클이 열린다. (4) 양형 계획을 공식화하기 위해 양형 서클이 열린다. (5) 가해자의 진전을 보증하기 위해 사후 검증 서클이 열린다. 보통 가해자는 범죄와 결합된 잘못된 효과들을 치유하기 위한 행동 계획에 가담한다(Bazemore and Umbreit, 2001). (6) 동시에 지역 사회, 사법 시스템, 가해자 지지 집단 등도 가해자가 준법적인 궤도에 안착하는 것을 돕는 데 관여한다.

양형 서클의 성공적인 수행을 위한 핵심은 지역 사회와 사법 시스템 간의 건전한 파트너십, 훈련받은 참가자, 유연성, 높은 수준의 지역 사회 관여 등이다. 지역 사회와 사법 시스템 간의 유대가 강하게 형성될수록 민초적 리더십들은 사례들을 받고 어떻게 피해자와 가해자를 위한 지지 집단들을 구축할지 결정하며 서클 진행을 감독할 수 있다(Bazemore and Umbreit, 2001: 6; Strickland, 2004: 52–53). 참가자들은 적절한 훈련을 받아야 한다. 양형 서클에 참여하는 모든 사람이 합의 구축과 중재 기술들을 배워야만 한다. 유연성은 양형 서클 과정이 어느 정도 지역 문화와 자원들에 의해 주조되기 때문에 필요하다. 마지막으로 양형 서클의 성공을 위해서는 지역 사회 자원봉사자들의 헌신이 중요하다. 서클들은 노동 집약적이고 시간을 많이 소비하며 많은 시민을 필요로 한다(Bazemore and Umbreit, 2001: 7; Strickland, 2004: 53).

제3항 가족 집단 회합

1 뉴질랜드 마오리족의 회합 모델의 계승

회복적 사법의 총체적 형태를 지향하는 최근의 가장 중요한 실천적인 발달은 '가족 집단 회합(Family Group Conference, FGC)'의 형식을 취해왔다. 가족 집단 회합은 '원주민 사법'의 한 형태이다. FGC는 청소년 범죄와 청소년 돌봄 및 보호 문제를 다루기 위한 새로운 포럼으로서, 1989년 뉴질랜드의 「아동, 청소년 및 그 가족에 관한 법」(1989 Children, Young Persons and their Families Act)에 의해 도입되었다(McElrea, 1994; Johnstone, 2011: 3). 이 법은 소년 사법의 권리와 책임 사상에 초점을 맞추고 있는데, 뉴질랜드 원주민 마오리족의 갈등 해결 개념들로부터 크게 영향을 받았다. 마오리족은 문제 청소년들을 다루는 데 회합을 사용하였다. 회합의 도입은 구금적인 행형 시설에 마오리족 청소년이 과도하게 대표되고 있는 것에 대한 마오리족의 근심을 반영한 해법이었다. 회합은 청소년을 가족, 공동체, 피해자의 통제하에 두고 이 집단들이 그 아이에게 가장 최선의 이익이 되는 것과 가장 적합한 제재를 결정하도록 허용한다. 회합은 유죄를 결정할 목적으로 사용되지 않으며, 가해자가 잘못을 시인하지 않을 경우 회합은 중단되고 유·무죄의 결정을 위해 전통적인 수단들을 선택할 수 있다(Bright, 1997c).

「아동, 청소년 및 그 가족에 관한 법」은 가해 소년과 그의 가족, 지역 사회가 범죄 행동에 책임을 갖도록 규정하였다. 그렇게 함으로써, 이 법은 시민으로서의 피해자의 권리가 가해자와 그 가족, 지역 사회 및 피해자들을 포괄하는 회복적 과정에서 보다 진지하게 확보되어야 함을 강조하였다. 더욱이 이 법은 광범위의 사람들이 시민으로서 범죄 및 재범 행동에 대해 책임을 갖도록 장려함으로써 피해자들도 책임 있는 시민으로서 회복적 과정에서 자신의 역할을 다하도록 기대하였다. 그밖에 이 법은 '가족 집단 회합'의 형태 속에 대안적인 분쟁 해결 형식을 도입함으로써 전통적인 소년 사법과 소년 법원으로부터의 청소년 전환 처우를 장려하였다(Goodey, 2004: 195). 요컨대 「아동, 청소년 및 그 가족에 관한 법」은 사소하거나 심각한 소년 사건 모두에서, 용의자가 체포되기 이전이나 체포된 이후에, 가족 집단 회합을 장려함으로써, 이 회합을 청소년 범죄를 다룰 때의 선결 요건이 되도록 하였다.

FGC는 "감정이 표출되어야 하고 사실들이 규명되어야 하며 합의들이 협상되어야 하는" 포럼이라는 점에서 VORP와 유사하다(McElrea, 1984: 258). 하지만 보다 광범위의 사람들이 만남에 참여한다는 점에서 VORP와 다르다. 가해자는 전형적으로 그의 가족 및 때로 그들을 보살피는 관계에 있는 다른 사람들을 동반한다. 피해자들 역시 그의 가족과 다른 지지자들을 동반한다. 덧붙여 경찰과 같은 형사 사법 기관의 구성원들도 참여자의 일부분을 담당한다. 사회사업가들도 소년 범죄자가 이미 감독을 받는 경우에 회합에 참여할 수 있다. 유사하게 만약 회합이 검거 이후에 발생하여, 일단 청소년이 공식적인 사법 시스템에 관계하게 되었으면, 변호사들도 참석할 수 있다. 그러나 소년

사법 전문가들의 출석은 비본질적이며 몇몇의 경우에는 사건들을 방해하는 요인으로 간주되는 경향이 있다. 가족 집단 회합의 본질은 공식적인 사법 시스템으로부터 벗어나 비공식성을 추구하는 것이다. 목표가 되는 합의는 배상뿐만 아니라 범죄 행위의 근본 원인들을 다루고 재범을 예방하도록 고안된 행동 계획도 포함한다(Masters and Roberts, 2000: 142; Johnstone, 2011: 3).

2 오스트레일리아의 와가 와가(Wagga Wagga) 모델과 재통합적 수치 주기

1990년대 초 오스트레일리아의 뉴 사우스 웨일즈(New South Wales)의 작은 도시인 와가 와가(Wagga Wagga)에서 경찰은 그들의 관습법적 권한인 경고를 '회합'에 사용하는 실험을 시작했다(Moore and O'Connell, 1994; Johnstone, 2011: 3). 이 실험들은 뉴질랜드의 FGC뿐만 아니라 존 브레이스웨이트의 '재통합적 수치 주기' 이론에 의해서도 큰 영향을 받았다(Braithwaite, 1989; Masters and Roberts, 2000: 145; Johnstone, 2011: 3).

'재통합적 수치 주기'는 일반적으로 전통적인 형사 사법의 개입과 더불어 발생하는 가해자 낙인찍기의 대안을 추구한다. 그 대안은 가해자로 하여금 자신의 행동에 대해 수치심을 갖도록 한 뒤에 그에 대한 '공동체'의 재통합이 뒤따르는 회복적 수단들에 의해 성취된다. 수치 주기는 피해자, 가족, 친구들과 '공동체'에 야기한 해와 관련하여 가해자의 마음속에 후회 감정을 심어놓기 위해 사용된다. 이 과정의 중심적 교리는 문제의 사건에 대한 준거로 가해자 대신 '수치심'이 강조된다는 점이다. 수치 주기와 불승인은 가해자의 '행동'(범죄 행동)에 두어지며, 이와 같은 사회적 탄핵과 불승인 이후에는 그 '행위자'에 대한 사회적 포용이 뒤따르게 된다. 브레이스웨이트(Braithwaite, 2000a), 브라즈웰과 동료들(Braswell et al., 2001)에 따르면, 오명을 부여하는 수치 주기(용서와의 어떠한 연결도 없이 가해자의 범죄를 공개하는 것)는 사실상 범죄를 더 악화하게 한다. 반면, 재통합적 수치 주기를 통해 가해자들은 지역 사회로 되돌아갈 수 있는 기회를 얻는다. 처벌은 가해자와 사회 사이에 장벽을 세우지만, 재통합적 수치 주기는 공동체가 가해자의 행동에 대한 불승인 혹은 실망을 표현할 수 있는 기회를 허용하고 동시에 그 가해자의 진실한 성격이 회복될 때 승인을 표현할 수 있는 기회를 허용한다(Braithwaite, 1989).

브레이스웨이트는 가해자를 향한 가족 및 공동체의 수치 주기는 사회 통제의 극단적인 형태이지만 대부분의 서구 사회가 무시해왔던 것이라고 주장했다. 수치 주기는 가해자들에 대한 존중의 맥락에서 시행되며, 여기에는 그들을 재통합하려는 노력이 뒤따른다. '와가 와가' 모델에서 FGC는 가해자들이 재통합적 수치 주기와 대면하게 될 포럼들로 개념화되었다. 와가 와가 모델은 놀라운 속도로 전 세계적으로 확산되었다. 영국에서는 1990년대 중반 템즈 벨리 경찰서(Thames Valley Police)가 이 모델을 도입하였고, 그 이후 다른 영국 경찰들도 이를 채택하였다(Pollard, 2000; Johnstone, 2011: 4).

3 가족 집단 회합의 일반적 형식과 특성

움브라이트(Umbreit, 2000: 2; Strickland, 2004: 11)에 의하면, 피해자-가해자 중재와 달리 회합은 보다 많은 사람을 포함한다. 회합은 피해자, 가해자, 그리고 그들의 핵심 지지자들이 만나 범죄의 후유증을 어떻게 다룰지 결정할 수 있도록 한다. 촉진자는 피해자 및 가해자와 접촉하여 그들을 회합에 초대하고 그 목적을 안내한다. 그 다음 촉진자는 그들에게 회합에 참여하고 싶어할 핵심 지지자들을 확정하도록 요청한다. 참여는 모든 당사자에게 자발적으로 이루어진다. 가해자가 참여하기 위해서는 자신의 사건에 대한 책임을 인정해야 한다. 훈련받은 촉진자는 모든 당사자를 소집하고 사람들이 어떻게 그 범죄에 의해 해를 입었으며 그것이 어떻게 복구될 수 있는지를 논의하도록 돕는다.

회합은 준비, 회합, 회합 이후의 감독 등 세 단계로 구성된다(Strickland, 2004: 43–44). 준비 단계에서 훈련받은 촉진자는 회부 보고서를 낭독하고 다른 사법 공무원들과 이야기를 하며 그 사례에 익숙해진다. 중재자는 가해자와 그의 가족, 지지 집단을 만나 피해자에게 끼친 해에 대해 가해자가 자발적으로 책임을 질 수 있는지에 대해 묻는다. 중재자들은 집단 회합을 공식적인 사법 과정을 피하는 수단으로 간주한다. 만약 가해자들이 자신들의 행동에 대해 책임을 지고 후회함으로써 참여에 동의하면, 중재자들은 다음으로 피해자들과 그의 가족, 지지 집단들과 접촉한다. 피해자들은 그들에게 발생하는 것에 대해 참견할 권리가 있고 법원은 피해자들이 계류 중인 사건에 관한 정보를 얻는 데 크게 도움을 주지 못한다는 점을 중재자들로부터 듣는다(Freimann, 2001: A3).

회합에서는 피해자, 가해자 및 지지 공동체 집단들의 핵심 구성원들이 만난다. 회합에서의 대화는 완벽하게 비구조화되어 있지 않다. 특히 가족 집단 회합의 경우, 회복적 산출물들이 성취되는 것을 보장하기 위해 회복적 사법 전문가들에 의해 고안된 스크립트가 존재한다. 촉진자들은 스크립트를 따라 다음과 같이 과정을 개시할 것이다(Real Justice, 2000; Johnstone, 2011: 114). 당사자의 소개 후, 모든 사람에게 "우리는 여기서 X(가해자)가 한 것과 X의 동의할 수 없는 행위의 효과에 초점을 맞추며, X가 좋은 사람인지 나쁜 사람인지를 결정하지는 않습니다."라고 말한다. 먼저 가해자에게 요청하고 다음에 피해자에게 무엇이 발생했는지 말하도록 요청한다. X에게 자신의 행동들로 인해 피해를 입은 사람이 누구라고 생각하는지 질문한다. 혹 X가 다른 사람들에게 어떤 것을 말하고 싶어 하는지 X에게 질문한다.

회합이 진행되는 동안, 가해자들과 피해자들은 질문들을 할 수 있고 그들의 가족 구성원들도 동일하게 질문할 수 있다. 회합 과정은 그 사람이 아니라 그 '문제'에 강경한 입장을 취하고, 가해자가 아니라 그 '행위'를 견책하기 위해 고안된다. 모든 사람이 가해자들에게 이야기 하고 난 뒤, 그 가족들은 저질러진 범죄에 의해 야기된 해를 복구하기 위해 해야 할 것에 관하여 따로 논의한다. 그들은 피해자와 지지 공동체 내의 다른 사람들에게 제안을 한다(Center for Restorative Justice and Mediation, 1996; Strickland, 2004: 44). 협상들은 합의에 이를 때까지 진행되며, 그러고 난 다음 지불을 특정화하고 스케줄을 감독함으로써 합의서가 작성된다.

회합 이후의 단계에서 촉진자는 동의가 충족되는 것을 보증하고 필요한 경우 가해자와 그 가족을 지역 사회 자원들에게로 회부한다. 만약 합의 조건들이 충족되지 않으면, 그 사례는 전통적인 법원 절차에로 되돌려진다(Center for Restorative Justice and Mediation, 1996; Strickland, 2004: 44).

제 3 절

회복적 사법의 의의와 과제

제1항 효과

이론적으로 봤을 때, 회복적 사법은 범죄의 두 당사자 및 지역 사회에 여러 가지 이점을 제공한다. 회복적 사법에 의해 전개된 실천들은 종종 그 과정에 피해자가 참여함으로써 그의 욕구가 경청되고 이해관계가 고려된다는 점에 호소한다. 피해자는 억눌린 감정이 완화될 수 있는 기회를 얻고 힘든 문제들의 해답을 얻는다. 감정적 카타르시스에 더해, 피해자들은 만족스러운 배상 동의를 협상할 수 있다. 가해자들에게는 그 조우가 책임을 수용하고 참회를 표현하며 용서를 구할 수 있는 기회를 제공한다. 아마도 대부분의 범죄자에게 더욱 중요한 것은 배상 의무로써 처벌을 대신할 기회를 얻을 수 있다는 점이다. 지역 사회에 대한 실용적 이득도 거론되는데, 혹자는 협상된 해법들이 법원의 업무량과 교도소의 과밀화를 해소하고 납세자의 비용으로써 보다 많은 구금 시설을 건설하거나 더 많은 범죄자를 구금시키지 않아도 된다는 점을 지적한다(Karmen, 2004: 348). 덜 가시적이지만 관용, 이해, 공동체 내에서의 구원의 분위기를 강화하는 것 역시 중요한 이득이다(Coates, 1990; Viano, 1990; Sullivan and Tifft, 2001; Karmen, 2004: 348–349). 피해자들은 회복적 사법 운동을 통해 전에 없던 역량 강화의 느낌을 경험한다. 가해자로 하여금 후회, 사과, 보상을 표현할 책임이 부여된다면, 피해자들은 이 운동에 더욱 매력을 느낄 것이며 사법의 집행에 더 많이 참여하게 될 것으로 기대된다.

1 배상

한 연구에 따르면, 피해자들이 자신의 가해자들(재산 범죄로 보호관찰에 회부된 청소년들)과 만나려는 자발성은 54%에서 90%였다. 만남이 있었던 사례의 95%에서 상호 수용 가능한 동의가 이루어졌다. 청소년들이 피해자에게 지불하기로 약속한 평균 금액은 약 175달러에서 250달러였다. 피해자가 만족했던 계약의 비율은 최저 52%에서 최고 91%까지였다. 일반적으로 조사 결과들은 많은 피해자가 자발적으로 대면적 만남에 참석하고 매우 소수의 중재 세션들에서만 감정적인 폭발이 있으며 대부분의 피해자는 보복적이지 않고 불합리한 요구들을 하지 않는다는 점을 보여주었다(Galaway, 1987; Karmen, 2004: 349).

어떤 연구에서는 비행 청소년의 80% 이상이 그들이 협상한 배상 조정들을 성공적으로 완수한 것으로 나타났다. 반면 직접적으로 피해자들을 참여시키지 않았거나 중재를 사용하지 않았던 소년 법원 판사들로부터 배상 명령이 부과된 유사한 유형의 가해자들의 경우, 배상을 완료한 비율은 58%였다(Umbreit, 1994a; Karmen, 2004: 349). 피해자의 불만은 배상의 이행에 대한 감독이 이루어지지 않았던 프로그램들에서 표면화되는 것으로 나타났다(Coates and Gehm, 1989; Karmen, 2004: 349).

2 피해자 치유

회복적 사법의 긍정적 효과는 물질적인 피해 회복(배상)에 한정되지 않는다. 연구는 회복적 사법에서의 조정이 범죄피해자를 위한 치유책이 될 수 있음을 보여준다. 웨머스와 시어(Wemmers and Cyr, 2005)는 퀘벡에서 피해자-가해자 중재 프로그램에의 참여가 피해자들이 그 사건을 잊는 데 도움을 주는지, 그 모임으로부터 이득을 얻는지, 사건이 처리되는 과정들에 만족하는지 여부와 같은 주제를 탐구하였다. 논의된 결과들은 절차적 정의가 '치유'를 촉진하고 중재는 피해자의 평온에 기여한다는 결론에 이르게 하였다(Daems, 2010: 496).

『복구 혹은 복수』(Repair or Revenge)에서 헤더 스트랭(Heather Strang, 2002a)은 회복적 사법 회합과 관련된 피해자 지향적 기대와 결과들에 관한 연구 성과를 제시한다. 스트랭은 '법정 피해자'(전통적인 법원 절차에 할당된 피해자)의 경험과 '회합 피해자'(회복적 사법 회합에 할당된 피해자)의 경험을 비교하였다. 그 결과 회합은 특히 '정서적 회복'의 측면에서 성공적인 것으로 밝혀졌다. 회합 피해자들의 재피해의 두려움은 법정 피해자들보다 상당히 낮았으며 법정 피해자들보다 거의 네 배나 더 사과를 받았다(Strang, 2002b; Strang and Sherman, 2003; Daems, 2010: 497).

엥겔(Angel, 2005)은 범죄피해자(침입 절도 및 강도 피해자)의 외상 후 스트레스 증후군(PTSS)에 대한 회복적 사법 회합의 영향을 탐구하였다. 그녀는 회합이 PTSS를 증가시키지 않고 사실상 범죄의 외상적 효과들을 감소시킨다는 사실을 발견하였다. 회합 참여 이후 6개월 간 낮은 PTSS가 유지되었다(Angel, 2005: vii). 이런 분석 결과들을 바탕으로 엥겔(Angel, 2005: 92)은 회복적 사법 회합이 임상 치료에 효과적일 수 있다고 제안하였다.

경험적 증거들은 회합이 참여한 피해자들에게 위엄, 자기 존중, 자기 확신의 감정들에 긍정적인 효과를 부여함으로써 법정에 참석한 피해자들보다 더 큰 감정적 회복에 기여하였음을 보고하고 있다(Strang, 2002a; Brook and Warshawski-Brook, 2010: 528). 회복적 사법의 회합들은 그 친밀한 본질 때문에 보다 참되고 명료한 사과들을 생성하며 일반적으로 회합에 참여하는 피해자들로 하여금 그들이 법정 환경에서 느끼는 것보다 사과가 더욱 진솔한 것으로 믿도록 유도하는 경향이 있다(Strang, 2002a). 또한 회합에서 제시된 사과는 법정에서 제시된 것보다 더 자발적인 것으로 보인다. 따라서 참여자들의 욕구에 보다 초점을 맞추는 회복적 사법은 더 나은 치유 과정과 화해를 유도함으로써 피해자로 하여금 자신의 삶을 영위해나가도록 할 수 있다(Brook and

Warshawski-Brook, 2010: 528).

덧붙여 회복적 사법 회합들은 복수의 욕망을 완화한다. 캔버라에서 수행된 RISE[3)]의 피해자들이 그 회합이 그 사건을 잊게 할 수 있는지 여부를 질문받았을 때, 동의한다는 의견이 그렇지 않다는 의견의 3배나 되었다(Strang, 2002a). 법원에 할당된 피해자의 20%는 만약 기회가 있다면 자신의 가해자들을 해할 것이라고 말했는데, 회합 피해자들의 경우 그 비율은 7%에 불과했다(Strang, 2002a).

3 가해자의 재범 억제

회복적 사법 실천들이 가해자의 회복을 유도한다는 경험적 증거들이 존재한다(Braithwaite, 1999b: 26-27; Strickland, 2004: 24-25). 영국에서의 스트랭 연구 팀에 의해 수행된 7개의 실험의 독립적 평가는 2년의 사후 기간 동안 회복적 사법을 경험했던 가해자들의 재유죄 확정률이 오직 인습적인 사법에 의해서만 다뤄졌던 동일한 가해자 집단들보다 27% 낮다는 점을 보여 주었다(Shapland et al., 2008).

회복적 사법 실험들에서 성인 참가자들의 재범률은 더 이상 낮아지지 않은 것처럼 보인다(Hansen, 1997; Niemeyer and Shichor, 1996; Karmen, 2004: 349). 하지만 청소년의 경우에는 다수의 연구에서 긍정적인 효과가 발견되고 있다. 움브라이트는 1년 동안의 추적 기간 동안 중재를 거친 청소년 가해자들은 통제 집단 또래들보다 범죄를 덜 저지르거나 덜 심각한 사건들을 저질렀다고 보고하였다(Umbreit, 1994a; Karmen, 2004: 349).

브레이스웨이트(Braithwaite, 2002: 55-56; Strickland, 2004: 26)는 회복적 사법 실천들을 사용하여 더 낮은 재범률로 이어진 다수의 연구를 요약한다. 1994년 피해자-가해자 중재(VOM)에 참여한 사례들을 분석한 결과를 보면, 비록

3) 이 실험은 재산 범죄 청소년, 상점 절도 청소년, 청년(30세 이하) 폭력 범죄자, 알코올의 법적 한도를 넘은 성인 음주 운전자 등 4가지 유형의 범죄에 대한 경찰 주도적인 지역사회 회합(Community Group Conference, CGC)의 효과를 탐구하기 위한 연구이다.

통계적으로 유의미한 수준은 아니지만 VOM을 실시한 사법 관할 지역의 재범률이 그렇지 않은 지역의 재범률보다 약간 더 낮은 것으로 나타났다. 2000년 후속 연구에서는 1,298 사례 가운데 중재를 경험한 사례들의 재범률이 법원에서 판결을 받은 가해자들의 재범률보다 1/3 더 낮았다. 미국의 6개 배상 프로그램들에 대한 실험 평가에서는 재범률의 유의미한 감소가 발견되었다. 2000년의 또 다른 실험에는 처음으로 범죄를 저지는 청소년들이 경찰 회합에 할당되었는데, 실험 집단에 속한 청소년의 재-체포율은 통제 집단보다 40% 낮았다.

한 연구에 따르면, 처음으로 비-폭력적인 비행을 저지른 청소년들이 회복적 사법 회합에 참여할 경우 재-체포율은 훨씬 더 낮을 것으로 기대되었다. 허드슨 연구소(Hudson Institute)는 458명의 청소년 범죄자 사례를 연구하였는데, 232명은 회복적 사법 회합에 참석했고 나머지 226명은 전통적인 소년 사법 프로그램에 참여하였다. 1997년 9월 1일부터 1999년 9월 30일까지 진행된 이 연구에서 최초 사건이 있은 뒤 6개월 후의 재범이나 재체포 가능성은 회복적 사법 회합에 참가했던 소년들이 전통적 사법에 참가했던 소년들보다 40% 낮은 것으로 밝혀졌다(Warden, 2000: 21; Strickland, 2004: 27).

미니애폴리스의 지역 사회 회합 프로그램인 Central City Neighborhoods Partnership(도심 지역 이웃 파트너십)은 이웃 집단들의 연합으로 구성되었는데, 2000년 2월까지 2년 동안 76명의 가해자들에게 적용되었다. 위반 행위의 대부분은 구걸 행위, 기물 파손, 낙서, 절도, 매춘 행위와 같은 불법 행위였다. 공동체 회합에 참가했던 가해자들에 대한 한 연구는 86%가 자신의 위반 행위에 대한 배상 계획들을 완료하였고 그들 중 누구도 연구가 진행되는 2년 동안 범죄를 저지르지 않았다고 보고하였다(Walsh, 2000: 1B; Strickland, 2004: 27).

이상의 연구 결과들은 피해자-가해자 중재에 참여했던 청소년들의 재범률이 피해자-가해자 중재에 참가하지 않은 청소년들보다 낮았고 재범하더라도 보다 덜 심각한 범죄를 저지르는 경향이 있음을 보여주었다. 청소년 배상과 사회봉사 프로그램에 참여한 소년들은 전통적인 사법 시스템을 선택한 소년들보다 재범률이 낮았다(Schiff, 1999). 연구들은 회복적 사법 과정을 거친 가해자들이 인습적인 처벌적 과정을 거친 유사한 범죄자들보다 미래에 범죄를 범할 가능성이 훨씬 낮음을 보여주었다(Pollard, 2000: 17; Morris and Gelsthrope, 2000: 21ff; Johnstone, 2011: 18). 더욱이 미국 밖에서 행해진 사례 연구에서도 유사한 결과들이 발견되고 있다. 일차적 증거는 가해자들이 차후의 범죄 행위를 단념할 정도로 이 프로그램들이 그들의 회복에 성공적이었음을 시사한다.

4 절차의 공정성과 참여자의 만족

피해자-가해자 중재와 같은 대안적 분쟁 해결 프로그램들에 의해 다루어졌던 사례들과 법원에서 판결이 이루어졌던 유사한 사례들을 비교한 몇몇 평가들에 의하면, 중재자들이 판사들에 비해 '공정하다'고 인식되는 비율이 더 높았다. 대부분의 분쟁자는 갈등이 해결되었다고 믿으면서 이웃 사법 센터들을 떠났던 것으로 나타났다. 센터들에서 수행된 타협 해결책들은 형사 혹은 민사 법원 판사들에 의해 부과된 처분들보다 공정하게 지켜졌다(Cook et al., 1980; Davis, Tichane, and Grayson, 1980; Garofalo and Connelly, 1980; Karmen, 2004: 349). 훈련받은 경찰관들에 의해 촉진되었던 피해자들과 비행 청소년들 및 그 부모들 간의 만남은 모든 당사자로부터 만족도에 있어 높은 순위를 받았다(McCold, 2003; Karmen, 2013: 446).

과정 및 결과의 공정성은 회복적 프로그램에 참여한 당사자들의 만족도를 높이는 요인이 된다. 많은 연구는 회복적 사법의 또 다른 중요한 효과로서 인습적인 형사 사법 및 처벌보다 범죄피해자들을 더 잘 만족시킨다는 점을 지적한다(Braithwaite, 1999c: 20–26; Johnstone, 2011: 19). 보통 피해자들은 그들에게 잘못을 저지른 사람들에게 처벌적 정의가 행해지는 것을 보는 것에서 어떤 만족감을 느낀다고 말해진다. 하지만 회복적 사법 지지자들은 이 만족이 종종 걱정과 죄의식으로 빠르게 전환된다고 말한다(Zehr, 2005: ch. 2; Johnstone, 2011: 19–20). 더욱이 그들은 처벌적 사법이 배상, 감정적 외상의 치유와 역량 강화와 같은, 피해자들에게 보다 중요한 욕구들을 해결하는 데 실패한다고 주장한다(Zehr, 2005: ch. 2). 회복적 사법은 이러한 욕구들을 해결하기 때문에, 그 과정을 거친 피해자들은 인습적인 처벌적 방식으로 사건들이 다루어진 피해자들보다 높은 만족을 표현하는 경향이 있으며 실질적인 정의를 경험했다고 느낄 가능성이 더 높다고 이야기된다.

가해자 또한 회복적 과정에 높은 만족도를 보이는 것으로 보고되고 있다. 예를 들어 소년 법원에 첨부된 4개의 중재 프로젝트에 대한 평가에서는 결과에 만족한다는 피해자의 비율이 거의 80%였고 가해자는 90%에 이를 정도로 높은 만족도를 보였다(Umbreit, 1994a; Karmen, 2004: 349). 그리고 연구 참가자의 약 85%가 중재 과정이 당사자들에게 공정했다고 느꼈다. 피해자의 약 25%는 가해자들을 직접 만나기 전에는 그에게서 다시 피해를 입을까봐 두려웠다고 털어놓았으나, 중재 세션이 끝난 후에는 그 비율이 10%로 줄어들었다. 비행 청소년의 80% 이상은 그들이 협상한 배상 조정들을 성공적으로 완수하였다.

또한 미국 전역에 걸친 사례 연구들에서도 대부분의 가해자가 회복적 사법에 만족하고 있다는 사실을 밝혀내었다(Strickland, 2004: 25). 1992년 연구에서는 가해자의 89%가 그들이 참여한 피해자-중재 프로그램들이 공정했다고 보고하였다. 이는 중재 프로그램을 거치지 않은 사람들이 공정했다고 응답한 비율(78%)과 대조를 보였다. 인디애나 주와 오하이오 주의 피해자-가해자 화해 프로그램들에서는 83%의 가해자가 그들의 경험에 만족한 것으로 조사되었다.

가족 집단 회합의 초기 평가들은 일반적으로 긍정적이다. 피해자와 가해자들은 회합 결과에 만족하고 있었다. 하지만 폭력 범죄피해자들은 재산 범죄 피해자들보다 덜 만족했던 것으로 나타났다(Kurki, 2000: 273; Strickland, 2004: 45). 실행가들은 회합에 참여한 피해자들 사이에 범죄의 두려움이 감소되었음을 발견하였다. 회합은 보통 일반적인 형사 재판보다 빠르게 진행되며 대부분의 경우 만족스러운 결과들을 낳았다(Bazemore and Umbreit, 2001: 6; Strickland, 2004: 45). 워든(Warden, 2000: 21)의 연구에서는 회복적 사법 회합에 참가한 소년 사범 중 90% 이상이 그 사건을 다뤘던 방법에 만족한 반면, 전통적인 소년 사법 시스템에서 자신들의 사건이 다루어진 방법에 만족한 통제

집단은 68%에 불과한 것으로 나타났다(Strickland, 2004: 27에서 인용).

제2항 전망과 과제

1 회복적 사법에 제기되는 몇 가지 우려

회복적 사법이 전통적인 억압적 사법의 대안으로 부상하고 있으나 이에 대한 부정적인 시각이 없는 것은 아니다. 첫째, 사회 통제망의 확장 문제이다. 회복적 사법의 사용이 전통적인 형사 사법 시스템보다 더 많은 가해자를 공동체 및 사법적 통제하에 끌어들임으로써 통제망을 확장할 것이라는 우려가 존재한다(Braithwaite, 1999c: 26; Hudson and Galaway, 1996: 11-12; Morris and Gelsthorpe, 2000: 26).

둘째, 범죄 용의자의 법적 권리 침해 및 절차적 보호 장치의 부정에 대한 우려이다(Warner, 1994; Johnstone, 2011: 26). 회복적 사법에서는 범죄자의 유죄를 결정하는 전 과정을 종종 건너뛰게 된다. 많은 경우 사례들은 법정에서 법적 유죄성의 확인 과정을 거치지 않고 피체포자가 경찰에서 범죄 사건에 관여했다고 인정한 이후에 회복적 사법 프로그램들로 회부된다. 그러한 인정은 변호사의 참석 없이 발생할 수 있다. 더욱이 피체포자가 인정하는 것은 형사 사건의 유죄 판결을 내리는 데 필요한 요건들에 미치지 못할 수 있다.

셋째, 처벌의 비례성 침해에 대한 우려이다. 회복적 사법 과정과 관련하여 시민 자유주의자들은 사실상 동일한 상황에서 동일한 범죄를 저지른 두 사람이 완전히 다른 처우를 받을 수 있다고 우려한다. 한 사람은 완전한 적법 절차를 받아 법정에서 변론할 기회를 갖는데, 이것이 처벌을 면하게 할 수도 있다. 명백히 열정적이고 복구 지향적인 시민들로 구성된 회복적 사법 프로그램에 처해진 다른 사람은 그 시민 집단들 속에서 전체 공동체에 의해 조롱당하고 그 사건과 비례하지 않는 처벌을 받을 수도 있다(Walsh, 2000: 1B; Strickland, 2004: 31).

넷째, 회복적 사법의 협소한 적용 범위에 대한 우려이다. 반대자들은 위험한 가해자들에게는 회복적 사법이 적용되지 않는다고 주장한다(Strickland, 2004: 32). 본래 중재, 배상, 화해에 적합한 것으로 여겨지는 사례들은 사소한 비폭력적인 재산 범죄이며 위험한 범죄자에게는 적용되기 어렵다는 것이다.

이러한 비판들에 대해 회복적 사법 지지자들은 다음과 같이 반박한다. 우선 통제망의 확장은 경찰이 회복적 사법 프로그램들을 사법 시스템의 일차적인 부분으로 진지하게 취하지 않고 그들이 다루지 못할 사례들을 이 프로그램들에 회부할 때 발생하는 문제라고 본다(Strickland, 2004: 24). 회복적 사법 지지자들은 경험적 연구 결과에 기초하여, 통제망이 확장되더라도 이는 더 많은 가해자를 국가 통제가 아닌 공동체 통제하에 두는 방향으로 나타난다고 평가한다(Braithwaite, 2002: 149). 로치(Roach, 2000: 261)는 회복적 사법 프로그램이 구금으로 이어질 사건들을 전환시킴으로써 국가 통제망을 실질적으로 축소할 것이라고 주장한다(Strickland, 2004: 24).

회복적 사법의 실행이 헌법적 보호의 상실로 이어질 수 있다는 비판에 대해서는 가해자의 권리 보호가 회복적 사법의 일차적 목표가 아니라고 반박한다. 대신 회복적 사법 옹호가들은 가해자들이 회복적 사법 과정들에 참여함으로써 이득을 얻을 수 있다고 믿는다(Morris, 2002: 602). 이들은 만약 회복적 사법의 고객들이 형사 절차에서 보장된 피의자·피고인의 권리에 대한 타협을 종용받는다고 느낀다면, 회복적 사법에 참여하는 것을 철회할 수 있다고 말한다. 회복적 사법은 대결과 경쟁을 추구하기보다 관련 행위자들이 피고인의 욕구에 초점을 맞춰 그의 재활 계획을 함께 찾아나가는 데 우선권을 둔다(Strickland, 2004: 28－29).

처벌적 제재들은 행위의 비난 가능성 정도에 따른 심각성에 비례해야 하고(Von Hirsch, 1990) 어떤 사건의 양형은 유사한 사건들과 일관성이 있어야 한다는 비판에 대해, 회복적 사법 수단들은 처벌로서 의도되지 않았으므로 양형 원칙이 적용되지 않는다고 응수한다(Strickland, 2004: 31). 몇몇 회복적 사법 프로그램 옹호가는 비례성이 피해자, 가해자, 지역 사회를 그 이전의 균형 상태로 되돌리는 것만큼 중요한 것은 아니라고 보며, 다른 옹호가들은 비례성이 회복적 사법 원리와 양립하지 않는다고 본다(Hoyle and Young, 2002: 545; Strickland, 2004: 31). 대신 회복적 사법은 상호 존중이 이루어지고 역량 강화의 감정이 피해자와 공동체에 의해 느껴지는 정도와 같은 핵심 가치들에 의해 판단되어야 한다고 주장한다.

회복적 사법 프로그램의 협소한 적용 범위와 관련한 비판에 대해서는 위험한 범죄자들에 대해서도 회복적 사법 프로그램들이 소기의 성과를 보일 수 있다는 경험적 증거들로써 맞선다. 경험적 연구 결과들은 적절하게 선택되기만 하면 위험한 범죄자도 회복적 사법 프로그램에 참여할 수 있을 뿐만 아니라 이를 성공적으로 수행할 수 있고 피해자/유족 및 가해자들의 만족도도 높을 것이라는 점을 시사한다.4)

사실 회복적 사법을 둘러싼 비판과 반박은 범죄 문제를 대하는 전통적인 형사 사법의 논리와 대안적인 회복적 사법의 논리 간 충돌과 대결을 나타낸다. 이 문제를 극복하려면 회복적 사법이 인습적인 억압적 사법의 대안이 아니라 보완물이라는 인식이 필요하다. 처벌적 사법과 회복적 사법은 보다 넓고 다양하며 유연한 사회 통제 제도들의 연결망으로 귀결되는 동반 관계로 이해되어야 한다(Johnstone, 2011: 28).

2 과제

회복적 사법은 강제와 처벌을 최소한으로 사용하면서도 범죄를 줄이고 정의가 행해지는 과정에서 피해자들을 만족시키며 심지어 범죄와 무질서로 상

4) 미국에서 심각한 폭력 사건에 VOM 대화를 최초로 사용한 것은 1980년대 뉴욕 주 바타비아(Batavia)에 있는 제네시 카운티 보안관 사무소(Genessee County Sheriff's Department)였다. 심각한 폭력 범죄피해자들과 구금된 소년 범죄자들 간 중재가 사용된 초기의 사례는 알래스카의 앵커리지에서도 발견된다(Umbreit et al., 2003: 125, 127; Strickland, 2004: 33). 텍사스의 20개의 중재 프로그램들 중 70%와 오하이오의 21개 사례들 중 51%는 모두 살인 사건과 관련된 것이었다(Umbreit et al., 2003: 137-138). 두 지역에서 면접한 피해자의 90%는 그 경험에 대해 매우 만족했고 10%는 다소 만족했다. 두 지역에서 면접한 가해자의 93%는 그 모임에 대해 매우 만족했고 7%는 다소 만족한 것으로 나타났다(Umbreit et al., 2003: 137-138; Strickland, 2004: 34에서 인용).

처를 입었던 공동체를 다시 활성화하는 데 상당히 성공적이라는 평가를 받는다. 그럼에도 불구하고 현재 회복적 사법을 추구하는 국가들의 경우, 그것은 대부분 주류 형사 사법의 주변에서 작동하고 있고 주로 소년 사법 시스템에서 발판을 마련하고 있을 뿐이다. 회복적 사법은 점차적으로 성인 범죄자에게 적용하는 데도 관심을 쏟아야 한다. 향후 회복적 사법이 더욱 발전하기 위해서는 아래와 같은 여러 가지 난제를 극복해야 한다.

가. 형사 사법과 회복적 사법의 관계 설정

이론적으로 봤을 때, 회복적 사법은 형사 사법 시스템의 모든 단계에서 사례들을 전환시킬 수 있다. 형사 사법 관계자들이 더 많은 사례를 회복적 사법 프로그램들로 전환시킨다면, 새로운 대안은 규범이 되고 기소, 재판, 처벌은 회복적 사법이 실패하는 사례들을 위해 보류된 예외가 될 것이다(Braithwaite, 1999a; Johnstone, 2011: 14). 하지만 회복적 사법 캠페인을 전개하는 몇몇 사람은 이런 비전에 대해 의문을 가지며 다음과 같은 우려를 제기한다(Johnstone, 20011: 15).

하나는 형사 사법의 정책 입안가들과 그 집행에 관여하는 많은 사람이 회복적 사법을 매우 협소하게 인식하여 그 사상을 잘못 적용하고 남용하는 경향이 있을 것이라는 점이다(Marshall, 1998: 24). 즉 이들은 형사 사법 전문가들이 회복적 사법을 단지 재범 예방 기법으로만 고려할 뿐, 범죄피해자의 욕구 해결과 같은 다른 목표들에는 낮은 우선권을 부여할 것이라고 우려한다(McCold, 1996: 89).

또 다른 우려는 형사 사법 시스템과 같은 국가 관료제에서 회복적 사법을 수행하는 것이 불가능할지도 모른다는 점이다. 관료제에서 요구되는 요식적 기준과 가치들은 회복적 사법 프로그램의 성공에 중요한 유연성과 비공식성을 망가뜨릴 가능성이 있다. 그러므로 기존 형사 사법 시스템이 더 많은 사례를 회복적 사법 프로그램에 위탁하는 것에는 한계가 따를 수밖에 없다는 것이다. 이러한 우려들은 회복적 사법이 본질적으로 기존 형사 사법 시스템의 틀 속에서는 작동할 수 없거나, 작동하더라도 그것을 보조하는 수단에 그칠 가능성이 높다는 점을 나타낸다.

현실적으로 봤을 때, 회복적 사법의 미래는 전통적인 형사 사법 시스템과의 관계를 어떻게 설정하느냐에 따라 달라질 수 있을 것으로 생각된다. 둘 간의 관계는 경쟁과 대립, 보완과 공존 혹은 서로 통합되어야 할 관계 등으로 다양하게 설정될 수 있을 것이다. 몇몇 논평가는 형사 사법과 회복적 사법을 공동체 구성원들 간의 갈등을 다루는 두 개의 분리된 시스템으로 바라본다(Bianchi, 1994). 이 견해는 회복적 시스템의 장점들이 분명해짐에 따라 형사 사법 시스템은 점차 덜 사용하게 될 것이라는 희망과 결합된다. 그 희망이 현실이 되려면 우선 많은 사례가 형사 사법 시스템에서 회복적 사법 프로그램으로 전환되어야 하지만, 위에서 언급한 다양한 우려로 인해 그 작업은 소극적인 수준에 머물러 있다. 형사 사법 시스템과 회복적 사법을 통합하는 것도 하나의 대안이 될 수 있겠지만, 제3의 방식에 대한 구체적인 논의는 아직 전개되고 있지 않을뿐더러 회복적 사법 이념에 바탕을 둔 프로그램들도 여러 사례에 적용되지 않고 있기 때문에 통합을 거론하는 것은 다소 시기상조이다.

제어(Zehr, 2002: 60; Strickland, 2004: 143)가 언급하듯이, 세상의 정의는 연속체에 가깝다. 한쪽 끝에는 대결주의와 적법 절차를 강조하는 법 시스템이 있고, 다른 쪽 끝에는 역량 강화, 치유와 재통합을 강조하는 회복적 사법이 있다. 현실적으로는 두 시스템이 사용될 것이며 전통적인 형사 사법 시스템은 회복적 사법 실천에 의해 보강될 수 있다고 가정하는 것이 더 실제적일지도 모른다(Strickland, 2004: 143).

회복적 사법이 형사 사법의 진정한 대안이 된다고 주장하기보다, 그것은 몇몇 청소년 혹은 초범자를 다루는 유용한 방식으로서, 그리고 범죄를 다루는 기존 방식들에 대한 유용한 보조자라고 사람들을 설득하는 것이 보다 더 쉬울 것이다. 우선은 많은 사례가 회복적 사법 프로그램에 적용될 수 있도록 제도들을 구축하고 그 적용 가능성을 점차적으로 확대해 나가는 것이 필요할 것이다. 그리하여 많은 사람이 범죄로 인한 갈등과 분쟁의 해결을 위해 회복적 사법에 의존하는 것이 좋고 바람직스럽다는 인식을 공유할 때, 형사 사법에서 회복적 사법으로 이행은 자연스럽게 이루어질 수 있다.

나. 제로섬 게임으로부터 벗어나기

몇몇 사람은 회복적 사법과 형사 사법 시스템의 통합을 좋은 생각이 아니라고 보는데, 여기에는 형사 사법 개입들은 필연적으로 가해자에 초점을 맞출 것이라는 믿음이 부분적으로 작용한다(Johnstone, 2011: 6). 피해자의 욕구와 치유에 부합하는 것을 회복적 사법의 중심 목표로 간주하는 사람들은 형사 사법 기관들에 의해 운영되는 프로그램들에 매우 회의적이다. 이들은 형사 사법 내에서 회복적 사법 프로그램을 수행하는 것은 피해자의 역량을 강화시키기는커녕 단지 피해자를 가해자의 재통합을 위해 고안된 프로그램의 단순한 버팀목으로 전락시킬 것이라고 우려한다(Braithwaite, 1999c: 21; Johnstone, 2011: 16).

하지만 다른 사람들은 회복적 사법 프로그램들의 피해자 지향성에 동의하면서도 이에 도달하기 위한 일부 접근 방식에 대해서는 비판적 태도를 취한다. 이들은 특히 '피해자-중심적 구성원들'이 피해자에 대한 가해자의 금전적 배상에 두었던 몇몇 초기 접근으로부터 거리를 두려고 한다. 얼마나 많은 물질적 보상이 실제적으로 지불되는지에 관한 초기 회복적 사법 문헌들의 강조는 방향이 잘못 설정된 것으로 여겨진다(Johnstone, 2011: 16). 당대 회복적 사법 캠페인을 이끈 몇몇 선도적인 인물은 회복적 사법을 피해자-가해자 중재로부터 구분하기를 원하는 것처럼 보인다.

> "피해자-가해자 중재와 회복적 사법은 몇몇 특징을 공유하고 있다. 예를 들면 피해자에게 목소리를 부여한다든지 피해자에 대한 배상이나 보상을 한다든지 등이 그렇다. 하지만 피해자-가해자 중재는 피해자 운동으로부터 출현하였으며 피해자의 이익에 우선성을 부여하는 경향이 있다. 반면 회복적 사법은 피해자와 가해자 모두를 위해 현재의 상황을 더 좋게 만들려고 노력하는 것을 강조한다."(Morris and Gelsthorpe, 2000: 18 n. 3; Johnstone, 2011: 16).

위의 진술은 회복적 과정이 피해자의 욕구 못지않게 가해자의 욕구까지도 다룰 수 있어야 함을 강조한다. 회복적 사법 캠페인의 중요한 공헌들 중 하나는 정의가 제로섬 게임으로 간주되지 않아야 한다는 점을 분명히 한 것이었다. 제로섬 게임에서는 피해자와 가해자의 이익이 역관계에 놓여 있다. 회복적 사법은 피해자의 이익과 가해자의 이익 둘다에 대한 관심을 촉구한다(Cayley, 1998: 219; Johnstone, 2011: 16).

다. 일반 공중의 법 감정에 적절히 대응하기

처벌을 통한 접근은 그 해결 과정에서 당사자들의 욕구가 배제되기 때문에 둘 간의 갈등을 영속화할 가능성이 높다. 그런데도 왜 일반 공중은 가해자에 대한 처벌을 주장하는가? 상투적인 대답은 그들이 비이성적이고 복수심에 가득 차 있기 때문이라는 것이다. 하지만 많은 사람은 행위의 본질이 매우 심각하기 때문에 보상이나 복구가 잘못을 바로잡는 데 충분하지 않는 경우들이 존재한다고 주장한다(Ashworth, 1986; Johnstone, 2011: 22). 범죄 행동을 그렇게 심각하게 만드는 것은 야기된 물질적 해의 양이 아니다. 변별적 요인은 잘못이 행해졌을 때의 범법자의 태도이다. 다른 사람의 생명이나 자산(資産)의 안전을 고의로 해하거나 혹은 의도적으로 무시한 결과 나타난 불법 행위와 사고 또는 단지 부주의로 인해 발생한 행위에는 각각 전혀 다른 도덕적 판단이 제기된다. 전자의 경우 사람들은 보상이나 복구보다 혹독한 반응이 있어야 한다고 생각한다. 이런 시선으로 보면, 회복적 사법 지지자들에 의해 옹호되는 방식으로 범죄에 반응하는 것(범죄자는 피해자에게 배상하고 사과해야 한다고 주장하는 것)은 범죄 행위를 하찮은 일로 간주한다고 여겨질 것이다(Johnstone, 2011: 23). 더욱이 회복적 사법으로의 이행은 범죄 행위에 뒤따르는 죄의식을 약화시킬 수 있다는 우려까지 제기된다(Bussmann, 1992; Johnstone, 2011: 24).

회복적 사법은 피해자와 일반 공중의 법 감정을 다스릴 수 있어야 한다. 소수의 회복적 사법 지지자들은 처벌은 범죄에 대한 부적절한 반응이며 범죄 행위에 대한 반응은 복구에 의해 수반될 필요가 있다는 주장만을 전개한다(Meier, 1998; Johnstone, 2011: 23). 이들은 일반 공중이 처벌에 대해 느끼는 감정과 중요성을 단지 외면하고 만다. 어떤 지지자들은 보상과 복구의 쟁점을 해결한 다음 처벌의 쟁점을 다뤄야 한다고 본다(Christie, 1977). 하지만 다른 지지자들은 처벌적 사법을 강하게 비판하고 처벌이 주변화되는(Braithwaith,

1999a), 혹은 심지어 폐지되거나 회복적 사법에 의해 대체되는 미래를 추구한다. 이 극단적인 사례를 주장하는 사람들은 그들의 제안이 범죄를 하찮게 만드는 것은 아니라는 점을 설득력 있게 제시해야 하며 일반 공중의 대다수가 이를 받아들이지 못할 것이라는 비판에도 적극 대응해야 한다.

라. 공동체의 개입 효과를 기대하기 위한 선결 요건

대다수의 공중은 범죄자들이 재범하지 못하도록 그들에 대해 특별한 형태의 통제가 행해져야 한다고 생각한다. 인습적인 형사 사법 시스템은 구금, 통행 금지, 자격 박탈 등을 통한 무능화, 치료, 사회 내 감독과 보호관찰, 처벌을 통한 특별 억제, 그리고 범죄자는 처벌을 받을 것이라는 사실을 알리는 일반 억제 등을 통해 이러한 요구들에 반응해 왔다.

회복적 사법 지지자들은 범죄 행위로부터 사회를 보호하기 위한 이러한 방법들이 전혀 효과적이지 못하고 종종 반생산적이라고 주장한다(Cayley, 1998; Braithwaite, 2000b; Johnstone, 2011: 24). 몇몇은 가해자에 대한 가족 및 공동체의 재통합적 수치 주기가 가해자들을 개선하고 재범을 예방할 수 있다고 제의한다(Braithwaite, 1989, 1998; Johnstone, 2011: 24). 또 다른 진영에서는 만약 가해자들 주변에 지지 집단들, 즉 가해자들을 감독하고 그들의 행위가 '위험할' 때 개입하게 될 집단들을 형성한다면, 그들을 보다 효과적으로 통제할 수 있을 뿐만 아니라 공동체의 두려움과 불신을 완화할 수 있다고 제안한다(Cayley, 1998: ch. 6; Johnstone, 2011: 24).

그러한 제안들은 많은 사람에게 지나치게 낙관적이라는 인상을 줄 수 있다. 상호적인 돌봄 의식이 강한 공동체에서는 이런 방법들이 작동할 수 있을지 모른다. 하지만 현대 사회에는 그러한 공동체들이 거의 존재하지 않으며 특히 범죄율이 높은 공동체들로부터는 그와 같이 강한 공동체 의식을 찾아보기가 매우 어렵다. 현대 사회에서 우리가 목격할 가능성이 높은 것은 결속력이 강한 공동체가 아니라 도덕적 유대와 상호 관심이 미약한 낯선 사람들 간의 결사체들이다(Johnstone, 2011: 24). 혹자는 공동체가 회복적 사법 지지자들이 가정하는 것처럼 구성원들 사이에 민주적이고 평등한 관계로 이루어진 것은 아니라고 비판한다. 심지어 작고 유대가 긴밀한 공동체들일지라도, 그것은 부, 성별, 인종, 혈통, 가족 연계들과 같은 고려 사항들에 기초한 위계적인 사회 배열들을 포함한다. 또한 공동체들 내에서 모든 종류의 사회적 편견과 경쟁을 발견하는 것은 어렵지 않다.

회복적 사법의 비판가들은 현대 사회에서 실제적인 공동체 의식의 결여가 회복적 사법을 비실재적으로 만든다고 주장한다. 또한 그들은 기층적 자원자들을 끌어들이는 데 따르는 어려움 때문에 회복적 사법이 비실천적이라고 주장한다(Crawford, 2002: 121; Strickland, 2004: 91). 애덤 크로포드(Crawford, 2002: 122; Strickland, 2004: 97에서 인용)는 사법 과정에 공동체가 영향을 미치도록 하기 위해 자원봉사자들을 공동체 패널에 참여시키는 것이 점점 어렵다고 언급한다. 결과적으로 이 패널의 대표들은 다양하지 않을 수 있으며 심지어 공동체를 대표하지 않을 수도 있다. 비판가들은 기층민들의 참여가 이해 갈등과 중립성의 결여를 유도하고 의사 결정의 정당성을 위협한다고 말한다(Crawford, 2002: 122－123; Strickland, 2004: 91).

요컨대 회복적 사법의 이념에 따라 범죄 문제에 공동체가 개입하기 위해서는 그럴 준비가 되어 있는 공동체가 이미 형성되어 있어야 한다. 회복적 사법이 가동되기만 하면 공동체 구성원들이 자동적으로 이에 참여할 것이라 가정하는 것은 너무도 소박한 발상이다. 공동체 구성원들로 하여금 회복적 개입 과정에 적극적으로 참여할 수 있도록 안내하고 교육하고 이들의 시민 의식을 고취시키기 위한 노력들이 사전에 전개되어야 한다.

미국의 국립교정연구원(National Institute of Corrections, 2001)은 회복적 사법의 실천을 위해서 공동체의 지지 구축에 필요한 지침을 제공하고 있다. 여기에는 기존 관계들의 창조 혹은 강화, 문제 해결에서 있어 공동체의 숙련 기술의 증가, 공동선에 대한 개인의 자각과 헌신의 고양, 문제들을 집합적으로 다룰 수 있는 공동체 능력의 구축, 피해자와 가해자를 위한 사회적 지지 시스템들의 건설 등이 포함된다. 그들의 기본적인 조언 속에는 공동체의 안전을 개선하고 공동체 내의 갈등들을 해결하기 위해 새로운 접근들을 사용하는 데 관심을 갖는 사람들 간의 자연스런 동맹과 연합들이 포함된다. 더 나아가 그들은 회복적 사법 옹호가들이 학교, 기업, 사회 서비스 공급자들과 같은 지역 제도들에 관심을 돌려야 하며 공동체 구축 과정에 가치 있는 자원들을 공급할 수 있어야 한다고 제안한다.

제 4 절

소결

회복적 사법 실천들은 전통적인 형사 사법 시스템의 실패에 대한 인식에서 등장하였다. 회복적 사법의 옹호가들은 정당한 응보의 시행에 초점을 맞추는 전통적인 형사 사법 시스템의 형벌 구조가 미래의 범죄를 예방하거나 범죄자들을 효과적으로 사회에 재통합시키지 못하며 범죄로 인해 공동체와 피해자에게 야기된 손실들을 효과적으로 바로 잡지 못한다고 주장한다(Zehr, 2002: 21; Strickland, 2004: 137). 회복적 사법의 실천은 범죄피해자의 욕구를 다루고 공동체의 해를 복구하며 가해자로 하여금 자신의 행동에 책임을 지고 사태를 바로 잡도록 하는 데 공동체를 참여시키려는 범죄에 대한 대안적 접근이다.

회복적 사법 프로그램의 실무자들은 피해자-가해자 대화를 통해 달성되는 용서가 회복 과정에서 핵심적 역할을 수행할 수 있다고 믿는다(Fehr et al., 2010; Karmen, 2013: 446). 피해자들은 가해자들에게 자기 자신의 말로써 정확하게 그들이 신체적으로 재정적으로 감정적으로 어떻게 고통을 주었는지 전달할 수 있다. 용서는 최종적으로 피해자의 마음의 평화와 종결을 유도할 것이다. 가해자가 사과하고 책임을 인정함으로써 해의 복구에 동의하는 것은 공동체 내에서 미래에 서로 같이 어울리기를 원하고 그것을 배워야 할 사람들에게 건전한 배상의 기초를 제공한다(Karmen, 2004: 350). 그러한 노력들은 폭력과 보복으로 귀결되는 긴장의 자극을 억제할 수 있다(Karmen, 2013: 446).

회복적 사법은 공식적인 심리와 재판에 비해 신속하고 비용이 적게 들고 접근이 용이하다는 점이 입증되었다. 피해자들은 전통적인 사법 시스템 하에서는 불가능한 정도로 역량이 강화되었다고 느낌으로써 회복적 사법 프로그램들에 긍정적으로 반응해왔다. 가장 널리 이용되는 프로그램인 피해자-가해자 중재(VOM)는 피해자들로부터 가장 높은 만족도 점수를 받는다. 피해자들은 VOM에 참석했을 때 다시 피해를 입는 것에 대한 두려움을 느낄 가능성이 낮아진다. 그 참석은 내면의 평화가 다시 정착된다는 것을 의미한다(Bazemore and Umbreit, 2001; Strickland, 2004: 139). 많은 피해자 권리 옹호가는 회복적 사법 실천들을 포용하고 그것들이 피해자의 역량을 강화하며 정의가 집행되는 데 참여할 수 있는 포럼을 제공한다고 믿는다.

회복적 사법의 접근은 전통적인 형사 사법 시스템과 매우 다르다. 회복적 사법 이론은 범죄를 공동체 문제로 바라보고 범죄와 결합된 해들을 다루는 데 있어 공동체 협력과 역량 강화의 필요성을 강조한다. 회복적 사법의 관점에서 봤을 때, 범죄는 법 위반과 국가 권력에 대한 모욕 이상의 것이다. 그것은 손상된 관계들을 반영한다. 공동체 구성원 한 명에 대한 해는 공동체의 모든 구성원에 대한 해를 반영한다. 이 해를 복구하고 사태를 제자리로 되돌려 놓는 것은 공동체 구성원 모두의 의무가 된다(Zehr, 2002: 22; Strickland, 2004: 138). 회복적 사법 기법의 사용은 가해자는 물론 공동체 내에서 모욕을 받는 사람들을 치유하고 평화를 촉진하기 위한 의무들을 형성한다. 비록 재범 감소가 회복적 사법의 유일한 초점은 아니지만, 회복적 사법 옹호가들은 범죄의 근본 원인들을 개선하고 가해자 재통합을 촉진하는 데 있어 공동체의 개입과 시민 참여가 도움이 될 것이라고 강조한다(Kurki, 2000: 237; Strickland, 2004: 138).

그러나 시민 자유주의자들은 회복적 사법이 수행되는 방식에 관해 몇 가지 의구심들을 갖는다. 그들은 치유와 상환에 대한 강조가 적법 절차와 피고인의 권리 침식으로 이어지지 않을까 우려한다. 용의자들과 피고인들은 처벌적 시스템으로부터 벗어나기 위해 적법 절차 권리들을 포기하고 즉각적으로 유죄를 인정하라는 압력을 받을 수 있다고 말해진다. 양형 불평등이 증가할 것이라는 우려도 제기된다. 왜냐하면 동일한 범죄를 저지르더라도 처분 결과는 전적으로 비구조화된 회합 과정에 참여하는 피해자와 지역 사회 구성원들이 어떠하냐에 따라 다양화될 가능성이 높기 때문이다. 심지어 가장 사소한 위반들을 다루려는 프로그램들의 자발성이 사적인 문제들에 더욱 침투적으로 개입함으로써 형사 사법 시스템의 통제 망이 확장될 것이라는 우려를 낳기도 한다(Karmen, 2004: 350).

회복적 사법이 더욱 발전하기 위해서는 위의 우려들을 불식함과 동시에, 기존 형사 사법 시스템과의 관계를 어떻게 구축할 것인지, 피해자와 가해자의 이익을 어떻게 동시에 추구할 것인지, 피해자와 가해자의 자발적 참여를 어떻게 독려할 것인지, 가해자가 단순히 형사 사법으로부터 혹독한 처벌을 받는 것을 면하기 위해 거짓으로 사과와 후회를 표현하는 것을 막고 어떻게 그로부터 진솔한 반성을 이끌어 낼 수 있는지, 공동체 개입에 필요한 자원들을 어떻게 확보하고 그 구성원들이 자발적으로 회합 과정에 참여할 수 있도록 유도할 수 있는지, 공동체 구성원들로 하여금 어떻게 가해자에 대해 포용적인 태도를 취하도록 하고 그들을 공동체 속으로 받아들일 수 있도록 유도할 수 있는지 등과 같은 많은 과제를 해결하지 않으면 안 된다.

토론 주제

1. 회복적 사법의 등장에 영향을 끼친 요인들에 대해 설명해 보자.
2. 회복적 사법의 주요 원리와 목표는 무엇인가? 그것은 응보주의 모델이나 재활 모델과 어떻게 다른가?
3. 피해자-가해자 중재, 양형 서클, 가족집단 회합의 기원, 운영 방식, 특징 등을 비교해 보자.
4. 회복적 사법은 모든 범죄 사건에 적용 가능한가, 아니면 사소한 범죄 사건에만 제한적으로 효과가 있는가?
5. 회복적 사법의 미래는 어떠한가? 회복적 사법이 피해자-가해자의 갈등을 해소하기 위한 주요 전략으로 자리잡기 위해서는 어떤 노력과 변화가 요구되는가?

주요 개념

전통적인 형사 사법 시스템
대화
공동체의 참여
가해자의 재통합
피해자-가해자 중재(VORP)
가족 집단 회합(FGC)
재통합적 수치 주기
회복적 사법 프로그램의 피해자 치유 효과
회복적 사법 프로그램에 대한 만족도
범죄 용의자의 법적 권리 침해 및 절차적 보호 장치 부정에 대한 우려
회복적 사법의 협소한 적용 범위에 대한 우려
일반 공중의 법 감정

대안적인 분쟁 해결(ADR)
책임의 수용
피해의 회복
공동체의 강화
양형 서클(Sentencing Circles)
와가 와가(Wagga Wagga) 모델
회복적 사법 프로그램의 배상 효과
회복적 사법 프로그램의 가해자 재범 억제 효과
사회 통제망의 확장
처벌의 비례성 침해에 대한 우려
형사 사법과 회복적 사법의 관계 설정
공동체 역할 수행의 선결 요건

CHAPTER

12

현대사회와 새로운 형태의 피해

제 1 절

피해자학의 역사와 전망

주지하다시피 피해자학이란 용어가 만들어진 것은 그리 오래되지 않았다. 특히 1973년 예루살렘에서 있었던 최초의 세계 피해자학 심포지움에서는 상대적으로 새로운 분야의 하나였던 피해자학의 정체성을 찾는 것에 많은 학자들의 관심이 쏠려있었다. 그들은 과연 피해자학이라는 것이 과학의 한 분과로서 자리잡을 수 있을지, 피해자학이 다루는 내용은 무엇이 되어야 할지, 인접학문과의 관련성은 무엇일지 등에 대해 다양한 논의를 진행하였다.

제1회 국제피해자학회가 개최된지 35년이 지난 2008년 키르히호프(2008: xi)는 피해자학의 동향과 이슈라는 책의 서문에서 피해자학의 발전상을 상세히 논하였다. 그에 따르면 피해자학은 더 이상 범죄학의 일부라는 등의 정체성 문제로 고민하지 않을 정도로 성장하였으며 피해자의 대응, 사회환경의 비공식적 대응, 형사사법체계의 공식적 대응 등 피해자학을 다루는 여러 주체들의 다양한 대응과 상호작용에 관심을 쏟는 등의 성숙한 단계에 이르렀다고 평가하였다. 그러나 그 이면에는 여전히 범죄학자, 형법학자 등 오롯이 피해자학만의 얼굴을 내밀 수 있는 여건이 충분히 마련되어 있었다고 보기는 어려운 측면이 있었다. 그럼에도 불구하고 피해자학이 피해자학이라는 용어를 쓰며 그 중심을 잡아갈 수 있었던 것은 바로 피해자 그 자체가 모든 연구의 중심에 있었기 때문이다.

최근의 동향은 과거 범죄학자 일색이던 연구자 및 형사체계관련 일색이던 연구대상이 보다 다양화되었다는 것이다. 이러한 다양화는 연구자 및 연구대상에만 국한된 것이 아니라 피해자학을 다루는 이론과 방법론에서도 나타난다. 이런 면에서 보면 피해자학은 다른 인접과학과 전혀 다른 길을 가고 있다고 보기에는 힘들 것이다. 결국 사회적 결과가 우리의 인식을 결정하듯 사회과학자들의 인식이 학문의 추세를 결정하는 것으로 보인다. 또한 과거 새로운 방법론에 의존한 양적 방법론의 확산과 자료의 확보를 위한 대규모 조사의 흥행이 점차 수그러지는 것도 또 하나의 추세라고 키르히호프는 주장한다(2008: xiii). 특히 후자의 경우엔 자료수집을 위한 비용의 증가가 피해자학자들에겐 큰 부담이 된다고 볼 때 이러한 추세의 예측이 잘못되었다고 보기엔 어려운 부분이 있다. 이처럼 피해자화에 대한 대응에 영향을 주는 것은 이데올로기이다. 사회적 환경에 의해 결정되는 미약한 존재로서 피해자학을 공부하는 학자들 역시 학문의 방향과 이념의 성향을 결정하는 환경으로부터 자유로울 수 없다. 이러한 새로운 변화의 흐름을 통해 앞으로의 피해자학의 미래를 살펴보자.

제 2 절

현대사회의 특성

제1항 위험사회와 피해자화

현대사회를 특징짓는 대표적 용어들 가운데 하나가 바로 위험사회이다. 산업사회와 후기산업화사회를 거치면서 과거 전쟁이나 재해가 가져오는 위험과는 또 다른 차원의 위험이 상존하게 되었다. 이러한 상존하는 위험, 즉 일정한 시간과 조건이 지나면 사라지는 위험이 아니라 언제 어디서나 특정한 위험에 항상 노출될 수밖에 없는 위험상태의 지속성이 보편화되면서 소위 위험

사회의 도래에 대한 관심이 증가하였고 이러한 상황에 어떻게 대처해 나아갈 것인가에 대한 다양한 대책과 논의도 활성화되기 시작하였다.

오늘날의 위험성이 갖는 특징으로는 먼저 불가시성과 항시성을 들 수 있다. 즉 눈에 보이지 않는 위험이 상존하고 있다는 것이다. 이러한 특성은 과거의 위험과는 차별화되는 특성으로 과거의 위험은 그 발생을 예측하고 관찰하며 관련지식을 축적하는 것이 상대적으로 용이하였다. 그러나 오늘날에 와서는 위험이 어떠한 것인지 정확히 알 수 없는 경우가 허다하며 이러한 위험이 항시적으로 존재하고 있다. 과거 가장 큰 위험이라고 여겼던 전쟁의 경우 급작스럽게 발발하건 혹은 오랜 전조를 가지고 진행이 되건 모두 전쟁의 참상을 예견하거나 관찰하여 그에 상응하는 대비책을 강구하는 것이 가능하다. 또한, 일정한 시간이 지나가면 종전을 통해 그 위험은 사라지게 된다. 그러나 오늘날의 위험은 눈에 보이지 않을 뿐 아니라 알면서도 그 상황을 통제할 수 없어 속수무책으로 당하는 경우가 허다하다.

울리히 벡은 근대사회의 특징들 가운데, 소위 통제불능, 무지 및 불확실성 등에 초점을 맞추어 연구한 사람이다. 이러한 특징을 지닌 사회를 한 마디로 위험사회라고 부른 그는 2차 근대화 혹은 성찰적 근대화라는 용어를 통해 현대사회의 위험성을 부각시켰다. 과학기술문명의 발달과 자본주의의 성장으로 상징되는 근대화를 1차 근대화라고 한다면 그 과정에서 부닥치게 되는 다양한 삶의 문제와 위험을 겪으면서 그에 대한 통렬한 반성과 성찰을 통해 이루는 근대화는 2차 근대화 혹은 성찰적 근대화라고 부른다. 과거 이성과 합리주의가 전통사회의 정체성과 불합리성을 극복하는 1차 근대화의 촉매제의 역할을 한 것처럼 성찰적 근대화의 과정에서는 위험의 역동성과 심각성을 깨닫고 인류의 파괴와 멸망 가능성을 성찰하는 비판철학과 계몽운동이 촉매 역할을 한다.

제2항 개인주의와 피해자화

베르크뮐러(2013)는 여러 나라들의 주문화적 가치(개인주의 vs. 집합주의)와 학생들의 가해 혹은 피해 간에 어떠한 관계가 있는지 연구하였다. 학생들의 공격성과 피해자화에 관한 연구를 위해 전 세계 62개국 4학년과 8학년 학생 428,566명, 각 학교 교장 15,043명을 대상으로 조사가 이루어졌다. 프로젝트명 TIMSS(Trends in International Mathematics and Science Study: 국제수학과학공부동향조사)로 명명된 2007년의 이 연구에서 학생들에게는 물리적, 언어적, 관계적 공격성에 대해, 교장들에게는 물리적, 언어적 공격성에 대해 질문이 주어졌다. 호프스테드와 동료들(2010)의 연구에서 도출된 개인주의지표(IDV)에 따라 측정된 이 연구의 결과 개인주의와 자기보고식 피해자화 간에는 통계적으로 유의미한 관계가 성립하지 않는 것으로 나타났다. 그러나 교장들의 평가에서는 자기들 나라의 문화를 평가할 때 개인주의가 심한 문화에 젖은 학생들일수록 공격적인 성향을 보인다는 결과가 나타났다. 또한 다수준분석의 결과에서도 문화적 개인주의는 학교와 나라의 특성을 통제한 상태에서 교장보고식 학생 공격성에 유의미한 영향을 주는 것으로 나타났다. 비록 학생들 스스로의 평가에서는 관계가 나타나지 않았지만 선생님들의 평가에서 그 관계가 나타난 것은 나름대로 의미가 있다. 즉 학생들의 주관적인 평가에 의한 자의적인 해석보다는 선생님들의 객관적인 평가에 의한 공정한 해석이 더 중요하다는 의미에서 객관적 시각에 의한 판단결과 양자 간에 유의미한 관계가 있다는 차원에서 이해된다. 결론적으로, 개인주의와 공격성은 자기보고식 피해자화 정도보다는 객관적 평가로서의 공격성평가가 보다 타당한 지표라는 점과, 문화-의존적 공격성의 실체에 대해 보다 명백한 증거자료가 된다는 점을 알 수 있다고 하겠다.

제3항 사이버세계와 피해자화

2000년대 이후 인터넷의 급격한 발전과 함께 온라인 범죄가 꾸준히 증가해 왔다. 이러한 범죄는 카드 사기나 카드 복제와 같은 기계 보조 범죄, 사이버 괴롭힘, 트롤링(trolling)[1], 스토킹, 리벤지 포르노 제작, 온라인 그루밍, 섹스팅 및 섹스토션(sextortion)[2], 온라인 성폭력 등 개인 간 및 소셜 미디어 관련 범죄, 그리고 사이버테러, 아동 포르노, 저작권 침해 등 다양한 형태의 조직적 사이버 범죄가 포함된다. 많은 범죄학자, 사회학자, 심리학자, 법학자들은 생활양식이론, 일상활동이론 등을 적용하여 사이버 범죄의 다양한 유형과 원인을 분석한다.

여성 및 아동을 대상으로 한 사이버 범죄, 콘텐츠 관련 범죄, 사이버테러, 사이버 전쟁 등에 대한 연구는 활발히 진행되었지만, 사이버범죄피해자와 형사사법시스템에서의 처우나 사회 전반에 미치는 영향을 다룬 연구는 부족하다. 기존의 연구들은 범죄 발생의 원인, 수법, 및 결과에 집중해 왔을 뿐, 특정 유형의 사이버범죄피해자가 되는 이유와 피해로 인한 피해자의 신체와 정신에 미치는 영향을 분석한 연구는 드물다.

피싱 사례의 경우, 피해자는 자신도 모르는 사이에 금융 정보가 타인에게 공유되고 그로 인해 자신의 계좌에서 돈이 빠져나갔을 때 비로소 피해를 인지하는 경우가 있다. 디지털 문맹자나 전자금융 사용에 익숙하지 않은 노인들은 제3자로부터 피해 사실을 통보받거나 은행 방문 중에 피해 사실을 알게 되기도 한다. 여성과 아동은 사이버 공간에서 가장 취약한 존재인데 특히, 사회경제적 지위가 취약한 계층의 여성들은 성매매 조직이나 포르노 콘텐츠 업자들에게 착취당할 가능성이 높다. 이들은 자신들의 동의가 없었음에도 불구하고 없이 온라인상에서 콘텐츠로 소비되거나 트롤링 또는 이미지 유포 등의 피해를 입

1) 고의로 도발적이거나 불쾌한 메시지를 온라인에 게시하여 타인을 괴롭히거나 갈등을 유발하는 행위이다. 재미나 갈등을 유발하기 위해 고의로 도발적이거나 선동적인 댓글을 게시하는 온라인 행동을 말한다.

2) sex와 extortion의 합성어로 성적 이미지나 영상을 유포하겠다고 협박하며 돈이나 추가 요구를 강요하는 온라인 협박 형태로 강제나 협박을 통한 성적 갈취이다.

을 수 있다. 이러한 피해는 피해자 본인뿐 아니라 가족 구성원에게도 상당한 수준의 심리적 고통과 경제적 손실를 발생시키는 2차 피해로 발전할 수 있다. 민감한 개인정보가 악용될 위험성 또한 이들을 더욱 취약하게 만든다. 현실 세계에서의 피해와 비교할 때, 온라인 피해에 대한 보상은 상당히 제한적이며 이로 인해 피해자들은 더 큰 분노와 좌절감을 경험할 수 있으며, 반대로 범죄자들이 동일한 수법으로 더 많은 피해자를 물색하도록 부추길 수 있다.

아동도 또래나 성인에 의해 피해를 입을 수 있다. COVID-19로 인해 온 세상이 통제되던 기간 동안 온라인 학습과 활동이 증가하면서 학교로부터 보호받지 못한 아동의 온라인 프라이버시 문제가 빈번히 발생했다. 당시 대부분의 학교는 준비되지 않은 상태에서 Zoom과 같은 플랫폼에 의존했는데 이로 인해 여러 문제가 발생하였다. 예를 들어 일부 학교는 학생들의 모습이 카메라에 비쳐야 출석을 인정해 주었으나 이로 인해 아동의 이미지가 주변인들에게 캡처되어 이후 온라인상에서 괴롭힘을 당하기도 하였다. 또한, 자가격리된 아동들은 폭력적이거나 외설적인 포르노 콘텐츠에 노출되거나 비슷한 유형의 온라인 게임에 의존하게 되었고 결과적으로 이러한 콘텐츠는 아동의 행동에 부정적 영향을 미쳤다. 이러한 사례는 '피해자가 없는 범죄'로 간주될 수도 있지만 실질적으로는 피해가 발생한다. 이러한 점에서 게임 앱, 포르노 콘텐츠, 소셜 미디어가 아동에게 미치는 영향에 대한 연구가 필요하며, 이러한 문제에 대한 피해자학적 연구의 필요성도 아울러 제기된다.

21세기 초 정부, 기업 및 개인을 대상으로 하는 다양한 유형의 사이버 범죄가 급증하였다. 2001년 제정된 사이버 범죄에 관한 EU 협약(일명 부다페스트 협약)은 사이버 범죄를 최초로 체계적으로 분류하면서 다음 네 가지 범주로 구분하였다. 1) 컴퓨터 데이터 및 시스템의 기밀성, 무결성, 가용성에 대한 범죄, 2) 컴퓨터 관련 범죄, 3) 콘텐츠 관련 범죄, 4) 저작권 관련 범죄. 이후 국제사회는 사이버 범죄의 범위를 확장하여 추가적인 범죄 유형을 인정하였다. 이에는 인터넷을 통한 인종차별 및 증오 범죄(2003), 사이버 공간을 이용한 테러리스트 범죄(2005), 인터넷을 통한 아동의 성적 착취 및 학대(2007) 등이 포함된다.[3]

제 3 절

피해자학의 미래 쟁점

제1항 형사사법제도(경찰, 검찰, 법원)와 지역사회

앞으로의 법집행 특히, 피해자와 관련된 법집행은 단순히 경찰만의 활동으로 이루어지는 것이 아니라 지역사회의 다양한 기관과의 연계를 통해 이루어지게 된다. 예를 들어 미국 캘리포니아주의 샌디에고에서는 경찰과 YWCA가 양해각서를 교환하여 지역사회 가정폭력 자원네트워크(Community Domestic Violence Resource Network)를 구축하였다. 이를 통해 경찰에서는 가정폭력이 발생할 경우 언제든 얼마나 많은 피해자 보호시설이 가용한가를 실시간으로 확인하여 피해자들을 적시적소에 배분할 수 있는 정확한 정보 활용의 가능성을 극대화하였다. 또한 유타주의 프로보에서는 소위 "피해자-지원" 수사를 활성화하여 피해자들이 경찰의 수사를 지원하고 협력하여 범죄문제를 해결하는 데 일조하기도 한다. 캘리포니아 오렌지카운티에서는 다섯 명으로 구성된 피해자 그룹이 함께 활동하면서 비영리로 경찰과 검찰을 도와 갱폭력의 희생자들을 돕는 작업을 진행하기도 한다. 이처럼 미래의 피해자학은 경찰과 지역사회의 연계를 통한 법집행을 도모하고 있다.

경찰뿐 아니라 검찰도 지역사회와의 연계를 통해 피해자들을 보호하는 프로그램을 활성화하고 있다. 위스콘신 케노샤에서는 강간, 성폭행, 가정폭력, 성추행 및 스토킹과 같은 민감한 범죄(sensitive crime)에 대해 지방검찰청 특별검사팀을 통해 대응하는 프로그램을 구축하였다. 플로리다 피넬라스 카운티에서는 주검찰청이 특별검사를 임명하여 노인학대나 방임사건을 전담토록 하고 있다. 이 프로그램에는 경찰훈육은 물론 지역사회 원조활동, 타검사교육 등 다양한 훈련 및 봉사활동이 포함되어 있다. 끝으로 펜실베이니아주 필라

3) https://en.wikipedia.org/wiki/Additional_Protocol_to_the_Convention_on_Cybercrime

델피아에서는 지방검찰청에 피해자지원팀(Victim Service Unit)을 설치하여 베트남 및 캄보디아 출신의 피해자-증인 조정관을 고용하고 이들로 하여금 동남아시아 출신의 피해자들이 발생할 경우 통역, 응급의료처치, 재정지원 등의 다양한 봉사활동을 지원토록 하고 있다.

법원에서도 피해자를 보호하고 지원하기 위한 다양한 프로그램을 실시하고 있다. 애리조나 주 투산에서는 지방법원(municipal court)을 통해 경찰, 피해후원자, 검사, 의료전문가 등으로 구성된 지역사회 가정폭력 인지 센터를 설치하여 피해자 후원에 나서고 있다. 뉴욕 주에서는 아동사법을 위한 영구법정위원회를 설치하여 법정에서의 아동지원에 나서고 있는데 이것은 아이들에게 특별한 공간을 제공함으로써 부모가 법정에서 재판을 받는 동안 안전하고 재미있게 아이들을 돌보아주기 위한 프로그램의 일종이다.

제2항 새로운 이슈들(증오범죄)

현대사회에 들어와 많은 범죄들이 발생하고 있지만 피해자학과 관련된 쟁점들 중 증오범죄, 인신매매 및 테러범죄는 특히 많은 관심을 끌고 있다. 증오범죄는 성별이나 연령, 인종 등과 관련해서 피해자들이 풍기거나 만들어내는 질적 특성들에 의해 결정되기 보다는 가해자들이 피해자들의 성별, 연령, 인종, 종교 등과 관련해서 가지고 있는 편견이나 증오에서 비롯된다. 1990년대부터 편견이나 증오에 따른 증오범죄가 증가하면서 인종/민족, 종교 및 성별 성향에 근거한 증오범죄통계를 수집하도록 법제화한 증오범죄통계법이 통과되었고 그에 따라 미국 검찰총장은 관련 통계를 수집하고 있다. 이 과정에서 UCR 혹은 NIBRS 등의 통계작성을 책임지고 있는 FBI의 역할이 대단히 중요하며 특정 범죄가 증오범죄인지 아닌지를 판단하는 경찰의 분별력 역시 중요하다 할 수 있다. 판단근거로는 피해자와 증인들의 증언 뿐 아니라 수사과정에서 파악한 정보 역시 중요하게 활용된다. 판단근거의 일부를 소개하면, 가해자가 증오가 담긴 말을 사용했는지, 나치문양 등의 증오적 사인이 사용

됐는지, 사건발생의 시간, 가해자의 증오범죄경력, 증오 이외의 다른 피해자화 동기 등이 있다. UCR과 같은 공식통계 이외에 미국사회의 범죄수준을 측정하는 또 다른 통계가 바로 전미피해자조사(NCVS: National Crime Victimization Survey)에서 얻어진 통계이다. 자기보고식 조사인 이 피해자조사에서는 피해자가 스스로 자신이 당한 범죄가 편견이나 증오에서 비롯되었는지를 판단하여 응답하는 문항이 별도로 존재한다.

전미피해자조사에서 나온 재미있는 결과 중 하나가 증오범죄피해자화 비율이 인구학적 집단별로 거의 유사하다는 점이다. 다시 말해 남녀, 인종 간에 차이가 없다는 것인데 이 결과는 일반적인 피해자화 통계와는 다른 결과이다. 그러나 집단 간에 차이가 있는 결과도 있는데 중장년층보다는 젊은이들이, 결혼경험이 없는 미혼자들보다는 기혼자들이 더 많은 증오범죄의 피해를 당하는 것으로 나타난다. 또한 농촌지역 거주자들보다는 도시지역 거주자들이, 연소득 2만5천 불 이하의 소득자들이 그 이상의 상위소득자들보다 더 많은 피해를 당하는 것으로 나타난다. 이상의 공식통계나 피해자조사통계의 결과를 종합하면 성별, 인종/민족, 결혼 여부, 사회경제적 지위 등 기본적인 사회인구학적 변인들에 따라 피해자화에 차이가 있음을 알 수 있다.

이러한 결과를 바탕으로 증오범죄 가해자들이 피해자들을 범행대상으로 선택하는 기준을 살펴보면 가장 빈번히 나타나는 원인은 바로 인종적 요인이다. 2010년 FBI 보고에 따르면, 증오범죄의 약 50%가 인종적 편견에 의해 발생한 것으로 나타났다. 그다음으로는 종교적 신념(19%), 성적 지향(18%), 민족 또는 국적(13%), 그리고 장애 여부(1%)가 주요 동기로 조사되었다. 구체적으로, 인종을 이유로 한 범죄 중에서는 흑인이 가장 많은 피해를 입었으며, 종교적 편견과 관련된 범죄에서는 유대교 신자가 주요 대상이었다. 성적 지향을 이유로 한 증오범죄에서는 남성 동성애자가, 민족 및 국적에 기반한 범죄에서는 히스패닉이, 장애를 이유로 한 범죄에서는 정신장애를 가진 이들이 가장 빈번히 표적이 된 것으로 분석되었다.

성적지향에 따른 증오범죄 가운데 하나가 소위 반LGBTQ 증오범죄이다. 이는 LGBTQ(lesbian, gay, bisexual, transgendered, and queer: 레즈비언, 게이, 양성

애자, 성전환자 및 비정상동성애자)에 대한 증오범죄인데 결국 모든 유형의 비정상적 성적지향을 가진 사람에 대해 폭력을 휘두르는 것을 의미한다. 반LGBTQ증오범죄피해자화의 한 예를 다음에 소개한다.

> 타라는 24세의 백인 퀴어 비성전환 여성이다. 그녀는 여느 때처럼 회의참석차 커뮤니티센터로 가는 중이었다. 그때 한 남성이 그녀를 바라보며 "널 똑바로 해줄게"라고 소리치며 다가섰다. 상황을 무시한 채 회의를 마친 후 그녀는 자신의 차로 걸어갔는데 그 남성이 다가와서는 다짜고짜 그녀를 성폭행해버렸다. 그는 성폭행하는 내내 그녀를 똑바로 해주겠다고 중얼거렸다. 사건 후 그녀는 커뮤니티센터 회의에 참석할 때마다 악몽에 시달렸다. 그녀는 전미반폭력프로그램연합(NCAVP)에 연락해 도움을 요청했고 카운슬러가 내민 도움의 손길로 치료를 받은 후에야 비로소 악몽에서 조금씩 벗어날 수 있었다.

증오범죄피해자화의 특징으로는 대물범죄보다는 대인범죄가 더 많다는 것이다. 2010년도 FBI통계에 따르면 약 62%의 증오범죄가 대인범죄였다. 즉 증오의 대상이 되는 사람들에 대해 물건이나 소유물을 훔치거나 부수는 것이 아니라 사람을 위협하고 단순폭행하고 심지어는 가중폭행하기도 하였다. 대물범죄피해로는 파손, 손상, 기물파괴 등이 있다. 결국 증오범죄는 재산범죄피해보다는 폭력범죄피해로 귀결되며 특히 무기를 사용하지 않고 신체만을 사용하는 단순폭행이 가장 많았다. 그러나 무기를 사용한 가중폭행도 19%나 되었고 5%의 강도행각, 4%의 강간/성폭행 등도 무시할 정도는 아니다. 물론 재산범죄피해도 있는데 그중에서는 절도가 가장 많은 것으로 나타났다. 이러한 피해자화가 일어나는 장소는 주차장이나 거리 위와 같은 공공장소였고 약 20% 정도가 피해자의 집에서 불과 8km 이내에서 발생하였다. 그럼에도 불구하고 이러한 피해에 대해 단지 44%만이 경찰에 신고를 하였는데 특히 흑인이나 히스패닉과 같은 인종적 소수자일수록 신고율이 떨어지는 것으로 나타난다.

증오범죄의 피해자가 양산되면 개인이나 지역사회에 악영향을 끼치게 되는데 특히 증오범죄는 폭력범죄인 경우가 많기 때문에 신체적인 의료비용은 물론 정신적인 치료비용도 만만치 않게 지불되고 있다. 또한 범행의 대상이

된 사람은 재피해자화의 경험을 겪을 확률이 높기 때문에 정신적으로 더 큰 불안감과 공포에 시달리기도 한다. 이러한 상황이 지속되면 우울증, 스트레스, 분노 등으로 이어지고 외상후스트레스성장애(PTSD)에 이르기도 한다. 개인적인 수준에서 이러한 피해가 발생하면 발생할수록 지역사회수준에서도 악영향을 받을 수밖에 없다. 관광객의 방문이 줄어들 뿐만 아니라 피해가 발생한 곳으로 이사를 가려는 사람도 줄어들게 되어 전반적인 지역사회활동이 위축되고 경제적, 사회적으로도 불안정한 상황이 지속된다.

제3항 새로운 이슈들(인신매매)

인신매매(human trafficking)의 기원은 노예제에서 찾을 수 있는데 노예제(奴隸制)의 뿌리는 선사시대까지 거슬러 올라가는 것으로 추정된다. 원시 부족사회에서는 부족 간 다툼이나 전쟁에서 패한 부족은 노예로 전락하였을 것이다. 역사시대에 접어들면서 다양한 문헌에서 노예제의 흔적이 발견된다. 예컨대, 고조선의 팔조금법에서는 절도죄를 범한 자를 남자는 사내종 노(奴), 여자는 계집종 비(婢)로 삼는 노비제의 흔적이 남아있으며, 성경에도 이집트에 노예로 잡혀있던 이스라엘 민족을 모세가 홍해가 갈라지는 기적을 일으키며 구해왔다는 기록이 남아있다. 모세가 활약한 시기는 기원전 13세기로 알려져 있다. 원시공산제에서 사유재산제도로 전환될 무렵부터 노예는 모든 사유재산의 하나로 간주되었을 것으로 추정된다. 근대사회의 노예제로는 미국의 흑인노예제가 대표적이다. 미국에서는 1863년에 노예제폐지에 관한 법률이 통과되었으나 인종과 관련된 노예제만이 주목을 받았을 뿐 매춘이나 채무 관련 노동과 같은 유사노예제는 완전히 근절되지 못했다. 이러한 사실은 노예제가 단순히 과거의 문제에 그치지 않으며, 여전히 다양한 형태로 지속되고 있음을 시사한다.

2000년에 발효된 미국의 인신매매피해자보호법에 따르면 인신매매란 1) 완력, 사기, 강압에 의해 상업적 성행위가 유도되는 성매매 2) 비자발적 계약

노동자[4], 잡역, 부채상환노역, 노예 등의 목적으로 노동이나 용역을 제공받기 위해 인력의 모집, 은닉, 운송, 제공 및 확보하는 행위를 일컫는다. 유엔에서도 이와 유사하게 인신매매를 규정하면서 이의 예방, 규제 및 처벌을 규정하고 있다. 인신매매는 그 매매의 목적에 따라 성인신매매와 노동인신매매로 구분되기도 하고, 매매의 영역이 국내에 머무르는가 아니면 해외로까지 연결되는가에 따라 국내인신매매와 국제인신매매로 구분되기도 한다.

성인신매매는 특정인이 매춘에 종사하도록 강제되거나 유인되었을 때 발생하는데 최초 계약 시에는 합의에 의해 이루어졌다 하더라도 시간이 지나면서 강요나 강압이 발생하면 당사자는 역시 성인신매매의 피해자가 된다. 성인신매매의 피해자들은 대체로 요정, 스트립댄스클럽, 마사지업소 등지에서 상업적인 성노동자로서 일하게 되며 심한 경우에는 매춘업소나 포르노제작소에서 일하기도 한다. 미국에서는 18세 미만의 피해자의 경우 성적인 노동에 내몰리지 않았다 하더라도 성노동을 위한 모집, 은닉, 운송, 확보 등의 대상이 되기만 해도 성인신매매의 피해자로 규정하기에 충분한 근거가 된다.

노동인신매매는 빚노동, 강제노동 및 비자발적 가정노예 등으로 구분되는데 빚노동은 피해자를 옭아매는 가장 흔한 유형이다. 이러한 유형은 빚의 상환기간이나 상환조건 등이 불명확할 때처럼 채권자와 채무자 사이의 계약이 불분명하게 체결되어 있을 때 발생하기 쉽다. 심지어는 피해자가 정상적인 방법으로 빚을 청산했음에도 불구하고 이것이 정상적으로 정산되지 않거나 계산되지 않았을 때 발생하기도 한다. 이에 비해 강제노동은 피해자가 가해자에게 아무런 빚이 없음에도 불구하고 폭력이나 위협, 징벌 등의 형태로 피해자의 자유를 제한하고 구속하면서 노동을 착취하는 경우에 발생한다. 비자발적 가정노예는 특정 집에 속하여 노동을 착취당할 때 발생한다. 이러한 유형의 피해자들은 사유지에 고립, 격리되어 외부와의 소통이 불가한 상태로 오랜 시간에 걸쳐 착취를 당하게 되는데 이와 같은 고립무원의 상태에서는 공권력에서도 아무런 손을 쓰지 못하는 경우가 발생하기도 한다. 신안군의

4) 무임도항, 밀수, 범죄 등으로 인해 비자발적으로 불평등계약을 할 수밖에 없는 사람들을 의미한다.

염전노예사건이 한 예이다.[5)]

인신매매에 관한 통계나 피해규모는 부정확할 뿐 아니라 실태를 반영하지 못하고 있음은 주지의 사실이다. 그 이유로 첫째, 인신매매는 행위 자체의 특성 및 피해자 본인의 비정상적 특성으로 인해 노출을 극도로 꺼리고 비밀유지에 최선을 다하거나, 소극적으로라도 기여하기 때문에 쉽게 발각되기 어렵다. 둘째, 때로는 공권력에 종사하는 사람들이 모종의 대가를 바라고 인신매매의 가해자들과 결탁하여 범죄사실을 은폐하기에 발각이 어렵다. 셋째로 피해자들 역시 소극적 성격이나 보복에 대한 두려움으로 인해 자신의 피해를 경찰이나 공무원들에게 적극적으로 알리고 문제를 해결하려 하기 보다는 숨기거나 귀찮게 여기는 경향이 있기에 발각이 어렵다. 넷째로 피해자들은 어느 한 곳에 정착해 사는 사람들이라기보다는 부랑자나 뜨내기처럼 여기저기 옮겨 다니는 경향이 있어 피해자의 신분파악에 어려움이 있다. 다섯째로 나라별 및 지방별로 인신매매에 관한 정확한 규정이나 자료가 부족하기에 일률적인 법적용이나 해결책, 모색이 어렵다. 이와 같은 이유로 인해 인신매매의 정확한 실태를 파악하기란 여간 어려운 것이 아니다.

이와 같은 어려움에도 불구하고 미국에서는 정부나 비정부기구, 연구소, 사설기관, 국내외기구 등에서 각종 보고서와 자료를 바탕으로 만들어낸 통계를 바탕으로 그 규모를 짐작할 수는 있는데 2024년 국제노동기구(ILO)와 유엔(UN)의 추정에 따르면, 현재 전 세계적으로 약 4천960만 명이 현대판 노예상태에 있으며, 그중 1천200만 명이 아동으로 파악된다. 또한 2024년 미국 국무부의 인신매매보고서(TIP Report)에 따르면, 2023년에 전 세계적으로 133,943명의 인신매매 피해자가 식별되었으며 유니세프(UNICEF)에 따르면, 인신매매는 연간 1,500억 달러 규모의 산업으로 추정된다.[6)] 이는 미국무부의 10년 전 자료에 비해 3배 이상 증가한 것이다. 인신매매에 대한 통계를 파악

5) 2014년 2월 전남 신안군에 있는 염전에서 지적장애인을 약취, 유괴, 감금하고 강제 노동을 시킨 사건으로 주민들과 공무원들이 합심하여 범죄에 가담하고 은폐한 정황이 드러나 큰 논란이 되었다.

6) https://ourrescue.org/education/research-and-trends/human-trafficking-statistics
https://www.iawj.org/the-2024-trafficking-in-persons-report

하기 힘든 것처럼 인신매매의 대상이 되는 피해자 특성을 파악하기도 쉽지는 않지만 전 세계적으로 여성과 소녀가 인신매매 피해자의 대다수를 차지하고 있다. 유엔마약범죄사무소(UNODC)의 최신 연구에 따르면 여성이 42%, 소녀가 18%로, 총 60%를 차지하고 있으며 남성과 소년의 비율도 증가추세에 있어 남성이 23%, 소년이 17%로, 총 40%를 차지한다. 또한 성착취는 여전히 주요한 인신매매 형태 중 하나로 인신매매 피해자의 38.7%가 성착취를 위해 거래된다.[7] 2010년 미국 국무부 자료에 따르면 전 세계적으로 약 56%의 피해자들이 여성일 것으로 추정하였고 미국 내에서는 여성의 비율이 더 높아 94%에 이를 것으로 추정하였다. 미국의 경우 피해자의 대부분이 이민자인 것으로 보고되는데 전 세계적으로는 아시아/태평양지역의 나라들에서 피해자가 많이 발생하고 있다.

한편 성인신매매의 공급국 중 러시아가 가장 큰 비중을 차지하는 것으로 보고되고 있으며, 이는 러시아가 주요 성인신매매 공급국임을 시사한다. 또한, 구소련 연방 국가들도 주요 공급국으로 분류된다. 반면, 인신매매 피해자들의 주요 유입국, 즉 '목적국가'로는 독일이 가장 높은 순위를 차지하며, 미국이 그 뒤를 잇는다. 미국으로 유입되는 성인신매매 피해자들의 출신국은 주로 아시아와 멕시코이며, 카자흐스탄, 우즈베키스탄 등 구소련 국가 출신도 상당수를 차지한다. 독일과 미국 외에도 이탈리아, 네덜란드, 일본, 그리스, 인도, 태국, 호주 등이 주요 목적국으로 분류된다.

노동인신매매로 붙여쓸 것의 경우, 피해자의 범위가 성별과 연령에 관계없이 광범위하다. 그러나 여성과 아동이 노동 인신매매에 더욱 취약한 것으로 나타난다. 이들 피해자들은 마약밀매와 같은 불법 활동뿐만 아니라, 가사도우미, 공장근로자, 건설노동자 등 합법적 노동 영역에도 투입되는 것으로 보고되고 있다.

인신매매 피해자의 주요 위험 요인으로 빈곤이 지목된다. 극심한 빈곤에 처한 개인들은 합법적 고용 기회와 소득이 제한되어 있어, 경제적·사회적 억

7) https://www.unodc.org/unodc/en/frontpage/2024/May/8-facts-you-need-to-know-about-human-trafficking-in-the-21st-century.html

압과 차별에서 벗어나기 어렵다. 이러한 취약한 상황에서 해외 취업 기회와 소득 향상에 대한 제안은 매력적으로 보일 수 있다. 그러나 목적국에 도착하면, 이들은 종종 과도한 부채에 직면하게 된다. 이는 알선비, 서류위조비, 교통비, 생활비 등의 명목으로 부과되며, 이러한 부채는 피해자를 속박하는 수단으로 작용한다. 이러한 관행은 '채무 담보'로 알려져 있으며, 팔레르모 의정서에서 금지하고 있다. 성인신매매 피해자들의 경우, 이러한 부채를 상환할 유일한 수단이 성노동임을 뒤늦게 깨닫는 경우가 많다. 채무 담보는 피해자들이 부채를 갚기 위해 성매매에 강제로 종사하게 만드는 주요 메커니즘 중 하나이다. 이러한 상황은 피해자들을 지속적인 착취와 학대에 노출시키며, 빚을 갚을 수 있는 현실적인 가능성을 제한한다. 더욱이, 코로나19 팬데믹으로 인해 성매매 종사자들의 경제적 취약성이 더욱 악화되어, 많은 이들이 평생 갚을 수 없는 부채의 함정에 빠지게 되었다. 이러한 복잡한 상황을 해결하기 위해서는 피해자 지원, 대안적 생계 수단 제공, 고금리 대출에 대한 정부의 규제 등 다각적인 접근이 필요하다.[8)]

국가수준에서의 위험요인으로는 치안부재와 폭력을 들 수 있다. 범죄와 폭력이 만연한 국가에서 살아가는 잠재적 피해자들은 폭력과 범죄의 피해자가 되는 것을 피하기 위해 인신매매의 피해자가 되는 길을 전후사정에 대한 정확한 인식 없이 밟게 된다. 이와 유사하게 경제적으로나 사회적으로 신분이나 계급의 상승기회가 없는 나라에 거주하는 사람들도 외국에서의 계급 상승 기회를 기대하며 동일한 길을 걷게 된다. 이처럼 범죄, 폭력, 빈부격차 등은 특정국가에서의 잠재적 인신매매피해자들을 양산하는 원인이 된다. 이와는 반대로 오히려 특정국가의 부패적 성격이 잠재적 인신매매피해자들을 수입하는 원인으로 작용하기도 한다. 정부관료나 경찰 등의 법집행기관이 부패한 국가에서는 인신매매업자들이 이들을 매수해서 그들의 범죄행각을 숨기거나 용이하게 하기도 한다. 예를 들어 인신매매 피해자들의 보고에 따르면 보스니아헤르체고비나에서는 정부경찰이 인신매매의 피해자들을 밀입국시켜 매매하는 과정을 숨기기 위해 국경경찰을 매수하기도 한다. 성인신매매와 관련

8) https://www.stopvaw.org/debt_bondage

해서는 특정 국가의 성차별적 문화가 여성의 성인신매매를 부추기기도 한다. 예를 들어 여성의 합법적 취업이 존중되고 허용되는 나라에서는 성노동 피해자가 발생하기 어려우나 여성의 합법적 취업을 금지하고 차별하는 나라에서는 잠재적 피해자를 양산하는 결과를 낳기도 한다.

제4항 새로운 이슈들(인터넷과 사이버 피해)

현대 사회는 정보통신기술(ICT)의 급속한 발전과 함께 인터넷 시대로 진입했다. 전자 정부, 전자 상거래, ICT 기반 커뮤니케이션은 이미 글로벌 표준으로 자리 잡았으며, 특히 2020년 코로나19 팬데믹은 이러한 디지털 의존도를 더욱 가속화시켰다. 인터넷의 역사는 1960년대 미국의 국가 안보 및 정보 보안을 위한 디지털 인프라 개발에서 시작되었다. 이는 냉전 시기 강대국 간의 긴장을 고조시켰고, 군사 및 정부 정보 시스템의 전 세계적 디지털화를 가속하였다. 그러나 1980년대 중반 개인용 컴퓨터의 보급과 함께 정부 사이버 인프라의 취약성이 드러나기 시작하였는데 해킹, 불법 복제 등의 문제가 대두되면서 많은 국가들이 사이버 보안 관리를 외부에 위탁하기 시작했다.

1990년대 후반, 인터넷 기업의 등장으로 정부와 기업들은 이메일 등 인터넷 기반 커뮤니케이션을 채택하게 되었고 2000년대 초반부터는 멀웨어, 트로이 목마, 랜섬웨어 등 다양한 형태의 사이버 공격이 등장했다. 더불어 조직화된 사이버 범죄 집단들이 DDoS 공격, 경제 범죄, 사이버 스파이, 사이버테러 등 복잡하고 정교한 범죄 수법을 개발하기 시작했다. 이러한 인터넷의 발전과 함께 사이버 보안의 중요성이 더욱 부각되고 있으며, 이는 현대 사회의 주요 과제로 대두되고 있다. 여러 연구에 따르면, 사이버 범죄의 피해자는 크게 국가, 기업, 일반 개인의 세 가지 유형으로 분류된다(Halder & Jaishankar, 2016). 이러한 각 유형의 피해자를 대상으로 하는 사이버 범죄는 고유한 패턴을 나타낼 수 있다.

1 사이버테러

사이버테러의 사례로 1990년대 말 스리랑카의 경험을 들 수 있다. 스리랑카는 당시 사이버 범죄자들의 공격을 가장 먼저 경험한 국가 중 하나로 평가된다. 이는 스리랑카의 인종 갈등으로 인해 **타밀엘람해방호랑이**(LTTE: Liberation Tigers of Tamil Eelam)가 정부의 주요 표적이 되었기 때문이다. 물리적 전쟁은 스리랑카 정부에 의해 어느 정도 통제되었으나, 해외로 망명한 스리랑카 타밀 지지자들과 LTTE의 일부 조직원들은 사이버 공격 전략을 개발하여 지속적으로 전투를 지원했다. 1998년까지 LTTE와 연계된 것으로 추정되는 테러 조직인 '블랙 타이거즈'는 스리랑카의 여러 대사관 웹사이트에 800개의 이메일을 발송하여 정보 기술 기반 정부 커뮤니케이션에 상당한 혼란을 초래했다. 오늘날의 관점에서 볼 때, 이는 정부나 민간 이메일 서비스 제공업체 및 수신자가 쉽게 대처할 수 있는 문제로 보일 수 있으나, 30년 이전의 당시 상황으로서는 심각한 사이버 공격으로 간주되었다. 이러한 사례는 사이버테러가 국가를 대상으로 하는 사이버 범죄의 한 형태로, 정치적 목적을 달성하기 위해 정보통신기술을 악용하는 양상임을 보여준다. 이는 사이버 공간이 전통적인 물리적 전쟁의 연장선상에서 새로운 전쟁터로 부상하고 있음을 시사한다.

그러나 당시의 이메일 통신 시스템은 현재와 같은 수준의 정교함을 갖추지 못했다. 비록 정부를 대상으로 한 이메일 폭탄 공격이 새로운 형태의 테러 활동으로 인식되기는 하였으나 그 한계로 인해 다양한 비국가 행위자들로 하여금 사이버테러를 통해 정부 데이터와 사이버 인프라를 공격하기 위해서는 보다 적극적인 조치가 필요하다는 것을 깨닫게 하는 계기가 되었다. 데닝(2000)은 "사이버테러는 테러와 사이버 공간의 융합"이라고 정의했는데, 일반적으로 사이버테러는 정치적 또는 사회적 목적을 달성하기 위해 정부나 국민을 협박하거나 강요할 목적으로 컴퓨터, 네트워크 및 저장된 정보에 대한 불법적 공격 또는 공격 위협을 의미하는 것으로 이해된다.

사이버테러로 분류되기 위해서는 해당 공격이 인명이나 재산에 대한 폭력을 초래하거나, 최소한 상당한 수준의 공포를 유발할 수 있는 피해를 일으켜야 한다. 예를 들어, 사망 또는 신체적 상해, 폭발, 항공기 추락, 수질 오염, 또는 심각한 경제적 손실을 초래하는 공격이 이에 해당할 수 있다. 중요 기반 시설에 대한 심각한 공격 역시 그 영향력에 따라 사이버테러로 간주될 수 있다. 반면, 필수적이지 않은 서비스를 방해하거나 단순히 비용이 많이 드는 골칫거리에 불과한 공격은 사이버테러의 범주에 포함되지 않는다. 이처럼 사이버테러의 개념을 정확히 정의하고, 일반적인 사이버 범죄와 명확히 구분하는 것은 사이버테러에 대한 사이버 보안 정책을 수립하고 법적 대응 방안을 마련하는데 중요한 기준을 제공한다는 점에서 대단히 중요하다.

사이버테러는 21세기 초반부터 국제 사회의 주요 안보 이슈로 부상하였고 이는 여러 국제 조약과 협약을 통한 공동 대응으로 이어졌다. 2001년 911 테러 이후, 알카에다의 컴퓨터 기술을 이용한 체계적인 테러 계획이 주목받아 왔고 2007년 에스토니아에서 발생한 대규모 DDoS 공격은 미국과 NATO의 개입으로 통제되긴 하였지만 러시아 전쟁 기념비 이전에 대한 반발로 추정된다. 2007-2008년 이후 ISIS의 등장으로 사이버테러는 급격히 증가하였는데 ISIS는 강력한 인터넷 presence를 구축하고, 자체 행정 구조를 갖추었으며, 소셜 미디어를 통해 적극적으로 신규 인원을 모집하였다. ISIS의 성공에 고무되어 다른 분리주의 단체들도 유사한 활동을 전개하고 있다.

사이버테러의 궁극적 목표는 인명과 재산에 대한 광범위한 파괴와 피해이다. 테러 조직들은 정부의 기밀 데이터 접근, 디지털 통신 서비스 방해, 교통 및 통신 시스템 침투 등 다양한 수단을 동원한다. 물리적 폭력 외에도 정부 웹사이트 공격, 변조, 랜섬웨어 공격 등을 통해 금전적 이득과 기밀 정보 획득을 노린다. 이러한 사이버테러의 진화는 국제 사회에 새로운 안보 과제를 제시하고 있으며, 이에 대한 효과적인 대응 전략 수립이 시급한 과제로 대두되고 있다.

일부 테러 조직은 강력한 소셜 미디어 운영 능력을 보유하고 있다. 이들은 다양한 소셜 미디어 플랫폼과 웹페이지를 통해 조직에 관한 정보를 전파하고, 조직의 목표 달성을 위한 인력을 모집하며, 소셜 미디어 기업을 활용하여 수익 창출 방안을 개발하는 데 주력한다. 이러한 활동을 담당하는 조직원들은 대개 다층적인 활동을 전개하기 때문에 소셜 미디어 플랫폼 기업이나 웹 도메인 제공업체가 테러 목적의 플랫폼 사용에 대해 경고를 받고 해당 콘텐츠를 삭제하더라도 즉각적으로 대체 페이지를 생성하거나 추가 정보를 공유하는 등의 대응을 할 수 있다.

따라서 사이버 테러리스트는 정부와 기업, 특히 인터넷 기업을 동시에 표적으로 삼을 수 있다. 기업이 테러 관련 콘텐츠를 적절히 제거하지 못할 경우, 해당 관할권 내에서 테러 조직의 활동 기반을 제공했다는 이유로 국가로부터 형사적 책임을 추궁당할 수 있다. 반면, '익명성'이라는 특성으로 인해 테러 조직 구성원들은 해당 웹 플랫폼에서 새로운 콘텐츠를 지속적으로 생성할 수 있어 웹 기업은 불법 콘텐츠 호스팅에 대한 지속적인 책임에 직면할 수 있다. 이러한 상황은 사이버테러 대응에 있어 정부와 기업 간의 법적, 기술적 합동 대응의 복합적 접근이 필요함을 시사한다.

2 컴퓨터 및 네트워크 무단 접근(개인정보침해)

컴퓨터와 데이터 네트워크에 대한 무단 접근은 초창기 컴퓨터 범죄의 대표적 형태로 가해자가 컴퓨터와 저장된 기밀 데이터에 접근하거나 시도하는 행위를 포함한다. 이러한 유형의 범죄는 사이버 테러 및 사이버 전쟁과 밀접한 연관성을 지니며, 일반적으로 개인정보 침해 관련 범죄로 간주되어 왔다. 이 범죄의 주요 동기는 불법적 이익이며 그 형태는 국가 안보나 금융 데이터와 같은 기밀 정보를 저장하는 장치를 공격하는 모습을 띨 수 있다. 무단 접근은 데이터의 불법적 수정까지 포함할 수 있으며 이러한 일련의 행위를 통칭하여 '해킹'이라고 한다. 해커와 크래커[9]는 기밀 데이터에 접근하고 전체 시스템을 공격하여 서비스 거부(DoS) 또는 분산 서비스 거부(DDoS) 공격을 통해 정보

---

9) 해커는 시스템의 보안 취약점을 파악하고 개선하여 전반적인 시스템 보안 강화에 기여한다. 반면, 크래커는 악의적 의도를 가지고 시스템에 불법 침입하여 데이터를 훼손, 무단 획득한다. 해커의 활동은 대체로 합법적, 윤리적인 범주 내에서 이루어지나 크래커는 불법적, 비윤리적인 수단을 동원하여 개인적 이익을 추구하거나 시스템에 해를 가한다. 전문가들과 달리 일반 대중은 양자를 구분하지 않고 사용하는 경향이 있다.

전달을 방해하고 시스템의 기능을 마비시킬 수 있다. 정부용 컴퓨터 시스템은 기밀 데이터의 오용 가능성으로 인해 해커들의 주요 표적이 될 수 있다.

특히 '보호 컴퓨터'로 지정된 시스템들은 금융기관 및 정부와 연결되어 있어 핵심적인 기밀 데이터를 보유하고 있는데, 이러한 시스템에 대한 무단 접근은 국제 상거래, 투표 시스템, 국가 안보 등 핵심 정부 활동에 직접적인 영향을 미칠 수 있다. 미국에서는 18 U.S.C. § 1030[10]이 컴퓨터 관련 사기 및 유사 활동을 규제하는 주요 법규로, 정부용 기밀 컴퓨터를 포함한 시스템에 대한 의도적 접근 및 기밀성 침해, 고의적 손상, 그리고 이로 인한 국가 안보, 기밀, 주간 및 국제 상거래에 영향을 미칠 수 있는 통신 트래픽 방해를 금지하고 있다. 이 법규는 불법 행위자의 대상 시스템의 중요성에 대한 사전 인지를 강조한다.

3 지적재산권 피해

기업은 저작권 및 상표 관련 범죄 활동, 사이버스쿼팅(cybersquatting)[11], 데이터 도난 등 다양한 형태의 사이버 범죄로 인해 피해를 입을 수 있다. 이 중 디지털 콘텐츠의 불법 복제는 가장 빈번히 발생하는 피해 유형으로, 주로 음악, 영화, 기타 엔터테인먼트 관련 콘텐츠의 유통, 제작, 배급에 관여하는 기업들을 대상으로 한다. 이러한 불법 복제는 콘텐츠 창작자(개인)와 유통/제작자(기업) 모두에게 저작권 침해로 인한 피해를 초래할 수 있다. 일부 연구에 따르면, 인터넷의 급속한 보급으로 인해 독특한 유통 방식에 크게 의존하던 엔터테인먼트 산업이 막대한 경제적 손실을 겪고 있는 것으로 나타났다. 또한, 사이버스쿼팅을 포함한 도메인 이름 분쟁 관련 문제도 최근 기업들이 경험하는 주요 사이버 범죄 피해의 한 형태로 부각되고 있다. 사이버스쿼팅은

10) 미국의 컴퓨터 사기 및 남용 방지법(Computer Fraud and Abuse Act, CFAA).

11) 사이버스쿼팅은 상표, 기업명, 개인명과 동일하거나 유사한 인터넷 도메인 이름을 악의적으로 등록하거나 사용하는 행위를 말한다. 이는 주로 정당한 소유자에게 도메인을 되팔거나, 웹 트래픽을 가로채 경제적 이익을 얻으려는 목적으로 이루어진다. 이러한 행위는 불법적이며 지적재산권 침해로 간주된다.

"인터넷 버전의 토지 강탈"로 비유될 수 있으며, Curtin(2010)은 이를 "인터넷 사용자를 경쟁사 사이트로 유도하여 도메인 이름 소유자가 인터넷 사용자의 실수로 이익을 얻도록 하는 사기"로 정의한다. 국제인터넷주소관리기구(ICANN)의 통일 도메인 이름 분쟁 해결 정책(1999) 4(b)항은 악의적인 도메인 이름 등록 및 사용으로 인한 기업의 피해 패턴을 제시하고 있다.

이러한 다양한 형태의 사이버 범죄는 기업의 지적 재산권을 침해하고 경제적 손실을 초래할 뿐만 아니라, 기업의 평판과 고객 신뢰에도 부정적인 영향을 미칠 수 있어, 기업의 종합적인 대응 전략 수립이 요구된다. 미국은 1999년 사이버스쿼팅 소비자 보호법(Anti-Cybersquatting Consumer Protection Act)을 통해 일부 보호 조치를 도입했으나, 이와 같은 예방적 입법을 마련한 국가는 드물다.

기업과 사업장의 성격에 관계없이 가장 빈번하게 발생하는 범죄는 무단 접근과 데이터 도난으로, 이는 해커와 테러 조직에게 막대한 불법적 금전적 이익을 제공하는 주요 원인이 되어 왔다. 또한, 정지 영상 및 시청각 이미지에 대한 저작권 침해는 배우를 비롯한 개인 출연자에게 중대한 범죄로 간주된다. 이러한 저작권 침해는 배우가 출연한 영화, 가수가 제작한 음악 앨범 혹은 작가가 집필한 책과 반드시 연관된 것은 아니다. 영화배우, 운동선수, 정치인 또는 인터넷상에서의 공인이나 셀럽들은 다수의 팬을 보유하고 있을 가능성이 크며, 이러한 팬들 중 일부는 이들의 개인 사진이나 시청각 자료를 도용하고 융합해 융합(mashed up) 콘텐츠를 제작함으로써 저작권을 침해할 수 있다. 나아가, 이러한 사진, 이미지 또는 시청각 자료는 특정 셀럽을 사칭하거나 일반 개인을 가장하는 데에도 악용될 수 있다.

4 금융사기 및 해킹

금융 사기 및 해킹은 일반 개인을 대상으로 하는 사이버 범죄 중 가장 대표적인 유형이다. 전자상거래의 발전과 함께 온라인 거래, 온라인 뱅킹, 전자지갑의 활용이 급증하였으며, 특히 2020년 코로나19 봉쇄 기간 동안 그 증가세가 두드러졌다. 현재 대부분의 국가에서 정부 기관, 민영 은행, 기업, 법원 등이 시민들의 온라인 거래를 적극 권장하고 있는 실정이다.

온라인 거래는 면허증 발급 수수료 납부, 교육비 및 의료비 지불, 벌금 납부, 배상금 예치 등 다양한 영역에서 활용되고 있다. 이러한 거래에는 수취인, 지급인, 은행, 결제 게이트웨이[12] 제공업체의 네 주체가 관여한다. 일반적으로 수취인(특히 기업)이 결제 정보를 보유하고 있다고 생각되지만 실제로는 결제 게이트웨이 제공업체가 거래 및 은행 정보를 기록하는 경우가 많다. 기계 뒤에는 인간의 두뇌가 작동하고 있기 때문에 이러한 결제과정에서 생성되는 정보가 랜섬웨어 공격 등 범죄 활동에 악용될 가능성을 배제할 수 없다.

경제 사기의 유형은 다양하며 성별에 관계없이 연애 사기, 취업 사기, 복권 사기, 선물 사기, 선불금 사기 등의 피해를 당할 수 있다. 이러한 사기는 피해자의 금전적 욕구와 공식 기관에서 제공된 안전 경고를 무시하는 무지로 인해 발생하는 경우가 많다. 경제 사기의 피해자는 주로 취업이나 급전이 필요한 청년층이며, 특정 상황의 여성들도 취약한 것으로 나타났다. 성범죄의 피해자는 주로 젊은 여성인 경우가 많지만, 30세 이상의 여성도 연애 사기의 표적이 될 수 있다. 특히 미망인, 독신 여성, 어린 자녀를 둔 이혼 여성은 재정적 안정과 더불어 자신과 자녀에게 사랑과 애정을 줄 수 있는 자상하고 신뢰할 만한 남성 파트너를 찾는 과정에서 이러한 사기에 취약할 수 있다.

한편, 노인들은 성별에 관계없이 경제적 사기의 가장 취약한 대상이 된다. 은퇴 후 연금을 수령하는 고령자나 디지털 문화에 익숙하지 않은 노인들은 전화나 ATM 키오스크에서 범죄자를 신뢰하여 은행 정보를 제공하는 실수를 저지를 가능성이 크다. 더 나아가, 이러한 금융 사기는 피해자의 개인 데이터나 디지털 기기를 해킹하는 방식으로도 이루어질 수 있다. 또한, 노인층은 디지털 문화에 대한 이해도가 낮아 금융 사기에 특히 취약한 것으로 보고되고 있다. 이러한 금융 사기는 피해자의 개인 데이터와 기기를 해킹하는 방식으로도 이루어질 수 있어, 사이버 보안의 중요성이 더욱 부각되고 있다. 따라서

12) 결제 게이트웨이 대신 결제 대행사를 활용할 수도 있다. 양자는 유사한 결제 방식으로 비즈니스 규모, 결제 수단 다양성, 보안 요구사항 등을 고려해서 상황에 맞게 선택할 수 있다.

개인의 디지털 문해력(Digital Literacy) 향상과 함께 체계적인 사이버 보안 교육 및 정책 수립이 요구된다.

5 사칭(impersonation)과 사이버스토킹(cyberstalking)

사칭과 사이버스토킹은 현대 디지털 사회에서 주목받는 사이버 범죄 유형으로, 특히 여성과 아동을 대상으로 하는 경우가 많다. 사칭(詐稱)은 소셜 미디어 시대의 대표적인 범죄 행위 중 하나로 이름, 직업, 성별, 주소, 나이, 학력 등을 거짓으로 속여 성적 착취나 경제적 이득을 목적으로 저지르는 행위를 말한다. 예를 들어 A가 B의 신분증을 위조하여 은행에서 대출을 받는다거나 인터넷 쇼핑몰에서 다른 사람의 아이디를 도용하여 왜곡된 상품 후기를 작성하는 것도 사칭에 해당한다. 사이버 범죄에서 사칭은 심각한 문제가 될 수 있는데 타인의 개인정보를 도용하여 인터넷 사이트에 가입하거나, 이메일을 보내는 등의 행위는 타인의 명예를 훼손하거나 금전적인 피해를 입힐 수도 있다. 특히, 유명인이나 기업을 사칭하는 경우 많은 사람들을 대상으로 하는 대규모의 피해, 범인 색출 및 피해복구의 어려움 등으로 인해 더욱 위험하다. 사칭은 허위 프로필을 생성하거나 기존 계정에 무단으로 접근하여 개인정보를 악용하는 방식으로 이루어지기도 한다. 사칭은 피해자의 사회적 관계와 평판에 심각한 영향을 미칠 수 있어, 대인 관계에서 중요한 피해 요인으로 간주된다.

사이버스토킹은 주로 여성과 소녀를 대상으로 하는 범죄로, 피해자의 온라인 활동뿐만 아니라 실제 생활까지 감시하는 행위를 포함한다. 이는 심각한 사생활 침해를 수반하며, 가해자는 피해자의 개인 기기, 이메일, 소셜 미디어 계정을 해킹하거나 제3자를 통해 피해자의 활동을 모니터링한다. 사이버스토킹의 주된 목적은 피해자에게 위협을 가하여 가해자의 요구에 굴복하게 만드는 것이다.

이러한 사이버 범죄는 단순한 온라인상의 위협에 그치지 않고, 리벤지 포르노 유포, 개인정보 유출, 물리적 폭력 등으로 이어질 수 있어 그 심각성이 크다. 따라서 이에 대한 법적, 제도적 대응책 마련과 함께 개인의 디지털 리터러시 향상이 요구된다.

6 신체적 사생활(privacy) 침해

신체적 프라이버시 침해는 데이터, 기기, 네트워크에 대한 무단 접근 또는 해킹과 밀접한 연관이 있다. 개인의 신체 관련 정보는 다양한 온라인 활동을 통해 생성되고 저장되며 여기에는 의료 데이터, 의류 구매 기록, 신체 관리 제품 및 서비스 이용 내역, 교통 서비스 이용 기록, 여행 및 숙박 예약 정보 등이 포함된다. 이러한 정보는 시스템 내 자동화된 메커니즘에 의해 문서화되며, 기업의 사이버 인프라 침해나 고객 기기 해킹 시 유출될 위험이 있다. 유출된 정보는 온라인 성착취, 포르노 콘텐츠 제작 및 유통, 랜섬웨어 공격, 물리적 공간에서의 강도 또는 성범죄, 리벤지 포르노를 포함한 대인 범죄 활동 등과 같은 다양한 불법적 목적으로 악용될 수 있다.

또한, 사물인터넷(IoT) 기술의 발전으로 인해 가정용 스마트 기기나 카메라 지원 장치를 통한 신체적 사생활 침해 위험도 증가하고 있다. 이는 개인의 프라이버시 보호에 대한 새로운 도전과제를 제시하고 있다. 이러한 복합적인 위협에 대응하기 위해서는 개인정보 보호 정책의 강화, 기업의 데이터 보안 체계 개선, 그리고 사용자의 디지털 문해력 향상이 필수적이다. 또한, 신체적 프라이버시 침해에 대한 법적, 제도적 대응 방안을 지속적으로 발전시켜 나가야 할 것이다.

아동 온라인 성착취는 본질적으로 아동의 프라이버시 침해와 밀접하게 연관되어 있다. 특히 사이버 공간에서 청소년의 활동은 급속히 증가하고 있으며, 다양한 온라인 게임과 애플리케이션의 개발로 인해 이들의 온라인 활동 범위는 더욱 확대되고 있다. 코로나19 팬데믹 기간동안 온라인 수업이 보편화되면서 이러한 추세가 가속화되었다. 부모들은 자녀의 온라인 수업 참여를 독려하기 위해 거의 무제한적인 인터넷 접속을 허용해야 했고, 이는 결과적으로 아동들이 인터넷을 마치 "디지털 젖병"처럼 사용하는 환경을 조성했다.

이로 인해 아동 프라이버시 침해의 위험성이 크게 증가되었을 뿐만 아니라 온라인 아동 인신매매 조직은 사이버 공간에 게시된 아동 이미지와 정보를 이용해 여전히 범죄를 자행하고 있다. 이와 관련된 많은 이미지와 정보가 페이스북이나 인스타그램과 같은 소셜 미디어 플랫폼 등에서 과도하게 수집되고 공유되고 있으며 이러한 자료는 종종 부모와 아동이 스스로 제공한 것으로 추정된다. 이러한 문제는 디지털 환경에서 아동 보호의 중요성을 강조하며, 부모와 사회 전반의 각별한 주의와 대책이 요구된다.

7 리벤지 포르노

리벤지 포르노와 비합의적 이미지 공유는 언뜻 유사한 개념처럼 보이나, 실제로는 명확히 구별된다. 양자 모두 피해자의 프라이버시를 심각하게 침해하며, 그 대상은 주로 여성이다. 그러나 리벤지 포르노는 가해자가 개인적인 분노나 복수를 목적으로 피해자의 동의 없이 개인 식별 정보를 포함한 상태에서 피해자의 사적 이미지를 포르노 콘텐츠로 유포하는 행위를 의미한다. 반면에 비합의적 이미지 공유는 보다 넓은 범위의 범죄로 리벤지 포르노를 넘는 다양한 행위가 포함된다. 예를 들어, 일반인의 이미지가 무작위로 캡처되어 인터넷 플랫폼에 공유되거나, 유명인의 개인 사진이나 몰래 촬영된 이미지가 상업적 목적으로 동의 없이 유포되는 경우는 리벤지 포르노가 아니라 비합의적 이미지 공유이다. 이러한 이미지 공유는 개인의 소셜 미디어 계정 해킹을 통해 이미지를 '도용'하거나, 휴대폰 카메라, 스파이 카메라, 드론과 같은 기술을 활용해 비밀리에 이미지를 캡처한 뒤 유포하는 방식으로 이루어질 수 있다. 이러한 기술을 악용한 이미지 캡처와 유포는 최근 들어 급격히 증가하고 있는데 이는 개인의 사생활 보호에 심각한 위협을 가하고 있다. 따라서 이러한 문제를 해결하기 위해선 법적 규제와 사회적 경각심이 강화되어야 한다.

평판 손상은 다양한 형태의 사이버 범죄로 인해 발생할 수 있는 심각한 결과 중 하나이다. 비합의적 이미지 공유, 리벤지 포르노, 해킹, 독싱(Doxing)[13)]

등의 개인정보 침해 행위는 사이버 공간뿐만 아니라 현실 세계에서도 피해자의 평판에 중대한 악영향을 미칠 수 있다. 이러한 프라이버시 침해 행위는 대부분 가해자가 의도적으로 피해자의 평판을 훼손하려는 목적으로 행해지는 경우가 많다. 특히 대인 범죄의 맥락에서 이러한 경향이 두드러진다. 예를 들어, 리벤지 포르노의 경우 가해자가 피해자의 사적인 콘텐츠를 인터넷에 유포함으로써 피해자의 취업 기회 등 사회적 활동에 직접적인 악영향을 미칠 수 있다. 또한, 혐오 발언이나 독싱과 같은 행위도 피해자의 사회적 평판을 심각하게 손상시킬 수 있으며, 나아가 피해자의 신체적 안전까지 위협할 수 있는 잠재적 위험을 내포하고 있다.

제 4 절

요약 및 결어

본 장에서는 현대사회의 새로운 형태의 피해에 대해 살펴보았다. 피해자학의 역사와 전망, 현대사회의 특성, 그리고 피해자학의 미래 쟁점을 중심으로 논의를 전개하였다. 피해자학은 20세기 중반 이후 범죄학의 한 분야로 발전해왔다. 초기에는 범죄피해자의 권리와 보호에 중점을 두었으나, 점차 그 범위가 확대되어 다양한 사회적 피해와 피해자의 회복에 관한 연구로 발전하였다. 현대 피해자학은 범죄 예방, 피해자 지원 정책, 그리고 회복적 정의 실현에 이르기까지 광범위한 영역을 다루고 있다.

현대사회의 특성은 크게 세 가지로 설명할 수 있다. 첫째, 위험사회이다. 울리히 벡이 제시한 이 개념은 현대사회에서 새로운 형태의 위험이 증가하고

13) 피해자의 개인정보를 무단으로 수집하여 공개함으로써 수치심과 당혹감을 유발하는 행위이다.

있음을 지적한다. 이는 환경오염, 기술의 부작용, 테러리즘 등 다양한 형태로 나타난다. 둘째, 개인주의이다. 현대사회에서 개인의 자유와 권리가 강조되면서, 동시에 사회적 연대감이 약화되는 현상이 나타난다. 이는 새로운 형태의 피해와 피해자 발생에 영향을 미친다. 셋째, 사이버세계의 등장이다. 정보통신기술의 발달로 인해 형성된 가상공간은 새로운 형태의 범죄와 피해를 야기하고 있다.

이러한 현대사회의 변화에 따라 피해자학은 여러 미래 쟁점에 직면하고 있다. 우선, 형사사법제도의 개선이 요구된다. 피해자의 권리 보장과 회복적 정의 실현을 위한 제도적 개선이 필요하다. 다음으로, 증오범죄에 대한 대응이 중요하다. 인종, 종교, 성적 지향 등에 기반한 증오범죄의 증가에 대응하기 위한 연구와 정책 수립이 필요하다. 또한, 인신매매 문제에 대한 국제적 차원의 효과적인 대응 방안 모색이 요구된다.

특히 주목해야 할 점은 인터넷과 사이버피해 분야이다. 사이버 공간에서 발생하는 다양한 형태의 피해에 대한 연구와 대책 마련이 시급하다. 구체적으로 사이버테러, 개인정보침해, 지적재산권피해, 금융사기와 해킹, 사칭과 사이버스토킹, 리벤지 포르노 등의 문제가 대두되고 있다. 이러한 새로운 형태의 사이버 범죄는 국가 안보와 개인의 안전을 위협하고, 개인정보 보호의 중요성을 부각시키며, 디지털 환경에서의 저작권 보호와 공정 이용의 균형 문제를 제기한다. 또한 온라인 금융 거래의 안전성 확보, 온라인상에서의 신원 도용과 지속적인 괴롭힘에 대한 대책, 그리고 동의 없는 성적 콘텐츠 유포에 대한 법적 제재와 피해자 지원 등이 요구된다. 이러한 새로운 형태의 피해에 대응하기 위해서는 기존의 피해자학 이론과 방법론을 확장하고, 학제 간 연구를 통해 종합적인 접근이 필요하다. 또한, 급변하는 사회 환경에 맞춰 피해자 보호와 지원 정책을 지속적으로 개선해 나가야 한다.

결론적으로, 현대사회의 새로운 형태의 피해에 대한 이해와 대응은 피해자학의 중요한 과제이다. 위험사회, 개인주의, 사이버세계라는 현대사회의 특성을 고려하여, 형사사법제도의 개선, 증오범죄와 인신매매에 대한 대응, 그리고 다양한 사이버 피해에 대한 효과적인 대책 마련이 요구된다. 이를 위해 피해자학은 지속적인 연구와 실천을 통해 피해자의 권리 보호와 사회 정의 실현에 기여해야 할 것이다.

토론 주제

1. 사이버 범죄의 증가로 인해 개인의 프라이버시와 안전이 위협받고 있습니다. 이에 대응하기 위해 정부, 기업, 개인이 각각 어떤 역할을 해야 할까요?
2. 인신매매와 같은 국제적 범죄에 효과적으로 대응하기 위해 국가 간 협력이 필요합니다. 이를 위한 구체적인 방안은 무엇이 있을까요?
3. 증오범죄가 증가하고 있는 현실에서, 사회적 소수자 보호와 표현의 자유 보장 사이의 균형을 어떻게 맞출 수 있을까요?

주요 개념

위험사회
사이버범죄
인신매매
증오범죄
사이버테러
개인정보침해
리벤지 포르노
사이버스토킹
금융사기
사칭
디지털 문해력
회복적 정의
피해자 지원 정책
사이버 보안
프라이버시 보호

CHAPTER

13

결론과 전망

피해자학의 역사는 길지 않다. 1940년대 후반에 헨티그(Hentig), 멘델손(Mendelsohn), 울프강(Wolfgang) 등이 범죄발생에서 피해자의 역할에 주목한 이후로 오늘날까지 80여 년에 불과하다. 짧은 기간이지만 피해자학은 그동안 괄목할만한 발전을 이루었다. 1973년에 세계 각국의 학자, 형사사법실무자, 연구자, 학생들이 이스라엘에서 제1회 세계피해자학 심포지엄(First International Symposium on Victimology)을 개최했고 1979년 독일 뮌스터의 제3회 세계심포지엄에서는 국제피해자학회(World Society of Victimology)가 창설되었다. 이후 국제피해자학회는 3년마다 세계 각지를 순회하며 세계피해자학 심포지엄을 개최하고[1] 이와 함께 대륙별로 주요 대학들과 연계해 '피해자학, 피해자지원과 형사사법제도에 대한 대학원과정(Postgraduate Course on Victimology, Victim Assistance & Criminal Justice)'을 개설하는 등 적극적 학술활동을 하고 있다. 이런 노력으로 80년의 짧은 역사이지만 피해자학은 미국에서 240개 이상의 대학교에서 전문적으로 연구되고 우리나라에서도 주요 대학들이 피해자학 강의를 개설하고 있다.

피해자의 처우도 현저히 개선되었다. 예전에 피해자는 범죄사건을 사법당국에 신고하고 수사나 재판과정에서 범죄사실의 입증에 필요한 증인의 역할만을 할 뿐이었다. 범죄로 인해 피해를 겪었어도 적절한 배상과 보상을 받지 못했고, 수사기관과 법원의 비인간적 대우로 2차 피해(secondary victimization)를 당하는 경우도 적지 않았다. 그러나 1985년에 있었던 UN의 '범죄와 권력남용의 피해자에 관한 사법정책의 기본원칙선언' 이후로 피해자 처우는 점차 개선되기 시작했고 오늘날에는 대부분의 국가에서 피해자는 사건진행과정에 대한 정보, 의료서비스, 사회복지서비스, 가해자 배상, 국가보상제도, 사법절차에의 참여기회 등을 제공받고 있다. 우리나라도 1987년에 헌법개정으로 피

1) 가장 최근의 세계피해자학 심포지엄은 2024년 9월 인도에서 개최된 제18회 세계심포지엄이고 제19회 세계피해자학 심포지엄은 2027년에 캐나다에서 개최될 예정이다.

해자의 구조청구권과 재판절차상 의견진술권이 신설되었고 같은 해에 범죄피해자구조법[2)]이 제정되는 등 피해자의 처우개선을 위한 많은 노력이 있었다. 2005년에는 피해자의 보호·지원에 관한 기본법이라고 할 수 있는 범죄피해자 보호법이 제정되었고 2007년에는 형사소송법이 개정되어 재정신청의 확대, 신뢰관계자 동석, 비디오 중계방식에 의한 신문, 공판진행 상황의 통지, 피해자 법정진술권의 강화, 피해자 진술의 비공개, 피해자 등의 공판기록 열람·등사 등이 규정되었고 2020년에는 검경 수사권 조정을 반영해 경찰 수사단계에서 피해자의 권리를 보호하기 위한 여러 법률조항들이 신설되었다.

그러나 피해자학의 발전과 피해자의 처우개선을 모두가 긍정적으로 평가하지는 않는다. 일부의 학자들은 최근의 동향을 비판적으로 평가한다. 비판학자들은 피해자학이 거시환경의 영향을 도외시한 채 미시적 연구에 집중하여 정치인과 보수세력의 선동에 악용되어 현대사회의 주요 가치에 역행하는 등의 문제가 있었다고 지적한다. 또한 피해자학의 대표적 연구방법인 범죄피해조사의 경우도 법률적 범죄개념과 일반시민이 생각하는 범죄개념이 서로 달라 피해실태의 정확한 파악에 한계를 보였고, 살인과 강도 등의 심각한 범죄는 제한된 숫자의 표본조사에서는 포착되지 않아 암수범죄의 규모를 추정하는 데에도 효과적이지 못했고, 범죄두려움은 피해자학의 주요 연구성과이지만 학자들 간에 서로 달리 측정되어 신뢰할만한 연구결과를 보여주지 못했다고 비판했다.[3)] 피해자의 처우개선에 대해서도 비판적 평가가 있다. 흔히 처우개선의 사례로 사건처리 정보의 제공, 가해자 위협으로부터 피해자 증인의 보호, 수사와 재판과정에서 인간적 존중과 대우 등이 거론된다. 매트레버스(Matravers)는 이런 것들이 피해자의 처우개선인지에 대해 의문을 제기했다. 매트레버스에 의하면, 일반 증인과 참고인들도 이런 처우를 받을 수 있으므로 피해자들만을 위한 처우개선이라고 할 수 없다는 것이다. 일반 증인과 참고인도 사건처리의 정보를 제공받을 수 있고, 가해자의 위협에 방치되지 않으며, 수사나 재판과정에서 인격체로서 존중을 받으므로 매트레버스는 흔히

2) 범죄피해자 구조법은 2010년에 폐지되고 범죄피해자 보호법에 통합되었다.
3) 제4장 범죄피해의 측정과 실태 참조.

거론하는 피해자의 처우개선은 사실 개인의 자유와 권리가 사법제도 전반에서 향상되었기 때문이지 피해자만을 위한 것이 아니었다고 지적했다 (Matravers, 2010: 2).

이 장에서는 지금까지의 피해자학을 성찰하고 앞으로의 발전 방향을 전망한다. 이를 위해 먼저 피해자학의 발전에 대한 비판적 시각들을 검토하고, 다음으로 피해자학의 발전 방향을 전망한다.

제 1 절

피해자학에 대한 비판적 시각

오늘날은 '피해자의 시대'라 할 만큼 피해자 연구가 활발하며 형사사법기관들이 도입하는 새로운 대책들은 대부분 피해자의 보호와 관련한 내용이다. 과거에 언론매체는 가해자를 중심으로 성장배경이나 범행방법 등을 주로 보도했지만 최근에 들어서는 피해자의 고통과 애환 그리고 형사사법절차에서 2차적 피해자화에 관한 보도를 늘리고 있다. '잊혀진 존재(forgotten being)'로 오랫동안 간과되었던 피해자 문제에 학문적 관심이 집중하고 정책적 배려가 강화되는 추세는 일견 긍정적이고 바람직한 사회발전의 모습이라 할 수 있다. 그러나 일부의 학자들은 피해자 문제에 쏟아지는 학문적 관심과 정책적 배려들을 비판적 시각에서 분석한다. 다음에서는 피해자학의 비판적 시각들을 강압적 형사처벌, 신자유주의, '피해자화 도덕성', 미시적 편향성 등으로 구분해 살펴본다.

1 강압적 형사처벌과 피해자학

애쉬워스(Ashworth)는 피해자학의 발전이 강압적 형사처벌(harsher penalties)과 밀접한 관련이 있다고 지적했다(Ashworth, 2000). 21세기에 들어 미국과 영국을 비롯한 주요 국가는 무관용대책, 3진 아웃제, 의무양형제 등으로 가해자를 더욱 가혹하게 처벌하는 경향이다. 무관용대책(zero tolerance)은 가해자의 상황과 관계없이 경미한 규칙위반을 포함해 모든 위법행위를 철저히 처벌하는 대책이다. 원래 약물범죄를 대상으로 했지만(Skiba & Rausch, 2006) 무관용대책은 이후 학교폭력, 데이트폭력, 가정폭력 등 다른 범죄에까지 확대 적용되고 있다. 실제로 미국에서는 어머니가 점심도시락에 사과와 함께 과도를 넣었다가 무기소지를 금지한 학칙위반으로 10세 여학생이 퇴학처벌을 받은 경우가 있었다. 과도를 보고 해당학생은 선생님께 즉시 신고했지만 개인의 사정을 고려하지 않는 무관용대책으로 여학생은 처벌을 피할 수 없었다(American Psychologist, 2008: 852). 3진 아웃제(three strike out)는 2회 이상 심각한 범죄를 저지른 가해자가 또다시 범죄를 저지르면 가중처벌을 통해 사회로부터 장기간 또는 영원히 격리하는 조치이다(Clark, Austin, & Henry, 2011). 그리고 의무양형제(mandatory sentencing)는 판사가 재량적 판결을 하지 못하도록 법으로 일정한 형량을 의무적으로 선고하게 하는 제도이다(Graycar, 1999).

애쉬워스는 피해자가 강압적 형사처벌에 도움이 되기 때문에 이들이 겪는 문제들에 관심이 증가했다고 주장했다. 그는 피해자를 강압정책의 봉사자('victim in the service of severity')라고 단언했다(Ashworth, 2000: 186). 애쉬워스의 지적대로 피해자와 관련한 논의들은 대부분 강압적 형사정책을 지지하는 내용이다. 피해자의 일부는 법원의 판결이 관용적이라고 비난하고 가해자의 강력한 처벌을 요구하는 사회운동에 직접 나서기도 한다. 또한 가해자의 이익과 피해자의 이익을 제로섬 게임(zero-sum game)으로 생각하고 가해자가 현재 누리는 권리들을 제한해야 한다는 주장도 강압적 형사정책을 옹호하는 것이다. 피해자의 재판정 진술권도 마찬가지이다. 피해자학 학자들은 재판과정에서 가해자 처벌에 대한 의견, 피해의 정도와 결과, 사건에 대한 개인적 의견 등을 진술할 수 있는 기회를 확대하여 피해자들이 자신의 권익을 보호하고 피해회복을 하는데 도움을 주어야 한다고 주장한다(박상식, 2008: 130; 박정성, 2009: 92; 장승일, 2010: 222). 피해자의 진술권을 확대하면 상대적으로 가해자의 비도덕성과 폭력성이 더욱 부각되고 노출될 수 있다. 이는 결국 가해자를 강력히 처벌할 수 있는 근거가 되므로 재판정 진술권에 관한 논의들은 간접적으로 강압적 형사처벌을 지지하는 것이다. 애쉬워스에 의하면, 현대사회에는 자유주의 가치와 다양성이 확대되는데 이런 경향에 불만을 가진 보수세력과 정치인들은 단일성과 통일성의 전통적 가치를 복원하고자 하고 이런 과정에서 피해자에 관한 논의들이 자신들의 시도에 도움이 되므로 피해문제에 관한 연구들을 적극적으로 지원해 단기간에 피해자학이 급속히 발전했다는 것이다.

2 신자유주의와 피해자학

일부 비판학자는 신자유주의(neo-liberalism)의 영향을 지적했다(Matravers, 2010: 3). 구조조정, 정리해고, 세계시장, 노동시장의 유연화는 신자유주의를 표상하는 용어들이다. 이런 용어들을 일상적으로 접할 수 있을 정도로 신자유주의는 오늘날 경제정책의 지배적 이념이다. 신자유주의는 방법론적 개인주의(methodological individualism)에 기반한다. 여기서 개인이란 효용의 극대화를 추구하는 합리적 이윤추구자이며, 경제적 동물(homo economicus)로서 효용과 만족의 극대화를 추구하는 합리적 의사결정의 주체이다. 신자유주의에 의하면 사회현상은 합리적 판단능력을 가진 행위자가 이익을 극대화하고 손실을 최소화하는 의사결정에 따르는 개인 행위들의 총합(aggregate of individual behavior)[4]이다. 또한 신자유주의는 국가의 개입을 최소화하고 그 대신 시장의 자율적 배분원리를 중시한다. 복지부문이건 경제부문이건 국가개입의 최

4) 듈케임(Durkheim)은 사회적 사실이 개인 행위의 총합을 초월하는 더 크고 객관적 실체이며 이런 사회적 사실은 다른 사회적 사실에 의해서만 설명할 수 있다고 주장했다(Durkheim, 1982: 35). 이런 점에서 방법론적 개인주의는 사회학적 접근방법과 달리 경제적 불황, 차별문화, 불평등 수준, 국가정책 등과 같은 사회적 영향, 즉 사회적 사실을 고려하지 않는다는 것을 알 수 있다.

소화와 시장의 자율적 배분원리를 강조하고, 시장의 보이지 않는 손과 자유경쟁의 원리에 의해 최적의 자원배분이 이루어질 수 있도록 민영화와 규제완화를 옹호한다(유호근, 2009: 128). 신자유주의 시각에서 범죄문제를 설명하는 대표적 이론으로는 클라크와 코니쉬(Clark and Cornish, 2001)의 합리적 선택이론(rational choice theory)을 들 수 있다(Lilly et al., 2011: 344). 클라크와 코니쉬는 범죄를 가해자의 합리적 의사결정에 따른 선택된 행위로 보았다. 범죄를 시도하는 잠재적 가해자들은 체포와 처벌의 위험, 주위사람의 반응, 범행에 필요한 노력, 잠재적 이득, 자신의 욕구 등을 고려해 범죄가 주는 이익과 범죄로 잃게 될 손해를 계산하고 이익이 손해보다 크다고 판단하면 범죄를 결행한다고 설명한다. 즉 "모든 범죄행위에는 가해자의 선택이 개입하며, 가해자는 자신의 선택에 책임을 져야하고 형사사법기관은 이런 선택에 대해 정당하게 처벌할 수 있다"(Clarke & Cornish, 2001: 34)는 것이다.

합리적 선택이론에는 심각한 문제가 있다. 사람마다 의사결정 능력에 차이가 있고 선택의 대상도 각자가 처한 상황에 따라 다르다. 부모학대를 겪으며 성장한 청소년과 아인슈타인이 같은 수준의 의사결정 능력을 가졌다고 생각할 수 없다. 또한 전과자는 공무원이나 금융업과 같은 안정된 직장을 갖고자 해도 사회적 제약으로 선택 자체를 할 수가 없다. 클라크와 코니쉬의 이론은 개인별 차이를 초래하는 환경조건과 배경요인들(background factor)의 영향을 반영하지 않아 사회에서 발생하는 범죄문제를 적절히 설명할 수 없었다. 합리적 선택이론의 더욱 심각한 문제는 개인에 책임을 전가하는 것이다. 부모학대나 낮은 경제적 수준 등의 환경조건과 배경요인은 자신이 선택한 것이 아니다. 자신이 선택하지 않은 열악한 환경 탓에 범죄를 저지른 사람에게 책임을 묻고 처벌할 수 있다는 클라크와 코니쉬의 주장은 설득력이 높지 않다. 이들의 주장은 모든 책임을 개인에 전가하고 반대로 열악한 환경조건을 방치하는 국가나 사회공동체의 책임을 면책시켜 주는 것이다.

신자유주의 시각은 피해자학에서 더욱 두드러진다. 피해자학 연구는 신자유주의 경제학과 같이 방법론적 개인주의를 근간으로 한다. 범죄피해조사는 개인을 대상으로 범죄피해를 측정하고 범죄피해의 전체 수준은 사회적 조건을 고려하지 않은 채 개인이 겪은 곤경과 어려움을 총합해(aggregate) 파악한다. 방법론적 개인주의의 다른 사례로는 피해자 영향진술(victim impact statement)을 들 수 있다. 피해자 영향진술은 피해자가 구두 또는 문서로 범죄로 인해 겪게 된 어려움과 가해자의 적절한 처벌 등에 대한 의견을 사법기관에 피력하는 방법이다. 피해자 영향진술을 통해 피해자는 자신이 겪은 신체적 상해, 정서적 장애, 경제적 비용, 의료비, 정신상담비. 배상의 필요성, 가해자의 처벌수준을 진술서나 구두로 재판관이나 가석방위원회 등에 제출할 수 있다. 재판관과 가석방심사위원회는 피해자 영향진술을 참조해 가해자의 양형 수준이나 가석방여부를 결정하게 된다[5](National Center for Victims of Crime, 2016). 피해자 영향진술은 동일한 범죄사건이더라도 개인이 겪는 해악의 주관적 수준이 사람마다 다를 수 있다고 인정하는 것으로 피해자학의 개인주의적 지향을 잘 대변한다. 이처럼 피해자학은 방법론적 개인주의에 기반해 국가개입의 최소화와 자유방임의 시장경제를 추구하는 신자유주의를 암묵적으로 옹호하고, 형사사법제도가 해결해야 할 핵심과제로 개별 피해자의 곤경과 어려움을 강조하여 단기간에 급속히 성장할 수 있었다는 것이다(Matravers, 2010: 3).

3 '피해자화 도덕성'과 피해자학

새로운 도덕성이 필요해 피해자에 대한 관심이 증가했다는 견해가 있다(Boutellier, 2000). 후기산업사회에 들면서 형사사법제도의 정당성을 부여했던 전통적 도덕성이 크게 약화되었다. 정당성의 토대가 될 수 있는 새로운 도덕성을 찾아야 할 필요성 때문에 피해자 문제에 관심이 증가했다는 것이다. 포스트모더니즘은 흔히 후기산업사회의 문화적 특성을 지칭한다. 포스트모더니즘은 원래 예술과 문학 분야에서 논의한 개념이었으나 료타르(Lyotard)에 의해 사회현상의 분석에 도입되었다. 료타르는 「포스트모던의 조건」(The Postmodern

---

5) 미국 50개의 모든 주에서 피해자 영향진술을 양형과정에서 활용한다(http://victimsofcrime.org/help-for-crime-victims/get-help-bulletins-for-crime-victims/victim-impact-statements).

Condition: A Report on Knowledge)에서 오늘날의 문화를 포스트모더니즘으로 정의하고 그 특성으로 거대서사가 사회성원으로부터 신뢰를 잃은 상태로 규정했다(Lyotard, 1984). 료타르에 의하면 모더니즘은 거대서사(meta-narratives)를 전제하고 이를 토대로 도덕적 판단을 비롯한 다른 담론들을 정당화하는 방식이다. 모더니즘의 핵심 거대서사로는 계몽주의로부터 유래한 이성에 의한 인류의 해방이라는 서사(narrative)와 헤겔철학이 내포하는 모든 지식의 사변적 통일이라는 서사를 들 수 있다.[6] 즉 모더니즘은 인간을 이성적 존재로 보고 인간사회를 총체성 속에서 명확한 진술들의 폐쇄적 체계로 인식한다. 형사사법제도는 이런 거대서사들을 바탕으로 법규범의 근원, 공권력의 권위, 책임형법주의 등을 정당화했다(이재원, 1993: 285-288).

그러나 이성에 의한 인류의 해방과 지식의 사변적 통일이란 모더니즘 거대서사는 오늘날에 그 영향력이 쇠퇴하고 있다. 모더니즘이 현실 생활과 부합하지 않았기 때문이다. 현실 생활은 이성적 부분과 비이성적 부분으로 구성되어 있는데 모더니즘은 비이성적인 많은 것들을 배제하고, 이질적 사회나 가치의 다양성을 인정하지 않아 사람들 간에 발생하는 현실적 문제들에 해답을 주지 못했다. 더불어 기술의 발달로 행위의 목적보다 수단이 강조되고, 수행성(performative), 즉 사회적 필요에 따라 스스로를 적응시켜 나가는 실행능력이 강조되면서 모더니즘의 거대서사는 그 영향력이 약화되었다(강진철, 1993: 255; 양종회, 1995: 346). 새롭게 출현한 포스트모더니즘은 개체성, 다원성, 이질성, 차이, 비연속성, 불명확성, 탈중심성을 인정하는 문화적 추세이다(이순래, 2008: 8). 이전까지 당연한 것이었던 거대서사들은 의심의 대상이 되었다. 또한 이성에 의한 인류의 해방과 모든 지식들의 사변적 통일을 바탕으로 공권력의 권위나 법집행의 근거 등을 구축했던 담론들은 더이상 형사사법제도의 존립근거를 정당화시켜줄 수 없게 되었다.

---

6) 구체적으로 모더니즘은 추상적 보편성, 총체성, 체계성, 일치성, 연속성, 다원성보다는 단일성을, 차이보다는 통일성을 강조하는 문화이다(이순래, 2008: 7). 정상과 비정상, 이성과 감정, 계몽과 무지, 문명과 야만, 발전과 정체 등의 이분법적 구분을 하고 정상, 이성, 계몽, 문명, 발전의 가치만을 인정하고 비정상, 감정, 무지, 야만, 정체에 대해서는 부정적 가치평가를 하는 경향이다.

부텔리어(Boutellier)는 후기산업사회에서 나타난 정당성의 위기에 대처하려는 목적에서 피해자에 대한 관심이 증가했다고 지적했다(Boutellier, 2000: 58). 불쌍한 사람을 도와야 한다는 가치를 부정하는 사람은 없다. 또한 범죄로 인해 고통을 받는 피해자를 보호하고 지원해야 한다는 도덕적 가치를 거부하는 사람도 없다. 불쌍한 피해자의 고통감소는 사회구성원들에게 새로운 도덕성을 구축하는 토대가 될 수 있다. 부텔리어는 포스트모더니즘 문화에서 형사사법기관들이 과거의 거대서사로는 공권력의 권위와 법집행의 근거를 정당화할 수 없게 되자, 피해자의 고통을 강조하는 '피해자화 도덕성(victimalized morality)'을 정당화의 기초로 구축하고자 하고 이런 과정에서 피해자 문제를 부각하였다고 주장했다. 제4장에서 봤듯이 상당한 규모의 피해자들이 범죄사실을 경찰에 신고하지 않는다. 신고하지 않은 암수율이 성폭력의 경우는 75.9%, 강도는 92.1%, 폭행은 27.1%, 사기는 41.7%, 절도는 80.7%, 손괴는 91.3% 수준이었다. 폭행과 사기를 제외하고 신고하지 않은 사건이 신고한 사건보다 많은 경향이다. 형사사법기관들의 피해자 보호·지원대책들은 모두 범죄사건을 신고한 피해자만을 대상으로 하는 것이다. 신고하지 않은 피해자들은 아무런 보호와 지원을 받지 못한다. 형사사법기관들이 진정으로 피해자를 보호하고 지원하고자 한다면 미신고 피해자들도 형사사법기관으로부터 도움을 받을 수 있어야 한다. 미신고 피해자들은 형사사법기관으로부터 아무런 보호나 지원을 받지 못한다. 부텔리어에 의하면, 미신고 피해자들이 방치되고 있는 이유는 형사사법기관들이 피해자를 위한다고 선전하지만 실제로는 '피해자화 도덕성'으로 정당성의 기초를 구축하려는 것이 주요 목적이기 때문이다.

4 미시적 편향성과 피해자학

비판학자들은 피해자에 대한 관심이 강압적 형사처벌과 신자유주의를 옹호하고 후기산업사회에서 형사사법기관의 이해관계에 부합하기 때문에 단기간에 급증했다고 지적했다. 하지만 이들의 지적이 정확하다고 할 수 없다. 범죄피해의 실태, 범죄피해의 유관요인들과 피해자화 과정, 범죄피해의 영향 등에 대한 다양한 사실들이 피해자학 연구들을 통해 새롭게 규명되었고 피해자의 처우 역시 분명히 향상된 측면이 있다. 이런 점에서 비판학자들은 피해자학의 연구성과 자체를 부정하는 것이 아니라 피해자 개인에 집중하는 학문적 편향성을 지적한 것으로 이해할 수 있다.

피해자학의 태동기에는 그렇지 않았다. 1940-50년대 초기 학자들은 피해자 개인에 주목하지 않았다. 초기 학자들은 피해자와 가해자의 상호작용, 즉 공유책임(shared responsibility)을 집중적으로 다루었다(Karmen, 2007: 96). 우리나라 속담에 "손뼉도 마주 쳐야 소리가 난다."라는 말이 있다. 이런 속담과 같이 범죄피해들 중에는 가해자의 행위에 피해자가 반응하고 이에 가해자가 다시 반응하거나 혹은 피해자의 행위에 가해자가 반응하고 서로 재반응하는 상호작용의 결과로 발생하는 경우가 있다. 가해자와 피해자의 상호작용을 헨티그(Von Hentig, 1941)는 '이중의 준거틀(duet frame of reference)', 멘델존(Mendelsohn, 1956)은 '형사법의 두 사람(penal couple)', 엘렌버거(Ellenberger, 1955)는 '가해자-피해자 관계(doer–suffer relationship)'로 표현하고 상호작용과정에서 피해자의 역할과 책임에 주목했다.[7]

초기학자들의 공유책임론은 오래 지속되지 못했다. 그 이유는 공유책임론에 내포된 피해자 비난(victime blaming) 때문이었다. 공유책임론은 피해자와 가해자가 피해발생에서 동반자이고 이들 간에는 공생관계(symbiosis)가 있으며, 피해사건을 올바로 이해하려면 가해자뿐 아니라 피해자의 숨은 동기, 주위사람들의 평가, 행위습관, 과거의 범죄경험까지도 면밀히 조사해야 한다는

7) 피해자의 역할은 크게 피해자 용이(victim facilitation), 피해자 촉발(victim precipitation), 피해자 도발(victim provocation)로 구분할 수 있다(Karmen, 2007: 161-162). 피해자 용이는 가해자와의 상호작용과정에서 피해자가 무지하고, 부주의하고, 방임하고, 무지해 가해자의 범행을 쉽게 해주는 경우이다. 피해자 용이의 사례로는 도서관에서 고가의 휴대폰을 책상위에 올려놓고 화장실에 갔다가 절도피해를 당했다든지, 여름에 덥다고 창문을 열고 자다가 침입절도를 당하는 경우를 들 수 있다. 피해자 촉발은 가해자와 피해자 모두가 범행의지(intent to crime)을 가졌는데 피해자가 사건발생에 가해자보다 더 많은 역할을 하는 경우이다. 예를 들어, 술집에서 시비가 붙었는데 피해자가 먼저 가격했다가 상대방의 반격으로 피해자가 상해피해를 입는 경우이다. 피해자 도발은 피해자가 범행의지가 없는 일반인을 괴롭히거나, 도전하거나, 선동함으로써 상대방의 반격으로 자신이 피해를 입는 경우이다.

견해이다(Von Hentig, 1948). 공유책임론은 피해사건을 면밀히 살펴보면 피해자 용이(victim facilitation), 피해자 촉발(victim precipitation), 피해자 도발(victim provocation) 등이 있으며 범죄사건의 발생에 피해자가 어느 정도 책임이 있다고 가정한다. 피해자의 보호와 지원을 추구하는 휴머니즘 지향의 학자들은 공유책임론을 수용하지 않았다. 1970년대에 들어 휴머니즘 지향의 학자들은 공유책임론을 강하게 비판했다(Weis and Borges, 1973: 85; Siverman, 1974: 99; Brownmiller, 1975: 353; Symonds, 1975: 22; Franklin and Franklin, 1976: 134; Sheley, 1979: 126-127; Teevan, 1979: 7; Reiff, 1979: 12). 아래는 공유책임론에 대한 바이스와 보르헤스(Weis and Borges)의 비판을 인용한 것으로 당시의 분위기를 잘 보여준다.

> 오랫동안 무시되었다가 이제 겨우 학문적 연구대상이 된 범죄피해자는 과거에 찬사보다는 비방의 대상이었고, 자신이 겪었던 어려움에 동정적 이해를 받지 못했다. 범죄피해자는 앞으로는 보다 향상된 대우를 받아야 한다. 일부 학자들이 피해자학 설립자들이 추구했던 휴머니즘과 도와주자는 지향에서 벗어나 피해자학을 피해자 비난의 학문으로 변질시켰다. 만일 "적법한 피해자"란 개념을 구성하면, 가해자는 자기책임의 일부를 면제받게 될 것이고 특히 강간의 경우는 가해자가 없거나 피해자가 없는 범죄가 될 수 있다(Weis and Borges, 1973: 85).

제기된 비판들의 골자는 공유책임론이 피해자의 어려운 상황을 돌봐주지 않고 가해자의 책임만 경감시켜 피해자학이 추구해야 하는 휴머니즘에 어긋난다는 것이다.[8)] 윤리적 측면에서 휴머니즘 학자들의 비판을 반박하기 어렵

---

8) 이와 함께 티반(Teevan)과 셀리(Sheley)는 피해자의 역할이 피해발생의 필요충분조건이 아니므로 공유책임론이 잘못되었다고 지적했다. 필요충분조건은 P ⇔ Q로 표시할 수 있다. 이는 피해자의 역할(P)이 있으면 피해가 발생(Q)해야 하고 피해가 발생하면(Q) 피해자의 역할(P)이 있어야만 둘 간의 관계가 성립한다는 매우 엄격한 인과관계론에서 요구하는 조건이다. 경험적 연구를 강조하는 사회과학에서 일반적으로 인정하는 인과관계론은 이와 다르다(Babbie, 1989: 65). 사회과학은 1959년에 라자스펠드(Lazarsfeld, 1959)가 정립한 원칙에 따라 ① 두 현상 사이에서 원인이라고 가정하는 현상이 결과에 시간적으로 선행하고 ② 두 현상 사이에 상관관계가 있고 ③ 두 현상 사이의 관계가 제3의 요인에 의한 것이 아니라는 세 가지 조건을 충족하면 두 현상 간에 인과관계가 있다고 인정한다. 이런 점에서 티반과 셀리는 경험적 측면이 아니라 엄격한 형식논리에 따라 공유책임론을 비판했다는 것을 알 수 있다.

다. 강도사건으로 충격에 빠진 사람에게 음주를 했다든지, 심야에 혼자 다녔다든지, 고가의 물품을 과시했다든지, 주의태만을 했다고 지적하는 것은 비록 이런 사유들이 범죄발생의 주요 원인이었더라도 윤리적이라고 할 수 없다. 1970년대의 공유책임론에 대한 비판 이후로 피해자와 가해자의 상호작용 나아가 피해발생에 미치는 사회적 환경의 영향에 관한 연구는 찾아보기 어려워졌다. 대신에 피해자의 무책성(無責性)을 전제로 한 미시적 연구들이 주축을 이루었다. 휴머니즘 학자들이 요구한 대로 피해자의 역할과 책임을 지적하는 연구들은 금기시되었고, 피해자의 어려움을 해결하는데 도움을 줄 수 있는 개인적 피해실태와 피해자의 권리보호 방안에 관한 연구들이 주도적 입장이 되었다.

흉악한 범죄자로부터 피해를 당한 사람의 경제적, 정신적, 심리적 손상을 조사하고 피해자가 형사절차에서 겪게 되는 2차적 피해자화 실태를 파악하는 연구는 필요하다. 피해자의 원상회복을 위한 법률적 권리보호방안과 경제적 · 심리적 지원체계를 구축하는 연구 역시 필요하다. 그러나 피해자 중심의 미시적 접근방법으로 편향된 휴머니즘 피해자학에는 분명한 한계가 있다. 우선, 휴머니즘 피해자학에서 가정하는 피해자의 무책성이 경험적 사실과 일치하지 않는다. 울프강(Wolfgang)의 연구에서 봤듯이 전체 살인사건의 22%-26% 가량이 피해자 도발에 의한 것으로 조사되어 피해자 무책성이 살인사건의 실태를 제대로 반영하지 못했다. 뿐만 아니라 피해자가 허위신고하는 경우도 있을 수 있다. 럼니(Rumney)는 강간사건의 허위신고 사례들을 연구한 20편의 논문과 보고서를 분석했다. 그 결과 강간이 없었는데 강간피해를 당했다고 허위신고한 비율이 강간사건 전체에서 적게는 11%에서 많게는 22%를 차지하는 수준이었다(Rumney, 2006: 136 – 137).[9] 다음으로, 피해자의 무책성은 형사사법기관의 정당한 업무수행에도 지장을 초래했다. 범죄신고를 접수한 수사기관은 사건의 진상을 파악하기 전까지는 피해자와 가해자를 특정하기가 어렵다. 피해자라고 주장하는 사람이 실체적 사실을 진술하는지 아니면 무고나 개인

9) 이는 1,000건 이상의 강간사건을 분석한 논문과 보고서에서 나타난 수치이다. 1,000건의 강간사건을 분석한 경우에 허위신고 의심사례의 비율은 최소 2%이었고, 최대 24%이었다(Rumney, 2006: 136 – 137).

적 이익을 위해 허위진술과 과장진술을 하는지를 확신할 수가 없다. 피해자 무책성은 수사기관으로 하여금 피해자라고 주장하는 사람을 의심하지 말고 신뢰하라고 강요하는 것으로 수사기관이 범죄사건을 객관적으로 조사하는데 장애요인이 된다(Karmen, 2007: 136).

제 2 절

피해자학의 발전방향

최근에 들어 새로운 피해자학이 대두하고 있다. 구디(Goodey)를 비롯한 여러 학자들이 가치중립의 과학적 피해자학과 휴머니즘 지향의 피해자학을 통합하고자 노력하였다(Dignan, 2005; Goodey, 2005; Walklate, 2007). 특히 구디(Goodey)는 피해자를 정치적 목적에 활용하려는 우익의 응보적 사법과 피해자운동이 피해자학과 결합되면서 피해자학의 학문적 순수성이 오염되었다고 지적하고, 앞으로의 피해자학은 피해자-중심적 대책을 제안하고 동시에 이에 대한 객관적 평가도구가 되어야 한다고 주장했다.[10] 이를 위해 구디는 과학적 피해자학을 추구하는 학자들과 피해자를 위해 활동하는 행동주의자나 휴머니즘 학자들이 공동연구를 통해 서로의 다른 학문적 지향을 조정하는 통합 피해자학이 필요하다고 강조했다.

구디의 제안은 피해자학의 학문적 정체성을 구축하는데 유용한 방안이 될 수 있다. 그러나 "범죄피해의 당사자는 누구인가?" 그리고 "범죄사건을 누가 관할해야 하는가?"와 같이 피해자학 연구의 선결과제들이 해결되지 않아 통합 피해자학의 발전에 장애가 되고 있다. 먼저, "범죄피해의 당사자는 누구인가?"에 대해 크리스티(Christie, 1977)는 범죄사건을 직접 경험한 사람이 가해자

10) 구디(Goodey)의 주장에 대한 상세한 사항은 제1장 피해자학의 소개 참조.

와 피해자이므로 이들이 당사자이고, 근대적 형사사법제도가 설립되면서 피해자는 당사자적 지위를 '탈취당했다(stolen)'고 주장했다. 피해자가 당사자라는 크리스티의 주장은 일반상식과 일치하며 지극히 자명한 이치로 생각될 수 있다. 그러나 매트레버스(Matravers, 2010: 6)는 크리스티의 주장에 동의하지 않았다. 매트레버스는 범죄피해의 영향이 피해 당사자에게만 국한되지 않는다는 사실에 주목했다. 말다툼을 하다가 어떤 사람이 다른 사람에 상처를 입혔을 때에 사건의 영향은 피해자뿐 아니라 다른 사람들에게도 영향을 미친다. 상해보험의 경우에 피해자와 인구사회학적 특성이 유사한 사람들은 과거에 비해 더 많은 상해보험료를 지불해야 한다. 사건을 간접적으로 전해 들은 사람들은 폭행피해의 예방을 위해 고가의 호신장비를 마련해야 하고, 피해의 두려움으로 타인들과의 자리를 꺼리며 여가활동을 자제하는 등 일상생활에서 여러 불편을 겪는다. 언론매체가 사건을 보도하면 간접피해자의 범위는 더욱 확대된다. 지리적으로 멀리 떨어진 타지방의 사람들도 사건의 영향을 받는다.[11] 더불어 사회구성원은 서로에 대해 사회규범을 준수해야 할 의무가 있다. 사회규범의 준수의무는 사회구성원 각자가 준수하고 또한 동시에 다른 사람들도 당연히 따를 것이라고 가정하는 상호준수에 대한 의무이다. 가해자가 저지른 범죄는 피해자에게 해악을 가하면서 상호준수의 의무를 위반하여 일반 사회구성원에게도 해악을 가한 것이다. 서로 준수하기로 약속한 상호준수의 의무가 침해되었기 때문에 일반 사회구성원도 피해를 겪는 당사자라고 할 수 있다. 이에 매트레버스는 흔히 피해자를 범죄피해의 당사자라고 하지만 이때의 당사자는 범죄사건과 밀접히 연관된 사람 혹은 범죄사건과 연관된 부수적 존재(contingent fact)라는 의미이지 사건을 소유한 주체라는 의미가 아니며 범죄피해의 당사자는 일반 사회구성원까지도 포함해야 한다고 강조했다.

다음으로, "누가 범죄사건을 관할해야 하는가?"에 대해 토보로우스키 등

11) 뿐만 아니라 제6장에서 살펴봤듯이 범죄는 예방단계, 실행단계, 대응단계에서 사회전반에 걸쳐 광범위한 영향을 미친다. 박경래 외(2010)가 강력범죄 10종과 재산범죄 7종의 총비용을 추계했을 때에 158조 7,293억 원 규모의 비용이 지출되었다. 이를 통해 범죄는 피해자한테만 손상을 끼치는 것이 아니라 국가 전체적으로 많은 예산의 투입과 사회적 비용을 발생시킨다는 것을 알 수 있다.

(Tobolowsky et al., 2009)은 사건처리 과정에서 피해자 참여유형을 4가지로 구분하고[12] 자문형 참여와 의사결정형 참여가 구현될 수 있도록 해야 한다고 주장했다. 자문형과 의사결정형은 모두 피해자가 주도적으로 범죄사건을 관할하는 유형이다. 자문형 참여의 경우는 피해자가 법률전문가와 함께 사건을 검토하고 가해자의 기소여부, 처벌수준, 가석방여부 등을 판단하며, 의사결정형 참여는 한 단계 더 나아가 피해자가 직접 사건처리의 방향을 결정하는 유형이다. 피해자가 범죄사건을 관할해야 한다는 주장은 회복적 사법(restorative justice)[13]에서 두드러진다. 회복적 사법은 피해자 권한강화(victim empowerment), 정보의 고지, 직접 참여, 배상의 수령 등을 추구하는 새로운 형사사법이념이다(Karman, 2007: 363). 회복적 사법 운동가들은 범죄사건의 처리에서 피해자의 의견이 최근에 들어 반영되기 시작했지만, 가해자의 양형과 같은 주요 사항은 여전히 국가 형사사법기관이 관할하여 피해자의 구조적 지위가 변하지 않았다고 비판했다. 비앙키(Bianchi, 1994)는 피해자가 관할 주체가 되기 위해서는 기존의 국가주도 형사사법제도를 회복적 사법으로 대치하거나, 회복적 사법이념에 기반한 별도의 사건처리시스템을 구축해야 한다고 주장했다. 반면에 충분보장(sufficient security)의 사회적 필요성을 강조하는 학자들은 회복적 사법 운동가나 비앙키의 견해에 동의하지 않는다. 터크(Tuck, 1991: 215)는 사회공동체가 존립하려면 기본적으로 다른 사람들도 자기처럼 사회규범을 준수할 것이라고 확신하는 충분보장의 조건이 충족되어야 한다고 주장했다. 충분보장의 조건이 충족되지 않아 타인의 규범준수를 확신하지 못하면 각자는 자기 이익만을 추구하게 되고 따라서 상호협조하고 평화로운 사회는 불가능해지고 홉즈(Hobbes)가 얘기했던 '고독하고, 빈궁하고, 험악하고, 잔인하고, 짧은 운명(solitary, poore, nasty, brutish, and short)'의 생활로 전락한다는 것이다. 충분보장을 확립하는 방법에 대해 베버(Weber, 1948: 78)는 국가가 물리적 힘의 합법적

12) 토보로우스키 등은 피해자 참여의 유형을 표출적 참여(expressive participation), 정보제공형 참여(information provisional participation), 자문형 참여(consultative participation), 의사결정형 참여(decision making participation)의 4가지로 분류했다. 피해자 참여에 관한 상세한 내용은 제9장 형사절차상 피해자 보호 참조.

13) 회복적 사법에 관한 상세한 내용은 제11장 회복적 사법 참조.

사용을 독점함으로써(a monopoly on the legitimate use of physical force) 가능하다고 보았다.[14] 베버 외에도 여러 학자들이 국가의 형사사법기관이 충분보장의 보증인(guarantor) 역할을 한다고 주장했다. 홉즈(Hobbes)는 사람들의 의지를 하나의 의지로 집약할 수 있는 사람(one Man) 혹은 사람들의 결사체(one Assembly of men)에 자신의 권력과 힘을 이양함으로써 사회평화가 유지될 수 있다고 하였고(Tuck, 1991: 120), 자연법 학자인 퓨펜도르프(Pufendorg)와 로크(Locke)는 자연법 위반이 있을 때에 사회성원 각자는 이를 처벌할 수 있는 권리가 있지만 개인들의 자유방임적 권리행사는 심각한 혼란을 초래하므로 개인들의 처벌권리를 공동체 수준에 집약하고 사법기관에 위임하는 것이 필요하다고 보았다(Matravers, 2010: 9). 특히 롤즈(Rawls)는 '(사회공동체에) 기여할 것인가에 관한 개인의 판단은 다른 사람들의 기여에 달려있으므로' 오늘날과 같이 복잡한 사회에서는 공동의 합의가 제대로 이행되고 있다는 것을 더욱더 사람들이 확신하는 것이 필요하다고 강조했다(Rawls, 1971: 270). 나아가 롤즈는 피해자가 개입해 사건처리의 자의성(arbitrariness)이 증가하면 충분보장에 대한 확신이 훼손되므로 공공의 신뢰를 유지하기 위해 벌금과 처벌을 전담하는 사회제도가 꼭 필요하다고 주장했다.

14) 여기서 국가가 물리적 힘의 합법적 사용을 독점해야 하는 이유는 단지 가해자를 처벌하고 법익을 보호하는 등의 도구주의적 필요성(instrumental claim) 때문만이 아니다. 도구주의적 이유보다 더 중요한 이유는 그렇게 해야만 충분보장의 상태가 유지되기 때문이다(Matravers, 2010: 10).

제 3 절

소결

피해자학의 발전에 비판적 견해가 상존하고, 가치중립과 휴머니즘 지향의 피해자학이 대립하고, 피해당사자와 범죄사건의 관할주체에 대한 의견이 상충하여 피해자학의 전망을 예측하기는 쉽지 않다. 그럼에도 불구하고 앞으로 피해자학이 발전하는 방향은 크게 세 가지로 생각해볼 수 있다. 첫째는 현재와 같이 가치중립의 과학적 피해자학과 휴머니즘 지향의 피해자학이 서로 독립적으로 발전하는 경우이다. 과학적 피해자학은 범죄피해의 실태, 피해발생과 관련된 요인들, 범죄피해의 영향과 사회적 반응 등을 중점적으로 다루고, 휴머니즘 피해자학은 피해자의 권리를 확대하고 이들의 지원방안을 집중적으로 모색하는 것이다. 두 번째는 통합 피해자학의 발전이다. 구디(Goodie) 등이 제안하듯이 과학적 피해자학을 추구하는 학자들과 휴머니즘 지향의 학자들이 공동연구 등으로 서로의 이견을 조율해 피해자학의 잠재력을 향상시키는 방향이다. 세 번째는 새로운 접근방법의 피해자학이 출현하는 것이다. 비판적 시각에서 지적되었던 기존 피해자학에 내재하는 강압적 형사처벌의 옹호, 신자유주의의 영향, 피해자화 도덕성의 남용, 미시적 편향성 등의 문제를 해결하는 새로운 접근방법의 피해자학이 태동하는 경우이다.

토론 주제

1. 피해자학 연구에서 방법론적 개인주의를 채용하는 연구사례들을 찾아보고 방법론적 개인주의의 한계와 문제점이 무엇인지를 검토한다.
2. 공유책임론은 피해발생에서 피해자와 가해자가 동반자이며 이들 간에는 공생관계가 있다는 견해이다. 공유책임에는 어떤 유형들이 있는지를 검토하고 형사사법절차에서 공유책임의 피해자에 대한 적절한 대처방안을 논의한다.
3. '범죄사건에서 당사자는 누구인가?'에 대해 크리스티(Christie)와 매트레비스(Matravers)는 서로 다른 견해이다. 크리스티와 매트레비스의 견해를 비교하고 오늘날에 누구의 견해가 보다 적절한지를 검토한다.

주요 개념

세계피해자학 심포지엄
피해자화 도덕성
피해자 영향진술
수행성
과학적 피해자학
부수적 존재
강압적 형사처벌
미시적 편향성
포스트모더니즘
공유책임
통합 피해자학
충분보장의 보증인
신자유주의
방법론적 개인주의
이성에 의한 인류의 해방
피해자의 무책성
범죄피해의 당사자

색인

ㄱ

가명조서 233, 311
가석방 248, 425
가석방 심사 249, 266
가석방위원회 417
가정폭력 263, 414
가정폭력 상담소 263, 331
가정폭력 피해자 보호시설 331
가족 구조 84
가족구성원 271, 272
가중처벌 414
가치개념 270
가치의 다양성 418
가치중립 427
가해–피해 78
가해와 피해 93
가해자 검거 232
가해자 재범률 303
가해자–피해자 관계 420
가해자로부터의 배상 258
가해자의 보복 258
가해자의 권리 257
가해자의 위협 265
가해자의 조치 266
가해자의 처벌 261
각하 278
간접적 위협 265
간접피해자 424
감형 284
강간 422
강도 419
강력범죄 424
강압적 형사처벌 413, 414, 415, 419, 427
강압정책의 봉사자 414
개인주의적 지향 417
개체성 418
거대서사 418, 419
거리두기 235
거시적 접근 83
거시환경 412
검경 수사권 조정 279, 287, 412
결제 게이트웨이 401
경계 침범 276
경제적 동물 415
경제적 손실 258
경제적 손해 263, 264
경제적 여건 274
경제적 회복 274
경찰수사 실무 272
경찰수사규칙 280
경찰의 역할 262
계몽주의 418
고발 278, 279
고발인 278, 279
고소 276, 277, 278, 279

고소대리인 269
고소사건 276
고소인 278, 279
고소인 278
고소인등 278
고소취소 278
공갈과 협박 265
공공기금 264
공공보상 292
공권력의 권위 419
공동체의 질서 260, 261
공사대금 276
공생관계 420
공소 277, 278, 279, 282
공소권 278
공소권없음 278
공소불제기이유고지 278
공소시효 278
공소유지 279
공소제기 279
공소제기여부 279
공유책임 420
공유책임론 420, 421, 422
공정성 242
공탁 284
공탁규칙 284
공탁금 284
공탁법 284
공판 283
공판기록 열람·등사 278
공판진행 268
공포심 265
과실범죄 272
과장진술 271, 423
과정적 이론 78, 85
과학적 피해자학 423, 427
관리의 태만 264
교사 274
교정기관 247
교제 103
구금 279
구디 423, 427
구상 275
구상권 274, 275
구상금 275
구성요건 해당성 271
구속·석방 279
구조금 271, 272, 273, 274, 275, 287
구조대상 범죄피해 272, 274, 275
구조대상 피해자 274
구조적 이론 78
구조청구권 267, 269, 270, 287, 412
구조피해자 274
국가구조 295
국가권력 270
국가로부터의 보상 258
국가보상 262
국가보상제도 264, 411
국가와 지방자치단체의 책무 270, 287
국가의 보상제도 264
국가의 안전의무 269
국가의 의무 262, 269

국가의 책임 263
국가적 지원대책 258
국내인신매매 391
국제인신매매 391
국제피해자학회 380, 411
권력의 권위 418
권한강화 425
규범통제원리 270
규제 완화 416
근로보상금 274
근린맥락이론 80
금전 공탁 283, 284
금전거래 276
금전적 지원 273, 274
금전적-지역사회 배상 303
금전적-피해자 배상 303
기국주의 275
기본계획 271, 273
기본권 269
기본방향 273
기소 276, 425
기소단계 238
기소독점주의 240, 312
기소유예 278
기소편의주의 312
기습공탁 316
기회 요인 81
기회 이론 78, 79
긴장이론 85, 86, 87
김용세·류병관 257

ㄴ

낙인 효과 300
낮은 자아통제력 92
노동인신매매 391
노인피해자 263
노출 103

ㄷ

다양성 415
다원성 418
당사자 423, 424
당사자로서의 권리 261
당사자로서의 지위 260
당사자의 지위 261
당사자적 지위 288, 424
대리인 269
대법원규칙 285
대인범죄피해자 57
대통령대책회의 건의안 259, 286
데이트폭력 414
도구주의적 필요성 426
도덕적 의무 295
도파민 98
독싱 404
동거인 285
동기화된 범죄자 107
동조에로의 위기 95
동조적 적응 82
두려움 265
듀케임 415
등사 279
디지털성범죄 특화상담소 331

ㄹ

라자스펠드 421
럼니 422
로크 426
롤즈 426
료타르 417, 418
리벤지 포르노 384, 404

ㅁ

마저리 프라이 258
매트레버스 412, 424
맥락적 요인 94
먹튀공탁 284
멘델손 411
멘델존 420
면책 282
명예 278, 279
명예훼손 · 모욕 276
모노아민옥시데이즈 98
목격자 233
무관용대책 414
무죄추정의 원칙 276
무책성 422, 423
문화적 개인주의 383
문화적 목표 82
문화적 위협 265
미란다 원칙 257, 261
미시적 연구 412, 422
미시적 접근 83
미시적 접근방법 422
미시적 편향성 413, 427
민사소송 264, 275, 276, 304
민영화 416

ㅂ

바이스와 보르헤스 421
박경래 424
방법론적 개인주의 415, 416, 417
방어권 307
방조 274
배상 263, 264, 266, 277, 300, 411, 425
배상명령제도 304
배상평가 303
배우자 277, 279, 285
배임 276
범죄 피해 78
범죄구성요건 278
범죄두려움 412
범죄방지 및 형사사법위원회 258
범죄사건의 당사자 261
범죄사건의 처리 266
범죄신고 422
범죄의 심각성 276
범죄자의 교화 300
범죄조직 274
범죄피해 구조제도 274
범죄피해구조심의회 274
범죄피해의 당사자 260, 287
범죄피해의 충격 263
범죄피해자 49, 271
범죄피해자 구조법 270, 412
범죄피해자 보상 294
범죄피해자 보호법 268, 270, 287,

309, 412
범죄피해자 보호정책 270
범죄피해자 원스톱 솔루션 센터 317, 320
범죄피해자 지원단체 271, 287
범죄피해자구조법 267, 268, 273, 412
범죄피해자보상제도 293
범죄피해자보호규칙 314
범죄피해자보호기금 268
범죄피해자보호기금법 268
범죄피해자보호위원회 273
범죄피해자의 개념 270, 287
범죄피해자의 권리장전 258
범죄피해자지원센터 322
범죄피해자화 102
범죄피해조사 412, 416
범죄혐의 271, 280, 288
범행의지 420
법률상의 권리 270
법률적 범죄개념 412
법률전문가 266
법정대기실 265
법정대리인 272, 279, 283, 284, 285
법률적 근거 275
법정진술권 268, 412
법제도적 대책 267
법집행의 근거 418, 419
베버 425, 426
변호사 245
변호사의 조력 261
보복 262, 265, 274, 288
보복범 233
보복범죄 239
보상 263, 300, 411
보상금의 재원 264
보석 243, 249
보편적 권리 286
보험금 지급 264
보호법익 260, 261
보호관찰 248
보호의무 270
복지사회 263
부모 학대 416
부심판사 266
부작용 276
부조방안 263
부조의 권리 259, 262, 287
부조활동 262
부텔리어 419
분산 서비스 거부(DDoS) 398
분쟁 해결 276
불기소 276, 277, 278, 279, 282
불기소처분 312
불송치 277, 280, 282
불항쟁의 답변 237
비공개 283, 284, 412
비공개재판 284, 313
비도덕성 415
비디오 등 중계장치 283, 284, 285, 286
비디오 중계 245
비디오 중계방식 268

비디오등 중계장치 285, 286
비앙키 425
비연속성 418
비제도적 수단 82
비판적 시각 413, 427
비판학자 412, 415
비합의적 이미지 공유 404

ㅅ

사건관계인 280
사건의 진상규명 266
사건의 처리과정 261
사건진행과정 262
사건처리의 과정 261
사건처리의 자의성 426
사건처리의 절차 261
사건처리의 정보 412
사기 276, 419
사망 272, 273, 274, 277
사물인터넷 403
사법절차의 실질적 참여방안 258
사법정책의 기본원칙선언 258
사변적 통일 418
사생활 침해 258
사생활보호제도 239
사이버 공격 395
사이버 전쟁 384
사이버스쿼팅 399
사이버스토킹 402
사이버테러 384, 396
사적 분쟁 276
사칭 402
사회경제적 요인 84
사회계약 294
사회공동체 288, 416, 425
사회구조적 요인 81
사회규범 424
사회문제 292
사회복지의 관점 294
사회운동 318
사회윤리적 행위가치의 보호 260
사회적 비용 424
사회적 사실 415
사회적 연대성 292
사회적 유대 95
사회적 유대와 통제에 95
사회적 유해성 260, 261
사회적 제약 416
사회적 지원 262
사회적 통합 변수 81
사회통제이론 85, 86
사회학습이론 87
사회학적 접근방법 415
사회해체이론 80
산업사회 381
살인 422
상관관계 421
상담 262
상호작용 420, 422
상호작용과정 420
상호준수 424
상황적 범죄 예방 104
새로운 피해자학 423

생활양식 97
생활양식이론 79, 87, 101, 105
생활의 평온 279
서비스 거부(DoS) 398
서비스 지역사회 배상 303
서비스–피해자 배상 303
선결과제 423
선서 283
선언적 의미 270
선행사건 103
성매매피해상담소 331
성매매피해자 268
성매매피해자 지원시설 331
성범죄피해자 58
성실한 정책집행에의 권리 259, 287
성인신매매 391
성착취피해아동청소년 지원센터 331
성폭력 419
성폭력 피해자 보호시설 330
성폭력상담소 330
세계피해자학 심포지엄 411
세금 264
세로토닌 98
섹스토션 384
섹스팅 384
셀리 421
소송계속 중인 사건 279
소송관계인 285
소송관계자 266, 286
소송관련서류 265
소송기록 279
소송기록의 열람 279
소송조건 277
속지주의 275
손괴 419
손실 복구 지원 309
손해 275
손해배상청구권 274
송부 282
송부통지 278
송치 276, 278, 280, 282
송치하 282
수사 268, 279, 280, 282, 287, 411, 412
수사개시 277
수사기관 268, 277, 411, 422
수사기관의 업무 262
수사준칙 279, 280
수사중지 280
수사진행 상황 272
수적 존재 424
수행성 418
순수피해자 271, 272
쉼터 263
스마일센터 323
스토킹 384
스토킹 피해자 지원사업 331
승인의 권리 259, 260, 261, 286, 287
시행계획 273
신고 233
신뢰관계에 있는 자의 동석 245
신뢰관계에 있는 사람 268

신뢰관계에 있는 자 283, 284, 285
신뢰관계인 동석제도 311
신뢰관계자 268, 412
신문 283, 284, 285, 286, 288
신변보호 284
신변보호제도 239
신변보호조치 311
신변의 보호 309
신분세탁 265
신자유주의 413, 415, 416, 417, 419, 427
신자유주의 416
신체적 상해 258
신체적 위해 265
신체적 장애 263, 274
실체적 사실 422
실체적 진실 271
심리상담 263
심리적 상처 284
심리적 안정감 285
심리적 피해자 54

ㅇ

아노미이론 82
아동·청소년의 성보호에 관한 법률 286
아동권리협약상 272
아동복지법 286
아동피해자 263
아인슈타인 416
안전 예방 236
안전 확보 232
안전망 288
안전에 대한 우려 266
안전의 권리 259, 265, 287
알코올 98
암수범죄 412
암수율 419
애쉬워스 414, 415
약물 중독 98
양형 242
양형 참작 사유 275
양형기준제 243
언어적 위협 265
엘렌버거 420
여성긴급전화 1366센터 328
여성피해자 263
연결기제 103
연령등급통제이론 95, 97
열람 279
열람·등사 412
영국의 피해자법 259
영상물 녹화장치 268
온라인 그루밍 384
외상후스트레스성장애 390
용인 274
우범피해지역 80
울프강 411, 422
원상회복 293, 422
월러 262, 263, 286
위법성 271, 278
위임 279
위증죄 283

위험사회 381
위협 288, 412
유능한 보호자의 부재 107
유럽연합 기준안 259, 286
유럽협약 293
유발 274
유전자와 범죄 간의 관계 98
유족구조금 273, 275, 298
유죄답변협상 237
윤리적 측면 421
은닉재산 264
응급 처치 229, 232
응급치료 263
응보적 사법 423
의견진술의 기회 266
의견진술권 267, 412
의견청취 284
의료적 치료 262
의료치료 262
의무양형제 414
의사결정 266
의사결정 능력 416
의사결정형 425
의사결정형 참여 267, 425
이데올로기 381
이송 280
이중의 준거틀 420
이질성 418
익명 신고 시스템 233
인간다운 생활 263
인간생태학이론 106
인공지능 315
인과관계 421
인과관계론 421
인권법 286
인신매매 387
인지적 위협 265
일반국민의 법익 260
일반긴장이론 87, 88
일반억제효과 300
일반적 피해자 54
일본의 인권법 259
일상활동 97
일상활동이론 79, 87, 101, 106
임금체불 276
임시거처 263
임시주거시설 324
잊혀진 존재 413

ㅈ

자기결정권 272
자력구제 262
자문형 425
자문형 참여 266, 267, 425
자손 278
자아통제이론 86, 92
자유 경쟁의 원리 416
자유주의 가치 415
자율적 배분원리 415, 416
자활지원센터 331
작량감경 243
작업장려금 274
잠재적 범죄자 78

잠재적 이득 416
잠정적 피해자 271
장해 273, 274
장해구조금 273, 274, 298
재량권 235
재량적 판결 414
재량적 판단 282
재물의 손괴 265
재사회화 247, 257
재산범죄 276, 424
재산범죄피해자 61
재정 282
재정신청 268, 282, 412
재판 출석 241
재판기록 279
재판정진술권 269, 270, 287
재항고 282
적절한 대상 107
전문심리지원기관 324
전미범죄조사 81
전미피해자조사 388
전통적 가치 415
전통적 형사사법제도 267
절도 419, 420
정당방위 272
정당성 269, 419
정당성의 위기 419
정당행위 272
정당화 419
정보의 권리 259, 261, 262, 277, 287
정보제공 309
정보제공형 267
정보제공형 참여 266, 425
정상참작사유 276
정의 분배 229
정책입안자를 위한 지침 259
정한 행위 274
제1차 피해자화 66
제2차 피해 249
제2차 피해자화 67
제2차적 피해 284
제3자 소송 264
제3차 피해자화 68
제도적 불균형 295
제도적 아노미이론 82
제도적 피해자 55
제도화된 수단 82
제로섬 게임 414
제정근거 269
제한사유 283
조정 276
조정위원 276
조정전문가 275
죄가 안됨 278
죄피해자 271
준사법기관 245
준수의무 424
중상해 272, 273, 274
중상해구조금 273, 274, 298
중앙디지털성범죄피해자지원센터 331
중재 302
증거품목 242

증언 266, 283
증오범죄 387
증인 283, 284, 285, 286, 411, 412
증인신문 283, 284, 285
지급수준 274
지명성 가설 57
지식재산권 침해 276
지역사회 협력 231
직계친족 277, 279, 285
진술 285, 286, 288, 412, 414, 422
진술거부 261
진술권 244, 270, 283, 284, 285, 414, 415
진술능력 269
진술영상녹화 311
진술조력인 268, 269
진술조력인제도 311

ㅊ

차단장치 286
차별접촉이론 87
차용금 276
차폐 285, 286
참고인 412
참여 411
참여유형 425
참여의 권리 259, 266, 267, 287
참여의 수준 266
책임성 271, 278
책임형법주의 418
처분 276
처분고지 278
청구권 295
총기소지 262
추진목표 273
추진실적 273
출동시간 234
충분보장 425, 426
친고죄 268, 277
친족 278
친족관계 274

ㅋ

카드 복제 384
카드 사기 384
크래커 398
크리스티 423, 424
클라크와 코니쉬 416

ㅌ

퇴정 조치 245
타관송치 278
탈중심성 418
터크 425
테러범죄 387
토보로우스키 266, 424, 425
통역지원 316
통제결핍 89
통제권 277, 282
통제균형이론 85, 89, 90
통제비 89
통제이론 86
통제잉여 89, 90
통지 278, 279, 280, 282, 412

통지의무 280
통합 피해자학 423, 427
투자금 276
특별억제효과 300
특성 이론 78, 79
티반 421

ㅍ

판결선고 284
평판 손상 404
포스트모더니즘 417, 418, 419
폭력성 415
폭력피해 이주여성 보호시설 331
폭행 419, 424
표본조사 412
표출적 참여 266, 425
표현능력 269
퓨펜도르프 426
피고의 기소 236
피의자 인권 232
피해극복능력의 발전단계 262
피해배상 293
피해변제 275, 276
피해보전 264
피해보전의 권리 259, 263, 264, 287
피해여성의 사생활 265
피해유발요인 54
피해의 두려움 424
피해자 45
피해자 구조금 268
피해자 국선변호사 269
피해자 권리 259
피해자 권익 267
피해자 도발 51, 420, 421, 422
피해자 변호사 268
피해자 보호대책 257, 275
피해자 보호의 기본계획 287
피해자 보호입법 268
피해자 보호정책 270
피해자 비난 50, 420
피해자 서비스기관 262
피해자 영향진술 417
피해자 용이 420, 421
피해자 정책의 원칙 287
피해자 조장 51
피해자 지원대책 257
피해자 진술권 277
피해자 참여 266, 425
피해자 촉발 51, 420, 421
피해자 통지제도 248
피해자권리 선언 267
피해자법 286
피해자변호사 268, 269
피해자변호사 선임 및 조력 제도 311
피해자보호법 267, 273, 286
피해자심리전문요원 314
피해자에 대한 부조 263
피해자를 위한 사법핸드북 259
피해자의 권리 257, 258, 259, 267, 268, 269, 270, 277, 286, 287, 288, 412, 427
피해자의 기본권 296
피해자의 보편적 권리 259, 267, 286

피해자의 보호 413
피해자의 손해 264
피해자의 시대 413
피해자의 신분 265
피해자의 안전 265
피해자의 요구 263
피해자의 의견 267
피해자의 참여 267
피해자전담경찰관 314
피해자정책 267
피해자증인 보호프로그램 265
피해자지원실 317
피해자지원제도 261, 287
피해자학 이론 77
피해자화 65, 77, 88
피해자화 과정 78
피해자화 도덕성 413, 419, 427
피해자화 현상 78
피해호소인 49
피해회복 262, 272, 287, 307, 415
필요충분조건 421

ㅎ

학교폭력 414
학문적 편향성 420
학습이론 85, 86
합리적 선택이론 416
합리적 의사결정 415, 416
합리적 판단능력 415
합의금 308
핫스팟 80
항고 282
해바라기센터 329
해커 398
행정규칙 280
허위신고 422
허위진술 271, 423
헌법 267, 269, 270, 286, 287
헌법개정 269, 270, 287, 411
헌법상의 권리 269, 270, 287
헌법의 가치 270
헌법재판소 269
헤겔철학 418
헨티그 411, 420
혁신적 적응 82
현장 위기 개입 231
혐의없음 278
협의체 276
형벌권 277
형사고소 275
형사법의 두 사람 420
형사사건 276
형사사법기관의 보호 271
형사사법절차 261, 276, 287, 413
형사사법제도 262
형사소송규칙 283
형사소송법 267, 268, 277, 278, 280, 282, 283, 285, 286, 287, 412
형사절차 참여 보장 309
형사조정 312
형사조정위원회 276
형사조정의 대상 276
형사조정제도 268, 271, 275, 276, 277,

287
형사처벌 261, 277
형사처벌 요구권 277
형사피해자 49, 270
형사합의 302, 306
형식논리 421
형식적 범죄 271, 288
형제자매 277, 279
형평성 296
홉즈 425, 426
화해 260, 275, 302
확실성 301
활동적 피해자 54
회복적 경찰활동 316
회복적 교정프로그램 250
회복적 사법 257, 260, 261, 425
횡령 276
효과적 정책에의 권리 259, 287
후기산업화사회 381
휴머니즘 421, 422, 423, 427

기타

1985년 UN선언 258, 259, 266, 286
1차적 피해 258
2차 피해 234, 308, 411
2차 피해자화 83, 88
3진 아웃제 414
COVID－19 385
LGBTQ 388

공저자 소개

이순래

미국 플로리다주립대학교(University of Florida) 사회학 박사(범죄학)

현재, 원광대학교 경찰행정학과 명예교수

김성언

서울대학교 사회학 박사(범죄학)

현재, 경남대학교 경찰학과 교수

박정선

미국 시카고대학교(University of Chicago) 사회학 박사(범죄학)

현재, 국립경찰대학교 교수

박철현

고려대학교 사회학 박사(범죄학)

현재, 동의대학교 경찰행정학과 교수

정혜원

고려대학교 사회학 박사(범죄학)

현재, 경기도여성가족재단 선임연구위원

피해자학, 이해와 공감의 첫걸음

초판발행 2025년 7월 30일

지은이 이순래 · 김성언 · 박정선 · 박철현 · 정혜원
펴낸이 안종만 · 안상준

편 집 장유나
기획/마케팅 박부하
표지디자인 이은지
제 작 고철민 · 김원표

펴낸곳 (주) 박영사
서울특별시 금천구 가산디지털2로 53, 210호(가산동, 한라시그마밸리)
등록 1959. 3. 11. 제300-1959-1호(倫)
전 화 02)733-6771
f a x 02)736-4818
e-mail pys@pybook.co.kr
homepage www.pybook.co.kr
ISBN 979-11-303-2325-1 93350

정 가 30,000원